复旦卓越·21世纪旅游管理系列

生态旅游——理论与实践

陈玲玲 严 伟 潘鸿雷 编著

TWENTY-FIRST CENTURY
TOURISM MANAGEMENT SERIES

 復旦大學 出版社
www.fudanpress.com.cn

前言
QIAN YAN

　　生态旅游作为一项以保护性、教育性和责任性为重要特征的旅游活动,是世界各国在资源短缺、环境污染和生态恶化等现实条件下的必然选择。目前,生态旅游已成为各国旅游者的时尚和旅游业的发展热点,显示出越来越强大的生命力,是旅游业可持续发展的重要途径和实践形式。

　　在我国,生态旅游从20世纪90年代开始起步,现已被大众广泛接受且发展迅猛,但实际的情况如何呢? 据统计,在已经开展生态旅游的自然保护区中,有44%的保护区存在垃圾公害,12%出现水污染,11%有噪声污染,3%有空气污染,22%由于开展生态旅游而造成保护对象受到损害,11%出现资源退化。这说明我国很多生态旅游实践并没有达到生态旅游的本质要求。中国科学院植物研究所研究员王南溥指出,在开展生态旅游的许多区域内"真正达到生态旅游要求的寥寥无几"。中国"人与生物圈"国家委员会秘书处处长韩念勇认为,"真正意义的生态旅游在中国几乎是空白"。生态旅游发展中的种种问题告诉我们:生态旅游要实现可持续发展,亟需完善的理论体系指导与支撑。当然,如果把生态旅游活动局限在体现其本质要求的理论框架内进行,生态旅游就变成了一种很神秘的东西,限制了大众游客的参与,也将弱化其环境教育功能,并使生态旅游失去持续发展的基础。因此,建立完善的生态旅游理论体系与积极开展满足多样化需求的生态旅游实践活动同等重要。

　　近些年来,有关生态旅游的学术或科普书籍众多,但缺乏对生态旅游的理论基础、构成体系及其实践进展的系统性介绍,本书则全面地介绍了有关生态旅游理论及实践各方面的内容,既汲取了相关论著、教材之所长,又融入了作者的观点及相关研究成果,特别是反映了国内外近年来最新的理论成就与实践经验。本书在每一章均设有导入式阅读、若干扩展阅读以及相应的案例介绍,可以更好地激发读者的阅读兴趣并拓宽视野。本书可作为本、专科院校的生态旅游教材或教学参考书,也可作为生态旅游开发、规划、设计、管理等从业人员的参考用书。

　　本书共十章,主要内容有:绪论、生态旅游的理论基础与生态旅游系统、生态旅游主体——生态旅游者、生态旅游客体——生态旅游资源、生态旅游媒体——生态旅游业、生态旅游载体——生态旅游环境、生态旅游规划、生态旅游管理与可持续发展评价、国内外生态旅游典型发展模式与经验、国内外生态旅游趋势展望。全书由陈玲玲负责拟定大纲,提出撰写的体例格式,组织撰写工作和全书最后的统稿。各章撰写分工如下:陈玲玲、严伟完成第一、第二、第三、第五、第六、第八、第九章;潘鸿雷、陈玲玲完成第四、第十章;陈玲玲、陈吉韵完成第七章。本书在写作过程中,引用了众多专家学者的相关文献,对于他们的劳动在此表示感谢,同时也感谢我的家人一直以来给予的支持与鼓励。

由于水平有限,错讹之处在所难免,祈盼专家和读者不吝赐教。

陈玲玲
2012 年 7 月于金陵

MU LU

生态旅游

第一章 绪论

导入式阅读

在世界范围内,生态旅游发展势头强劲。据国际生态旅游协会(The International Ecotourism Society,TIES)估计,生态旅游的年均增长率为 10%～12%,高于世界旅游业的平均增长速度。随着环保观念日益深入人心,以及可持续发展战略的有效实施,生态旅游在我国也获得了长足的发展。2008 年底,国家旅游局与环境保护部联合发布了《全国生态旅游发展纲要》,还将 2009 年定为"中国生态旅游年",这不仅极大地推动了我国生态旅游事业的发展,还获得了可观的经济收益,仅四川省在 2010 年的生态旅游收入就突破了 200 亿元①。

那么,究竟什么样的旅游才是生态旅游,其内涵、产生的背景与发展历程如何,本章将给予详细阐述,并探讨生态旅游的研究内容、方法等相关基础性问题。

第一节 生态旅游的内涵与产生背景

一、生态旅游的内涵

"生态旅游"是一个外来词汇,其英文为 ecotourism 或 ecological tourism。直至目前为止,我们并没有一个完整的、普适的生态旅游的定义。不同的使用者往往从不同的角度加以诠释,尤其是各国的具体国情不同,对生态旅游的理解更是大相径庭;众多不同的组织和机构为了不同的目的,提出了多种多样的生态旅游概念,内容有的近似,也有的差别很大。事实上,对生态旅游下定义的过程,也是人们对其不断深入了解的过程。当然,在整个旅游研究中,也很少有一个概念性的词语是已经被完全定义的。

此外,生态旅游的提出源于国外,因此我国生态旅游的概念大多是延续国外学者的定义,或根据我国实际情况进行了修改,但总体来说,并无太多新意。

综观国内外学者们提出的生态旅游定义,概括起来主要有以下六种类型:(1)保护

---

① 数据来源:中华人民共和国国家旅游局,http://www.cnta.gov.cn/html/2011-1/2011-1-12-10-45-64838.html.

中心论;(2)居民利益论;(3)回归自然论;(4)负责任论;(5)原始荒野论;(6)环境资源论。这六种类型之间的区别与联系如表1.1所示。

表1.1 生态旅游定义的六种类型

类 型	观 点	核心内容	观点来源或部分代表
保护中心论	观光旅游＋保护	对旅游资源和环境进行保护	Moulin(1980);Wight(1993);杨文杰(1999);牛亚菲(1999)
居民利益论	观光旅游＋保护＋提高社区居民收入	增加当地居民收入	Ecotourism Society(1992);Goodwin(1996);杨桂华等(2000);丁云鹏(2001)
回归自然论	大自然旅游	回归大自然	Bridger(1999);王献溥(1995);杨开忠(2001)
负责任论	负责任旅游	旅游者对环境和资源承担维护责任	Elpler(1996);世界保护联合会(1996);王兴国、王建军(1998);郭舒(2002);余艳红等(2006)
原始荒野论	原始荒野旅游	开展区域为人迹罕至的原始荒野区域	Boo(1990);Wallace(1993);王尔康(1998)
环境资源论	城市和集中居住区居民＋人类最佳的生态环境	以人类最佳的生存环境因子作为主要旅游资源	吴楚材、吴章文(2000)

"保护中心论"的核心内容是强调对旅游资源和环境的保护,但我们知道目前我国对各类资源和环境的保护是通过相应的法律法规,以及严格的执法与管理实现的,而非主要依赖旅游者,因此单纯强调保护来定义生态旅游不免失之偏颇,这也仅仅可以作为一种理念、一种教育、一种宣传,但无法以一个独立的体系在实践中进行具体操作。与"保护中心论"相比,"居民利益论"进一步表述了生态旅游的又一个目标或功能,即"提高社区居民收入",但是,这一提法首先在字面上理解就与生态旅游关联程度较低;再者,从旅游业的经济本质分析,所有旅游活动均能产生经济效益,旅游者从客源地来到旅游目的地,均能带来巨大的物流、能流和资金流,直接或间接为当地居民带来收益,如果将提高当地居民收入作为生态旅游的核心内容,就不能与大众旅游形成实质性的区别。"回归自然论"则将生态旅游的范围扩大到所有的户外旅游,包括探险旅游、登山旅游、科考旅游、度假旅游、休闲旅游等,从而扰乱人们习惯了的旅游类型体系,给旅游者和旅游组织者造成认知和识别上的混乱,导致生态旅游的标签被随处粘贴,这也正是前些年生态旅游被泛用、泛化,甚至出现泛滥的主要根源。

"负责任论"在"保护中心论"强调对旅游资源和环境进行保护的基础上,强调将"生态"和"旅游"有机结合,用生态学思想指导包括旅游目的地、旅游者、旅游业在内的旅游系统的有序发展。但是,其缺点也很明显。首先,"负责任论"将应对社会可持续发展等责任作为旅游当中特殊的部分进行强调或放大,从而在实质上成了"负责任旅游";其次,作为社会公民,本身就应承担法律法规和道德的义务和责任,也都应在法律法规、道德和民俗的限制与约束下进行自己的行为。因此可以说,"负责任"与"生态旅游"的特殊本质之间的关联也并不大。"原始荒野论"的核心内容是"开展区域为人迹罕至的原始荒野区域"。该定义有欠科学,因为人迹罕至的原始荒野区域不等于就是可以旅游的地方,例如冰川、沙漠、天然放射性很高的地段、戈壁、有瘴气的森林等。相比之下,"环境资源论"则明确指出了生态旅游者是城市中的居民或集中居住区的居民,旅游的目的是为了解除城市恶劣环境的困扰,到生态环境良好的地方保健疗养、度假休憩、娱乐。良好的生态环境条件就是旅游资源。因此,综观六类定义,这一类定义是最为科学,最符合生态旅游本质的。给出其具体的定义则是:"生态旅游主要是城市和集中居住区的居民为了解除城市恶劣环境的困扰,为了健康长寿,追求人类理想的生存环境,到郊外良好的生态环境中去保健疗养、度假休憩、娱乐等,从而达到认识自然、了解自然、享受自然、保护自然的目的。"[①]

二、生态旅游与大众旅游

以上给出了生态旅游的具体概念,尽管如此,由于多年来缺乏权威的生态旅游概念以及有效的政府宏观规制,导致社会上"伪生态旅游"招摇过市,大行其道。"生态旅游"的概念被严重泛化,几乎任何一种与自然资源有关的旅游活动都被贴上了生态旅游的标签。不少地区并没有真正从"生态旅游"的角度进行旅游规划或设计旅游产品,管理更是沿袭了大众旅游的模式。因此,正确区分生态旅游与大众旅游非常重要,具体见表 1.2。

表 1.2　生态旅游与大众旅游的区别

类　别	生态旅游	大众旅游
目标市场定位	小众市场,人数较少的产品重度使用者	大众市场,多层次、多类型的细分化人群
旅游产品开发	产品个性化、专业化,以自助旅游为主,产品知识含量较高	产品多样化,提供周到服务的标准化旅游,产品知识含量略低
社区参与程度	社区参与旅游开发的所有环节,参与程度高且地位主动	社区参与旅游开发的个别环节,参与度较低且地位被动
景区管理模式	管理的市场化程度低,在管理过程中强调传统的、民族的、地方的有效成分	管理的市场化程度高,重视现代管理理念、技术及方法的应用
环境保护	环境效益为主导,贯彻生态原则,环境检测与容量控制严格	经济效益、社会效益、环境效益相统一
投资与回报	小规模、分散式的阶段投资	追求规模效益,追求高投资、高回报

① 吴楚材,吴章文. 生态旅游产生背景及开发方向研究[J]. 中南林学院学报,2001,21(2):37—41.

三、生态旅游兴起的背景

随着经济的增长、科学技术的进步和社会的发展,人们生活水平日益提高,但是生活环境和生活质量却面临下降的威胁,广大旅游者对回归自然、欣赏自然、享受原野风光和自然地域文化的需求与日俱增;然而,许多旅游区已经不同程度地遭受了污染和破坏,环境和生态污染十分严重,影响了旅游业的进一步发展。因此,人们开始考虑这样一些问题:以目前的旅游业发展模式,地球上有限的旅游资源和脆弱的旅游环境还能维持多久?怎样既发展旅游业,又保护好自然生态环境,既开发旅游资源,又保证持续利用,从而使旅游业增长与环境保护相协调? 诸如此类的问题迫切需要新的解决办法和应对措施。进而,一个内涵丰富的旅游业新概念——生态旅游,便应运而生。

目前,生态旅游被认为是实现旅游业可持续发展的最佳选择,它一产生就显示了强大的生命力和发展势头。当然,生态旅游之所以能在短时间内迅猛发展,有着深刻的时代背景。

(一)人类生态意识的觉醒和回归自然的愿望是生态旅游兴起的社会背景

人类文明出现至今,已经经历了狩猎文明、农业文明、工业文明等几个主要阶段,目前正处于从工业文明向生态文明的过渡阶段。在工业文明时代,人们常把自然界视为被征服、掠夺和破坏的对象,并趋向于控制、改造和打乱自然界的固有秩序,从而形成了人与自然的对立关系。工业文明在创造了前所未有的物质财富和精神财富的同时,也导致了一系列全球性危机,如资源枯竭、气候变化、环境恶化、生态失衡等。在此背景下,人类意识到注重生态、保护环境的重要性,意识到在未来的发展中必须与自然界保持伙伴关系。合理地享用自然所赐予的财富是当代人、下代人乃至所有未来世代人类都不应被剥夺的权利。那么,作为现代文明标志之一的旅游业也顺应时代潮流,逐渐改变传统的旅游发展模式,生态旅游便作为可持续旅游的典型模式逐渐兴起。可以说,生态旅游是人类生态意识觉醒、发展并达到一定水平的必然产物。此外,生活在城市中的居民长期接触的是喧嚣纷乱的市场人群、钢筋水泥的高楼大厦,每天重复的生活和忙碌紧张的工作节奏使得人们身心倦怠,人们也期望能走出城市,享受自然、亲近自然。在这种都市生活背景下,一种以体验"天人合一"感受为特色的生态旅游也就迅速获得了人们的青睐。

(二)旅游行业克服生态环境危机,寻求可持续发展是生态旅游兴起的内在动力

一直以来,人们对物质财富和经济增长有着无限追求和崇尚,工业化和城市化高速发展,却对社会人文资源、资源环境保护等问题持冷落甚至忽视的态度。这种片面、传统的发展观念导致了各类严重的生态环境问题。随着世界人口增加和人类生产活动规模扩大,向大气释放的二氧化碳等温室气体不断增加,导致大气的组成发生变化,全球气候不断变暖,这可能造成极地冰川融化、海平面上升、全球降雨和大气环流变化等重大问题。同样由于人口增加和人类对资源的不合理开发,世界上每年至少有 5 万种生

物物种灭绝,在中国,生物多样性损失更加严重,其物种灭绝的速度要高于世界平均速度50%~60%。在全球范围内,生物多样性减少、气候变化、大气污染、水污染、海洋污染、废弃物污染等已经成为制约全人类可持续发展的重大环境问题。

众所周知,旅游行业高度依赖良好的人文、生态环境,越来越多的旅游者对旅游地的环境也愈发敏感和挑剔,但由于传统大众旅游的人数增多,旅游环境资源也遭到了一定程度的破坏,从而制约了旅游业发展。例如,我国山地风景旅游地类型多样,其自然景观、生物多样性均比较丰富,但生态环境也比较脆弱,特别是在住宿地等附近,垃圾堆积如山,很多污水、粪便未经处理,直接排入溪、潭中,严重污染景区水土质量。此外,为经济服务的旅游基础设施和接待设施的大量建设,使山地旅游地生态环境遭受不同程度的破坏,如开公路、建索道、修宾馆,都将不同程度地破坏山体和植被,加剧水土流失和山体滑坡、崩塌等不稳定因素。黄山建云古寺—白鹅岭索道时,仅白鹅岭站房就毁山达7 750平方米,砍伐成林48 450立方米。最令人痛心的是,大量的人类活动,如砍伐、焚烧、建设等急剧减少旅游地生物的栖息地范围,这对生物多样性减少负有不可推卸的责任。正因为传统旅游形式的弊病在于对生态环境保护的忽视,人们认识到旅游行业自身要克服生态环境危机,寻求可持续发展的模式,这也为把保护生态环境当作首要任务的生态旅游的兴起提供了强劲的内在动力。

（三）旅游供给和需求的变化趋势是生态旅游兴起的外部原因

生态旅游兴起的另一个重要原因则是旅游供给和需求的两个现代变化趋势。旅游供给方面出现的变化是自然保护同经济开发的一体化,特别是发展中国家,均一致强调国家公园及自然保护区具有的经济开发价值。在旅游需求方面,旅游者对旅游的感知、期望、态度和价值趋向也发生了相应的变化,被动式的度假方式已经越来越不能满足需求,旅游者开始追求积极的旅行方式和对旅游的自主性、参与性,以寻找全新的旅游体验。近些年来,旅游者中关心自然生态和环境保护的人日益增多,这类人往往喜欢在旅游过程中继续接受知识和文化的熏陶,在大自然的怀抱中陶冶情操、放松身心、增长知识、开阔眼界,从深层次获得心灵的释放。西方学者将旅游需求的这种变化,形象地称为"市场的变绿",即旅游者越来越看重旅游环境质量。

在世界范围内,旅游供给和需求的模式都在发生着重大的变革。生态旅游正是既强调要保证生态环境不会因旅游活动而发生难以接受的改变,又要尽量满足旅游者的旅游和消费需求,保证其旅游体验的质量不会因为必要的限制而出现难以接受的下降。因此,生态旅游在各地蓬勃发展,并已成为当今世界旅游发展的趋势和潮流。

近年来,旅游市场需求也出现了另一个特点,即体验式生态旅游。传统旅游模式是"上车睡觉,下车看庙,走到景点拍拍照",而随着生态旅游的兴起,伴随着旅游观念的进一步成熟和旅游者对旅游体验的深层次需求,逐步出现了一种"体验式旅游",这是现代旅游最具有开发潜力和附加值的形式,也被视为生态旅游在市场需求方面的新动向。这种体验式生态旅游追求的是一种探索、一种感受、一种挑战。旅游者需要在此过程中体验独特的生活方式和人的精神与自然的和谐统一,体验生态、健康、运动、休闲与人际

交流的完美结合。

第二节 生态旅游的发展历程

生态旅游作为一种特殊形式的专项自然旅游,是旅游市场需求结构发生变化和以大众旅游为特色的旅游业发展到一定阶段的产物,具有深刻的环境背景和旅游者心理基础。以人类与自然关系演化的主线来分析,可以将生态旅游的发展划分为三个主要阶段。

一、生态旅游萌芽阶段(20世纪60年代—1983年)

20世纪60年代开始,欧美各国经济快速发展,现代旅游产业也随之大规模发展,其渗透的广度和深度不断增大,人们对传统的大众旅游形式所带来的生态环境危机也日益关注,一些学者开始思考户外野生动植物的自然庇护及游憩活动的关系,探索如何正确利用自然,实现旅游、保护和可持续发展之间的平衡,进而提出了一系列与生态旅游近似的以自然取向为特点的调整性观光活动。调整性观光活动就是针对大众旅游的缺点而对自然观光活动进行的修正。传统大众观光的特征是人数多、规模大,对环境冲击严重;而调整性观光则是小规模、低密度的活动,它分散于非城市地区,而且不像大众旅游那样拥有来自各阶层的游客及各式各样的参与者。这种新型旅游方式的参与者为特定族群,他们通常具有良好的教育背景或有较高的收入,需要寻找新的刺激和满足。可以说,当时提出的调整性观光活动,已经与生态旅游相当接近了。

调整性观光活动主要包括自然取向的旅游(nature-based tourism)、软性旅游(soft tourism)、自然旅行(nature travel)、自然观光(nature tourism)、环境友好型旅游(environment-friendly tourism)、特定主题旅游(special interest tourism)、环境朝圣(environmental pilgrimage)、绿色观光(green tourism)、永续观光(sustainable tourism)、野生生物旅游(wildlife tourism)、适宜的旅游(appropriate tourism)、伦理旅游(ethical tourism)、负责的旅游(responsible tourism)等。从这些名词可以看出,它相对于传统大众旅游提出了新的观光趋向,尽管它还不是实质意义上的生态旅游,但都是为了减少传统旅游方式对生态环境或当地文化造成负面冲击。需要指出的是,调整性观光活动并不能取代传统的大众旅游而成为观光旅游活动的主流,这是因为大众旅游活动投资少,经济回报率和贡献率都很大,有助于满足不同人群的需求。

事实上,美国早在1872年就建立了世界上第一个国家公园——美国黄石国家公园,它既是自然保护区又是旅游区,以保护原生生态环境为前提,适度地开发旅游活动,并将旅游活动对生态环境的影响控制在合理的限度内。可以说,黄石国家公园的建成和开放开创了生态旅游实践的先河。加拿大也是早在1930年就率先制定了《国家公园法》,肯尼亚针对国家野生动物保护而采取的禁猎政策等也都为早期生态旅游的开发提供了条件。这些少数国家的生态旅游的发展为以后即将到来的大规模的生态旅游实践活动奠定了基础。

总的来看,在1983年之前,旅游活动的特点是传统大众旅游与调整性观光旅游并存,生态旅游在当时只是未加检验的概念。

二、生态旅游起步阶段(1983—1989年)

在生态旅游起步的短短数年间,主要是出现了一批生态旅游的研究者和推行者。

1983年,赫克特首次提出了"生态旅游"的概念,他提出人类应该到相对未受干扰或污染的自然区域去旅行,体验或欣赏其中的野生动植物景象及区内文化特色,摆脱日常工作、都市生活的压力,然后慢慢成为一个关心环境保护、自然保育的人①。

1987年,挪威首相布伦特兰夫人在世界环境与发展委员会(WCED)上作了《我们共同的未来》(Our Common Future)报告,把永续发展(sustainable development)定义为不可因现今需求而损及未来世代的发展。这一报告在全世界引起极大的反响,被称为"可持续发展的第一个国际性宣言"。许多旅游学者也开始将这一观念引入观光业中,如美国对国家公园的定义改为了为环境着想的永续观光,即经营管理生态体系以维护该环境的生态完整性,并且不损及后代子孙从中获得愉悦。伊丽莎白·布则从游客旅游方式的转变来研究生态旅游观念的兴起。她认为,经济的发展和保育的整合是时代趋势,尤其是在一些低度开发国家,观光旅游的收入往往是保护区或国家公园经营管理的主要资金来源。其次,人们在观光需求层面上发生了变化,他们对走马看花式的观光越来越不感兴趣,人们跃跃欲试成为主动出击的旅行家,他们喜欢到大自然中探险,寻找新的游憩体验,在旅途过程中一方面关注自然保护和环境生态,另一方面又自觉地接受知识和文化的熏陶。这个趋势也促进了生态旅游在各地的兴起。

在这一时期,各国在生态旅游实践中也进行了有益的尝试。肯尼亚自1977年禁猎,并在1978年宣布野生动物的猎物和产品交易为非法,于是一些因此而失业的人开始采取新的旅游形式,提出了"请用照相机来拍摄肯尼亚"的口号。他们以本国丰富的生态资源来招揽游客,1988年开始,旅游业已经开始成为这个国家外汇收入的第一大来源,首次超过了咖啡和茶叶的出口收入。哥斯达黎加开展生态旅游则是从保护森林资源的目的出发。为了发展农业经济而大量砍伐森林曾使这个美丽的国家水土流失,土壤贫瘠。为了改变这种状况,1970年哥斯达黎加成立了国家公园局,先后建立了34个国家公园和保护区,开展对森林无破坏性的生态旅游活动。到20世纪80年代中期,旅游业的外汇收入也已成为这个国家最大的外汇来源。据调查,约36%的游客是因生态旅游而来哥斯达黎加的。肯尼亚和哥斯达黎加的实践已经成为欠发达国家大规模开

---

① 郭岱宜.生态旅游——21世纪旅游新主张[M].台湾扬智文化事业股份有限公司,1999.

展生态旅游的先驱和代表。

扩展阅读 1-1：肯尼亚国家公园

肯尼亚国家公园（Kenya National Parks）是世界野生动物旅游的典型代表。这些国家公园由肯尼亚野生动物服务组织统一经营管理。目前，肯尼亚野生动物服务组织负责管理全国范围内的 20 多个国家公园和自然保护区，这些国家公园和自然保护区占地总面积近 30 000 平方公里，包括肯尼亚山和阿伯黛尔山（Mt Kenya and the Aberdares）的山地森林生态系统，马萨比（Marsabit）地区的火山口，洛洛科威（Lolokwe）地区的神秘高原，瑞夫特断裂峡谷（Rift Valley）地区的湖泊，像纳库鲁（Nakuru）湖、艾尔门泰塔那瓦沙（Elmenteita Nawwasha）湖、巴利戈（Baringo）湖和波戈利亚（Bogoria）湖，以及西特萨沃（Tsavo West）公园和东特萨沃（Tsavo East）公园等干旱的南部热带稀树草原公园。大多数的公园都收门票。有的公园还有自供伙食的客房；这些客房属于肯尼亚野生动物服务组织，并由该组织负责经营。客房附近还有私人度假区。在旅游淡季，麦鲁（Meru）公园、艾尔岗山（Mt Elgon）公园和肯尼亚山国家公园（Mt Kenya National Park）的度假小屋每天的租金只要 30～40 美元；而在旅游旺季，阿伯黛尔山国家公园（Aberdare National Park）里的钓鱼度假小屋和纳库鲁湖国家公园（Lake Nakuru National Park）里的"耐士度假小屋"（Naishi House）的房租则高达 200～250 美元一天。当然，房租的价格是指一间度假小屋一天的租金，并不是每个游客每天支付的租金。肯尼亚国内的游客是按肯尼亚本国货币支付租金的，享有 40 肯尼亚元的优惠。

位于肯尼亚境内瑞夫特断裂峡谷地区的纳库鲁湖国家公园，几十年来一直是重要的野生动物观光旅游胜地。当地最吸引游客的就是成群的火烈鸟，它们栖息在纳库鲁湖畔和附近的艾尔门泰塔湖（Lake Elmenteita）的浅水处，在那儿捕食繁殖。据估计，扣除旅游成本后，纳库鲁湖在 1991 年的旅游总收入约为 1500 万美元。

资料来源：Ralf Buckley 著，杨桂华、张志勇、徐永红译. 生态旅游案例研究[M]. 天津：南开大学出版社，2003：51—52.

三、生态旅游蓬勃发展阶段（1990 年至今）

从 20 世纪 90 年代初期开始，很多学者在对生态旅游进行实践考察后，首先从理论上对生态旅游进行了重大的修正。例如，伊丽莎白·布在 1990 年对生态旅游的定义为"必须以自然为基础，也就是说它必须涉及为学习、研究、欣赏、享受风景和那里的野生动植物等特定目的而到受干扰比较少或没有受到污染的自然区域所进行的旅游活动"；1992 年，这一定义则修正为"以欣赏和研究自然景观、野生动物及相关文化特征为目标，为保护区筹集资金，为当地居民创造就业机会，为社会公众提供环境教育，有助于自然保护和可持续发展的自然旅游"。从这一转变不难看出,学者对生态旅游的内涵本身也在进行着更加深入的探索和研究。

不仅如此,在旅游实践中,各国均形成了生态旅游的巨大热潮,生态旅游活动有了全面发展,并取得了显著的社会、经济、环境效益。澳大利亚在1994年推行生态旅游战略,成立了各种生态旅游协会,印制了一系列生态旅游指南,成立国际研究中心,建立生态旅游相关技术的最佳示范,设计生态旅游教育及训练教程,开发出全国的生态旅游评价机构。这些措施使澳大利亚的生态旅游发展成为世界的榜样。为了把生态旅游推向广度和深度,世界上许多国家和地区都出台了生态旅游政策。在国际上,最重要的生态旅游行动是2002年5月在加拿大魁北克召开的,由联合国环境署(UNEP)和世界旅游组织(WTO)发起,132个国家1 000多名代表参加的生态旅游峰会。为了开好这次峰会,曾在2001年和2002年先后召开过18次预备会议,参加的代表多达3 000人以上,魁北克会议则是这一系列会议的最高潮。会议讨论并出台了发展生态旅游活动的《魁北克生态旅游宣言》。至今为止,生态旅游已经扩展到全球,各国政府都很重视生态旅游的发展,并且为此制定了众多相关法律和政策。在这些措施下,生态旅游产品不断丰富起来,森林、野生动物栖息地、湿地、草地、岛屿等都成为重要的生态旅游活动开展地。

中国的生态旅游起步要比世界上一些旅游发达国家晚一些,但是总体来看,发展势头非常迅猛。1993年9月,第一届东亚地区国家公园和保护区会议在北京召开,并首次在我国提出生态旅游的概念,即倡导爱护环境的旅游,或者提供相应的设施及环境教育,以便旅游者在不损害生态系统或地域文化的情况下访问、了解、鉴赏、享受自然及文化地域。1994年,我国成立了"中国生态旅游协会"(CETA),1995年1月在西双版纳召开了全国第一届生态旅游学术研讨会,并发表了《发展我国生态旅游的倡议》。会后,有关生态旅游研究的文章便开始在各类期刊上频频出现。1996年6月,我国在武汉召开了国际生态旅游规划与发展研讨会,并出版了会议论文集。1997年12月,"旅游业可持续发展研讨会"在北京召开,会议认为生态旅游对于保障中国旅游业可持续发展有着重要意义。2002年被联合国确定为"国际生态旅游年",这一年世界旅游组织、联合国环境署在世界各地开展了多种多样以生态旅游为主题的活动,也举办了大量的学术论坛、专项研讨和交流会。前文提及的魁北克世界生态旅游峰会更是将"国际生态旅游年"活动推向了高潮。同年11月,由中国社会科学院旅游研究中心发起的"中国生态旅游论坛"通过了《关于中国生态旅游发展的倡议书》,倡议书认为,可持续发展是旅游业发展的必由之路,生态旅游为可持续旅游发展提供了一个可供选择的范例。这次会议也是我国生态旅游研究与国际接轨的表现。此外,世界自然基金会在中国启动了多项生态旅游合作项目,如云南生态节能项目、秦岭保护和发展共进项目等。国家各部门也纷纷采取行动,如国家林业局正式批准了《卧龙国家级自然保护区生态旅游规划》,国家环保总局委托北京大学制定了《生态旅游管理技术规范(征求意见稿)》等。2006年8月,国家旅游局、国家环保总局、建设部在四川九寨沟召开了全国生态旅游现场会,对促进我国旅游业与环境保护的有机结合、促进生态旅游发展产生了积极作用。2008年

底,国家旅游局与环境保护部联合发布了《全国生态旅游发展纲要(2008—2015)》,并将2009年定为"中国生态旅游年",这次生态旅游年活动涉及我国31个省、自治区、直辖市,主题口号为"走进绿色旅游、感受生态文明"。2009年8月,"中国青海国际生态旅游高峰论坛"在青海省西宁市成功召开,论坛交流了国际生态旅游有关领域最新研究进展,并出版了论坛文集。

在旅游实践中,我国生态旅游业通过多年的发展和努力,也取得了显著的成绩。我国从1956年开始建立了第一批自然保护区;1982年,我国建立了第一个国家森林公园——张家界国家森林公园。自然保护区和国家森林公园的建立,为我国生态旅游资源的开发奠定了基础。至2009年底,我国共建立各类型的自然保护区2541个,总面积达148万平方公里;到2010年底,建立国家级自然保护区335处,被正式批准加入世界生物圈保护区网络的有28处,还有36处湿地类型的自然保护区被列入《国际重要湿地名录》。至2009年底,全国国家级风景名胜区已达208处(其中22处被列入联合国教科文组织《世界遗产名录》),国家级森林公园730处,国家地质公园182处。同时,我国已开发了一些具有典型生态价值的生态旅游区,如1999年国家旅游局通过筛选,确定四川九寨沟、云南迪庆、湖北神农架、甘新丝绸之路、长江三峡、内蒙古呼伦贝尔草原等为1999年生态环境游精品旅游目的地;此外还有众多有助于游客了解各民族社会文化特色的人文生态旅游区,例如以展示傣族居住特点为主的云南西双版纳竹楼、展示民族节日喜庆的蒙古族"那达慕"大会等。

扩展阅读 1-2:我国生态旅游发展存在四大问题

2006年8月29日,国家旅游局局长邵琪伟在全国生态旅游现场会上说,生态旅游发展在我国起步较晚,发展中还存在着一些不相适应的方面,特别是规划滞后、投入不足、缺少精品、环境恶化现象时有发生等四大问题突出。

他说,规划滞后影响了我国生态旅游的健康发展。生态旅游不同于其他旅游产品或旅游方式,更加注重经济、社会和环境多重目标的统一。只有通过科学的制度安排和机制设计,才能使多重目标协调统一起来。当前,我国生态旅游规划工作还比较滞后,特别是规划理念、专业化水平和规划深度不足,在一定程度上影响了我国生态旅游的健康发展,需要进一步借鉴和运用国际上发展生态旅游的先进理念和方法。

邵琪伟说,发展生态旅游,需要相应的保护性投入,需要有科研、管理队伍的跟进,需要建设相应的交通、通信和装备等保障设施,对环境整治也有特殊的要求。这些方面都需要相应的资金投入。在一些地域偏远、经济欠发达的地区,支撑发展生态旅游的资源匮乏更为突出,更需要政府大力的支持。

喜爱生态旅游的人不难发现,我国生态旅游产品同质性突出、精品少。邵琪伟说,我国不少地方由于对生态旅游的内涵、特点和规律把握不到位,开发指导不够,技术标准欠缺，市场定位不明确，造成同质性开发比较普遍，生态旅游的经营、管理和服务比较粗放，像九寨沟这样的具有国际影响力和竞争力的生态旅游精品还不多。

我国生态旅游发展比较晚，人们对生态环境保护的意识和力度还有待提高。邵琪伟说，在生态旅游发展过程中，由于引导不够、盲目开发，在少数地区仍然存在对资源和环境损害的现象，少数开展生态旅游的地方，环境恶化的现象依然存在，一定程度上影响着我国生态旅游的发展。

资料来源：新浪财经新闻，http://finance.sina.com.cn/roll/20060829/1549890949.shtml.

第三节　生态旅游学的研究对象、内容与方法

一、生态旅游学的研究对象与任务

生态旅游学就是研究生态—旅游系统的学科，是以生态学为指针，研究生态旅游产生和发展的规律，生态旅游产品的构成、特征、类型、功能及其运行机制，生态旅游资源的评价、开发、规划和管理，生态旅游在可持续发展总战略中的地位、作用以及运作模式，生态旅游的市场范围、目标和促销工程等。简单地来说，生态旅游学是研究生态旅游活动规律及生态旅游环境伦理的学科。

生态旅游学的任务，就是要完整而系统地阐述生态旅游的内涵和基本原理、生态旅游者及其形成和行为特征、生态旅游资源及其保护性开发、生态旅游业及其管理和发展、生态旅游社区、生态旅游伦理、生态旅游环境及其容量、生态旅游规划等内容，进而真正了解和掌握生态旅游学的知识体系，从而在实践中更好地为我国生态旅游事业的健康、稳定、可持续发展服务。

值得注意的是，在实践中很多读者会将生态旅游学与旅游生态学相混淆，认为两者含义相同。其实不然。吴必虎教授在 1996 年提出了"旅游生态学"（Recreation Ecology）[1]的概念，但其实际上属于应用生态学的一个分支，随着旅游业的迅速发展和旅游带来的一系列亟待解决的生态学问题，在近 20 多年来逐渐获得广泛接受和认可。从旅游资源可持续利用和旅游业可持续发展的角度出发，为了合理、科学地规划及管理旅游资源，促进当地社会经济的发展，并不断改善旅游资源和旅游环境，提高旅游服务质量，进而建立了一门处于生态科学和旅游科学之间的边缘学科——旅游生态学。它主要研究由各种旅游活动及与旅游活动相关的各种经营开发性活动对旅游环境资源所造成的生态破坏性分析、旅游地的景观格局对旅游者的行为和心理的影响、旅游生态负荷、旅

---

① 吴必虎. 旅游生态学与旅游目的地的可持续发展[J]. 生态学杂志，1996，15(2)：37—42.

Ecotourism

游生态区划与规划和以生态学原理为指导的旅游管理。简单地说,旅游生态学是具有旅游学色彩的生态学的分支学科,其主体学科属于生态学;而生态旅游学是旅游学科的一个分支,在学科目标和内容上,它又具有了生态学的伦理色彩,其主体学科仍属于旅游学。

二、生态旅游学的研究内容

生态旅游学是研究生态旅游活动和生态旅游业运行规律,以及渗透其中的生态旅游伦理理论的一门新兴的旅游学科,因此其直接的研究对象便是生态旅游系统运行规律以及生态旅游环境伦理,这也构成了生态旅游学研究内容最主要的两个方面。

（一）生态旅游系统运行规律

生态旅游系统运行规律是生态旅游学的主体研究对象,包括如下几个研究要点。

1. 生态旅游的产生和发展规律及其本质属性

在对生态环境资源基本问题、传统旅游发展观、生态旅游学产生的必要性和必然性、生态旅游概念等进行阐述和认知基础上,重点就生态旅游学的定义、发展历程、研究内容、学科特点、研究方法、生态旅游学的理论基础和生态旅游系统进行系统分析,从而揭示生态旅游的本质属性。

2. 生态旅游系统的构成及各构成要素间的关系

生态旅游系统在传统旅游理论研究的三要素系统基础上,增加了生态旅游环境这一要素,即旅游主体(旅游者)、旅游客体(旅游资源)、旅游媒体(旅游业)和旅游载体(旅游环境)共同构成的四要素系统。分别主要研究:

（1）生态旅游者及其形成和行为特征。阐述生态旅游者的概念、权益、责任以及分类,分析生态旅游者形成的主、客观条件,阐明生态旅游者的培养、保护性旅游行为、审美行为和生态旅游流。

（2）生态旅游资源及其保护性开发。阐述生态旅游资源的概念、特征和范畴,进而对生态旅游资源的形成、分类及保护性开发进行详细的论述与研究。

（3）生态旅游业及其管理与发展。主要介绍旅游业、旅游饭店、旅游交通、旅游区、生态旅游市场开发的一些基本概念和内容,阐述生态旅游行业、生态旅游社区及生态旅游区的管理,阐述国内外生态旅游业的发展情况,并对生态旅游业的未来进行展望。

（4）生态旅游环境及其容量与保护。主要阐述生态旅游环境的概念、构成、特点,生态旅游环境容量及其确定、量测和调控,生态旅游对环境的影响,以及生态旅游环境问题及保护对策等。

3. 生态旅游规划

在概述生态旅游规划的基础上,对生态旅游规划的原理和方法、生态旅游规划的编制程序等进行详细阐述,并结合生态旅游规划案例进行分析与研究。

4. 生态旅游社区与生态旅游发展

生态旅游社区不仅是生态旅游活动的吸引物,更是生态旅游资源及环境保护的重要力量。重点研究如何保障当地生态旅游社区的参与及福利,当地生态旅游社区又该如何行使自身权益和履行相关义务等内容。

5．生态旅游学的其他规律

如生态旅游在可持续发展战略中的地位、作用及运行模式,生态旅游学与其他学科的关系,生态旅游的信息系统等。

（二）生态旅游环境伦理

伦理在中国传统文化中主要指的是人伦之理、伦常之理,即做人的要求和规范,属于社会伦理的范畴,将其扩展到人与自然的关系上,则赋予了伦理全新的意义,称之为环境伦理,在生态旅游领域即为生态旅游环境伦理。生态旅游环境伦理的建立,是生态旅游作为旅游发展高级阶段的一个最重要的特征,也是生态旅游学的理论精髓。其具体研究内容包括:

1．生态旅游环境伦理的产生和发展过程

通过阐述伦理从社会伦理、自然伦理到环境伦理的三个发展阶段,揭示生态旅游产生和发展的必然性,揭示人类回归自然的本质。

2．生态旅游环境伦理的特征、内涵及运行机制

重点研究生态旅游环境伦理的特征、所涉及的领域和本质等,这是生态旅游环境伦理研究中的重点,有助于我们更深层次地了解生态旅游的本质和特点。同时,要了解生态旅游环境伦理的规范、评价与激励等,即生态旅游环境伦理在生态旅游系统运行中如何具体化。

3．生态旅游环境伦理与生态文化

生态旅游是一种生态文化形态。生态旅游学通过物质、制度、精神等各层面的文化研究,为进一步界定旅游生态文化的概念及其本质属性提供理论依据。

三、生态旅游学的研究方法

生态旅游学是生态学与旅游学相结合的边缘学科,因此融合了生态学和旅游学的基本研究方法,不仅如此,生态旅游学又是一门涉及多种现代学科门类的综合性学科,因此也运用了大量的现代分析与研究方法。

1．生态学研究方法

生态学属于自然科学体系范畴,其特点是通过统计、实验、监测等手段和技术等对生态环境和生态系统变化进行指标化、数量化。生态学采用的实验、监测方法,不仅为生态旅游者提供了衡量景区生态环境质量的工具,也为旅游目的地环境质量技术管理等积累了宝贵的数据资料。

研究生态旅游学,必须在方法体系上与生态学接轨,将生态学研究所获得的大量实验资料运用于生态旅游活动中。因此,自然科学研究方法为深入认识生态旅游系统提

供了途径。

2. 旅游学研究方法

旅游学属于社会经济科学体系范畴,生态旅游学则是专门研究生态旅游这种特殊旅游行为的学科,因此对它的研究也需要建立在对旅游市场、游客流量等资料分析的基础上。简单来说,旅游学科的研究方法,如资料统计法、游客客流量测法、抽样调查法、图表法等,在生态旅游学上都有不同程度的应用价值。

3. 多学科研究方法相融合

随着学科间的相互融合,现代研究手段、方法的进步,生态旅游学作为一门新兴的交叉学科,也引进和融合了多学科的现代研究与分析方法,如数理统计方法、数学模型或计算机模拟方法、"3S"技术方法、图像数据分析处理等,并正逐渐形成属于自己的一套研究方法体系。当然,这也要依赖于生态旅游学学科本身不断的发展和进步。

中国生态旅游研究内容的演进

我国生态旅游研究已经经历了由概念研究为主的兴起阶段和多种研究并起的快速发展阶段。

一、概念定义研究阶段(1995—2000 年)

(一)生态旅游的概念研究

有关生态旅游的定义很多,田里、李常林(2004)编著的《生态旅游》一书中提到了中外学者对生态旅游的 10 种定义,卢云亭、王建军(2001)合著的《生态旅游学》一书中更是列出了中外学者提出的 73 种生态旅游定义。我国最早于 1993 年就提出过生态旅游的概念,之后卢云亭(1996)、郭来喜(1997)、王兴国(1998)、王尔康(1998)、李东和(1999)都提出了生态旅游的概念。

近年来,因为国内外生态旅游的概念过于分散而不统一,有的学者致力于生态旅游概念的研究。王家骏(2002)用科学的方法对比了国内外 44 个生态旅游概念,通过综合分析与比对,并在检验概念的合理性的基础上提出了自己的观点。卢小丽等(2006)对中外 40 个生态旅游概念进行了定量分析,总结出 8 个生态旅游标准规则,它们是:以自然为基础、对保护的贡献、当地社区受益、环境教育、道德规范与责任、可持续性、旅游享受体验和文化。吴楚材等(2007)则将现有的生态旅游概念总结为 5 种学说,分别为"保护中心说"、"居民利益中心说"、"回归自然说"、"负责任说"、"原始荒野说"。鲁小波、李悦铮(2008)从内部矛盾的角度对生态旅游进行定义,指出生态旅游是解决旅游活动与环境保护之间矛盾的重要途径之一,发展生态旅游的三个基本条件是生态旅游资源、生态旅游者和生态旅游经营/管理者,并根据人们的环境保护责任意识将生态旅游的发展分为初级生态旅游、中级生态旅游和高级生态旅游三个阶段。

（二）生态旅游的特征研究

相对于传统的自然旅游来说，新兴的生态旅游有着显著的特点。卢云亭（1996）从旅游的概念出发总结如下：区域上的自然性、层次上的高品位性、内容上的专业性。杨福泉（1997）从宏观可持续发展角度论证，生态旅游是人类希望实现环境保护与经济发展相协调的可持续发展战略的必然产物，其主要特点是：以回归大自然为基调；以保护自然资源、自然环境与促进区域社会经济持续发展为目的；游人与景区居民将自己作为生态系统中的一员，在享受大自然的同时，要尽到保护自然的职责和义务。王献溥（1995）从生态旅游与生态旅游区的关系来论述，指出生态旅游是一种以生态学的观点和理论指导、欣赏、探索和认识自然和历史文化遗产的活动，它要通过宣传教育、立法、科研和持续发展等一系列有效措施，寻求最大限度地满足旅游者对大自然美景的享受、对民族文化的了解和环境保护之间的平衡与同步发展，以促进区域环境保护与经济发展以及人民生活与生态意识的提高。陈刚（1996）从环境科学的角度提出，生态旅游与近代旅游业产生以来的各种类型的自然山水旅游之间的根本不同在于对自然欣赏态度的转换。在生态旅游中，通过对环境的审美感受，使人们重新发现自然物的环境意义。自然山水旅游强调参与、进取和享受，而生态旅游则主张"无为"和"倾听"，享受自然的异质性。

（三）生态旅游资源研究

关于生态旅游资源，王良健（1995）从宏观的角度针对我国生态环境的巨大差异，将其划分为四大基本生态旅游区：东部名山、江河湖泊、田园风光生态旅游区；西北草原、沙漠戈壁、雪山绿洲生态旅游区；青藏高寒景观、江河源头、高原湖泊生态旅游区；西南高山峡谷、岩溶风光、天然动植物园生态旅游区。马乃喜（1996）则从旅游活动类型方面将生态旅游资源划分为观赏型、科学型、探险型、保健型、狩猎型、民俗型六大类型。刘继生（1997）从微观区域生态角度认为：生态旅游资源就是按照生态学的目标和要求，实现环境的优化组合、物质能量的良性循环以及经济和社会的协调发展，并有较高观光、欣赏价值的生态旅游区。

二、生态旅游开发与影响研究阶段（2001年至今）

（一）生态旅游开发研究

杨桂华（2000）阐述了生态旅游保护性开发的新思路，并总结了新目标、新观点、新模式和新原则：新目标，即以可持续发展为目标；新观点，即系统的观点和保护的观点；新模式，即综合开发导向模式、综合开发投入模式和循环开发过程模式；新原则，即生态保护的十原则。庞振刚（2001）探讨了城乡交错带生态旅游的开发，认为应该运用景观生态学的理论指导生态旅游产品开发，主张引入"自然公园配置的极化生物圈模式"，发现这一理论模式适合上海城乡交错带的生态旅游开发。杨桂华（2003）根据景观生态学的基本原理，将民族生态旅游接待村构建为一个景观生态系统，从系统中的游客、村民和村寨三个方面来审视，发现生态旅游接待村具有不同的多维价值：对游客具有"真品"

旅游价值;对村民具有脱贫的经济价值;对村寨具有民族传统文化传承和生态环境保护的社会和生态价值。三个价值的同时实现是民族村寨可持续发展的保证。岑博熊(2003)通过研究北海涠洲岛生态旅游开发的案例,提出对次生态和泛生态环境应采取开发性保护的方式,而对原生态环境应采取保护性开发的相对模式。主张在北海涠洲岛这样的次生态环境中,旅游开发必须提前介入,尤其是以生态旅游的方式介入,这是十分明智的选择,同时也是真正实现可持续发展的根本途径。江晓云(2004)研究了少数民族村寨旅游应当坚持适度超前和可持续发展的思想,以保护促发展,以切实保护好旅游区旅游资源和保证生态环境质量不下降为前提。肖朝霞、杨桂华(2004)以严格的和一般的生态旅游者系统理论为基础,对碧塔海生态旅游景区的国内生态旅游者的生态意识进行了调查,并总结了碧塔海生态旅游者的特点和培养对策。李燕琴(2006)以北京市百花山自然保护区为例,从人口统计、动机、环境态度等方面探讨了中外生态旅游者的特征差异。周笑源(2004)提出生态旅游市场营销包括生态旅游理念营销和生态旅游产品营销。李天元(2005)探讨了生态旅游概念的规范化问题,同时对生态旅游细分市场的估计和分类发表了自己的见解。

(二) 生态旅游对环境、社区和居民的影响研究

张建萍(2001)通过对肯尼亚生态旅游发展的介绍,总结出生态旅游成功的关键是:维系当地人民生活,强调社区参与,兼顾当地居民的利益。生态旅游除了是一种提供自然旅游体验的环境责任型旅游之外,也负有繁荣地方经济、提高当地居民生活品质的重要功能。何艺玲(2002)通过介绍泰国社区生态旅游的情况,认为成功发展社区生态旅游(CBET)需要具备的条件是:初期需要外界支持;逐步建立和完善村民的相关旅游组织;成立相应的旅游基金会,用于资源保护;各利益方要建立良好的合作关系,共同制定CBET产品发展计划;在CBET计划实施过程中要进行检测和评估。吴忠宏等(2005)指出一个地区的生态旅游发展要取得成功,需要有当地居民的支持,尤其是生态教育的观念与永续利用的方式,更需要先得到当地社区的认同与配合,才能得以顺利推动。他们通过对澎湖列岛居民生态旅游的认知与态度的典型相关分析,发现居民对生态旅游的认知程度愈低,在发展生态旅游的态度上则愈不积极。刘静艳(2006)认为生态旅游可持续发展的关键就是要建立各利益相关者之间的利益均衡机制,从而形成一体化的共生系统,并运用系统动力学方法,初步构建了政府、社区、保护区、旅游企业和生态旅游者五个主要利益相关者之间的结构关系,以规范各参与主体的角色扮演行为。唐晓云等(2006)提出社区生态旅游是生态旅游的重要形式,是农村社区解决"三农"问题的重要途径,并从社区居民视角,采用模糊综合评价法对龙脊平安寨社区居民的满意度进行评价,分析了当地社区居民由于对旅游开发利益分配的不满而影响社区生态旅游的发展,指出:社区(含居民)是社区生态旅游发展能否实现持续发展的决定因素,社区居民对旅游开发的满意程度将直接影响生态旅游的发展前景。

(三) 其他类型研究

夏雨生(2002)探讨了培养生态旅游人才的方案,特别是旅游景区的第一线操作、执

行人才。肖光明(2002)强调了导游在生态旅游中的作用,着重区别了导游在传统旅游和生态旅游中所扮演角色的差异,认为导游应该扮演更加具有责任感的角色,并成为生态旅游地形象的传播者。张希军(2002)对在生态旅游特别是森林旅游中,对游客进行宣传、解说和教育进行了探讨。周玲(2006)认为,当前中国制定生态旅游国家标准可以起到规范和引导生态旅游开发、保护目的地生态环境、规范生态旅游经营秩序、提高景区生态旅游管理水平等方面的作用,制定标准具有必要性;国际生态旅游认证的经验借鉴、国内实践开展以及对生态旅游的认识趋于一致等为制定中国生态旅游国家标准提供了条件,制定标准具有可行性。

(资料来源:邹统钎,万志勇.中国生态旅游发展进程[A].生态旅游理论进展与实践探索——2009中国青海国际生态旅游高峰论坛文集[C].北京:中国环境科学出版社,2010.)

 编者点评

20世纪90年代初,世界各国生态旅游均蓬勃发展,我国的生态旅游和实践还没有起步。而当我国的理论研究开始起步,并对生态旅游概念进行研究的时候,国际上的研究方向已经转向。在国外,有关生态旅游定义的大辩论已经逐步平息,人们开始更加理性地关注旅游,关注如何把生态旅游的理论应用于实践,生态旅游评价的个案不断增多,评价研究的文献也开始增多。人们开始更关心"What ecotourism does"而不是"What ecotourism is"。从这个角度来看,我国生态旅游的研究相对来说是滞后的。

进入21世纪以来,我国的生态旅游事业步入了快速发展时期,生态旅游研究水平也上了一个新的台阶,但不可否认的是,取得的探索性成果仍显不足,对实践的指导作用也不明显。大部分项目仅是贴上了生态旅游标签而已,缺乏实质性的内涵支撑。因此,我国的旅游研究者、从业者还要进一步加强对生态旅游理论与实践的探索,推动我国的生态旅游事业快速、健康、可持续发展。

 思考题

1. 什么是生态旅游? 生态旅游的兴起有哪些方面的原因?

2. 生态旅游的发展经历了哪些阶段? 各个阶段的主要特点是什么?

3. 什么是生态旅游学? 它主要研究哪些内容?

第二章 生态旅游的理论基础与生态旅游系统

导入式阅读

　　在强调可持续发展的今天,我国的生态旅游现象不断受到国际学术界的关注。《可持续旅游杂志》(*Journal of Sustainable Tourism*,*JST*)在 2008 年、2009 年、2010 年每年各有一篇关于中国的文章,例如 Zhang *et al*.(2009)研究了世界自然遗产武陵源风景区旅游者对使用电缆车和升降梯的看法与态度,通过对 45 名游客的问卷调查发现,当初以增加游客满意度为目的而修建电缆车和升降梯的想法过于夸大,反而增加了环境的压力[①]。在国内旅游研究的不断反思和改进中,"可持续旅游"(或"生态旅游")作为一种新的理念成为拯救自然旅游的代言人,出现了大量书籍和文章讨论可持续旅游、生态旅游的含义和价值,并将其视为自然旅游的"代名词",但是关于生态旅游、可持续旅游的概念并不统一,也未能形成一个被广泛接受的基本原则,并且,这些学术名词的提法遭到滥用,几乎所有的旅游活动都被冠上了生态的标签[②]。因此,在前一章对生态旅游基本概念、发展历程等作了简要介绍的基础上,本章着重帮助大家理解可持续发展正是生态旅游的核心理论,但生态旅游可持续发展过程还需要其他多种理论的共同支持,以及生态旅游系统理论是把握生态旅游研究的基础与起点。

第一节　生态旅游的核心理论——可持续发展

　　生态旅游是自然旅游的形式之一,但它与可持续发展有着极为密切的关系。生态旅游可以促进旅游业可持续发展,是保护环境、维护生态平衡的最好的旅游方式,也是实施可持续发展战略在旅游领域中的最佳选择;而旅游业的可持续发展要求生态旅游在保护旅游资源及环境、保护生物多样性,对民众进行生态环境教育、规范道德和行为等方面具有比其他旅游形式更突出的作用。世界野生动物基金会(World Wildlife

---

① Zhang C Z,Xu H G,Su B T,Ryan C. Visitors' Perceptions of the Use of Cable Cars and Lifts in Wulingyuan World Heritage Site,China [J]. Journal of Sustainable Tourism,2009,17(5):551-566.
② 依邵华. 旅游学科研究进展及当前研究热点领域[J]. 旅游学刊,2011,26(5):22—29.

Fund，WWF）认为，生态旅游是目前保证正常的生态体系的重要策略。保护旅游自然环境和生态的平衡，最终就是为了旅游的可持续发展。因此可以说，生态旅游本身就是旅游业可持续发展的重要基础，也是可持续旅游的方法之一。同时，生态旅游作为一种旅游形式，承载着比其他旅游形式更多的社会责任；也可以说，生态旅游的核心理论基础，就是可持续发展。

一、可持续发展的概念与内涵

可持续发展是一种科学的发展观，这个发展观，给人类指出了一条实现长期生存和发展的可供选择的道路。世界环境与发展委员会（World Commission on Environment and Development，WCED）指出："可持续发展是既满足当代人的需要，又不对后代人满足其需要的能力构成危害的发展。"《21世纪议程》明确指出，可持续发展要改变单纯依赖经济增长、忽略生态环境保护的传统发展模式，由资源型经济过渡到技术型经济，综合考虑经济、社会、资源、生态和环境效益。它包括了三个概念："需要"的概念，尤其是世界上贫困人民的基本需要，应放在特别优先的地位考察；"限制"的概念，是技术状况和社会组织对环境满足眼前和将来需要的能力施加的限制；"平等"的概念，也就是当代人与后代人，以及同代人中不同国家、区域在利用环境和资源机会上的平等。

可持续发展的三个基本原则是：第一，可持续原则。人类的经济和社会发展不能超越资源和环境的承载能力。第二，共同性原则。人类生活在同一地球上，地球的完整性和人类的相互依存表现了人类根本利益的共同性。第三，公平性原则。为了当代人和后代人的利益，保护和利用环境及自然资源必须注重公平性。

当然，可持续发展仅靠这三个基本原则以及人们持有这些观点是不够的，观点或原则都应转变为具体的发展战略才具有可操作性。可持续发展战略也不是单一某个方面的，而是一个复合性的概念，是生态可持续发展、经济可持续发展和社会可持续发展三者的有机统一。生态可持续发展战略是指人类为了自身的发展，在开发利用资源和环境时要遵循生态学规律，开发和利用程度限制在自然生态环境的承载范围之内，维护生态系统的正常物质循环和能量流动。为此，必须重视资源和环境承载力的研究，建立科学的环境保护标准，防止环境污染及破坏，并利用新技术和手段来恢复和重建已经被污染及破坏的生态系统。经济可持续发展战略是指经济的发展必须建立在生态的可持续发展基础上。横向上看，应在生态环境承载力范围内保持和加快国际经济的发展；纵向上看，当代人经济发展也应在资源和环境承载范围内，使得后代人可以永续利用环境资源。社会可持续发展战略是指要维护国内和国际的社会稳定发展。为此，一个国家应具有公民长期有效地参与发展决策的政策体系和社会管理体系，保证国家的稳定和发展，同时在国际上也应让各国人民共同参与并建立和平安全的社会环境。

二、可持续发展理论的生态旅游价值

事实上，生态旅游与可持续发展是分属两个领域的不同概念。生态旅游是旅游业可持续发展过程中的一种选择形式、一种优化产品及活动；而可持续发展则是人类社会、经济、环境协调发展的总体理念，是指导思想，也是战略目标和方向。尽管如此，我们认为，旅游业要想寻求可持续发展的出路和方向，生态旅游便是其保证；在生态旅游开发及发展过程中，也应该坚持可持续发展的观点与原则。

（一）生态旅游在发展理念上与可持续发展观表现出高度一致性，其目标正是可持续发展

首先，生态旅游发展与可持续发展观所强调的经济、社会、人与自然之间的协调发展相一致。可持续发展观认为，发展应该是经济、社会、人与自然之间的全面的、协调的发展。这种持续的发展观不是追求局部或片面的效益，而是追求系统的、整体的、全局的乃至长远的效益；它要求人类恰当地、合理地利用各类资源，同时也为人和社会的持续发展创造条件，并要求在利用自然资源的同时保护自然资源和生态平衡。生态旅游发展恰恰也是不以牺牲环境资源为代价，通过开展生态旅游的具体活动，增强人们的环境保护意识，进而寻求旅游经济、社会、环境之间的协调发展，获得可持续的整体效益。

其次，生态旅游与其他旅游形式的最核心差异就是生态旅游在可持续发展观指导下，对经济、社会、环境之间的关系非常重视，无论是几大效益间的横向关系，还是近期和远期效益间的纵向关系；并且，生态旅游把最终的可持续旅游作为自己的发展目标，通过实实在在的具体操作，保证旅游可持续发展的最终实现。

（二）生态旅游者及相关从业人员都应具备可持续发展观点

生态旅游者有别于一般的大众旅游者，要求生态旅游者在可持续观点的指导下，增强环境保护意识，自觉主动地保护旅游资源，在旅游活动中，尽一切可能地降低对生态旅游环境的不利因素和行为。同时，为了保证生态旅游业的全面可持续发展，相关从业人员在工作中也应具备可持续发展观点，并以此为工作准则。例如，生态旅游开发者在挖掘和开发旅游特色时，应特别注意旅游特色和环境的保护，杜绝破坏性开发，应把长远的可持续发展放在首位，而不能仅看重眼前的经济利益；生态旅游管理者和服务者也应采用节约型和保护型的管理模式，以确保生态旅游的发展后劲。

总的来说，生态旅游的核心理论是可持续发展，其与可持续发展的关系可以描述为：生态旅游是一种实现可持续发展的方式；是一种特定形式的旅游活动；是一个规模不大的旅游细分市场。生态旅游不是一般意义上的自然旅游，而是遵循可持续发展原则的自然旅游；不是可持续旅游发展原则，而是实现可持续发展原则的一种形式；不是一种营销策略，而是严格规范的管理制度；不是理想的空中楼阁，而是现实的发展工具。

扩展阅读 2-1：澳大利亚政府树立可持续旅游发展理念

澳大利亚政府有长远的眼光，没有仅仅局限于追求短期的游客人数增长和眼前的经济利益。在旅游淡季时，加大宣传和广告力度；在旅游旺季时，通过缓签入境、减少组团等方式限制国外游客入境旅游。这样虽然会减少一些收入，但适当限制游客数量却有利于保护环境，是实践可持续旅游发展观的体现。澳大利亚从国家到各州，都有完善的立法和制度对自然资源和生态环境进行保护，而且这些立法和制度都得到严格执行。例如，昆士兰州政府为摩尔顿湾（Moreton Bay）国家海洋公园制定了细致严格的保护措施，定期组织专业研究机构对公园内的景观资源健康性及其在化学、物理和生态领域的变迁作适当的评估，并据此制定相应的保护发展策略。澳大利亚政府官员如果不重视保护事业，就会在听政咨询中被质问，在选举中处于不利地位。澳大利亚设立国家公园的主要作用和功能是自然保护，而不是为了发展旅游营利。在澳大利亚，国家公园事业被纳入社会范畴，每年国家投入大量资金建设国家公园。国家公园范围内的一切设施，包括道路、野营地、游步道和游客中心等均由政府投资建设。虽然国家公园采取所有权与经营权分离的经营方式，但却没有出现承包商为了收回投资而肆意开发的情形。

事实上，作为世界上第一个制定和实施国家生态旅游战略的国家，澳大利亚早在1994年就出台了《全国生态旅游战略》（Australian National Ecotourism Strategy, ANES），其目的在于：找出影响或者可能影响澳大利亚生态旅游规划、发展和管理的主要问题；制定一个全国性的纲领，来指导生态旅游经营者、国家资源管理者、规划者、开发商以及各级政府发展生态旅游；通过制定政策和开展项目来实现生态旅游的可持续发展。该战略对以下几个方面的问题进行了明确：确定旅游规划、开发和管理方法；规划和控制；自然资源管理；基础设施建设；环境影响评估和监控；市场营销；行业标准；行业认证；生态旅游教育；为土著人提供发展机会；解决自然资源分配和管理中的公平问题等。这一战略成为澳大利亚全国生态旅游发展的纲领性文件。

资料来源：李永乐，张雷，陈远生．澳大利亚可持续旅游发展举措及其启示[J]．改革与战略，2007,3：35—38.

第二节　生态旅游可持续发展的主要理论基础

生态旅游的最终目标是可持续发展，实现这一目标必须将可持续发展理论全面贯穿于生态旅游发展领域，同时还需要相关理论作为支撑和基础，来引导和确保生态旅游业的可持续发展得以顺利实现。

Ecotourism

一、地理学相关理论

与生态旅游具有密切关系的地理学理论是所谓的"地域分异规律"。

地域分异规律(Rule of Territorial Differentiation)是指自然地理环境各组成成分及其构成的自然综合体在地表一定方向分异或分布的规律性现象。一般认为,这一空间地理规律包括纬度地带性和非纬度地带性两类:纬度地带性是指因太阳辐射能在地表分布不均而呈东西向带状分布,导致自然综合体沿纬线方向东西延伸而按经线方向有规律地南北循序更替的现象;非纬度地带性是指因地球内能引发的海陆分布、地形、构造等因素影响而形成的分异现象,主要包括因距离海洋远近不同而形成的干湿分异和因山地海拔增加而形成的垂直分异。

地域分异规律启示人们在进行各类生态环境建设时应遵循因地制宜、分类指导的原则,从而实现区域间的合理分工与密切合作。自然,生态旅游开发首先也必须尊重地域分异规律,通过科学、合理的规划与设计使区域的生态旅游特色与空间地域本身的规律相适应,尽量减少生态旅游开发中的主观随意性;尤其要关注某些地方性的分异规律,如坡向、地面物质组成、地下水深度、小气候等条件的变化,从而使生态旅游开发真正建立在科学的基础之上。

二、生态学相关理论

生态学(Ecology)是研究生物与其环境之间的相互关系的一门科学。在全球经济的快速发展进程中,人口的增长和人类活动干扰对环境与资源造成了极大压力,因此人类迫切需要掌握生态学理论来调整人与自然、资源以及环境的关系,协调社会经济发展和生态环境的关系,进而促进可持续发展。可以说,生态学既是连接自然科学与社会科学的桥梁,也是生态旅游的基础学科,生态旅游发展必须站在生态整体性的高度,同时遵循生态学相关理论与规律。

(一)生物多样性理论

生态环境不断恶化、人口迅猛增加、生境不断破碎以及外来物种入侵等全球性重大问题成为生物多样性锐减的决定性影响因素。生物多样性作为描述自然界生命形式多样化程度的概念,一般包括物种的遗传与变异的多样性(genetic diversity),动物、植物、微生物的物种多样性(species diversity)以及生态系统的多样性(ecosystem diversity)三个组成部分。

遗传多样性是生物多样性的重要组成部分。广义的遗传多样性是指地球上生物所携带的各种遗传信息的综合,这些遗传信息储存在生物个体的基因之中。因此,遗传多样性也就是生物的遗传基因的多样性。任何一个物种或生物个体都保存着大量的遗传基因,可被看作一个基因库。一个物种所包含的基因越丰富,它对环境的适应能力越强。基因的多样性是生命进化和物种分化的基础。物种多样性是生物多样性的核心，它既体现了生物之间及环境之间的复杂关系，又体现了生物资源的丰富性。生态系统多样性是各种生物与其周围环境所构成的自然综合体，包括生境的多样性、生物群落和生态过程的多样化等多个方面。其中，生境的多样性是生态系统多样性形成的基础，生物群落的多样化可以反映生态系统类型的多样性。

生物多样性的减少，不仅使人类丧失了各种宝贵的生物资源，而且造成了生态系统的退化，直接与间接地威胁人类生存的基础。在生态旅游过程中，通常以各类自然保护区为旅游目的地进行，不适宜的生态旅游活动会给野生动植物及其栖息地造成巨大伤害，但适度的干扰有益于保护区的生物多样性保护。因此，自然保护区内的生态旅游活动应该以生物多样性理论为指导，进行科学的组织和管理，严格执行保护区的各项管理法规和措施，通过开展特定时空限制下的适度集约化的生态旅游形式，达到既能满足生态旅游业的社会需要，又能最大限度地保护生物多样性、维持自然界生态系统平衡的目的。

（二）生态位理论

生态位（niche）理论是生态学中的基本理论之一，在研究种间关系、群落结构、生物多样性、生物结构稳定性与演化方面得到了广泛的应用，成为 20 多年来生态学研究的中心之一。关于生态位的概念，最具代表性和现实指导意义的是哈钦森（Hutchinson）的"多维超体积生态位"，他认为生物在环境中受到多个而不是两个或三个资源因子的供应和限制，每个因子对该物种都有一定的适合度阈值，在所有这些阈值所限定的区域内，在任何一点所构成的资源环境组合状态上，该物种均可以生存繁衍，所有这些状态组合点共同构成了该物种在该环境中的多维超体积生态位。通俗地讲，生态位就是生物在漫长的进化过程中形成的，在一定时间和空间拥有稳定的生存资源，进而获得最大生存优势的特定生态定位。

生态位与种群相对应，一般来说，一个生态位只能容纳一个特定的生物种群。在自然生态系统中，随着系统的演替，在向顶级群落阶段发展时，其生态位数目渐增，空白生态位逐渐被填充，生态位逐渐被饱和，从而构成了复杂稳定的具有网络结构的生态系统。生态位重叠（niche overlap）是生态位理论的中心问题之一，它是指不同物种的生态位之间的重叠现象或共有的生态位空间。如图 2.1 所示，两个物种的重叠程度取决于它们获取同一食物的几率及各自的生态位宽度。当然，在生态平衡时，各个生物的生态位原则上不重叠。若有重叠，那么必然是不稳定的，必然会通过物种间的竞争来削减生态位的重叠，直到平衡为止。通常多个种群组成的生物群落，要远比单一种群的群落更能有效利用环境资源，维持长期较高的生产力，也具有更大的稳定性。

生态位理论为在生态旅游活动中对野生动植物的保护提供了重要的理论依据。首先，生态旅游活动过程中易对某些生物的生态位发生挤占，从而导致利用这一生态位的物种减少甚至濒临灭绝，抑或是打乱原有的生态位格局，造成生态系统的混乱与失衡。因此，在生态旅游设施、项目以及线路进行规划时，要尽量避免占用野生动物的栖息地

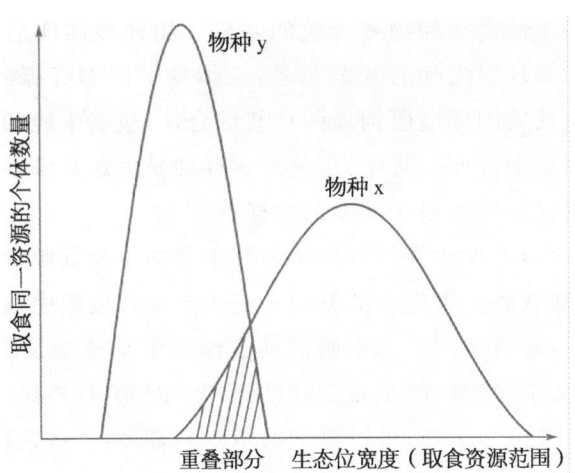

图 2.1　物种间生态位重叠示意图

或迁徙廊道,尽量避免造成生境的破碎化,尽可能地保护野生动植物原有的生境条件。其次,不当的生态旅游设计和生态旅游者行为往往促使野生动物对人类形成依赖,例如游人好心给动物喂食、不封闭的垃圾箱诱使野生动物翻检垃圾箱寻找食物等,从而导致野生动物生存本能下降,甚至离开自己特定的生态位,破坏生态系统原有的稳定性。因此,生态旅游活动要尽量避免形成野生动物对人类的依赖性。再次,在生态旅游规划设计中,要尽量保护关键物种,以及预防游客带入的外来物种入侵。关键种在建群以及维持生态系统稳定性方面发挥着重要作用,必须给予重点关注。外来入侵物种往往生存、繁殖能力较强,易于传播,且对原有生态系统具有危害性,尤其是这些入侵物种能够起初占据空生态位,而后逐渐地竞争、排斥掉生态系统的土著物种,这种入侵过程往往易被人们忽略,而当外来种爆发时才引起关注,其生态后果相当严重。因此,要尽量保护关键种,同时注意游客有意或无意带入的各类外来物种。

（三）景观生态学原理

景观生态学(Landscape Ecology)是现代生态学中内容最丰富、发展最快、影响最广泛的学科之一。广义的景观包括现在从微观到宏观不同尺度上的、具有异质性或缀块性的空间单元,而空间格局及其变化如何影响各种生态学过程一直都是景观生态学中的中心问题。

在景观生态学中,景观的基本结构单元不外乎三种:缀块(patch)、廊道(corridor)和基底(matrix)。缀块泛指与周围环境在外貌或性质上不同,并具有一定内部均质性的空间单位。具体地讲,缀块可以是植物群落、湖泊、草原、农田或居民区等,因此,不同类型缀块的大小、形状、边界以及内部均质程度都会表现出很大的不同。廊道是指景观中与相邻两边环境不同的线性或带状结构。常见的廊道包括农田间的防风林带、河流、道路、峡谷、输电线路等。基底则是景观中分布最广、连续性最大的背景结构。常见的有森林基底、草原基底、农田基底、城市用地基底等。必须指出,在实际研究中,要确切区分缀块、廊道和基底有时是很困难的,也是不必要的。因为景观结构单元的划分总是与观察尺度相联系,所以这三者的区分往往也是相对的。

根据景观生态学的基本结构单元,生态旅游区也可以看作是由缀块、廊道和基底构成的异质性景观,由于这三者相互影响、相互作用,并共同影响着生态景观的美学质量和观赏价值,因此,根据生态旅游区的具体特征,应用景观各要素进行合理组合,形成效益优良、景观美学效果良好的生态旅游景观格局便成了生态旅游景观规划与设计的核心内容。此外,缀块的数量、大小及形状,缀块与缀块之间的空间关联性和功能联系性,景观类型的性质、多少、比例及空间分布等都极大地影响着景观在空间结构、功能机制和时间动态等方面的多样性和变异性。景观的多样性又恰恰是维持物种多样性和生态环境稳定性的基础,在土地利用规划、景观评价与设计、野生动植物保护和自然保护区建设等方面均有重要意义。因此,在生态旅游开发时,应通过对生态旅游区的林带、绿地、水域、小径、生态建筑等景观要素的巧妙布置与适当增减,充分利用生态旅游区景观的缀块、廊道、基底之间的关系,从而使生态旅游区的生物多样性保持在较高的水平上,并且提高区域生态环境的稳定性与抗干扰能力。

（四）恢复生态学原理

恢复生态学(Restoration Ecology)与景观生态学同样,均属于现代生态学的一个分支,主要致力于那些在自然灾变和人类活动压力下受到破坏的自然生态系统的恢复与重建。它所应用的是生态学的基本原理,尤其是生态系统演替理论。恢复生态学在加强生态系统建设和优化管理以及生物多样性的保护方面具有重要的理论和实践意义。

根据生态系统退化的不同程度和类型,可以采用不同的恢复方式:恢复、重建和保护。对生态系统的结构和功能已受到严重的干扰和破坏,影响经济发展的区域,采用人为措施恢复;对生态系统的结构和功能已受到严重的干扰和破坏,自然恢复有困难的区域,采用人工生态设计,实行生态改建或重建;对生态敏感、景观好、有重要生物资源的地区采用保护的方式。

我国生态系统退化的现实非常严峻,恢复生态学相关原理对优化生态旅游的开发、规划与管理以及恢复受损的生态旅游资源,具有十分重要的价值。众所周知,生态旅游开发与规划的对象即为自然生态系统,但是,随着近年来旅游资源大规模开发、旅游市场极度膨胀,以及人类活动对自然系统有意或无意的破坏,世界上已很难找到完整的、没有被损坏的生态系统。在此背景下,如果开发者不了解生态系统本身的规律以及生物、非生物因子相互作用的机理过程,生态旅游的开发只能进一步导致生态环境的恶化。国内外很多生态恢复实践均表明,生态恢复如果缺乏正确的指导,其恢复往往是盲目的,并且成功率很低。因此,生态旅游的开发与实践应遵循生态系统恢复的相关规律,尤其是已遭受破坏的区域,依靠科学的、有计划的恢复、重建或保护,最终促使生态旅游不仅成为旅游业可持续发展的支柱,也成为生态环境保护与恢复的重要途径。

（五）循环经济原理

循环经济(Cyclic Economy)是按照自然生态系统物质循环和能量流动规律重构经

济系统,使经济系统和谐地纳入到自然生态系统的物质循环的过程中,建立起一种新形态的经济。循环经济在本质上就是一种生态经济,要求运用生态学规律来指导人类社会的经济活动。它是在可持续发展的思想指导下,按照清洁生产的方式,对能源及其废弃物实行综合利用的生产活动过程。它要求把经济活动组成一个"资源—产品—再生资源"的反馈式流程;其特征是低开采、高利用、低排放。

目前,解决经济发展与环境保护之间的协调问题,发展循环经济是根本出路。旅游本身就是一种消费行为,传统的"吃、住、行、游、购、娱"旅游六要素均与能源和资源消耗关系密切。因此,生态旅游的发展也必须以循环经济作为指导,改变传统的粗放型增长模式。生态旅游区是一个开放的人工生态系统,需要从外界输入能量、物质和信息,然后在产业内部进行加工,并把生态系统内产生的各种排放物在内部消化掉,构建生态旅游产业的循环系统。在生态旅游实践中,许多地区都积累了很多较好的做法以尽量减少资源消耗并实现产业循环运行。例如,使用地方材料,推广绿色环保建筑,在建筑物的体量、空间布局、内部结构及其风格与外部装饰上尽量减少物质和能量消耗,并与周围环境相互协调;充分利用太阳能、风能、生物能等可再生能源,限制和禁止使用化石能源;在餐饮方面,以地方特产和绿色食物为主,严禁捕猎被保护动物;收集雨水并循环利用,生产和生活污水循环再利用等等。

扩展阅读 2-2:基于资源保护的加拿大班夫国家公园开发设计

加拿大是世界上生态旅游发展较早,也是比较成熟的国家。班夫(Banff)国家公园是加拿大第一个国家公园,设立于1885年,以山湖之旅著称。公园内云天、冰雪、山岩、林木倒映在湖面上,春夏时丰艳绝伦,秋冬时典雅娴静,构成了画家和摄影家们梦寐以求的画面。目前,班夫国家公园已成为著名的旅游胜地,每年有400万游客到此旅游。国家公园内根据天气条件不同,制定了冬夏不同的旅游活动项目,如豪华巴士或火车观光、高尔夫球、泛舟漂流、徒步旅游、乘雪橇、滑冰及滑雪等。

在旅游开发过程中,加拿大政府特别重视资源的保护,于1930年颁布了《国家公园法》,把保护看作国家公园三大功能中的首要功能,在保护自然资源的前提下尽可能地为国民提供各种游憩机会。因此,班夫国家公园实行了功能分区开发。具体分成5个区域,各区的功能并不相同。

(1)绝对保护区。这一区域具有珍贵的自然景观和珍稀濒危的生物物种,约占公园面积的4%。这一区域严禁旅游活动,游客不准进入。

(2)杜绝人类干扰的荒野区。这类区域较为广大,占公园面积的近93%,多为陡峭的山坡、冰川和湖泊。这个区域在开发中也属于保护的范畴,但和绝对保护区相比,可以有控制地进行一些野外考察和远足活动,其活动量严格控制在自然环境的承载范围内,在旅游建设中,只建设一些人行小道和简易的宿营地。

（3）自然风光风景区。这一区域面积较小，占公园面积的1%，具有优美奇特的自然景观，主要开发功能是观光。这一区域修建了简易的旅馆和其他设施，交通上仅允许人和非机动车辆进入。

（4）娱乐区。这一区域面积也仅占公园的1%，开展滑冰、游泳等户外娱乐活动。该区域修建了公路，并允许机动车辆进入，旅游设施较为齐全，也是游客相对集中的区域。

（5）旅游城镇区。该区域为班夫市区和路易斯湖游览的中心，占地面积不足公园面积的1%，但却是公园旅游业的管理中心，主要负责游客的食宿、娱乐和购物等。

资料来源：①佟玉权，王辉. 环境与生态旅游［M］. 北京：中国环境科学出版社，2009：112—113.②马有明等. 国外国家公园生态旅游开发比较研究——美国黄石、新西兰峡湾及加拿大班夫国家公园为例［J］. 昆明大学学报，2008，19（2）：46—49.

第三节　生态旅游系统

一、旅游系统

旅游系统是运用系统论思想来研究旅游问题，旅游系统论的观点就是要求研究者把旅游视为一个相互依赖又相互作用的系统平衡推进、协调发展的综合体，而该综合体又成了对旅游业进行系统改造的对象，这样旅游系统就自然成了旅游学研究的对象。目前，国内外不同学科背景的研究者出于不同的研究目的，从不同角度提出了各自的旅游系统模型，对旅游系统的具体内涵的认识争论仍较大，这一问题也已成为旅游学术界的一大热点问题。本节针对几种比较有代表性的旅游系统模型进行介绍。

（一）旅游功能系统模型

美国旅游规划专家Gunn教授于1972年提出了旅游系统的概念，并提出了旅游功能系统模型。他当时认为，旅游系统由需求板块和供给板块两部分组成，其中需求板块为旅游者，供给板块由交通、信息促销、吸引物和服务等构成。这五个部分是旅游规划的基本要素，旅游活动的实现，至少涉及这五个要素，并形成一个相互依赖、共同作用的有机整体。2002年，Gunn提出了一个新的旅游功能系统模型（如图2.2所示）。在这个模型中，供给和需求两个最基本要素之间的相互匹配构成了旅游系统的基本结构，在供给子系统里，吸引物、促销、交通、信息和服务之间存在着相互依赖的关系，它们共同作用，提供符合市场需求的旅游产品。如果说1972年的模型对供给和需求的描述很大程度上仅停留在对旅游者、信息、促销、交通、吸引物和服务五个要素进行分类，那么2002年的模型则更体现了旅游系统的本质。

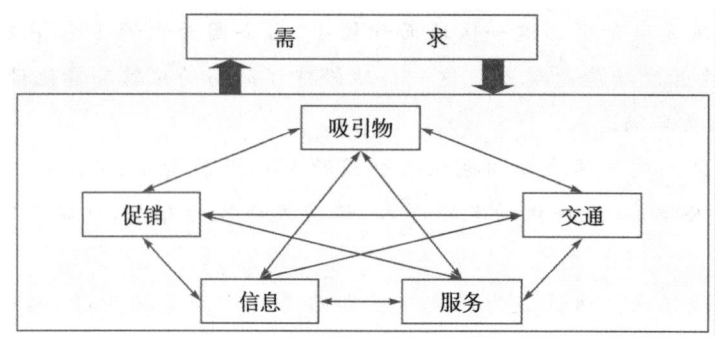

图 2.2 旅游功能系统模型

资料来源:Gunn C A, Var T. Tourism Planning: Basics, Concepts, Cases[M]. 4th ed. New York: Routledge, 2002.

(二)旅游地理系统模型

澳大利亚学者 Leiper 在 1979 年提出,并于 1990 年重建了旅游地理系统模型(如图 2.3 所示)。在对旅游进行定义时,Leiper 抓住了旅游者空间移动这一显著特征,将旅游视为客源地与目的地及旅游通道相连的空间系统,找到了旅游行业和旅游部门的定位,并提出了所有旅行活动本身都会涉及的地理因素。在模型中,重点突出了客源地、目的地和旅游通道三个空间要素。它把旅游系统描述为旅游通道连接的客源地和目的地的组合。同时,在该模型中既可看到 Gunn 旅游功能模型的影子(供给与需求的相互关系),又可发现客源地和目的地的空间关系。因此,该模型对旅游系统的分析是从旅游空间结构和旅游供求两个层面着手的。

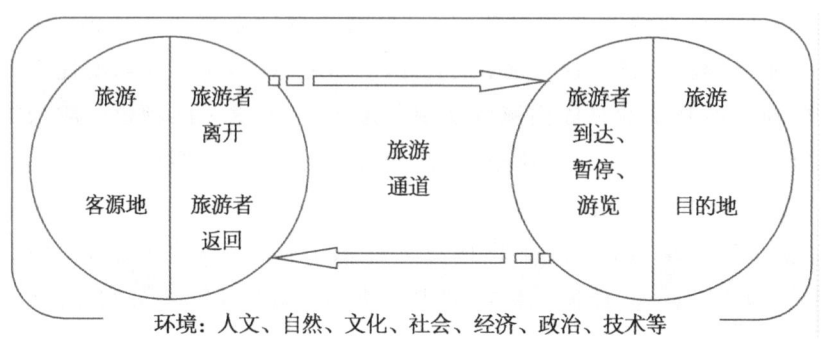

图 2.3 旅游地理系统模型

资料来源:Leiper N. The Framework of Tourism[J]. Annals of Tourism Research, 1979, 6(4):390-407.

(三)旅游系统模型

我国学者吴必虎在国外模型的基础上,于 1998 年提出了一个新的旅游系统概念模型。他把旅游系统分为客源市场系统、目的地系统、出行系统和支持系统四个部分。1999 年,王家骏也提出了旅游系统模型,把旅游系统与外部环境相结合,增加了输入和输出两项内容(如图 2.4 所示)。这种将系统与环境联系起来的做法,不仅对旅游系统的结构描述更加完整和全面,而且在思考问题的角度和方法方面也是一种提高和进步。

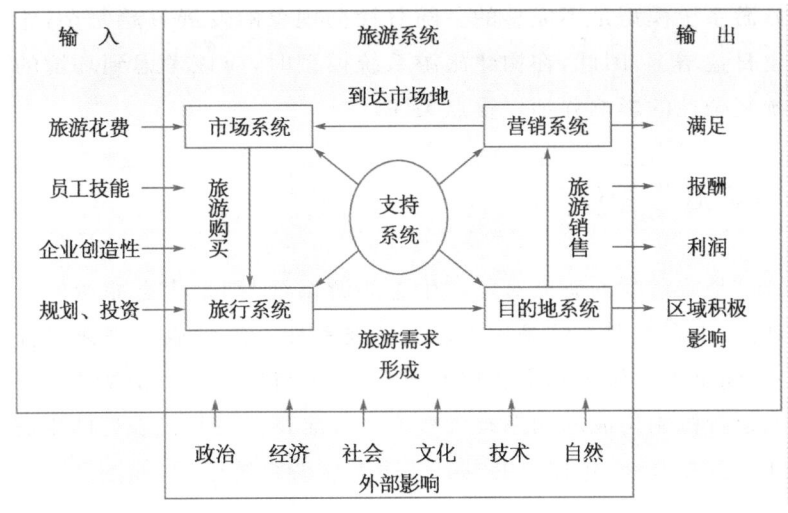

图 2.4 旅游系统模型

资料来源:王家骏. 旅游系统模型:整体理解旅游的钥匙[J]. 无锡教育学院学报,1999,13(1):66—69.

（四）旅游耗散结构系统模型

2005 年,王迪云提出了旅游耗散结构系统模型(如图 2.5 所示),该模型把旅游耗散结构与外部环境之间的各种交互作用综合定义为一个完整的旅游耗散结构系统。将耗散结构与旅游系统结合在一起,在旅游系统研究中是一种创新,但在该模型内部,各子系统之间、要素之间仅为包含关系,相互的联系表现得仍不够紧密。

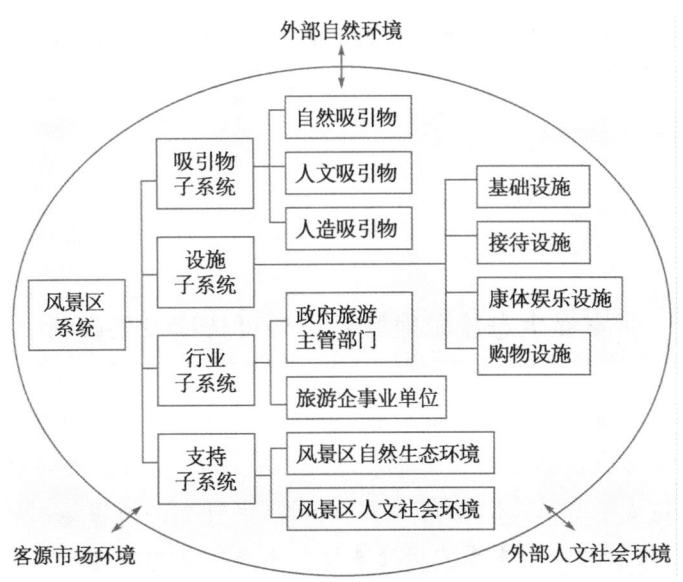

图 2.5 旅游耗散结构系统模型

资料来源:王迪云. 旅游耗散结构系统开发理论与实践[M]. 北京:中国市场出版社,2006.

　　任何系统都是在一定的环境中产生的,又将在环境中运行和演化,因此可以说,不考虑环境的旅游系统模型是不完整的。随着社会现象的发展日趋复杂,旅游系统需要考虑的因素也日益增多,因此,在构建旅游系统模型时,应该考虑到环境的变化和复杂性对旅游系统复杂性的影响并加以重点关注。

二、生态旅游系统

　　"旅游系统"是旅游学的研究对象,"生态旅游系统"则是生态旅游的研究对象。根据系统论的观点,生态旅游系统是指生态旅游要素按一定的旅游规律组合而成的有机整体,也就是在满足生态旅游基本要求的地域内,由与生态旅游密切关联的各要素按一定的旅游市场运行机制构成的动态有机整体。目前我国最具代表性的生态旅游系统理论模型是杨桂华等在 2000 年提出的"四体"生态旅游系统模式(如图 2.6 所示),即生态旅游系统由主体(生态旅游者)、客体(生态旅游资源)、媒体(生态旅游业)和载体(生态旅游环境)四要素构成。"四体"生态旅游系统与传统的旅游系统相比存在着质的差别,这种"质"就是保护,保护的对象是生态旅游资源、生态旅游环境和旅游目的地当地社区的利益。

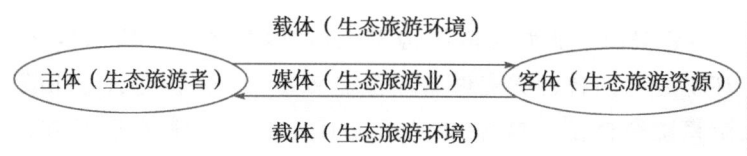

图 2.6　生态旅游系统的"四体"模式

资料来源:杨桂华,钟林生,明庆忠. 生态旅游[M]. 北京:高等教育出版社,2000.

案例

张家界生态旅游地域系统与可持续发展探讨

　　张家界作为中国第一个国家森林公园、世界地质公园和世界自然遗产地,发展生态旅游是其可持续发展的必然道路。由于生态旅游地属于自然生态环境敏感区,旅游业极易对生态环境造成破坏,因此,如何从长远出发,促进生态旅游地的可持续发展,达到人与自然的和谐,就成为一个重要的研究课题。本案例从地域系统的角度出发,探讨张家界生态旅游地域与旅游地可持续发展的关系。

一、张家界生态旅游地域系统运行现状

（一）旅游客体子系统

1. 生态旅游资源丰富

张家界因旅游建市,是国内重点旅游城市,生态旅游资源特色突出,品位较高。武陵源风景名胜区拥有世界罕见的石英砂岩峰林峡谷地貌,由张家界国家森林公园和天子山自然保护区、索溪峪自然保护区、杨家界四大景区组成,风景游览区面积264.6平方公里,是中国首批入选的世界自然遗产、世界首批地质公园、国家首批5A级旅游景区。"武陵之魂"天门山国家森林公园、"世界罕见的物种基因库"八大公山国家级自然保护区、道教圣地"南武当"五雷山、"百里画廊"茅岩河、万福温泉等景区也是景色秀美、风光独特。贺龙故居、湘鄂川黔革命根据地省委旧址是全国重点文物保护单位,普光禅寺、玉皇洞石窟群、老院子等八处人文古迹是省级重点保护单位。土家风情园、秀华山馆等民族风情景点和魅力湘西等演艺节目,全面展现了土家族、白族、苗族等少数民族传统习俗和民族文化。

张家界市是土家族、白族、苗族等少数民族的聚居地,以民俗生态为主的人文生态旅游资源丰富。在长期的历史发展中,各民族形成了他们独特的风情习俗和民间艺术,尤其以土家族民俗风情最为典型。高花灯、薄草锣鼓、鼓舞、对歌、板凳龙、三棒鼓、接龙舞、茅古斯舞、摆手舞、大庸阳戏及傩愿戏等民族歌舞别具一格。土家吊脚楼以及苗族、瑶族、白族村寨高超的建筑艺术令人惊叹不已。

2. 生态环境良好

张家界属中亚热带山原型季风湿润气候,四季分明,生态环境优良。全市森林覆盖率达66.98%,核心景区为98%。市城区空气质量优良率达90.1%,景区为一级。全市饮用水水源水质达标率为99.6%,90%的地表水水质达到了Ⅱ类标准以上,主要污染物排放量均低于国家控制标准。核心景区空气中负氧离子含量高达10万个/cm³,空气含尘量较外界减少88%,细菌减少97%,空气湿度增加10%,静风时间达80%以上。经常置身于景区,会使人血压下降,脉搏恢复率平均提高30%,人体感觉极为舒适。

(二)旅游主体子系统

1. 客源呈时间、空间的不均衡

随着张家界知名度的不断提升,游客数量已经接近甚至超过了(在黄金周高峰期)旅游承载能力,按《武陵源风景名胜区总体规划》中的设计,核心景区日均接待人次最大容量为2.2万人次,而"黄金周"核心景区日均接待人次超过最大容量的1~3倍;黄龙洞设计的日均接待容量为7 000人次,而"黄金周"实际达到了日均14 000人次。张家界旅游接待明显有三个时间高峰期,即"五一"、暑假、"十一",表现出旅游人数过多,甚至超过旅游环境容量,造成旅游接待设施旺季满足不了需要,淡季闲置过多、资源浪费的后果,同时旺季旅游环境负荷过重,给旅游生态环境带来了一定的压力,如游客过多使得武陵源区在枯水季节出现了供水困难危机。

数据显示,目前国内游客主要是以周边省份为主,珠三角、长三角、京津地区游客近几年有较大的发展,东北、西北及沿海其他地区市场还没有明显的改善,如辽宁、山东、福建等出游力比较旺盛的省份游客比重很小。2006年"五一"黄金周张家界旅游客源

市场抽样调查结果(表 1)显示,整体而言国内游客结构还不合理,国内客源结构有待进一步丰富,真正吸引来自全国各地的生态旅游者。

表 1　2006 年"五一"黄金周张家界旅游客源市场

市　　场	包含地区	市场份额(%)
华东市场	沪、苏、皖、浙、闽	14.79
周边市场	湘、赣、鄂	38.97
北方市场	京、津、晋、冀、豫	30.69
南方市场	粤、桂、琼	5.42
西南市场	川、渝、贵、云	1.08
西北市场	陕、甘、宁、青、新	5.74
东北市场	东三省	3.31

近几年,在国际客源市场上,韩国游客占张家界市境外游客总量的 90% 以上,且韩国游客主要集中在中老年游客群体,到 2005 年达到近 120 万人次,但 2006 年、2007 年数据显示,韩国市场有逐渐萎缩的迹象(表 2)。同时,与之相邻的日本市场仅为韩国市场的 1/10 左右的规模,并且还不是很稳定,表现出时强时弱的特征。东南亚是与我国地域上比较接近的另一个客源市场,但从张家界近几年的数据看,该市场发展也不甚理想。欧美市场在逐渐地打开,表现在 2006 年与 2005 年相比出现了成倍增长的游客数量,2007 年更是三倍于 2005 年的游客数量,可见欧美市场有很大的发展潜力,但目前的状态还远没有达到应有的水平,因此应继续加大对欧美市场的宣传和促销,逐渐吸引更多的欧美旅游者。

表 2　张家界境外游客接待情况(人次)

年份	韩国	日本	东南亚	欧美
2000	5 741	20 436	12 404	1 115
2001	58 723	10 659	4 199	3 589
2002	194 886	43 373	5 006	7 903
2003	230 698	9 291	4 848	1 085
2004	780 757	9 256	5 580	782
2005	1 160 751	12 218	30 948	7 500
2006	1 030 015	12 748	38 243	15 297
2007	1 025 833	6 952	44 694	20 774

2. 生态旅游从业人才匮乏

随着张家界旅游业的飞速发展,游客的需求发生了变化。但旅游从业人员素质偏低,知识结构不够完善,专业水平较低,讲解技巧不够娴熟,且文化程度普遍不高。此外,各类专业旅游人员缺乏,如导游、政府公共管理人才、旅游企业管理与营销人才、国际化人才严重缺乏,难以满足旅游发展需求。如武陵源区直接从事景区经营管理的有1 000多人,张家界森林公园管理处有1 500多名职工。这些人员大部分都是原林场或农场职工子女和因景区开发建设征地的失地居民,文化层次不高,素质较低。景区的从业人员也大多没有接受过生态旅游方面的教育,对于生态旅游的知识和特点了解甚少。

3. 旅游者生态素质较差

游客在生态旅游系统中占据核心位置,但是大部分旅游者还没有达到生态旅游的素质要求。在张家界国家森林公园,常见到游客的一些不良行为和不好的习惯,这些行为都会对生态环境造成直接或间接的影响。另外,在旅游旺季和人流比较集中的景点和地段,仍然存在生态破坏和环境污染,导致景区内生活污水增多,垃圾废渣、废物剧增,严重影响了生态旅游区的环境质量,降低了生态旅游的价值。

(三)旅游媒体子系统

1. 旅游业内竞争激烈

张家界的很多景区存在低水平重复开发现象。溶洞和漂流线路的重复开发尤为明显,个别地方和开发商不顾张家界旅游市场整体利益,缺乏全局观念和长远眼光,粗制滥造开发了一些档次不高、质量较低的外围景点和项目,干扰了核心景区和精品线路的销售,虽然是个别现象,但严重影响了张家界的品牌形象。

2. 生态旅游市场竞争激烈

张家界地处湘鄂渝黔边区,湖北、重庆、贵州均为我国旅游资源丰富、生态环境较好的地区,这些地区也高度重视生态旅游的发展,纷纷将其确定为优先发展的产业,旅游经济效益已经初步显现。这必将在区域范围内引发各地吸引社会资金、人力、信息、技术等资源要素的竞争,同时增加了旅游者对旅游目的地选择的机会,加剧了旅游市场的分割竞争态势,对张家界生态旅游的发展构成强有力的挑战。而且,这一区域同属于武陵山脉,旅游资源具有较大的同质性,在旅游产品开发上必定存在一定的相似性,同质性也必然带来同类产品的激烈竞争。因此,如何在产品的创意上做文章、组合旅游资源、突出生态特色、形成竞争力,是张家界生态旅游发展面临的问题。

(四)旅游载体子系统

1. 设施和交通体系渐趋完善

张家界作为湘鄂渝黔边区的中心,处于中西部接合地带,南北有枝柳铁路贯通,是东、西、南、北的人、物、信息、交通等交汇处,已基本形成铁路、公路、航空三位一体的立体交通网络。旅游列车直达全国30多个大中城市,张家界火车新客站已投入运营,常张高速公路已经通车。张家界荷花机场已于1994年建成启用,扩建工程正在进行之中,现已开通至全国30多个大中城市的航班和直达韩国首尔、釜山的国际包机航线。

旅游交通和旅游接待服务设施日趋完善,旅游日接待能力可达3.62万人。旅游景区建设方面,建成了游道、索道、观光电梯等一批景区重要基础设施。在旅游接待方面,目前全市拥有各类宾馆400多家,其中星级宾馆57家,床位1.32万张,首家五星级酒

店武陵源国际度假酒店于2008年正式挂牌,旅行社65家,其中国际社24家,中国康辉国旅、湖南华天国旅等知名旅行社落户本市。持证导游员2 104人,其中外语导游67人,基本能满足旅游者需要;旅游运输公司14家,车辆1 127辆。城市基础设施方面,城区干道网络基本建成,主干道进行了高标准的改造,有力地提升了城市形象。

2. 旅游环境破坏现象普遍

部分项目的开发建设对张家界旅游生态环境产生了一定的负面影响,破坏了项目所在区域的土壤、植被等。除此之外,逐年增多的游客、私家车等不断涌入张家界,给张家界的生态环境和资源带来了不小的压力,造成了水污染、空气污染、土壤污染等问题。

二、张家界生态旅游可持续发展建议

(一)强化生态旅游资源管理

1. 实行生态轮休

生态轮休有利于生态旅游区的自我恢复,使景区主动调节旅游流量的时空分布,能更好地实现生态旅游资源的优化管理。张家界生态旅游景点众多,游客接待不平衡,通过生态轮休将在一定程度上改变这一现象,既能合理使用生态旅游资源,又能保护好生态旅游资源。尤其是武陵源核心景区,可在旅游淡季对金鞭溪、黄石寨、天子山、袁家界、杨家界等主要景点进行生态轮休,更好地维护生态环境。

2. 实施生态工程

实施生态工程将能更好地保护生态旅游资源和生态环境。张家界先后建设了黄龙洞生态广场、吴家峪旅游生态广场等生态工程,以及正在建设中的澧水风光带。同时,应结合张家界森林旅游资源,在生态旅游景区周边建设生态公益林,建立娃娃鱼生态养殖工程,建立干果(如枣子、板栗、核桃等)生态种植基地等,通过这些生态工程的建设创出一条生态环境建设和旅游经济双促进的发展路子。

3. 进行生态监测

张家界绝大部分生态景区处于生态脆弱区,需要建立主动式的生态监测网络,通过常规化的监测来保证及时地发现问题,调整管理措施,主要内容包括旅游景点景区的环境基本要素监测、生物多样性监测、生态安全监测、生态旅游发展监测等。2005年,武陵源被建设部列为全国24处国家级风景名胜区数字化试点单位之一,并编制完成了《数字武陵源规划》,《规划》中数字景区应用领域包括了规划监测系统、森林防火系统、环境监测系统、生物资源监测系统、电子巡更巡检系统、视频监控系统、GIS地理信息系统、GPS车辆调度系统、多媒体触摸屏导览系统、LED大屏幕多媒体信息发布系统、电子导游系统、虚拟武陵源等12个应用子系统。今后,张家界应该在实践中发挥这些系统的实效,在生态旅游发展中真正加以实施,使之发挥应有的效益。

(二)充分调动生态旅游从业者的主观能动性

1. 严格控制游客数量

在每年的旅游旺季,张家界各大景区、景点都存在游客超载的现象,尤其是武陵源核心景区、黄龙洞、天门山等生态景区最为严重。因此,要做好旅游旺季游客分流工作,同时利用一些工具和手段对游客数量进行控制。根据张家界各个生态景区、景点环境承载力的状况,利用门票等经济手段和线路设计、分区规划、提前预告等技术手段对游客进行引导,使其在时间上和空间上合理布局,以达到不破坏生态系统的目的。

2．建立科学、完善的生态旅游解说系统

张家界生态导游员不仅要掌握一般的导游知识和技巧,还要有生态学、地质地貌学、植物学、动物学等相关知识,并深入了解张家界历史及文化。在导游过程中,生态导游员除了要做好向导和风光的解说外,还要额外履行环境解说的职能,适当对游客作一些科普教育,让游客知道某些行为可能对生态环境造成危害,使游客在游览过程中能自觉避免破坏生态和污染环境的行为发生。

3．调动生态旅游区社区参与管理

（1）使用社区劳动力,解决社区居民就业问题。如武陵源滑竿夫就全部是周围的当地居民,得到了社区居民的普遍支持。

（2）要获得社区居民的支持,还要适当地将生态旅游所得利益进行合理的分配。如门票收益的分配、景区投资企业的利润分配等都应适当考虑居民的利益。这方面张家界目前还没有在真正意义上实施,还应多向其他旅游目的地学习取经。

（3）社区居民作为生态旅游发展主体,应参与到生态旅游开发、规划、经营、管理中来。一些较大的旅游项目(比如天梯、索道、游船等)运营之前,应有居民代表听证,征求社区居民的意见。另外,在人文生态旅游项目中,尽可能地利用社区居民资源,比如民俗表演展示尽量采用本地居民,民俗节庆活动全面调动社区居民参与等。

（4）应激发广大社区居民的参与意识。张家界的生态旅游很多都是基于社区居民的生活环境发展起来的,居民有权参与其中。只有社区居民不断提高自己的生态素养,主动参与到张家界生态旅游发展的进程中来,才能真正实现人与自然的和谐发展,也更能体现张家界生态旅游的魅力。

4．制订人才政策,推动生态旅游发展

合理地利用各级人才,避免浪费人力资源。在人才培养中,各级学校应把生态旅游作为专项内容教授给学生,尤其是针对张家界生态旅游的特点,让学生深入了解。如吉首大学旅游学院就开设有生态旅游的相关课程,学生素质相对较高。专科与中专学生培养也要注意引入生态旅游教育内容。同时,建立相关机制挽留生态旅游人才,避免人才外流和断层。可建立"生态旅游人才基金",奖励在生态旅游发展中做出重要贡献的单位和个人。此外,充分利用生态旅游行业协会职能,建立张家界生态旅游人力资源数据库,进行科学化与规范化管理,以提高旅游队伍整体素质。

（三）加大生态旅游城市建设力度

宏观上,主要发展以树为主的绿化带和绿色屏障,加强张家界市区周边群山生态林建设,高标准建设城区外围集防护与观赏于一体的绿地系统。微观上,在市区内要大力提倡庭园绿化,创造"家家都在绿荫下,户户居住花园中","处处见绿,步步有花"的优美环境。人文生态环境建设需要精心塑造城市文化,要把张家界蕴涵的历史文化、民俗风

情同现代文明融合起来,形成特有的文化。

（四）加强服务设施体系建设

生态旅游吸引物是生态旅游的核心和客观基础,是促使生态旅游者作出旅游决策的重要因素。除必要的精品旅游路线之外,还要深度开发民俗生态文化旅游产品,尤其是原生态民俗文化的挖掘和展示。在生态产品的开发上,原材料要尽量使用张家界本地的,如利用张家界丰富的植物资源,作为食品加工、工艺品制作以及包装材料的原材料。加强生态商品设计和开发,引进生态产品研发人才,利用张家界特有的资源,如土家织锦、砂石画、动植物标本等,体现张家界的地方性艺术风格。加强生态商品的文化内涵,让游客不仅是购买张家界的特产,还能带走这里的文化。

（资料来源:何云,莫保.张家界生态旅游地域系统与可持续发展探讨[J].绿色科技,2011,10:193—197.）

 思考题

1. 可持续发展理论对传统发展理论的反思和创新主要表现在哪些方面?

2. 如何描述生态旅游与可持续发展的关系?

3. 生态旅游可持续发展的主要理论基础有哪些?能否结合自己所学专业,再提出一些可能与生态旅游可持续发展相关的理论?

4. 你是如何理解"四体"生态旅游系统的?

第三章 生态旅游主体——生态旅游者

导入式阅读

　　生态旅游系统的主体是生态旅游者,但谁是潜在的和真正的生态旅游者?与传统的大众旅游者存在什么区别?在选择旅游目的地时他们会考虑什么?需要什么?在进入生态旅游区后,他们又需要怎样的专业指导?这些基础性问题是旅游业界、自然保护领域以及从事区域社会经济发展规划的人们所必须要弄清楚的。因为只有做到心中有数,才能创建一个更有效的旅游产品、更准确地"告知"它的消费者,从而为区域自然保护和地方经济发展增加更多的财政收入,并避免其消极影响。美国研究人员认为,真正的生态旅游者,其旅游动机应该是"自然与休闲"。营销领域专家则认为生态旅游者主要是在自然区域开展特殊兴趣的旅行,也就是专门的自然旅行者。迄今为止,有超过1/3的美国成年人参加过这种旅行。而与此相反,"假日海滩"爱好者只占20%。虽然"在自然区域开展特殊兴趣的旅行"不能总被认为与生态旅游等效,然而,当你创造适当的条件,这部分游客可能会成为生态旅游者[①]。

　　鉴于对生态旅游者认知上的模糊与争论,本章将系统介绍生态旅游者的界定,生态旅游者的特征、权益与责任、分类,以及生态旅游者如何形成与培养等,以期使读者都能成为潜在或典型的生态旅游主体。

第一节　生态旅游者概述

一、生态旅游者的概念与特征

(一)旅游者的界定

　　旅游者(tourist)意为出于一种好奇心,为了得到愉快而进行旅行的人。但是在统计旅游者的人数时,出现了一个难题:哪些人算旅游者?哪些人又不算旅游者?这也导致人们从不同的学科角度,为了适应各自的工作或研究目的纷纷提出自己对于旅游者

---

　　① 资料来源:张光生.谁是潜在的和真正的生态旅游者[N].中国绿色时报,2011-09-06.

定义的观点与表述,多年来,旅游者的定义可谓众说纷纭。

1963 年在罗马举行的联合国旅游和旅行会议提出了"观光者"的定义:"到一个非自己定居的国家观光,目的不是挣钱,这样的人就是观光者。"而观光者又可细分为"旅游者"和"短途旅游者"两大类。其中旅游者的定义为临时观光者,到一个国家至少停留24 小时以上,以娱乐、保健、学习、宗教信仰或体育运动等为目的,换言之,为了消磨闲暇时间、经营、参加会议或探亲等。短途旅游者则是到一个国家去逗留少于 24 小时,包括海上航游者。联合国的规定得到了国际上的承认。各国基本采用这一标准来统计外国旅游者或其他观光者数目。不过在执行中又有许多不一致的地方,如美国劳工统计局把离开本州一个晚上为了度假而旅行的人也算进去,但不包括为业务和会议旅行的人。西班牙 1978 年接待了外国游客 4 000 万人次,90%来自欧洲国家,其中不少是当天往返的,也被统计进去。

尽管学者们提出了各式各样的旅游者定义和分类,但总的来说,旅游者有以下两个共同特点:一是离开居住地到其他非惯常环境;二是非定居性的和非就业性的,而是消费性的。

(二)生态旅游者的界定

由于人类居住环境的恶化和全球性环境问题的出现,加上人类环境意识的觉醒、环境保护运动的发展、传统大众旅游机制的滞后及所面临的挑战等,使人们认识到,生态旅游必然地肩负着保护环境的重任,涉及政府、经营者、旅游者和当地居民等组织与团体的行为。而作为生态旅游活动主体——生态旅游者,自然是建立在"生态旅游"的概念之上,但也具有旅游者的基本要点,同时更重要的是融入了生态旅游的理念。

生态旅游者是旅游者生态意识不断提高的产物。对生态旅游者的定义十分重要,但目前理论界并没有形成统一的说法。从生态旅游的范畴来看,生态旅游者有广义和狭义之分。广义的生态旅游者是指到生态旅游区的所有游客。这类界定具有很好的统计学意义,具有统计上的可操作性,但只是对旅游者行为现象的部分概括,并没有真正体现生态旅游的内涵,而是将生态旅游与自然旅游等同起来,忽视了生态旅游的兴起与发展是人们环境意识增强的结果,不能确保旅游者是否具有生态意识和环保知识,其进入生态景区后的活动是不是生态活动,是否有保护环境的行动。所以,这种定义是有明显缺陷的。狭义的生态旅游者是指到生态旅游区的那些对环境保护和当地社会经济发展负有一定责任的游客。狭义的生态旅游者不便于统计的需要,但反映了生态旅游的真实内涵,同时也涉及生态旅游者的本质特征,把生态旅游者与传统旅游者区别开来,有利于旅游者自觉地要求自己,成为一名真正的生态旅游者。

为了进一步深入理解生态旅游者的内涵,表 3.1 给出了传统大众旅游者与生态旅游者的具体比较。尽管生态旅游者的产生与传统的大众旅游者有密切的联系,但传统大众旅游者主要进行传统的游览观光和度假,生态旅游者则是传统大众旅游者当中不满足于那些受人为影响过多的旅游景观,而把目光投向原始古朴的自然区域、原汁原味的特色文化,从事符合生态旅游原则的旅游活动的那一部分。

表 3.1　传统大众旅游者与生态旅游者的比较

	传统大众旅游者	生态旅游者
旅游对象	以人工景观为主,如城镇、主题公园、古建筑	自然景观和人与自然相和谐的生态文化景观,如地质地貌、水体、生物、民俗风情
旅游形式	形式较为单一,大多只是观光游玩	以大自然为舞台,形式多样,内容丰富,寓教于乐
旅游参与	被动式,一般不参加旅游环境管理活动	主动式,主体与客体密不可分,自身是整个综合生态系统的一部分,自觉参与有组织的环保活动
旅游体验	走马观花,心灵感受往往不深	积极亲近大自然,接受生态环境保育熏陶,心灵与自然共鸣,人的情感得到升华
自身素质	不作很高的要求就能完成传统的大众旅游活动	具备较高的文化素养,接受过相关知识的教育,对大自然与特色文化充满热爱,有较强的环保意识、认真的体力和情感准备

资料来源:杨桂华等. 生态旅游[M]. 北京:高等教育出版社,2000.

（三）生态旅游者的特征

生态旅游者具有一般旅游者的目的地的异地性、经济上的消费性、时间安排上的业余性等共同特点,同时又有异于传统大众旅游者的三个典型特征。

1. 生态旅游者具有高度的环境责任感

生态旅游是针对环境恶化问题而产生的一种旅游方式,其发展目标的基本特点之一是保护性。生态旅游者作为生态旅游活动主体则在生态旅游业发展中发挥重要作用,强调生态旅游者要具有生态意识,掌握生态环保知识,关注生态环境,在旅游活动中尽到保护生态环境的责任和义务。

2. 生态旅游者具有高素质和高品位

生态旅游是一种高素质、高知识和高层次的旅游。一般来讲,生态旅游者具有高度的生态意识,严格掌握专业的生态环保知识,在行动上体现环保,是具有高素质的特定人群。生态旅游者大多是为大自然的美丽与神秘所吸引,想亲近大自然,了解大自然,希望在与大自然的接触中交流,探索大自然的奥秘,学习新知识,开阔视野,增长见闻。他们大多是知识广博,人格独立,生活品位高,同时追求新知识和独特体验的自然爱好者。

3. 生态旅游者的消费水平高

相对于传统大众旅游者来说,生态旅游者对旅游环境的要求更高,进入门槛也更高。生态旅游者除了具有生态意识和环保知识外,还要为保护环境支付应该承担的费用。

当然,以上特征并不意味着只有高素质、高品位,或经济承受能力较高的旅游者才能进行生态旅游,这只是旅游者自我培养和发展的方向。具体来讲,生态旅游者的特点包括:希望获得具有深度的"真正经历",追求身体和精神享受,渴望与当地居民交流,学

习当地文化历史知识，对服务水平要求低，居住条件简单，能忍受不适，愿意接受挑战以及追求对个人和社会都有益的经历等。

扩展阅读 3-1：脆弱生态旅游区的先遣军

我国从1999年开展"生态环境旅游年"主题活动以来，对于生态旅游的种种辨析始终是一热点。应该说，生态旅游作为一种旅游产品，只占到全球旅游市场份额的3%～7%，还远未成熟。即使是在国外，也只有大众化的自然旅游，没有大众化的生态旅游。生态旅游者也不是天生的，西方生态游客群的出现是环境教育普及、全社会环境保护意识提高的结果，得益于20世纪60年代以来坚持不懈的环境教育。而在中国的城市人口尚处于大力提倡"不吐痰"、"不乱扔垃圾"、"不乱刻画"的阶段，中国的生态旅游怎能走向大众化？打着生态旅游旗号的非生态旅游者的入侵，只能使生态脆弱区陷于资源消耗、环境破坏的厄运。截至1998年，我国已有22%的自然保护区的被保护对象遭到破坏，11%出现旅游资源退化。许多景区景点因而走向衰落和消亡。中国生态脆弱区生态旅游的发展，在空间上务必严格限制允许进入的不同级别的旅游区域；在时间上则需循序渐进，随着国内生态旅游市场的培育和生态脆弱区自身环境教育的深入开展而逐步扩大。在市场培养和自身建设尚属薄弱的阶段，生态旅游区应首先向真正的生态旅游者开放。只有充分理解生态意义、能严格约束自身行为的生态旅游者才能避免这些生态脆弱区的生态环境恶化。那么，谁是严格的生态旅游者？朱璇博士通过分析比较现有对生态旅游者的研究，尝试找寻最适合中国的生态脆弱区当下发展生态旅游的人群。

朱博士在参加与湖南武陵源风景名胜区、河北雾灵山自然保护区和湖北神农架自然保护区等有关的规划过程中，一直关注于环境敏感区生态旅游的发展和实施；同时，自2000年来，在贵州、新疆等多个区域进行过实地调研，尤其对云南的田野调查最为细致，共3次历时3个多月，分别沿昆明—大理—丽江—中甸—德钦，昆明—建水—元阳和景洪—勐腊—临沧—保山—腾冲—盈江—瑞丽—潞西三线进行沿途开发或未开发生态景点（区）的考察。在参与观察者的方式下，了解去生态目的地旅游的旅游者的本质及其差别，观察名曰"生态旅游"的景点（区）实际旅游的发生过程和实行情况。参与观察者的身份使调查者更容易进行不同情境下，对旅游者在自然状态下行为的考察和与不同价值观的沟通。在不断增加新的文化价值观的过程中，朱博士3次深入中甸虎跳峡地区进行了深度调研和重点访谈，被调查者包括参与和非参与旅游的农民、景区公司负责人和基层员工、政府和相关部门人员，以了解一些参与观察无法获得的资料。调查问卷和随机访谈的方法也贯穿着调研活动的始终。在这些调查的基础上，朱博士发现背包旅游者和生态旅游者所界定的动机和行为存在着惊人的耦合，为"背包旅游者是脆弱生态旅游区先遣军"这一假设的提出提供了初步依据。

假设的证实或证伪首先涉及背包旅游者数据采集和资料的整理,然后对比生态旅游者和背包旅游者的特征,进行推理论证。对于生态旅游者的研究,国外部分作者主要借助了北美生态旅游市场的资料,国内部分则参考上述国内生态旅游地的部分实证研究成果。鉴于系统的背包旅游者统计数据的缺乏,朱博士求助于世界学生旅行联盟(ISTC)和欧洲旅游与休闲教育组织(ATLAS),获得了翔实的调查报告。这两个国际组织联合进行了迄今为止规模最大的青年自助旅行者调研,调查群体覆盖了加拿大、英国、南非、中国香港等8个国家和地区的2 300名背包旅行者。朱博士对背包旅游者的连续研究和资料积累,也为这两大群体的深入比较奠定了可靠的基础。

通过对生态旅游者和背包旅游者在动机、停留时间和旅游花费、旅游活动偏好和环境保护行为、基础设施选择、出游时间和结伴方式以及与当地社区的交往等方面的比较,朱博士发现背包旅游者在动机和行为两方面表现出与生态旅游者的高度契合,是天然的生态旅游者。在我国目前国民的生态意识仍较薄弱的阶段,在生态敏感区优先发展背包旅游,可以将对当地环境和文化的损害降到最低,而最大限度地发展社区福利。背包旅游者应当是中国脆弱生态区的先遣旅游者,他们严格约束自身的行为对当地社区和后来的旅游者具有示范效应,他们先进的生态理念也将促进这些地区建设成为名副其实的生态旅游地。

资料来源:朱璇. 脆弱生态旅游区的先遣军——关于生态旅游者和背包旅游者的比较研究[J]. 人文地理,2008,6:113—117.

二、生态旅游者的权益与责任

(一)生态旅游者的权益

生态旅游者的权益是指生态旅游者在购买了生态旅游产品和接受旅游服务时享有的基本权益。生态旅游者在旅游市场购买到的是生态旅游产品和服务,包括生态旅游者从离开常住地开始,到生态旅游结束归来的全过程中接受或感受到的事物、事件和服务的总和。特别强调生态旅游者的自身利益应当受到保护。事实上,生态旅游者的权益也是传统大众旅游者在旅游过程中应当享有的权益,其权益都应受到相应的法律保护。生态旅游者的基本权益有以下三个方面。

1. 自由选择,知悉真实信息的权益

官方旅游组织与生态旅游企业应该为生态旅游者提供客观、准确和完整的旅游信息以及自然地域状况和环境保护教育的相关信息资料。生态旅游者在购买生态旅游产品时,有自主比较、鉴别和挑选的权益,有虚假宣传和强制交易行为的旅游经营者要承担相应责任。

2. 人身、财产安全受保护的权益

人身权和财产权是人的基本权益,生态旅游经营者的活动不能侵犯生态旅游者的这些基本权益,所提供的生态旅游产品也必须符合人身、财产安全的要求。

3. 获得与价值相符的商品与服务的权益

生态旅游者对购买的商品和服务要求有质量保障,同时要求价格合理、公平,购买的产品和服务要与其价格相符。

(二)生态旅游者的责任

生态旅游者在享受权益的同时,也要承担相应的责任,因为生态旅游是负有环境保护与促进当地社区经济发展双重责任的自然旅行。主要体现在以下两个方面。

1. 环境保护的责任

生态旅游作为一种维护环境的旅游活动,生态旅游者在其中发挥着巨大的作用,他们热爱大自然,具有较强的环保意识,对旅游目的地的生态环境维护具有责任感。这种责任感具体来说包括尊重旅游目的地的生命、尊重旅游目的地的自然生态系统、尊重旅游目的地的生态过程以及尊重旅游目的地的文化。

2. 促进旅游社区经济发展的责任

生态旅游区与所在地社区经济发展有密切联系,生态旅游区的建立会制定相应的资源保护政策,限制社区居民对自然资源的传统性利用,同时,旅游的开发也对当地社区有不同程度的影响。解决这一问题的途径之一就是提供物质条件解决他们的实际困难。资金来源除了政府补助之外,还有生态旅游的门票收入、捐赠或出售当地土特产的收入等。要认识到生态旅游区的建立,当地居民是作了巨大牺牲的,生态旅游者有责任让生态旅游区与当地社区共同发展、共同繁荣。

扩展阅读 3-2:中国旅游法规的立法历程

在我国,现代意义上的旅游立法是从 20 世纪 70 年代末开始的。为了保障现代旅游业的健康发展,我国在颁布的众多民事和经济的法律和法规中,十分重视对旅游业的法律保护。但是,旅游活动领域存在着某些不同于一般经济或民事关系的特殊的权利义务。仅靠通用性法律的一般原则和规定,不足以调整这些特殊的权利义务。因此,调整旅游社会关系的专门法律法规也不断出台。总的来看,目前我国有两类法律和法规调整旅游社会关系。一类是通用的法律法规,如《中华人民共和国合同法》、《中华人民共和国环境保护法》、《中华人民共和国中外合资经营企业法》、《中华人民共和国公司法》、《中华人民共和国反不正当竞争法》、《中华人民共和国消费者权益保护法》等等。尽管这些法律从立法意图上不是专门针对旅游社会关系制定的,但事实上其所提供的法律原则和规定也适用于旅游事业。另一类是专门调整旅游关系的法律、法规。1985 年 5 月 11 日,国务院颁布了《旅行社管理暂行条例》,这是我国第一个关于旅游业管理方面的法规。该《条例》施行后,相继有几十个专门法规问世。这些法规在实践中也在不断地修改和完善。目前我国已经制定的旅游法律、法规主要有：《旅行社管理条例》、《导游人员管理条例》、《风景名胜区管理暂行条例》、《旅行社质量保证金暂行规定》、《旅馆业治安管理办法》、《中华人民共和国评定旅游涉外饭店星级的规定》、《旅游投诉暂行规定》、《娱乐场所管理条例》、《旅游安全管理暂行办法》等。这些法律法规从制定的部门来看，有的是国务院批准的旅游法律法规，有的是国家旅游局单独或会同有关部门制定的法规。除此之外，还有大量的地方政府制定的有关地方旅游的法规。

2010年9月27日，在关于"国民旅游休闲与中国出境旅游"的高峰对话中，中国旅游研究院院长戴斌透露，我国正在制定《中华人民共和国旅游法》，强调要将公民权利的实现和保障作为目标和总宗旨。这将是全球第一部站在国家层面，体现发展旅游的国家意志的法律。2011年2月15日，《旅游法》立法专家座谈会在京召开。

资料来源：①百度百科，http://baike.baidu.com/view/926570.htm♯2。②网易新闻，http://news.163.com/10/0928/04/6HL1FFJL00014AED.html.

第二节　生态旅游者的分类

由于个性差异，不同的生态旅游者的生态旅游活动规律也不尽相同，对生态旅游者进行分类，有利于更好地开拓生态旅游细分市场，促进生态旅游业健康发展。目前，根据学者们研究问题的角度和目的不同，划分的标准也各异。比较常见的是从国境国界、组织形式、目的方式以及目前研究最为广泛的"严格的和一般的生态旅游者"的分类方式。

一、以国境国界为标准进行分类

以国境国界为标准，即依据生态旅游者定居或长居（连续居住1年以上）国的国境和生态旅游者是否跨越国界为标准对生态旅游者进行分类。

（一）国际生态旅游者

国际生态旅游者是指暂时离开自己的定居国或长住国，入境到其他国家进行生态旅游的游客，可以细分为跨国生态旅游者、洲际生态旅游者或环球生态旅游者。跨国生态旅游者泛指暂时离开自己的定居国或长居国到另一个或多个国家、而不跨越洲界的生态旅游者。例如日本游客到我国的自然保护区从事生态旅游活动，由于日本与中国同在亚洲，就属于这一类型。洲际生态旅游者是指跨越洲际界限的生态旅游者，如美国人到中国从事生态旅游活动。环球生态旅游者指到世界各洲的主要国家（地区）的生态旅游区的生态旅游者，如全球性的科学考察或探险活动。

Ecotourism

第三章　生态旅游主体——生态旅游者

（二）国内生态旅游者

国内生态旅游者是指暂时离开自己的定居地或长住地前往本国境内其他地区进行生态旅游的游客，可以细分为地方性生态旅游者、区域性生态旅游者和全国性生态旅游者。地方性生态旅游者一般指在本县（区、市）范围内进行生态旅游活动的游客；区域性生态旅游者是指离开居住地到邻近地区进行生态旅游活动的游客，如南昌组织的井冈山生态环境游、昆明组织的香格里拉探秘游的游客；全国性生态旅游者是指跨越多个省份进行生态旅游活动的游客，如选择从广东鼎湖山经贵州梵净山、四川卧龙至九寨沟一线的"走进生物圈保护区"的生态旅游线路的游客。

二、以组织形式为标准进行分类

（一）团体生态旅游者

团体生态旅游者又称为团体包价生态旅游者，是指参与通过旅行社或其他旅游组织事先计划、统一组织、精心编排生态旅游项目，提供相关服务工作并以总价格形式一次性地收取旅游费用的生态旅游团体的生态旅游者，其团队人数一般不少于 15 人。其优点是安全、可靠、方便，且费用相对便宜；但由于所有活动都是有组织地集体进行，个人便相对缺乏自由活动的余地。

（二）散客生态旅游者

散客生态旅游者又称为个体或自助生态旅游者，是指个体、家庭或 15 人以下自行结伴进行生态旅游活动的人。与团体生态旅游相比，散客生态旅游者更加自由、独立，但是旅游活动的各个要素都必须亲力亲为，因此事先必须要作好详细的计划及安排，否则旅行过程将费钱、费时。

三、以目的方式为标准进行分类

（一）观光型生态旅游者

观光型生态旅游者是指以游览观赏自然生态系统为主要目的的生态旅游者，如观赏山地、冰川、火山迹地、溶洞、沙漠、湖泊、江河、森林、草原、湿地、植物园、野生动物园等；此外还包括人文生态系统的诸多有形实体要素，例如农舍、村镇等。其特点是渴望走进、认识大自然，了解特色文化，开阔视野，一般逗留时间较短，花费不高。

（二）参与型生态旅游者

参与型生态旅游者是指积极参与旅游的有关活动的生态旅游者，例如植树造林、清理环境、环保宣传、登山、骑自行车、野营、垂钓等。特点是外出旅游的季节性强，不拘泥于具体的旅游地点与时间，更加在意活动本身，一般逗留时间较长，花费较多。

（三）专门型生态旅游者

专门型生态旅游者是指为某一特殊的动机外出旅游的生态旅游者，例如参加特殊的科学考察活动,或借助特殊的旅游资源和生态环境增进身体健康的活动,如体育保健游等。特点是受过良好的教育,求知欲强,具有某种专长或特殊兴趣,有一定的经济基础,不限于某一个旅游目的地,事先安排较为周密。

(四)综合型生态旅游者

综合型生态旅游者是指观光、参与或专门等旅游目的或方式两种以上的有机组合,此类旅游者是生态旅游者类型的主体,占大多数。

四、严格的和一般的生态旅游者

这组分类由拉阿曼(Laarman)和德斯特(Durst)于 1987 年首次提出,这一概念作为一个基本体系在生态旅游学术界得到了广泛的支持,目前我国的大量研究成果中对生态旅游者的分类均以此作为标准。

(一)严格的生态旅游者(hard ecotourist)

在人与自然关系的价值取向上,严格的生态旅游者信仰生物中心论,对大自然充满了尊重、敬畏与关爱,认为人与自然是一种平等的朋友关系。其主要特征表现为以下三个方面。

1. 具有强烈的生态意识

严格的生态旅游者具有强烈的生态意识,所以他们对旅游舒适度的要求很低,例如他们不会为了自身的方便而要求修筑公路、索道,不会偏爱大型酒店住宿,而更愿意住在当地社区居民开办的家庭旅馆里;相反,他们还希望在旅行过程中有体力上的挑战,偏爱富有挑战性的生态旅游体验,他们更强调个人对自然的体验,希望能亲自了解当地的生态环境。

2. 具有深刻的环境责任感

强烈的生态意识使严格的生态旅游者表现出深刻的环境责任感,他们认为个人行为将促进自然的保护,他们不仅以身作则,更加乐于帮助他人改正对环境不负责任的行为。

3. 旅游行为不同于大众旅游者

严格的生态旅游者拥有完全主动的旅游态度,他们主动接近大自然,喜欢关注和思考环境问题,也正因具有这样的态度,他们喜欢那些距离遥远,还保持着相对原始状态的自然区域。严格的生态旅游者喜欢自己安排旅行过程,或是以小规模团队方式进行,或是进行专业化的旅行。严格的生态旅游者真正体现出了生态旅游的核心思想,他们具备充分的生态意识与生态道德。当然,这部分群体只占生态旅游市场的一小部分。

(二)一般的生态旅游者(soft ecotourist)

在人与自然关系的价值取向上,一般的生态旅游者具有明显的人类中心论倾向,认为人类优于自然界,或独立于自然界,他们只是把大自然当作一种旅游消费对象。其主要特征表现为以下三个方面。

1. 具有中等的或表层的生态意识

一般的生态旅游者往往只有中等或表层的生态意识,所以对旅游舒适度的要求较高。他们希望景区能提供足够的设施和服务条件,希望在旅行途中也获得都市中的享受。一般的生态旅游者的生态旅游体验是以一日游为基础的短途旅游体验,他们喜欢通过导游解说、小径上的指示标牌或解译中心来获得有关自然的知识,而不愿自己去了解相关的生态知识。

2. 具有浅显的环境责任感

一般的生态旅游者对环境保护所具有的责任感不像严格的生态旅游者那样深刻。他们可能会约束自己不做破坏环境的事情,但通常对别人破坏环境的行为置之不理。

3. 旅游行为类似大众旅游者

一般的生态旅游者的旅游态度是被动的,他们跟随旅游团来到生态旅游景区,只停留短暂的时间。通常他们不喜欢那些需要长途跋涉的生态旅游目的地,更愿意选择交通便利、距离较短的目的地。他们对大自然只是"蜻蜓点水"式的接触,缺乏与自然环境的深入交流。一般的生态旅游者喜欢由旅行社或旅游经营机构替他们安排行程,以大规模旅行团队的旅游方式旅行。一般的生态旅游者在本质上其实是大众旅游者,两者是可以相互转换的,一般的生态旅游者通过偶尔与自然环境接触一下,以显示与其他选择普通旅游方式的旅游者有所不同。当然,一般的生态旅游者占了整个生态旅游市场的大部分。

扩展阅读 3-3:生态旅游者细分进展及实例

生态旅游者的细分一直是研究的热点,主要是从价值、行为与利益等角度来细分生态旅游市场。从行为学的观点看,生态旅游者常被认为可细分为"严格"生态旅游者(hard ecotourist)与"一般"生态旅游者(soft ecotourist)。林德博格(Lindberg)提出了坚定生态旅游者(hard core ecotourists)、专一生态旅游者(dedicated ecotourists)、主流生态旅游者(mainstream ecotourists)和偶尔生态旅游者(casual ecotourists)的概念。凯斯勒(Kusler)将生态旅游者划分为自助型生态旅游者(do-it-yourself ecotourists)、旅游型生态旅游者(ecotourists on tours)和修学型生态旅游者(school group or scientific groups)。皮尔斯(Pearce)和莫斯卡多(Moscardo)则将生态旅游者划分为体验与欣赏自然型(nature experience & appreciation)、逃离现实与在自然中放松型(get-away, relax with nature)和新鲜阳光的追随者型(novelty sun seekers)三类。查普曼(Chapman)认为生态旅游者可细分为自然参与者(nature involvement)、个人发展者(personal development)、放松自己者(laid back)和社会交往者(social activity)四类。帕拉西亚(Palacio)和麦克库尔(McCool)认为,生态旅游者包括生态旅游者(ecotourists)、逃离现实者(nature escapists)、舒适的自然主义者

(comfortable naturalists)和被动的参与者(passive players)四类。戴尔曼迪斯(Dia-mantics)提出生态旅游者可分为经常型(frequent ecotourists)和偶尔型(casual eco-tourists)参与者两类。韦佛(Weaver)和劳顿(Lawton)则提出了将生态旅游者细分为比较严格的生态旅游者(harder ecotourists)、组织性生态旅游者(structured eco-tourists)和比较不严格的生态旅游者(softer ecotourists)。另外,也可以从客源地理位置和人口学特征等方面对生态旅游者进行细分。从地理位置看,科斯特铁(Ker-stetter)和陶(Tao)研究发现,中国台湾地区生态旅游者与欧洲或北美生态旅游者对生态旅游产品的要求有显著差异,前者更关心植被与地质景观等自然类景观。从人口学特征看,女性生态旅游者与男性相比比重较大,但是在亚洲地区并没有发现两性之间存在显著差异。斯旺(Swain)提出以"生态女权主义"(eco-feminist)方式来管理生态旅游。另外,埃乌邦克斯(Eubanks)以美国的观鸟生态旅游者为研究对象,从旅游者的人口学特征、旅行动机、行为模式、旅游花费和支付意愿等方面划分出 8 种不同类型的生态旅游者。

目前国内学者对生态旅游者的研究无论在理论层面,还是在实证方面都还很缺乏。钟林生从理论层面分析了生态旅游者的保护性旅游行为。相继有学者从描述性统计角度调查了海滨、自然保护区、森林公园等景区生态旅游者的意识与行为特征。李燕琴以北京百花山自然保护区为例,采用 K 阶最近邻(KNN)和反向传播前馈型多层神经网络(BP)法,较为详细地比较了生态旅游者与一般旅游者的行为差异及其内部差异。综上所述,国内原来对生态旅游者的研究多集中于生态旅游者的行为研究,但相关研究表明环境态度是预测环境行为的重要前因,与环境行为之间存在显著的联系,可两者之间并非总呈正相关。目前,我国研究者尚未出版有关根据生态旅游景区旅游者环境态度与环境行为来细分旅游市场的研究成果。

罗芬和钟永德则以世界自然遗产地、国内外知名生态旅游景区之一的湖南武陵源风景名胜区为例,从生态旅游者态度与行为的两维尺度探讨生态旅游者的细分市场及其类型特征。其研究问卷主要有两大部分组成:第一部分为旅游者经济社会特征因素,包括旅游者性别、年龄、教育程度、职业、个人月收入、婚姻状况与居住地;第二部分为旅游者的环境态度与环境行为调查,在分析原有环境态度与行为研究成果并结合武陵源自然遗产地特性的基础上,分别设计环境态度基本类型 15 个,环境行为基本类型 16 个。问卷采用李克特量表(Likert Scale)5 点尺度设计,环境态度认知与行为倾向的选项为"非常同意"、"同意"、"普通"、"不同意"和"非常不同意",分别赋值为 5 分、4 分、3 分、2 分和 1 分。

问卷调查以游览武陵源世界自然遗产地的国内旅游者为研究对象,采取便利抽样的方式来进行,共发放问卷 500 份,回收问卷 482 份,有效问卷 408 份,有效率为 84.65%。该调查主要研究结论如下:

（1）从旅游者环境态度上看，武陵源世界自然遗产地旅游者可以划分为生态观光旅游者、严格生态旅游者和一般生态旅游者三类旅游者群，这与其他学者对生态旅游者的划分基本一致。其中生态观光旅游者占27.9%，生态旅游者占72.1%，表明来武陵源世界自然遗产地游览的旅游者整体环境态度较高，具有较好的生态环境保护意识。

（2）从旅游者环境行为上看，武陵源世界自然遗产地旅游者可以划分为环境友好型和环境破坏型两类，两者分别占47.1%和52.9%，表明来武陵源世界自然遗产地游览的旅游者中超半数表现出对环境的不友好行为。

（3）从旅游市场结构上看，武陵源世界自然遗产地旅游者可以划分为友好型生态观光群、破坏型生态观光群、真实型生态旅游群、偶尔型生态旅游群、可持续旅游群和伪生态旅游群六类。其中，可持续旅游群仅占28.2%，生态观光群高达56.6%，中间型（偶尔型生态旅游者）占15.2%。武陵源世界自然遗产地的旅游市场仍然是一般生态观光旅游为主、生态旅游为辅的格局。

针对武陵源世界自然遗产地旅游者环境态度与环境行为现状，结合旅游景区经营与管理，提出三方面建议：①加强细分市场研究。问卷调查仅从旅游者环境态度与环境行为角度来考虑景区的细分市场，根据国内外对生态旅游市场划分的研究还涉及旅游者的人口学特征、旅游花费、旅游动机、旅游行为表现等众多因素，进一步细分景区的生态旅游市场，更加确切地了解生态旅游市场的构成状况，在旅游景区管理中做到有的放矢。②强化景区环境解说。旅游者目前对生态旅游的了解较为浅显，还停留在生态环境旅游的阶段。在了解各个生态旅游细分市场特点的基础上，充分利用各种解说媒体传播生态旅游知识，让旅游者真正切实理解生态旅游不仅是一种旅游产品，而且也是一种哲学思想、一种科学研究。③提高旅游者管理水平。上文研究发现，来武陵源世界自然遗产地游览的旅游者环境态度较好，但是旅游者环境行为相对较差，可能旅游者脱离了受到压抑的世俗环境后，某些对环境不友好的行为就会出现。景区在提供给旅游者了解自然、体验自然和享受自然的机会的过程中，最好通过既可以让旅游者感知到，又不会使其丢面子的方式来影响旅游者行为，实现景区的资源、旅游者与管理机构之间的和谐发展。

资料来源：罗芬，钟永德. 武陵源世界自然遗产地生态旅游者细分研究——基于环境态度与环境行为视角[J]. 经济地理，2011，31(2)：333—338.

第三节　生态旅游者的形成和培养

生态旅游者的形成，既取决于他们所具有的客观条件，又取决于生态旅游者本身的主观条件,而且对其培养也非常重要。只有当主、客观条件均充分时,才能成为真正的生态旅游者,也才有利于生态意识的培育。

一、生态旅游者形成的客观条件

生态旅游者形成的客观条件涉及社会生活的各个方面,主要包括生态旅游者和生态旅游地两个方面,它们相互联系、共同作用,如图3.1所示。

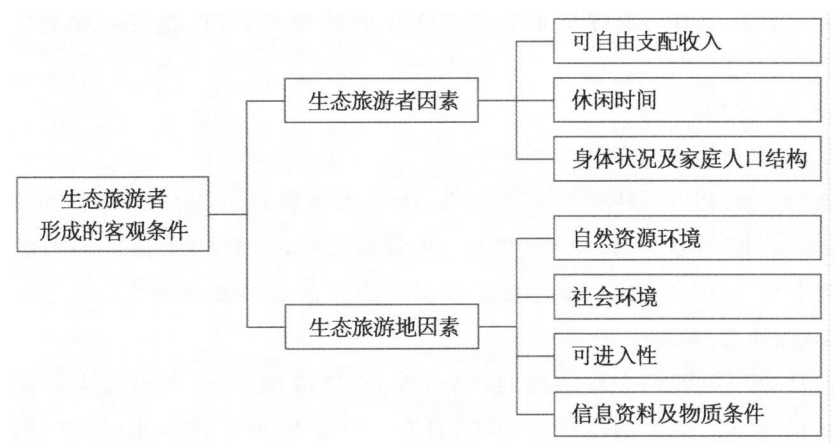

图 3.1　影响生态旅游者形成的客观条件

（一）生态旅游者因素

1. 可自由支配收入

一个人的可自由支配收入一般用于两种消费,一是高档耐用消费品的消费,一是旅游消费,这两种消费往往是同步进行的,但当汽车、家电等高档耐用消费品达到饱和状态时,人们就把可自由支配收入主要用于旅游消费了。

调查表明,生态旅游由于管理与保护需要更多的人力、物力,总体来看花费要比传统大众旅游高些。以美国 20 世纪 80 年代水平为例,一般性观光旅游,每人每天平均消费为 46～57 美元;以高层次科学文化考察为内容的生态旅游,每人每天平均消费为 80～100 美元不等。当然,随着人们生活水平的日益提高、环保意识与回归自然意愿的增强,生态旅游市场也将不断扩大。

2. 休闲时间

休闲时间是不受其他条件约束,完全可自由支配的时间,它是决定能否参加生态旅游活动的必要条件。随着我国休假制度的日益完善,城市居民休闲时间逐渐增多,越来越渴望远离工作的压力、城市的喧嚣,更加愿意亲近大自然、回归大自然,放松心情,回归自我。生态旅游自然成了一种生活和休闲时尚。

3. 身体状况及家庭人口结构

由于生态旅游主要在大自然中进行,对体力的要求较高,因此身体状况成了能否参

与生态旅游的重要生理性因素和决定性因素之一,尤其是登山探险旅游、自行车旅游、海洋生态旅游等形式对身体素质的要求更高。据刘维君等人在我国北京市云蒙山国家森林公园的一项客源调查显示,60岁以上的生态旅游者仅占3%。其他一些调查的结果也类似。老年人外出生态旅游的比例极低,年龄本身并不是根本的原因,而由于年龄增长带来的体力不支和心理年龄老化,才真正导致了老年人不能适应旅途过程中的颠簸和频繁的流动。

此外,家庭人口结构也是影响生态旅游者形成的重要条件。据相关调查表明,没有孩子的夫妻家庭及单身男女家庭最容易产生生态旅游者,因此这部分家庭应当成为生态旅游市场宣传的重点。

(二)生态旅游地因素

1. 旅游地自然资源环境

生态旅游本质上是一种旅游活动类型,生态旅游者往往渴望到具有优美自然景色和丰厚历史文化遗存地区,以求新、求异、求知为目的,了解和欣赏目的地的自然和文化,因此,具有生态美的旅游资源环境是吸引生态旅游者的重要因素。

2. 旅游地社会环境

这里的社会环境即一个旅游地的社会、政治、经济现状等,其对生态旅游者的形成有直接或间接两方面的影响。首先,旅游者有一个共同的心理需求,那就是追求安全、舒适和友善的旅游社会环境,他们愿意选择社会环境安定、生活方式相近、政治观点相似的国家(或地区)去旅行。相反,社会、政治、经济制度不同,或环境不安全(自然灾难、社会动乱等)的旅游地国家(或地区),即使生态旅游资源再丰富再优美,生态旅游者也只能望洋兴叹。例如,图3.2表明了我国2000—2007年入境旅游客源数量变化,长期趋势为持续上升,但在2003年发生了剧烈的波动,这就是因为当时传染性非典型肺炎(SARS)的巨大影响,导致人人自危,旅游需求被极大遏制。同样,2011年3月11日,日本发生8.9级特大地震,并导致日本福岛第一和第二核电站的5个核反应堆因冷却系统失灵进入"紧急状态",旅行团方面的旅游需求一时之间大幅度减少。

图3.2 我国入境旅游客源变化(2000—2007)

其次,生态旅游地的社会、政治、经济等发达程度将影响到旅游交通业、住宿业等旅游服务业的发展以及都市化进程,这些因素也会对生态旅游者形成有一定影响。因为先进的交通工具,能够让生态旅游者快捷、安全、舒适地到达目的地,有效利用闲暇时间。

3. 旅游地其他相关条件

除了旅游地的资源环境、社会环境以外,旅游地的可进入性、信息资料与物质条件的提供也是影响生态旅游者形成的客观因素。旅游地的可进入性是由旅游客源地与目的地之间的距离、交通以及国际旅游中的旅游入关签证、服务效率等因素决定的,这些客观因素将极大影响生态旅游者是否前往该地旅游。此外,旅游地的对外宣传情况,景区导游图、地形图、物种分布图等的提供,景区的环境标识系统等信息资料的提供与宣传,景区服务设施、安全保障设施等物质条件的提供,都将影响旅游者对景区的感知形象,从而影响生态旅游者的形成。

二、生态旅游者形成的主观条件

参加生态旅游活动,除了具备生态旅游的客观条件,还需要有强烈的旅游动机,这就是生态旅游者形成的主观条件。生态旅游动机是直接推动人们进行生态旅游活动的内部动因。

（一）生态旅游动机的产生与种类

动机是激励人去行动以达到一定目的的内在原因。动机产生于人的需要,关于需要的学说,目前最具影响的是亚伯拉罕·马斯洛(A. Maslow)关于需要层次的解释。如图3.3所示,人的需要从低到高分成五个层次,即生理需要、安全需要、爱的需要、受尊重的需要和自我实现的需要。只有在较低层次的需要得到满足后,才会向上一层次的需要发展。在这五个层次的需要中,前两种属于物质性的需要,后三种属于精神方面的需要。

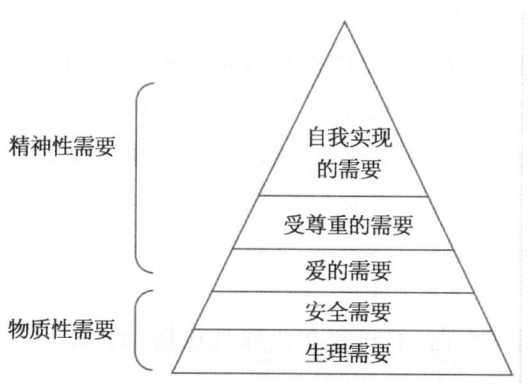

图3.3 马斯洛的需要层次论

生态旅游正是满足此五类需要在行动上的具体体现。通过生态旅游,人们可以获得清新的氧气和无污染的食物、水源等,从而满足生理需要;从大自然的母体中寻求满

足人类本性上安全的需要;在对大自然的探访、审美过程中,获得友谊,得到群体的尊重,实现自己的理想和抱负,这些都是精神性的需要。可以说,生态旅游的需要是以"回归大自然"为显著特征的,这源于人们对回归自然心态的激活。当然,这种心态其实是由内外因共同激发的。外因主要是工业化、城市化进程加快,人口密集、交通拥挤等致使城市环境遭受严重的污染与破坏,人们渴望亲近自然、回归自然,而生态旅游正是顺应了旅游者回归大自然的愿望;内因主要是人类对大自然本能性的依恋,人们求知欲望的增加,越来越激发人们去认识、探索大自然的神奇奥妙,生态旅游以大自然为舞台,使旅游者在旅行中了解、亲近、享受自然,进而获得高质量的旅游体验。

生态旅游者都有回归自然的美好愿望,细分来看,生态旅游者的旅游动机与传统大众旅游者一样,也是多类型的。不同的是,生态旅游者的旅游动机中自然的重要程度比较高,如表 3.2 所示,分别是澳大利亚林达贝格(K. Lindberg)博士等人 1995 年前后在我国广东鼎湖山生物圈保护区,以及伊格尔斯(Eagles)等人 1990 年在参与加拿大自然旅行计划时所做生态旅游动机的前六位排名。

表 3.2　生态旅游动机相关调查结果

项目及动机名称 动机排名	我国广东鼎湖山生物圈保护区	加拿大自然旅行计划
1	欣赏自然	热带雨林
2	寻找平静	未受干扰的大自然
3	了解自然	了解自然
4	体育锻炼	鸟类
5	娱乐	湖泊和河流
6	学习/培训	绿树和野花

（二）生态旅游动机的影响因素

如上文所述,马斯洛的需求层次论根据各种需求在人的发展过程中所占支配地位的先后将其分为五个层次,它们是生态旅游者旅游动机的生理、心理基础。生态旅游正是满足此类需求在行动上的具体体现,因此这些需求是生态旅游者旅游动机的动因,这个动因主要受到社会文化因素以及个人因素的双重影响。

1. 社会文化因素

文化是一个综合体,主要包括知识、信仰、艺术、法律、道德、习俗等因素。不同的国家、民族,都有自己不同的文化,不同的文化导致旅游动机不尽相同。影响生态旅游者旅游动机的社会文化因素主要包括以下几项。

（1）生态文化。随着人口的急剧增加与科技的进步,人类对自然的作用,在规模和深度上不断加剧;当人类活动超越了地球的承载能力,将导致不可持续发展局面的出现。这个全球性的问题迫使人类重新思考人与自然的关系,导致文化选择,实现文化战略的转变。这种文化战略转变表现在生态哲学、生态伦理学、生态教育、生态文学艺术、生态神学等生态文化现象的兴起;所谓生态文化,也就是人类与自然和谐共进、实现人类可持续发展的文化。

生态文化的传播影响着旅游者的出游动机,越来越多的旅游者渴望走进自然、探索人类与自然界的相互依存关系,体验与自然环境水乳交融、和睦共处的天人合一境界。他们提出了"返璞归真"、"回归大自然"、"生态环境游——时尚选择"等口号,倡导"森林浴"、"空气负离子浴"、"野外生存"等新的旅行方式,进而掀起了生态旅游消费热潮。

(2)民族习俗。民族习俗是人们在一定地域内经过长期的社会实践而自发形成的习惯性行为的总称,包括消费习俗、礼仪习俗、节日习俗、商业习俗等。不同的习俗,对人们的消费行为影响不同,如有的民族崇尚勤劳、节俭,乡情浓厚,不愿离开家乡到异地;有的民族爱好四处周游、探险、欣赏异地文化等。每个民族自己的传统节日、礼仪规范不但形成了本民族的生态旅游消费方式与消费周期,而且还吸引着众多的外国游客参与。

(3)宗教文化。宗教是一种社会意识形态,相信并崇拜超自然的神灵,是支配着人们日常生活的自然力量和社会力量在人们头脑中的歪曲、虚幻的反映。它是人类文化的重要组成部分,不同的宗教文化,将导致不同的消费需求与模式。目前各种宗教信徒占世界总人口的60%以上,他们虔诚的宗教信仰和强烈的求知欲望很容易转化为旅游动机,同时与自然保护密切相关的教规又促使他们对旅游目的地自觉加以保护。例如,我国许多名山大川既是宗教圣地又是开展生态旅游的自然保护区,如梵净山、鼎湖山,相当一部分生态旅游者是宗教信徒。

(4)价值观。价值观是人们对客观事物的评价标准,它包括时间、财富等观念,对生活、冒险以及对社会文化的态度,决定了人们的是非观、善恶观和主次观,并在很大程度上决定人们的行为举止。不同国家、民族以及不同宗教信仰的人,其价值观存在明显的差异,因此对旅游产品价值的认识也不同。生态旅游者由于具有正确的生态价值观,尽管有较高的旅游支付能力,但对大自然环境中的交通不便、食宿难保等也并不会斤斤计较。

2. 个人因素

(1)家庭结构。家庭结构是指家庭成员的组合形式,可分为核心家庭、夫妻式家庭、主干家庭和扩展家庭。家庭结构不同,对生态旅游消费需求也不同。相关调查结果显示,没有孩子的夫妻家庭,经济条件宽裕,闲暇时间较多,很容易产生旅游需求;而其他类型的家庭,由于抚养子女、赡养老人等因素,不太容易产生旅游需求。

此外,家庭生活周期也会对旅游动机产生不同影响,主要是指家庭从组建到消亡的整个过程,可以分为单身阶段、新婚阶段、初为父母阶段、空巢阶段和分解阶段。单身阶段的人们,消费比较自由,用于娱乐和旅游消费的时间和金钱也相对较多,他们体力充沛,很愿意参加生态旅游活动。新婚阶段是从结婚到生第一个孩子的时期,这一阶段的男女没有其他经济负担,闲暇时间较多,乐于寻求快乐的生活方式,但年轻小夫妻外出

生态旅游

比较讲究旅行条件,因此这一阶段的夫妻参与生态旅游活动的比例较小。初为父母阶段,即第一个孩子出世直到子女独立生活的时期,由于家庭人口增多,开支增加,尤其在发展中国家,家庭的消费行为主要从实际需要考虑,参与生态旅游活动的比例也很小;但随着人们生活水平、自身素质和修养的不断提高,这部分人群参与生态旅游活动的意愿也有望提高。空巢阶段是指子女都已经济自立,成家立业,夫妻大多已退休,闲暇时间较多,在健康允许的前提下,他们经常外出旅游,也开始趋向于追寻原始和自然的生态旅游。分解阶段是指丧失配偶后一个人尚存的阶段,此时在情感、生活习惯、经济条件上都会有较大变化,有些人可以适应这种变化并健康地生活下去,对娱乐、旅游等表现出很大的热情;有些则不适应这种变化,难以调整自己而严重影响健康与生活。

（2）社会阶层。社会阶层即每个社会成员担当的角色,根据职业、财富、知识或声望,可以区分为若干个阶层。社会阶层与生态旅游者的动机十分密切。同一社会阶层的生态旅游者的价值观念、认识信息及态度等各方面都有相似的心理驱使,往往表现出相似的行为方式以及与其他社会阶层相比具有鲜明特色的生活作风。

据相关调查显示,生态旅游者受教育程度比一般旅游者要高。当然,随着生态旅游的日益普及,对生态旅游感兴趣的人有从高文化层次群体向较低文化层次群体转移的趋势。文化素质与旅游动机的关系在职业分布上也可以得到反映。表3.3是中南林学院在1988—1989年在张家界国家森林公园的调查结果,可以看出,生态旅游者的职业构成中,以工人、干部、学生和教师为主,这四种职业的游客除了受教育程度较高外,时间、经济等客观条件也较有优势。

表3.3 张家界生态旅游者职业结构调查统计表(n＝3117)

职业 项目	学生	教师	干部	工人	军人	农民	其他
游客人数(人)	481	198	1 099	1 173	45	37	144
占百分比(%)	15.2	6.2	34.6	36.9	1.4	1.2	4.5

资料来源:张家界国家森林公园课题组. 张家界国家森林公园研究[M]. 北京:中国林业出版社,1991.

三、生态旅游者的培养

具备了生态旅游者形成的主客观条件,生态旅游者就可能产生到大自然中去的旅游行为。但作为一名合格的生态旅游者,还应具有较强的环境意识,这种意识不是与生俱来的,需要教育和培养。

（一）培养的意义

1. 有助于生态旅游目标的实现

旅游的发展既依赖于生态环境,又对生态环境产生影响,主要表现在对可供观赏的山川湖泊、名泉瀑布、名胜古迹、动植物资源等景观的损害和污染,以及对目的地居民文

54

化较大程度的冲击,这些负面影响对旅游业的健康发展起阻碍作用。为使影响减少到容许的范围内,需要旅游从业人员和当地居民妥善管理与积极支持,更重要的是提高游客的环境保护意识,使爱护旅游目的地的行动成为自觉行动,促进生态旅游业的可持续发展目标的实现。

2. 有助于生态旅游客源的扩大

生态旅游者通过培养,能够激发对大自然中的环境复杂多样性、生态系统特征、生态平衡原理、生物多样性及其价值知识的兴趣。这种探索与理解的兴趣一旦产生,将因大自然的奥妙无穷而持久,而且认识越深入,爱护与维护大自然的意识将越强烈。这样,就不断有经过培养的传统大众旅游者转变为新的生态旅游者,进而使生态旅游客源日益扩大。

3. 有助于全民环保意识的提高

在环境问题日益严重的今天,环境教育已经成为全社会的课题,生态旅游者的培养正是这个社会环境教育大系统中的一个重要环节,这个环节做好了,有助于推动全社会的环境教育,进而提高全民环保意识。

（二）培养的内容

生态旅游者的培养主要包括两方面内容:自然知识和环境意识。自然知识是提高环境意识的基础,通过理解自然,达到欣赏自然,进而保护自然。

1. 自然知识

自然环境是人类生存、繁衍的物质基础,要保护和改善自然环境,首先必须认识自然,这包括地质地貌、江河湖海、气象气候、动物植物、宇宙繁星等丰富内容,涉及这些组分的起源、构成、规律、特征及价值等各个方面。对某个生态旅游区而言,主要是深入洞察自然生态资源的性质、类别、成因与造景机制,切身体验所在社区的风俗习惯与社会文化。另外,生态旅游活动的指南,如森林浴的方式、野外露营的注意事项、滑雪的技巧等也应在培养之列。

2. 环境意识

环境意识包括两个方面的内容:一是人们对生态环境的认知水平,即环境价值观念;二是人们参与保护生态环境行为的自觉程度。环境价值观念的树立是环境保护行为的前提,而环境保护行为是环境价值观念的反映。培养环境意识就是要使人们认识到,自然界是包括人类在内的一个有机整体,人类必须遵从自然规律,合理地调节人与自然的物质和能量交换,从而达到人与自然的和谐共存与共同发展,意识到生态旅游区中各组成部分的有机联系及相互间固有的物质和能量交换规律,人类活动对其自然平衡的破坏作用和当地社区社会文化的可能负面影响,维护自然的调节能力和社会文化的纯洁性,把人类对自然、社会和文化环境的影响限制在其调节能力允许的范围之内。

（三）培养的途径

生态旅游者的培养是一个系统的综合过程,需要社会和个人的共同努力。首先,个人可以通过直接的书本内容学习与间接的实践活动学习,培养与提高自身的环境意识;

其次,社会与政府也应从可行的方式出发,引导全社会公民去了解、认识并关心环境及相关问题,例如通过广播、电视、报纸杂志等媒体,调动多方面的社会力量,采取丰富多彩、生动活泼的教育形式,造成强大的社会舆论,把生态意识上升为全民意识,使热爱自然、保护自然成为人类的共同意愿。

此外,生态旅游者的培养还有一个重要途径,即生态旅游区环境教育。生态旅游区是游客参加生态旅游的场所,生态旅游者完全可以在这些大自然的场所里进行最形象的自我教育和社会教育。在哥斯达黎加,能辟为生态旅游区的景点往往是在生态环境保护上卓有成效的地区。生态旅游区在旅游过程中为旅游者提供信息和学习机会,是"旅游+环境教育"式的双重行为,旅游者会在享受之余学到和感受到很多有益的东西,自觉培养起环保意识和热爱大自然的高尚情操。从事生态旅游导游职业的人往往是动物学家、植物学家和生态学家,他们既是导游,又是环境教育的老师,同时还鼓励互动式参与。旅游者广泛接触大自然,融入当地的人文生态环境中,既充分欣赏、享受生态旅游区的生态环境,又积极充当生态环境的保护者。

在生态旅游区,其现场教育主要是通过建立旅游区的环境解说系统,利用环境解说的各种方式进行的。旅游区环境解说(environment interpretation)是通过实物、人工模型、景观、现场资料和解说人员解说等方式,提高旅游者对旅游区环境特征和价值的认识,强化旅游者与环境在情感与智力上的交流。良好的环境解说应该是旅游者与旅游区和当地社区联系的桥梁与纽带,具有为旅游者提供信息、服务和娱乐等功能,也是提高旅游者环境意识的积极步骤,这是正规环境教育过程必不可少的补充。从解说系统为旅游者提供信息服务的方式角度来考虑,北京大学吴必虎教授认为,环境解说可以分为向导式解说系统和自导式解说系统两类。建立生态旅游解说系统,应该从这两方面着手。首先,向导式解说系统是指以具有能动性的专门解说人员向生态旅游者进行主动的、动态的信息传导为主要表达方式,使他们能够了解旅游区的自然和文化遗产。其优点是双向沟通,可以根据生态旅游者的兴趣确定解说的内容和形式,可以回答游客的问题,还可能在意想不到的情况下发挥效果。但这对解说人员的素质要求较高,全年实施费用也较高。其次,自导式解说系统是由无生命设施、设备向生态旅游者提供静态的、被动的信息服务。主要有视听媒体、展品、指示牌、出版物等形式。总的特点是解译内容经过精心挑选,具有较强的准确性和权威性,游客可以根据自己的兴趣自由选择,但信息量有限。

总的来说,生态旅游区可以因地制宜选择不同的环境解说方式。值得注意的是,无论环境解说系统采取何种方式,它们必须依赖特定的语言,要分析游客来源,确定主要客源地,选择合适的语种进行准确解译,并尽可能翻译成多国文字。

第四节　生态旅游者行为

对生态旅游者行为的研究是为了更好地了解生态旅游者、培养和扩大生态旅游者群体,提高旅游者的环境保护意识。

一、生态旅游者保护性旅游行为的概念

传统大众旅游者在旅游活动中,行为方式常表现为只重视游乐行为本身,而忽视保护的错误倾向。这类游客认为旅游就是游乐,跟环境没有关系。在这种认识的误导下,旅游行为导致了对各类资源和环境的破坏。如我国南岳衡山,汽车年排放废气达250多万立方米,寺庙内外焚烧香纸、燃放鞭炮等,致使旅游区内烟雾缭绕,灰尘满天,空气污浊不堪。实际上,环境是旅游业的基础,良好的环境给旅游者提供了游览内容,而旅游不仅通过自身的活动提高了公众的环境意识,促进了环境保护,还可以直接用旅游收入的一部分使保护措施得以实施。生态旅游正是反映旅游与环境相互依存关系的旅游活动形式,主体是具有较强环境意识的生态旅游者,他们的行为称为保护性旅游行为。所谓生态旅游者保护性旅游行为,就是指带有环境意识的旅游行为过程,这种行为在吃、住、行、游、娱、购六个环节中都很注意保护,强调的是旅游与保护的和谐统一,并非只着重偏向某一个方面。

二、生态旅游者保护性旅游行为的特点

生态旅游者的保护性旅游行为是一种与传统大众旅游者纯粹的消费行为相对应的行为,强调旅游者的旅游权益与环境保护责任的统一,因此具有鲜明的特点。

(一)环保性

环保性是指生态旅游者的保护性旅游行为是有益于景区环境保护的活动形式。广袤的大自然和博大精深的特色文化给生态旅游者提供了宽广的舞台,他们既在其中进行丰富多彩的活动,又在责任感的驱使下,自觉要求自己的行为不对环境产生不良影响与破坏,尊重和保护当地的本土文化,并为所在社区的经济发展作出应有的贡献。

(二)知识性

知识性是指保护性旅游行为是具有较高知识信息含量的活动形式。旅游者在欣赏景区优美景观的同时,在景区环境解说系统支持下,进一步理解与大自然相关的生态知识与原理、了解民俗风情的文化内涵等,不仅获得丰富的科学文化知识,也提高了自己的环境意识。

(三)参与性

参与性是指保护性旅游行为是生态旅游者广泛参与的活动形式。在生态旅游过程中,旅游者身体力行、积极投入,主动体验大自然提供的阳光、空气、水以及人与自然和谐的文化。同时,生态旅游者还直接或间接地参与旅游区的环境保护、生态建设和社区发展。

（四）替代性

替代性是指旅游者旅游经历的可替代性，表现为旅游者的旅游时间、交通工具、目的地及活动方式可随着更有利于景区环境保护的要求而改变，即生态旅游者容易接受旅游要素的改变，对旅游环境或服务的依赖性更小，景区经营者也更能按照环境特点合理布局资源的游憩利用方式，从而更有利于生态脆弱的地段受到保护。例如在自然保护区内，生态旅游者更愿意徒步或骑马而放弃乘车游览，从而使环境影响减至最低。

三、保护性旅游行为的层次与阶段

（一）保护性旅游行为的层次

钟林生等把生态旅游者的保护性生态旅游行为过程分为三个层次：基本层次是亲近自然，生态旅游者置身于大自然中，呼吸新鲜空气，倾听自然的声音，享受自然的宁静与幽远；提高层次是学习自然，考察自然的奥秘，探索万物的真谛，从而扩大视野，增长知识；专门层次是保护自然，生态旅游者在亲近自然、学习自然之后，产生对自然的崇尚与热爱之情，增强环境保护意识，从而积极参加保护自然的行动与活动。三个层次的相互关系如图 3.4 所示。

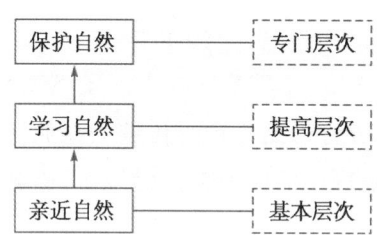

图 3.4　生态旅游者的保护性旅游行为层次

（二）保护性旅游行为的阶段

对一个旅游行为过程而言，不同的旅游行为也有不同的阶段。在库泼（C. Cooper）主编的《旅游发展：环境和社区问题》一书中对生态旅游者行为过程中精神境界的三个过程进行了分析：第一个阶段是"自然"，即回归大自然，到大自然中去；第二个阶段是"怀旧"，怀念人类的童年，勾起对原始美好环境的回忆；第三个阶段是"天堂"，心境仿佛到了"天人合一"的人间仙境。这三个阶段是递进的，是生态旅游者的旅游体验过程，较高阶段的体验出现在较低阶段的体验过后。

四、生态旅游者的生态型旅游行为的研究方法

（一）问卷调查法

设计一定形式和内容的游客调查表格，随机分发给来该保护区进行观光、度假、游乐、科考、实习等的中外生态旅游者。收集调查问卷，并采用数理统计方法对问卷进行

分析、研究,从而了解游客的背景材料、旅游意识、旅游需求和决策行为等,为旅游景区宣传、旅游产品开发和旅游设施建设提供参考。问卷调查法是目前最常用的研究方法,范例请见扩展阅读3-4。

（二）环境监测法

在各景点设置固定人员调查旅游者涉足景区的范围、垃圾存放方式、滞留时间对野生动植物的影响,以便监测旅游行为的环境效应,并采取切实可行的旅游管理对策。

（三）市场调研法

统计不同时间、不同国籍或地区、不同来源方式的游客数量和经济效益,分析旅游市场动态,为研制旅游发展规划提供理论依据。

扩展阅读 3-4:四川省喇叭河景区游客调查问卷

尊敬的游客,您好!

非常欢迎您来到美丽的喇叭河景区参观游览。为了更好地保护和开发自然资源,为您提供更好的旅游服务,我们制定了这份问卷调查表。本次调查纯属学术研究,问卷不涉及您的个人隐私,您所提供的资料我们将为您严格保密,谢谢您的支持!

第一部分:您的基本情况

1. 性别:□男 □女

2. 年龄:□18 岁以下 □18~24 岁 □25~34 岁 □35~44 岁 □45~54 岁 □55~64 岁 □65 岁以上

3. 文化程度:□大专以下 □大专 □本科 □本科以上

4. 职业:□学生 □公务员 □公司职员 □个体职业者 □农民
　　　　□军人 □离退休 □待业下岗 □其他

5. 您的月收入:□1 000 元以下 □1 001~2 000 元 □2 001~3 000 元
　　　　□3 001~4 000 元 □4 001~5 000 元 □5 000 元以上

6. 您的家庭结构:□单身 □双人夫妻家庭 □带小孩的夫妻家庭 □三代同堂 □其他

第二部分:在本次旅游过程中(请就您的看法,在您认为最符合的选项上打"√")

7. 此次旅游您选择什么方式? □自助旅游 □旅行社跟团

8. 您觉得景区制定的游客行为规范准则对您的环境行为是否产生积极影响? □是 □否

9. 您觉得景区提供的基础设施对您的环境行为是否产生积极影响? □是 □否

10. 您觉得景区提供的服务管理对您的环境行为是否产生积极影响? □是 □否

第三部分:您对如下观点持何种态度(请就您的看法,在您认为最符合的数字上打"√")

	很赞成	赞成	一般	反对	很反对
游客有责任保护风景区环境	5	4	3	2	1
游客更喜欢没有人为加工的风景区	5	4	3	2	1
游客希望通过旅游学到更多的自然知识	5	4	3	2	1
游客的不文明旅游行为应当受到惩罚	5	4	3	2	1
动植物之所以存在,首先是因为要为人类所用	5	4	3	2	1
人类有权改变自然环境以满足自己的需要	5	4	3	2	1
人类为了生存必须与自然和平共处	5	4	3	2	1
当人类破坏自然时,经常会导致灾难性的后果	5	4	3	2	1
自然界的平衡很脆弱,易破坏	5	4	3	2	1
人类注定是自然的主宰	5	4	3	2	1
风景区开发要以保护资源为前提	5	4	3	2	1
风景区开发要让当地百姓致富	5	4	3	2	1
风景区保持原貌较好,不必建现代设施	5	4	3	2	1
风景区游道应实施游客最高限额管理	5	4	3	2	1

第四部分:对于一个好景区而言,您认为下列因素的重要程度如何(请就您的看法,在您认为最符合的数字上打"√")

	很重要	重要	无所谓	不重要	很不重要
生态环境优良	5	4	3	2	1
自然风光优美	5	4	3	2	1
当地百姓友好	5	4	3	2	1
食宿条件优良	5	4	3	2	1
景区内有现代化交通工具	5	4	3	2	1
景区内游道设计科学、游览方便	5	4	3	2	1

第五部分：在本次旅游过程中，您对下列因素的评价如何(请就您的看法，在您认为最符合的数字上打"√")

	很赞成	赞成	一般	反对	很反对
生态环境优良	5	4	3	2	1
自然风光优美	5	4	3	2	1
当地百姓友好	5	4	3	2	1
食宿条件优良	5	4	3	2	1
景区内有现代化交通工具	5	4	3	2	1
景区内游道设计科学、游览方便	5	4	3	2	1

资料来源：刘洪丽. 生态旅游者划分及其环境态度与行为差异的实证研究[D]. 西南交通大学，硕士学位论文，2008.

 案例

中国大学生生态旅游者的生态意识调查分析

生态旅游者作为生态旅游活动的主体，其生态意识至关重要。本研究案例以云南大学为例，对当代中国大学生潜在生态旅游者的生态意识进行了调查，并通过与国内外生态旅游者的生态意识调查结果进行对比研究，总结出中国大学生潜在生态旅游者生态意识的特点和规律。

一、调查方法

（一）调查对象和内容

本次调查选择云南大学 2000—2003 4 个年级的本科生、2001—2003 3 个年级的硕士生以及博士生为调查对象。调查内容包括大学生对待生态旅游的态度、行为倾向、环境责任感、对当地社区发展的态度、对景区服务设施的要求、对生态旅游教育功能的态度、对生态环境景区的认识等方面。

（二）调查方法

本次调查采用目前应用最为广泛且全球通用的测量技术——李克特量表（Likert Scales，亦称总和量表法）问卷的形式，具体调查时采用非随机抽样调查方法中的配额抽样法（即按一定的标志对总体进行分层分类排列，再以一定比例的配额由调查人员根据一定标准自由选取样本），按本科、硕士及博士的教育程度和性别对云南大学全体在校生进行分类，以一定配额选取样本，发放问卷，并进行一些深入访谈。

调查问卷主体部分由 18 个陈述句组成，从各个角度了解被调查的青年学生的生态

意识。问卷等级按照"完全同意"、"同意"、"不同意也不反对"、"反对"、"强烈反对"划分为5级,并利用5分制依次给这些选择赋值打分,即:5为"完全同意";4为"同意";3为"不同意也不反对";2为"反对";1为"强烈反对"。在接受问卷调查时,被调查者根据自己的实际情况选择其中一个等级,以表达他们对这些陈述句的赞同程度。然后,对每一个陈述句计算出全体被调查者的平均分数(均值),以了解他们坚持严格的和一般的生态旅游标准的程度。

（三）调查过程

本次调查工作于2004年4月27日开始,6月20日结束。调查期间,共发放问卷300份,收回问卷268份,有效问卷257份。其中,本科生106人(占41.2%,男生43人,女生63人),硕士生95人(占37.0%,男生46人,女生49人),博士生56人(占21.8%,男生31人,女生25人)。

（四）分析方法

本次调查采用了均值(数据平均值)统计方法和对比分析方法。

1. 均值(数据平均值)统计方法

数据统计时将调查问卷的18个陈述句按照大学生维护环境倾向、对当地社区发展的态度、对生态景区服务设施的要求、对生态旅游教育功能的态度、对生态环境景区的认识五个方面进行分类,统计计算出均值。另外,在大学生群体内部即按一定的标志(如教育程度、性别)对样本总体进行分层分类排列统计,计算出均值。

2. 对比分析方法

本次调查采用对比分析方法。将上述方法调查统计出的数据(均值)与国内外生态旅游者生态意识的调查结果(均值)进行对比分析研究。

二、调查结果分析

（一）大学生生态旅游者的生态意识调查结果

本次问卷收回后,对其中的257份有效问卷进行了分类整理,具体数据统计分析时采用均值统计方法,其调查结果分析见表1。

表1　云南大学大学生潜在生态旅游者生态意识调查结果

调查内容 ＼ 类别	本科生(均值)	硕士生(均值)	博士生(均值)	总平均值
维护环境倾向	4.082	4.068	4.098	4.083
对当地社区发展态度	4.044	4.168	4.196	4.136
对生态景区服务设施要求	3.400	3.634	3.675	3.570
对生态旅游教育功能的态度	4.376	4.389	4.423	4.369
对生态旅游景区的认识	3.775	3.769	3.826	3.790
总平均值	3.935	4.006	4.044	3.990（含尾差调整）

1. 大学生生态旅游者生态意识

表1表明,综合大学生潜在生态旅游者生态意识调查的五个方面数据,以5分制计,总平均得分为3.990(若将"5分制"换以"优"、"良"和"差"三个等级计,已属于"优"等级)。由以上调查结果可以初步判定,当代中国大学生生态旅游者整体具备较高的生态意识。

2. 大学生生态旅游者的生态意识与其受教育程度的关系

表1显示,本科生、硕士生和博士生在调查中平均得分随教育程度提高呈递增趋势,即"本科生＜硕士生＜博士生"。这一规律表明,教育水平影响着大学生生态旅游者的生态意识。

表2　云南大学大学生潜在生态旅游者生态意识性别对比调查结果

调查内容＼类别	本科生(均值)		硕士生(均值)		博士生(均值)		总平均值	
维护环境倾向	4.082		4.068		4.098		4.083	
	男	女	男	女	男	女	男	女
	4.047	4.116	3.986	4.149	4.049	4.147	4.027	4.137
对当地社区发展态度	4.044		4.168		4.196		4.136	
	男	女	男	女	男	女	男	女
	3.977	4.111	4.152	4.184	4.000	4.392	4.043	4.229
对生态景区服务设施要求	3.400		3.634		3.675		3.570	
	男	女	男	女	男	女	男	女
	3.518	3.282	3.826	3.442	3.783	3.567	3.709	3.430
对生态旅游教育功能的态度	4.376		4.389		4.423		4.369	
	男	女	男	女	男	女	男	女
	4.244	4.508	4.250	4.528	4.339	4.507	4.278	4.514
对生态旅游景区的认识	3.775		3.769		3.826		3.790	
	男	女	男	女	男	女	男	女
	3.628	3.921	3.783	3.755	3.873	3.778	3.761	3.818

从表2男生与女生对比调查统计结果可以看出,在所调查的维护环境倾向、对当地社区发展态度、对生态旅游教育功能的态度、对生态旅游景区的认识四个方面,女生的平均得分均明显高于相应的男生平均得分,出现性别差异。这种生态意识性别差异性的出现可能是由于男性和女性在心理和生理特点上存在差异性所致。男性较女性更富于异向型心理特征,偏重理性思维,体魄也较女性强健,受传统约束少,因此偏好那些登山等探险类或长距离、对体力要求较高的户外旅行活动。而女性天生富有爱心,偏重感性思维,情感细腻,亲近大自然,关爱小动物,较男性更加关注旅游地社区发展,更加积

极地投身到对旅游地的建设当中。

（二）与国外生态旅游者生态意识调查的对比研究

为了进一步探讨中国大学生生态旅游者的意识，现以澳大利亚拉明顿国家公园生态旅游者调查结果为国外调查研究代表，与本次调查结果进行比较研究（见表3）。

表3　拉明顿国家公园生态旅游者与本次大学生生态意识调查结果比较（数据为均值）

类别 调查内容	拉明顿国家公园生态旅游者	中国大学生
维护环境倾向	3.525	4.083
对当地社区发展态度	3.893	4.136
对生态景区服务设施要求	3.647	3.570
对生态旅游教育功能的态度	3.762	4.369
对生态旅游景区的认识	3.411	3.790

1. 中国大学生潜在生态旅游者生态意识强

由表3可见，中国大学生潜在生态旅游者生态意识高于澳大利亚拉明顿国家公园生态旅游者。这一结果的出现，说明了两个问题：其一，当代中国大学生有较强的生态旅游生态意识，他们在"对当地社区发展态度"和"对生态旅游教育功能的态度"两项调查中得分最高，表明他们在支持生态旅游地社区发展方面负有很强的责任感，同时渴求知识。其二，与各自调查样本选取有关：拉明顿国家公园抽样样本集中于在黄金海岸腹地的两个生态旅馆过夜的游客；本次调查集中于云南大学的在校大学生。两组样本的数量规模及样本个体在年龄、教育程度、收入等方面存在明显差距。例如，拉明顿国家公园调查结果中的3组游客，其拥有大学教育资格的比例分别为62%、61%和46%；而本次调查对象则100%为在校大学生。

2. 大学生的求知愿望强烈

表3中第4项"对生态旅游教育功能的态度"调查数据显示，大学生平均得分达4.369，绝对数字上明显高于拉明顿国家公园游客的调查结果。问卷中有关此项调查设计了两个陈述句："我希望尽可能多地了解与学习一个生态旅游景区的自然环境知识"和"我希望尽可能多地了解与学习一个生态旅游景区的人文环境知识"，5个等级的统计结果显示：在大学生们的选择中，"完全同意"占45.39%，"同意"占46.05%，"不同意也不反对"占8.56%，"反对"和"强烈反对"无人选择；体现出大学生们对自然知识和人文知识的强烈渴求。将这一结果与拉明顿国家公园游客调查结果比较，可以看出：（1）二者教育程度的差异。拉明顿国家公园所调查游客的教育程度部分为大学本科，本次调查对象为大学生。（2）对知识的强烈渴求。大学生具有强烈的了解与学习生态旅游景区自然与人文知识的倾向，这体现出当代大学生为满足自身对世界的好奇心，在智力和体力上对知识进行探求。

3．大学生具有严格的生态旅游者潜质

表3的数据显示大学生对生态景区服务设施要求、对生态景区的认识与拉明顿国家公园游客调查结论基本一致。这一调查结果的产生可能与当代大学生具备较高文化素养、接受过相关知识教育、对大自然与特色文化充满热爱且有较强的环保意识有关。这表明大学生们具备锻炼成长为严格的生态旅游者的潜质。

（三）与国内生态旅游者生态意识调查的对比研究

国内学者肖朝霞（2004）选取3组国内游客进行比较研究，其研究结果表明玉溪新平哀牢山生态旅游景区的这组游客符合"严格的生态旅游者"特征。现将本次调查结果与肖朝霞所作的玉溪新平哀牢山生态旅游景区游客（国内严格的生态旅游者）的调查结果进行比较研究。

表4　国内严格的生态旅游者与本次大学生生态意识调查结果比较（数据为均值）

调查内容 ＼ 类别	哀牢山生态旅游景区游客调查结果	本次大学生调查结果
维护环境倾向	4.079	4.083
对当地社区发展态度	4.238	4.136
对生态景区服务设施要求	3.559	3.570
对生态旅游教育功能的态度	4.689	4.369
对生态旅游景区的认识	3.793	3.790

1．大学生与国内严格的生态旅游者的一致性

表4第1、3、4、5项的数据显示，大学生与玉溪新平哀牢山生态旅游景区游客二者平均得分近似，表明大学生在多个方面表现出与国内严格的生态旅游者的一致性。大学生们具有较强烈的生态意识，对生态景区服务条件要求不高，渴求了解生态景区当地的自然与文化环境，喜欢保护与开发相互协调的生态旅游景区。

2．大学生对社区发展的关注程度不够

表4第2项调查数据显示，大学生此项调查平均分数为4.136，其数值低于玉溪新平哀牢山生态旅游者的得分（4.238）。这一结果的出现可能与大学生们的心理因素有关。在调查及访谈中，研究人员还了解到相当多的大学生对当地社区负有强烈责任感，但要承担起为社区作贡献的重任却感到知识不够。大学生们心理上的不自信可能影响了其关注社区并为社区做出贡献的实际行动。

3．大学生群体内部对景区服务设施的要求与其受教育程度的关系

表4数据表明，在对景区服务设施要求方面大学生同国内积极的生态旅游者平均得分近似，分别为3.793和3.790。进一步探讨大学生群体内部，从表2数据可以看到，本科生、硕士生和博士生此项调查平均得分分别为3.400、3.634和3.675，呈随教育程度递增的趋势。产生这一现象的因素可能有：（1）旅游费用。旅游费用是影响大学生对

生态景区服务设施要求高低的重要因素之一。旅游对于大学生来说,是一笔不小的花费,且机会成本较高。大学生们总是期望投入较低的旅行成本获取难忘的旅游经历。对于大多数本科生而言,其旅游所需花费主要是来自家庭的经济支持,因此必然会偏好那些具有非高档次景区服务及设施且费用低廉的生态景区。与此相对,硕士研究生及以上教育程度的青年学生独立意识增强,在经济能力上更容易获得兼职或赚钱的机会,经济条件的限制作用相对不明显。因此,为满足旅行中身心的最大愉悦,他们对景区各类设施和服务有更高的要求。(2)年龄因素。大学生对景区服务设施的要求呈现随年龄增长而升高的趋势。从本科生到硕士生及博士生,随着年龄增长,由于个体经济独立能力相对增强,年龄偏大的青年学生更注重追求高品质的生活质量。面对"吃、住、行、游、购、娱"的一般游客需求活动,年长的大学生更加要求在生态景区不仅要"玩好",还要"吃好、住好"等。

三、结论及建议

(一)结论

中国大学生生态旅游者生态意识与国内外生态旅游者生态意识有一定的一致性,但同时也表现出区别于其他旅游者的特点,具体总结如下:(1)大学生生态旅游者具备较强的生态意识,同时,大学生生态旅游者的生态意识随其受教育程度的提高而递增,且呈现出男女性别差异性。(2)与国外生态旅游者生态意识调查的对比研究表明,大学生维护环境倾向程度高于拉明顿国家公园生态旅游者(可能与调查样本的选取有关)。大学生了解与学习生态旅游景区自然知识与人文知识愿望强烈,这是大学生这一特殊群体区别于其他群体的显著特点之一。(3)与国内生态旅游者生态意识调查的对比研究表明,除大学生对生态景区社区发展的关注表现较弱外,大学生在其余多个方面表现出与国内严格的生态旅游者的一致性。其中,大学生对景区服务设施要求接近于国内严格的生态旅游者,而在大学生群体内部又出现生态旅游意识随教育程度提高而递增的趋势。

(二)建议

1. 环境保护,教育先行

作为文化程度较高的群体和潜在的生态旅游者,大学生们具备成长为国内严格的生态旅游者的潜质。应高度重视高校的大学生环境教育,努力将当代大学生培养成为真正严格意义上的生态旅游者,以更好地发挥大学生群体较高水平的智力与体力,为生态环境保护和当地社区发展做出积极贡献。

2. 增设大学生态旅游相关课程

为满足大学生们了解与学习生态旅游景区的自然与人文知识的强烈愿望,可在大学教育中增设相关课程。具体课程可主要由两部分构成:一是面向全校各专业开设公共必修课,如"环境概论"、"环境与发展"或"环境与保护"等,提高学生们的环境保护意识;二是根据全校不同专业的特点,开设专业选修课,如"旅游资源学"、"旅游文化"、"旅游人类学"等,注重拓展学生们的思维,提高素质。

3. 采用"寓教于乐"的教育方式

积极鼓励大学生们参与各种"生态环保团体"、"绿色俱乐部",或利用假期开展户外实地考察调研活动,组织大学生们深入到生态旅游景区进行自然和人文环境方面的调查,让他们从活泼的教育方式中获得环境教育,增强责任意识。

（资料来源:钟洁,杨桂华. 中国大学生生态旅游者的生态意识调查分析研究——以云南大学为例[J]. 旅游学刊,2005,20(1):53—57.）

 思考题

1. 生态旅游者相比于传统的大众旅游者有哪些典型特征?

2. 严格的和一般的生态旅游者主要区别有哪些? 对开发与设计生态旅游产品有什么意义?

3. 生态旅游者形成的主客观条件包括哪些? 你本身具备成为生态旅游者的哪些条件?

第四章 生态旅游客体——生态旅游资源

 导入式阅读

　　"西安变了！不止是一座古城，更是一座生态城。"这是很多游客对西安的感受。记者从西安市三年植绿大行动表彰奖励暨今冬明春绿化工作动员会上获悉，西安市圆满完成三年大植绿任务，城区共栽植大规格乔木 10.13 万株，栽植花冠木 471.7 万株，栽植灌木 2 246 万株，完成投资 20.14 亿元；新增城市绿地面积 1 666 万平方米，相当于 32 个兴庆宫公园的面积。西安基本形成了以街头、庭院绿化为点，以道路、林带绿化为线，以公园、广场绿地为面，与城郊风景林地、遗址公园相结合，点、线、面、环相衔接的综合绿地系统，实现了市民出门 500 米见绿的目标。西安市民可以看到天空越来越蓝、感受到空气越来越清新，每一位市民都亲眼看到身边的环境在变，城市变绿、变美、变大了，处处有绿色，出门有绿荫，时常见南山。西安给市民和游客呈现了一个三季有花、四季常青、古代文明与现代文明交相辉映、充满生机与活力的生态文化城市①。那么，你认为以文化闻名的古都西安城中的这些旅游资源是否称得上生态旅游资源？

　　带此疑问，本章将主要讨论生态旅游资源的内涵，生态旅游资源所具有的主要功能、特征，生态旅游资源的形成因素、分类以及生态旅游资源的保护性开发等基本问题，使读者更清晰地了解生态旅游系统。

第一节　生态旅游资源概述

　　生态旅游资源是吸引生态旅游的客体，又是生态旅游活动得以实施、生态旅游得以形成和发展的物质基础。这就需要对生态旅游资源的概念进行讨论。但在生态旅游发展不够成熟的今天，作为生态旅游对象的生态旅游资源还没有一个被普遍认同的概念，有的干脆避免讨论生态旅游资源的定义。

---

　① 三年植绿　西安新增"32 个兴庆宫公园"[N].西安晚报，2011-11-09.

一、生态旅游资源的概念

（一）关于生态旅游资源范畴的争议

1. 概念范畴的争议

在生态旅游最初概念的界定中，明确了生态旅游的对象，即生态旅游资源是"nature-based"。西方不少国家也严格按此来规定生态旅游资源，尤其是美国、加拿大、澳大利亚几个生态旅游发展较早的国家，更是把生态旅游的对象限制在"国家公园"、"野生动物园"、"原始森林"等纯"自然"的区域。然而，随着生态旅游发展到一些历史悠久的国家，如东方的中国，自然和文化往往无法分开，在传统的"天人合一"的哲学思想指导下，这些区域处处体现着人与自然和谐的"生态美"。因此，在实际操作中，有的学者逐渐将生态旅游资源的范畴进行拓展，包括了与自然和谐，充满生态美的文化景观。而后来，又有学者认为生态旅游资源还应该包括一种"生态现象"，即各种生态因子（物质、能量、空间、时间以及多样性）和生态现象（如大自然中的食物链、生物多样性、季相的变化、各种生长型及生活型）等的旅游吸引物，如森林或保护区里的动物与天敌、环境所呈现的生态系统动态现象，使游客真正体验到大自然的奥秘，受到环境教育。此外，还有一些人工恢复的景观生态能够吸引游客前来观赏并对游客起到教育作用，也有学者认为应该纳入生态旅游资源范畴。

2. 旅游设施与服务的争议

生态旅游接待设施从它对游客具有吸引力这一点看，不能否认它的资源性。一些具有当地生态特色的旅游接待设施，如骑马、溜索、吊桥等特色旅游交通，有些学者认为应该视为生态旅游资源。一些民风民俗中的民族歌舞接待（藏族迎宾献哈达、羌族迎宾献红绸、彝族迎宾喝竿竿酒等）是一种旅游服务，但也有学者认为这种民俗风情对游客具有吸引力，能够体现当地生态旅游气氛，也应视为生态旅游资源。

3. 物质和精神的争论

物质性的自然保护区、森林公园等是生态旅游资源，对此争论不大，但"精神"是不是生态旅游资源却存在争议。我们认为，附着于物质景观上的精神，不仅是生态旅游资源，而且还是其灵魂，是旅游资源开发时需要发掘的、深层次的吸引游客的精髓。只是和物质相比，它是无形的。据此，我们可将生态旅游资源的物质部分视为"有形生态旅游资源"，精神部分视为"无形生态旅游资源"。其中，无形生态旅游资源的内涵是蕴藏于有形生态旅游资源中的美学内涵、科学内涵、文化内涵及环境教育内涵。

4. 天然和开发的争论

有的学者认为，"资源"一词应解释为"生产资源和生产资料"的天然来源，即资源是指未经开发的天然的物质条件。也就是说，只有原始的生态系统才能算生态旅游资源，而已经开发的就不能列入生态旅游资源的范畴。但有的学者却持相反的观点，认为只要对游客有吸引能力，生态旅游业利用以后能够产生效益的客体均可视为生态旅游资

Ecotourism

源。我们认为,可把未经开发,但对游客有吸引力的生态系统视为"潜在的生态旅游资源",如一系列未开发的山川田野;而把已开发、对游客有吸引力,旅游业已经利用并产生了效益的生态系统视为"现实生态旅游资源"。

（二）生态旅游资源的内涵与定义

就我国国情而言,生态旅游资源应该具有以下内涵:

（1）生态旅游资源包括多个方面,既包括自然形成的,也包括人与自然共同作用的和人工恢复的生态旅游资源;既包括生态现象,也包括生态环境。

（2）具有地方特色,能烘托吸引游客的生态旅游气氛的旅游接待设施和旅游服务均可视为旅游资源。

（3）生态旅游资源包括物质——"有形的生态旅游资源",也包括精神——"无形的生态旅游资源"。

（4）只要对游客有吸引力,旅游业开发和利用后能产生效益的生态系统均可视为生态旅游资源,只是存在"潜在"和"现实"的差异。

（5）生态旅游资源的开发除了满足生态旅游者回归自然、认知自然、体验自然的需求,促进旅游地的生态环境保护外,还应促进旅游地的社会和经济的发展,使生态效益、经济效益和社会效益能够得到有机的统一和协调。

（6）生态旅游资源吸引的旅游者是具有环保意识、生态文明和较强社会责任感的特指群体,因此生态旅游资源的概念也不宜过分泛化,应该突出生态旅游资源与其他旅游资源相区别的环境教育功能。

根据上述对生态旅游资源内涵的归纳,生态旅游资源可定义为:

生态旅游资源是指具有生态美的吸引功能与生态功能,能够被生态旅游业利用,促进旅游地生态、经济、社会三大效益良性循环的生态旅游对象物。

二、生态旅游资源的功能

（一）按旅游活动功能划分

生态旅游资源按活动功能划分,主要包括观光、科学考察、科普、度假、健身、娱乐、体育、野营、夏令营、观鸟、观赏野生动物等,其中又以森林康体活动为最多,如林间野营、野餐、垂钓、骑马、射箭、球类活动（特别是林间网球、台球、羽毛球）等。

（二）按属性特点划分

按属性特点划分,生态旅游资源功能又可分为吸引功能、效益功能、生态功能。

1. 吸引功能

凡属生态旅游资源,都应具备对生态旅游主体——生态旅游者有吸引力的基本条件。生态旅游资源的吸引力源于其生态美,只有具有生态美的生态系统才能满足人们"回归大自然"的旅游需求。

2. 效益功能

生态旅游资源作为一种资源,必须具备经生态旅游业开发利用后能够产生经济、社会、生态三大效益的基本条件,这三大效益的发挥不仅注意近期横向的三大效益的协同发展,为使旅游业可持续发展,更为重视的是纵向上的可持续发展。

3. 生态功能

按具体作用,还可将生态旅游资源的生态功能细分为五大方面,即生态环境功能、生态景观功能、生态保健功能、生态文化功能、生态保护功能。

(1) 生态环境功能。所谓生态环境功能,主要指生态旅游资源能够为生态旅游者提供气候环境、山水环境、社会文化环境等空间场所的功能。

① 生态气候环境。由于植物的作用,一些自然保护区或生态旅游地具有良好的气候环境。如我国第一个国家森林公园张家界,由于生态条件好,气候环境质量指标相当高。这里气候温和,降水充足,年平均气温为 12.8℃,最热月 8 月平均气温 23.2℃,最冷月 1 月平均气温 3.2℃,冬暖夏凉,人体舒适度高。夏天每天舒适时间 23～24 小时,比外界长 54%～100%。又如松花江三湖保护区,由于受森林和水域的调节,区内气候非常适宜,温差小,湿度大,风力弱,噪音低,环境清幽。

据实测,森林可使温度降低 3～5℃,湿度增加 14%,风力减弱 35%,噪声降低 10 分贝,因此,以森林为主要组成部分的生态旅游地具有康体、娱乐等多种功能。

② 生态地貌环境。指生态旅游地的地貌景观环境,它具有满足游客猎奇心等其他生态感受的功能。许多森林生态区有奇峰、怪石、悬崖、峭壁、幽峡、深洞等自然景观,如张家界石英砂岩峰林,大小 3 000 多个,千姿百态,令人惊叹。类似这样独特的地貌景观,在许多生态区都有分布,如广西资源国家地质公园的丹霞地貌、黄山森林公园的花岗岩峰林地貌、四川瓦屋山森林公园的台地地貌、九寨沟森林公园的雪山高原地貌等。

③ 生态水环境。许多生态旅游区拥有多种不同特色的水体,如河流、湖泊、水库、飞瀑、涌泉、急流、险滩等。比较有名的有张家界的"水统四门"景观、千岛湖森林公园的湖中千岛景观、庐山风景区的瀑布群、九寨沟森林公园的众多高原海子、广西资源国家地质公园的资江漂流、海螺沟森林公园的冰川壮景等。生态水环境具有赏心悦目、治疗疾病等多种功能。

④ 天象奇观。在许多生态旅游地都可观日出,赏日落,眺云海,欣赏海市蜃楼、佛光等天象奇观。例如,泰山观日出、彭蠡(鄱阳湖)观日落、黄山观云海、庐山观瀑布云、峨眉山观宝光等在国内都以观赏天象奇观而著称。这类旅游资源给人以神秘感,具有满足人们猎奇心的功能。

⑤ 人文环境。"深山藏古寺",这是我国许多名山的共同特点。许多寺庙、道观、古塔、古墓及其他古建筑,构成了该生态旅游地的重要人文景观,成为游人凭吊怀古之地。如张家界森林公园就有古庙、古墓、碑刻三类文物古迹,古庙有朝天观、龙凤庵、接风庙,古墓有张良墓,碑刻有 59 块;此外,还有多功能现代仿古建筑六奇阁及其他建筑群。

此外,还有众多的民间传说及少数民族风情。这些文物古迹及人文景观,是生态旅

Ecotourism

游区的重要匹配资源,它们构成了生态旅游的社会人文环境。

(2)生态景观功能。生态景观功能是指生物体(包括植物、动物)具有的可供人们进行美学欣赏的景观功能,主要包括森林景观、草坪(草原、草地)景观及与之相匹配的各种动物景观所具有的功能。如森林景观的美有森林植物色彩、体态、形状、声响等自然特性所呈现的形象美;也有自然美、生活美和艺术美和谐组合而成的森林复合美。自然美除森林植物外,还包括林区内的草地、山岳、水面、鸟兽等各种自然景观;生活美是指完善的生活和旅游服务设施;森林艺术美体现在对森林的艺术处理和对林区内人工设施的艺术处理上,通过处理充分反映森林植物内在的自然待性,并根据地形和森林的变化,使林道若隐若现,引人入胜。众所周知,森林有天然林和人工林之分,天然林以自然美为主,人工林的美则包含着自然美和艺术美,某些风景林往往与人文景观融为一体,成为自然美、艺术美和社会美有机融合的自然景观。不同社会背景的游客,面对森林景观,由视觉、听觉、嗅觉、触觉等器官引起生理和心理的综合反映,感到心旷神怡,从而得到美的享受。

同时,森林植物还有协调景观、衬托景观和景观屏障功能。森林可以充当野外游憩空间的围合物和构造景物,森林植物对环境中不协调的建筑或地形等因素具有协调能力。生态旅游区的一个景点是由一个或几个景观要素组成的空间,凡是品位较高、景观优美的风景区,大都有相应的森林植被作为衬托,这些植物如同舞台上的天幕,充分突出了画面的基调。生态旅游区或大型森林公园都可利用森林植物的屏障功能,适当地安排障景和漏景。

(3)生态保健功能。许多生物具有可使人们休养生息、消除疲劳、治愈某些疾病等方面保健功能。如森林植物可以通过光合作用,吸收二氧化碳,放出氧气;森林植物可以滞留尘埃,消除噪声,净化空气,使生态旅游地的环境更加清新、宁静、质朴、舒适;森林植物可增加空气中负氧离子的含量,而负氧离子可调节精神,增进健康;某些森林植物的树叶可分泌出一种芳香气味的气体物质,挥发出大量杀菌素,具有较强的消毒杀菌作用,它还可刺激人体器官,促进功能改善;有些植物对空气中的有害气体的反应比人和动物都敏感,如在受到少量污染物侵害后,植物能在叶片或者花上表现出病态,可以作为大气污染的报警器,可被利用来进行"森林空气浴"或建立森林医院。在德国、日本和俄罗斯等国有许多风格独特的"森林医院",德国建立的一所森林医院接待了数以万计来自全国各大城市患有各种慢性病的人,患者经过3~6周的森林疗养后,大都在不知不觉中恢复了健康。

扩展阅读 4-1:巴库的"森林医院"

前苏联在巴库建立了一所别具一格的"巴库健康区",内设一座植物馆,馆内栽种了各种健身植物,人们利用这些植物所挥发出的多种芳香物质,为病人治疗各类疾病。

有人还研究发现,原有脊椎椎间盘突出而引起腿脚部位极度疼痛的病人,如果漫步在铺着松软落叶的林间小道上,要不了几周就可以减轻脊椎和腿脚的不快,直到可以长距离行走。巴库森林疗养区利用植物疗法已有效控制了血液循环障碍、呼吸中枢失调、动脉硬化、痉挛性结肠炎、神经官能症等多种慢性顽固性疾病。美国一名心理学家和一名医生通过测试发现,青少年对母菊、薄荷以及新割下来的青草味道都有奇特反应,在这种环境中待上几小时以后,即使平时智力迟钝的孩子,做起作业来其思维也要比过去敏捷清晰得多。由此,我们便不难看出"森林医院"独特的神奇效果。

　　资料来源:张建中."森林浴"之我见[A].森林旅游与森林公园环境保护研讨会文集[C],1995:100.

　　(4)生态文化功能。在我国,许多古寺名刹多依托幽静的生态环境而确立庙址,并在日后的宗教活动中积淀了诗文、碑刻、石刻、古画、传说等各种人文资源,具备了历史、文化、教育、科学、欣赏等各种价值,它们有些成为独特的景观,有些与自然景物匹配在一起。也正是有了这些庙观,才使大片风景林得以保存下来。生态旅游地就是要把自然景观和人文景观的功能结合在一起进行合理开发,给自然景观营造一个浓郁的文化氛围。

　　一个风景区若只有自然风光而无人文古迹,则缺乏文化气息;有人文古迹而缺少森林植物,则无怡悦之情。如江苏虞山国家森林公园有座名刹叫兴福寺,寺内有一方"三绝碑",它的碑文是由宋代书画大师米芾手书的唐代诗人常建《题破山寺石禅院》一诗:"清晨入古寺,初日明(照)高林;竹(曲)径通幽处,禅房花木深;山光悦鸟性,潭影空人心;万籁此都(俱)寂,但余(惟闻)钟磬音。"这一绝妙的森林风景诗,将山水、林木、花草、动物、寺院、钟声和谐地融合在了一起。

　　(5)生态保护功能。生态保护功能主要体现在以下三个方面。

　　①保护生物遗产的功能。生物遗产是指可以为旅游服务的珍稀动植物资源。这部分资源不但要为现代人所利用,同时要保留给子孙后代,因而被称为世界公众遗产。而这些生物遗产须有一个稳定的生态环境系统,否则是难以保存下去的。如张家界,若没有一个稳定的森林生态系统,就不可能保存40种鸟类、28种兽类,就不能保存娃娃鱼、猕猴、金雕、金鸡、红旗锦鸡、长尾雉和珙桐、银杏、伯乐树、白豆杉、鹅掌楸、香果树、蓖子三尖杉、巴东木莲等珍稀动植物资源,这就是森林的保存生物遗产功能。

　　②保护生物多样性功能。这不仅是全世界人民的目标,而且也是人类可持续发展的最佳选择。森林生态环境为保护生物多样性提供了最佳手段和方法。森林的这一功能虽然还没有得到人们充分和普遍的认识,但其作用却是巨大的和不可替代的。

　　③保护生态系统的平衡发展。一个地区有了林木植被,才能使生物繁衍,鸟兽相聚,才会形成一种自然生态。森林面积越大,生态系统的物质和能量转化就越复杂,生物的种属和数量就越多越稳定,生态系统就越能平衡。

三、生态旅游资源的特征

（一）生态特征

生态旅游资源作为一个生态系统，在其形成上具有原生性与和谐性特征；在其构成上具有整体性和系统性特征；但因其自身的脆弱性，非常需要保护。

1. 原生性与和谐性

原生性是指生态旅游资源作为一个生态系统是原本自然生成的，如我们通常所说的"原始森林"。原生自然生态系统既包括让人赏心悦目的山地森林生态系统，也应该包括一望无际、荒无人烟的荒漠。原生自然生态旅游资源是大自然经过几十亿年的演化，生命与当地环境磨合而成的，除了感观上的赏心悦目，更以它丰富的美学、科学及文化内涵吸引游客。和谐性是指人遵循生态学规律，与自然共同创造的、与自然和谐的文化生态系统。这些生态系统的形成有的是因生产力限制顺应自然而建，如农耕文明的田园风光；有的则是在"天人合一"的思想指导下所建，如中国的名山、园林；有的则严格遵循自然生态学规律所建，如野生动植物园等。这些文化生态系统都有一个共同的特征，即人与自然和谐，或者说具有和谐之美。

2. 整体性与系统性

整体性是指生态旅游资源是由地形、地貌、气候、水文、植物、动物及当地民族等生态因子所组成的一个综合体。如森林，其生长离不开当地的气候、水文及土壤等生态因子，其内有与之相互依存的动物，当地人依靠它而生存和发展。系统性是指生态旅游资源系统各组分之间，系统的内部存在着相互联系、相互依存、相互制限的关系，正是这种关系使其构成一个有机的系统。在这个系统中，存在着自己特有的生态结构特征以及能量流、信息流和物质循环，游客作为一个生物体参与到这一系统的同时，也对这一生态系统的演替发挥作用。

3. 脆弱性与保护性

脆弱性是指生态旅游资源系统对作为外界干扰的旅游开发和旅游活动的承受能力是有限的，超出这一限度就会影响和破坏这一系统的稳定性。从旅游开发方面看，不了解生态旅游资源的这一特征会造成对生态旅游资源的影响和破坏。若开发者和经营者只顾眼前旅游经济效益，进行不顾生态旅游资源承载力的超载经营，必将对生态旅游资源造成破坏。针对生态旅游资源的脆弱性，为了生态旅游资源的可持续利用，保护成为必然。在旅游开发、经营和管理中有效地保护生态旅游资源，就必须遵循生态学规律，在开发上应坚持保护性开发原则，在经营和管理上应杜绝游客超容量情况。

（二）自然特征

生态旅游资源作为生态旅游系统中的客体，存在着时空分布规律，在空间上具有广泛性与地域性特征，在时间上有季节性与时代性特征。

1. 广泛性与地域性

广泛性是指生态旅游资源作为客观存在,分布极为广泛。从宇宙空间规模来看,不仅地球上存在生态旅游资源,在宇宙空间也存在吸引人们前去一探大自然之秘的资源(当然,在目前的经济发展水平下只能作为"潜在"的生态旅游资源);而从地球空间规模来看,从赤道到两极,从海洋到内陆,从平原到高山都存在生态旅游资源。随着科技和经济的发展,过去无人问津的南极北极也逐渐由科考转为生态旅游之地;从区域空间规模来看,不仅人烟稀少的山区,在城市附近甚至城市内也都存在生态旅游资源。

地域性是指任何生态旅游资源都是在当地特有的自然及文化生态环境下形成的,具有与其他地方不同的地方性特征;在大自然中,无法找到完全一致的两个地方。如海洋和陆地不同,森林和草地不同,即便都是森林,北方的森林与南方的森林也不同。正是这种不同,这种差异的区域性,构成了吸引游客的真正动力。

2. 季节性与时代性

季节性是指生态旅游资源的景致在一年中随季节而变化的特征(即季相)。如草原生态系统有明显的季相变化,春季一片崭新娇绿、夏季遍地绿草如茵、秋季花卉争奇斗艳、冬季处处银装素裹……这一特征决定了生态旅游活动的季节变化。春暖花开时节,适于温带地区久困严冬的人们外出;多雨的夏季适合观瀑等活动;秋季红叶是九寨沟和北京西山最佳景致;冬季白雪皑皑、千里冰封,则是滑雪和观冰雕的最好季节。实际上,从时间上来看,自然景致在一日内也有变化,出现具有旅游意义的生态景致,如清晨的日出、傍晚的日落,都是人们观赏的自然生态景观。

时代性是指在不同的历史时期、不同的社会经济条件下,由于旅游者的兴趣的变化,旅游资源的对象是不同的。如我国现代旅游发展之初,认为只有文物古迹才是生态旅游资源;随着旅游业的发展、绿色旅游消费潮的兴起,自然生态也逐渐作为旅游对象而成为生态旅游资源,吃农家饭、喝农家水的田园旅游也仅是近几年才兴起的生态旅游活动。相比之下,一些热极一时的人造景观却因对游客失去吸引力而从旅游资源的范畴中隐去。

(三)社会特征

生态旅游资源在社会方面具有精神价值的无限性和不同地域上的特异民族性两大特征。

生态旅游资源精神价值的无限性是指渗透于有形生态旅游资源内的无形的精神价值是允许人们或留给人们创造和想象的空间的,和有形生态旅游资源客体在空间上的有限性相比,这一创造和想象的空间是无限的。生态旅游资源的精神价值包括美学价值、科学价值、文化价值以及环境教育价值。生态旅游资源的开发不仅仅是修路筑桥开饭店,更重要的是从有形的生态旅游资源中发掘出精神价值。事实也证明,一个地方旅游开发成功与否,这一点是关键。

特异的民族性是指受文化熏染的自然或人文生态旅游资源,在当地的自然和文化的作用下,人与自然融为一体的特征。如在我国高海拔藏区的严酷自然条件下,由于畏

Ecotourism

惧大自然,不少雪山都被视为神山,藏传佛教地区现今还能见到神牛、神羊、神鸡、神鸭等。一些风情较为浓郁的少数民族地区,都有自己的图腾,自己特有的生活方式,这些民族性各地不同,因而特异的民族性成为吸引游客的精髓所在。

（四）经济特征

生态旅游资源作为旅游业获得效益的基础,从资源的角度上看有不可移置性与可更新性特征;从市场需求上看有多样性特征;从旅游经营上看,具有资源及市场的垄断性特征。

1. 不可移置性与可更新性

不可移置性是指生态旅游资源由于其地域性的特征决定了它在空间上不可能完全原样地移位的特征。任何生态旅游资源都是在特定的自然地域及社会经济条件下形成的,可以移植一棵树,但却不可能移去其周围的环境及相互间的关系,故整个生态系统是不可能移置的。我国曾一度时兴将不同地域上的人文旅游资源移置浓缩于一园,以吸引更多的游客,如"锦绣中华"、"世界公园"等。在中国旅游业发展初期游客不甚成熟,中国经济发展与旅游需求关系不对称的状况下,这种移置景观确有市场,但随着时间的推移、游客的成熟,这种只能移其"形"而难以移其"神"的景观生命力每况愈下,认真分析不难发现,这一做法本身就是违背旅游资源"不可移置"性的规律。事实证明了人文景观移置尚且如此,生态旅游资源就更不能移置了。可更新性是指生态旅游资源由于其生态系统内生物组分的可更新性决定了它在生态规律下可以重新形成新的生态系统的特征。正是因为这一特点,我们在生态旅游开发时,可对一些过去曾被工农业及旅游影响甚至破坏的生态景观进行生态建设,如陡坡地上的退耕还林、污染水体的治理。也正是因为这一特征,使旅游业具有保护和治理环境问题的潜在功能。

2. 市场需求的多样性

市场需求的多样性是指生态旅游者对生态旅游资源的类型、品位及空间距离的需求是不尽相同的,各种各样的。从资源类型上看,有的游客喜欢秀美的山水景观;有的喜欢一望无际的大海、平原、沙漠景观;有的喜欢高耸入云的雪山冰川景观;有的喜欢世外桃源的田园景观……从品位上看,由于高品位的生态旅游目的地意味着高价值,游客各自经济上的差异就决定了有人出入于世界自然遗产地,有的则寻求便宜的一般目的地。从空间距离看,游客的旅游需求是由其剩余经济和闲暇时间所决定的,一些剩余经济丰足、闲暇时间多的人往往喜欢远距离旅游,反之则寻求近距离旅游。并且,同一游客,闲暇时间长的期间可能出远门旅游,而类似周末的短时间休闲往往选择近郊地,生态旅游资源旅游需求的多样性决定了其旅游开发也应以满足游客的多样需求来规划设计。

3. 旅游经营的垄断性

旅游经营的垄断性是指生态旅游资源由于其地域性和不可移置性决定了经营者具有独家经营的垄断性特征。正因为这一特征,在旅游经营上,不需要打"假",因为游客对生态旅游资源的真假是有足够的分辨能力的,生态旅游资源的"专利权"也是受到"大自然"的保护,无人能够侵犯的。如江苏的盐城滩涂自然保护区由江苏经营,任何其他地方都不可能推出第二个。

四、生态旅游资源系统

（一）生态旅游资源地域系统

生态旅游地域系统是指吸引游人进行生态感受、体验的各种场所。根据这些场所的性质和特点,可将其分成如森林、草原、湖泊、湿地、岛屿等许多生态旅游地域形态。

（二）生态旅游资源结构系统

自1969年,世界自然保护联盟(IUCN)正式接受了美国关于国家公园的概念,世界上许多国家为了保护自己国家的生态环境,纷纷建立起自己的国家公园地域系统,尽管其发展规模、速度及保护单位名称、级别都不一样,但作为生态旅游地域来讲,它们无疑是这类旅游资源的主体。我国同世界各国一样,也在保护生物多样性和生态系统方面,建立了国家自然保护区、国家森林公园、国家风景名胜区、海洋自然保护区、野生动物繁殖中心、野生植物保存基地、生态研究站网等。这些以自然景现资源为主体的"区"、"园"、"中心"、"基地"、"站网"等都是生态旅游的重要地域,其中除保护区等一些核心区和部分缓冲区尚对生态旅游活动有所限制外,其余地区都可开展生态旅游活动。

第二节　生态旅游资源形成及类型

一、生态旅游资源的形成

生态旅游资源是在自然因素、人与自然共同营造下形成的。在人类大规模影响乃至破坏自然的当今,仍能保持其生态美的生态旅游资源还应考虑人类对自然自觉或不自觉的保护因素。

（一）生态旅游资源形成的自然因素

1. 气候因素

气候是某一地区多年天气的综合特征。在气候形成的众多因素中,太阳辐射是主导因素,由于太阳辐射在地面不同纬度上分布不均匀,使地球表面热量随着纬度的增加而减少,这是造成地球上气候差异的最主要原因,导致了从赤道到两极依次出现热带、温带、寒带等气候带,各气候带中可分为若干气候类型,并形成了相应的自然生态旅游景观带。由于海岸线分布等因素的影响,导致从大陆滨海往内陆方向水分逐渐减少,形成了湿润地区、半湿润地区、半干旱地区和干旱地区等不同的干湿地带,呈现出相应的自然带逐渐更替的现象,在中纬度地区尤为显著。在高山地区,从山麓到山顶,由于水热状况随海拔高度的增加而变化,形成了山地气候的垂直分布,使山地具有立体的自然

生态旅游景观。在特定的时空条件下,由于大气的时空差异形成了生态旅游资源的气候环境背景。

2. 水文因素

地球表面约有四分之三的面积覆盖着水,因而地球有"水的行星"之称,以区别于其他行星。地球上的水呈固态、液态、气态等形式分布于海洋、陆地和大气之中,形成了海洋水、陆地水、大气水等各种类型的水体,并共同组成一个连续不规则的水圈。水不仅是地球上人类和一切生物生存的物质基础,同时也是一种重要的生态旅游资源背景。其类型多样,包括了地面的海洋、河流、湖泊、瀑布、涌泉、冰川及地下暗河等。

3. 地文因素

地球的内力作用对地壳的发展变化起着主导作用。地壳的运动可分为水平运动和升降运动两种。地球的岩石圈不是整体一块,而是被一些构造带分割成六大板块,大板块又可划分为若干小板块。这些板块漂浮在"软流层"上处于不断运动之中,在地壳水平运动作用下,使板块相对移动而发生彼此碰撞或张裂,形成了地表的基本形态。在板块的张裂地区,常形成海洋或裂谷,如大西洋、东非大裂谷等;在板块相互挤压的地区常形成山脉,如太平洋板块与周围大陆板块相碰撞分别形成了多火山、多地震的东亚岛弧带和美洲西部的科迪勒拉山系。雄伟的喜马拉雅山脉则是由亚欧板块和印度洋板块碰撞而形成的。地球的内力作用可以形成火山地貌、山岳地貌、峡谷地貌、断块山、陷落地貌等自然生态旅游资源基底。

地球外力作用的表现形式主要有风化作用、侵蚀作用、搬运作用、沉积作用和固结成岩作用等。外力作用可形成风沙地貌、流水地貌、喀斯特地貌、丹霞地貌、海岸地貌和冰川地貌等景观,它们塑造了千姿百态的地表形态,在内力作用和外力作用共同作用下,使地表形成造型各异的形态,并与其他自然资源组合成丰富多彩的生态旅游资源的自然环境。

4. 生物因素

生物是地球表面有生命物体的总称,生物大体可分为植物、动物和微生物三类。其中植物种类100多万种,动物种类50多万种,微生物目前尚难统计。生物是在地球发展历史过程中产生的,随着地质历史的发展,生物由低级到高级、由简单到复杂不断进化着,形成了丰富多彩的生物资源。同时,生物也改造了地球环境,最早的生物经演化渐渐出现绿色藻类,进行光合作用,从大气中吸入大量二氧化碳,放出大量氧气,氧气进入原始大气,改变了其原有的物质组分,原来缺氧的大气圈逐渐演化形成低空含氧气、高空有臭氧层的现代大气圈。由于有了高空臭氧层,臭氧特有的阻挡太阳紫外线的功能使地球表面的生命免遭紫外线的杀伤,于是绿色植物登陆,大地从此才披上绿装。原始水圈也由于水量增加和地表形态的改变逐渐演变为现代水圈。在地壳表层的岩石圈、地壳外围的水圈和大气圈界面,由于生命的出现,形成了生物圈,随着生物及环境的相互作用,出现了动物、微生物,植物、动物、微生物与周围环境共同组成了现代生物圈,构成了生态旅游资源的生物基础。

（二）生态旅游资源形成的人文因素

人类顺应自然，遵循自然生态规律，与自然共同营造了不少"天人合一"的生态旅游资源。

1. 社会生产因素

人类历史是不断向前发展的过程，不同的历史时期，有与之相适应的生产力发展水平和社会生活方式。人类在最之初的狩猎、采集生活中，由于过量地捕杀动物，造成一些动物数量的减少甚至灭绝，使其食物受到限制，为了生存，人类驯化野生动物，发展了畜牧业，用人牧放的动物代替了野生动物；同样，由于过量采集，使植物的数量受到了影响，限制了食物，为了生存，人类顺应自然，动手培养栽培植物，发展了农耕业，用栽培食物取代了野生植物食物。我国是一个具有几千年悠久历史的农业古国，在传统的天人合一的东方哲学思想下，营造了人与自然和谐的农业生态系统。

在人类发展过程中还保存下来不少为休闲而建造的园林，无论东、西方，早在奴隶社会时期，奴隶主就在林木繁茂、水草丰盛的自然地域放养各种动物，人工围苑，以便休闲时来此狩猎游乐，形成最早的园林雏形——"囿"。由于各地文化的差异形成了各具特色的园林，世界各国几乎都有自己的园林，据其风格特色可归纳为中国园林、西方古典园林。这两类园林体系虽有很大风格差异，但都以效法自然为原则，建成的园林具有吸引游客的生态美特征。如中国古典园林，"源于自然而高于自然"，已被列入"世界人类文化遗产"，成为重要的人文生态旅游资源。

随着自然科学，尤其是生命科学的发展及人们科学素质的提高，为了进行科学研究和科普教育，将大自然的某一方面如植物、动物或某种特殊生物及综合的自然知识作为主题，遵循生态学规律，营造出人与自然和谐，具有生态美的科普园地，如植物园、（野生）动物园、博物馆、世界园艺（绿化）博览会等。

2. 区域文化因素

区域差异不仅体现在自然景观的分布，人文现象空间分布也有明显的不均一性，各个地区的文化差异也相当明显。它反映了不同地区、不同民族在生产方式、生活习俗、礼仪、节日庆典、民间文艺、娱乐体育、宗教信仰、建筑风格、城镇布局、审美观念等方面的不同，呈现出颇具魅力的地域文化和异域风情，体现着人与自然的和谐生态美，因此各具特色的地域文化成为极具开发价值的人文生态旅游资源。

自然与人文各要素相互联系、相互制约和相互渗透，如土壤生态旅游资源的形成既有水热气候、地貌岩性等自然因素，人类的耕作活动也有着重要影响。

（三）保护因素

大自然的保护除了人作为主体对客体自然的保护外，还有自然的一些险峻特征使人难以影响和破坏，从而得以保存下来，这种保护是大自然客体对自己的保护。

1. 大自然自己的保护

地球表面有一些地方，现仍保持着原生状态，如地球南北两极及高海拔的雪山等。究其原因，主要是由于其自然条件严酷，在以往人类社会生产力及科学技术的发展程度

限制下,人类难以涉足或进行大规模生产生活,使其自然生态系统保持自我平衡,得以保护下来。同样的原因,在欠发达国家的不少高山或地形破碎、交通不便的山区,仍保留有原始生态系统。这就是为什么发展中国家成为当今生态旅游目的地的热点区域的原因。当然,随着科技及社会生产力的发展,地球表面的这些原始生态系统的范围具有缩小的趋势,这些区域对生态旅游者有着强烈的吸引力。

2. 传统文化的保护

人类社会中存在的一些优秀的传统文化保护了大自然。这种传统文化源于古代人民在长期的生产生活实践中,深刻认识到保护自然与人类发展的关系,自发地设立一些不准采集捕猎的区域,并用神权、皇权及乡规民约对这些地方进行保护和管理。如民间的"神山"、"龙山"、"风水地",宗教寺院所在地,帝王封禅的名山胜水,虽然这些地方的保护思想不同程度地带有封建迷信、宗教色彩,但客观地看,它确实起到了保护自然的作用,而且蕴含着"天人合一"的合理思想成分,是古人乃至今人与自然对话的好去处。

3. 法律的保护

通过法律保护自然是近几个世纪才出现的,是在人类影响甚至破坏自然,出现了人类生存环境危机的状况下,在一些环境意识较高的学者的倡导下才出现的,其主要形式是划定区域,并用法律手段禁止人类的破坏行为,以达到保护目的的自然保护区。世界上最早的自然保护区是美国通过法律手段建立的。随着全球人类环境意识的提高,现已形成世界、国家、地区各种级别的遍布全球的自然保护区网络。自然保护区优美的自然气息对游客具有极强的吸引力,使自然保护区成为开展生态旅游的主要场所,尤其是西方一些国家和我国的不少生态学家,均把自然保护区的旨在保护和提高环境意识的旅游视为真正的生态旅游。在中国,经政府批准的森林公园、风景名胜区及旅游度假区也受法律的保护,可视为广义的自然保护区。

二、生态旅游资源的类型

(一)生态旅游资源分类原则与依据

生态旅游资源分类的原则基本遵循旅游资源分类的共同原则,但分类依据则应该体现出生态旅游资源自身特性,常见的分类标准主要有以下几种。

1. 成因

生态旅游资源是经大自然几十亿年的造化、人与自然上千年的共同创造和保护才得以展现其风采的。从旅游资源特征的主要因素看,若将生态旅游资源最大的审美特征从"自然美"扩展为"生态美"来考虑,生态旅游资源形成的基本原因不同,如自然生态旅游资源是自然赋存的,而园林等人文生态旅游资源则是由人类或人与自然共同营造的。而在生态旅游资源的形成中有众多影响因素,但其中有一个是主要的、起主导作用的基本原因和过程,作为分类的依据。

2. 属性

在生态旅游资源的进一步分类中,生态旅游资源的性质、特点、存在形式、状态等作为主要依据。如自然生态旅游资源中的森林、草原、内陆湿地与水域、海洋与海岸生态旅游资源等,它们的性状与存在形式不同,因而可以区分为不同的类别。

3. 其他

如旅游资源功能、管理级别、旅游资源价值、开发利用情况等,均可作为不同目的要求的分类依据。

(二)生态旅游资源主要分类方案

由于生态旅游资源的概念还没有统一的界定,生态旅游资源的分类也是众说纷纭,目前对生态旅游资源分类理论研究主要从旅游地理学、环境学、生态学等三个学科角度出发,从时间上可将其分为两大类:其一是依据传统的旅游地理学科的分类;其二是结合环境学、生态学、旅游地理学的分类。

1. 以旅游地理学为学科依据的分类

(1)生态旅游资源本体属性的两分法、三分法。杨福泉(1995)就将生态旅游资源划分为自然生态和人文环境,并认为人文生态是旅游业赖以发展的另一重要资源,与自然生态资源相辅相成。程占红、张金屯(2001)亦提出相同观点,并进一步认为历史文化浓厚的旅游地同样可开展生态旅游,人文生态旅游资源则能够实现人类灵魂的升华。程道品(2004)以及赛江涛、张宝军(2004)也持此观点。赛江涛、张宝军(2004)将自然生态旅游资源分为地文景观、水域风光等4个亚类,将生态文化资源细分为农林生态、园林生态、科普生态资源3个亚类。影响比较广泛的是杨桂华(2000)按照旅游资源本体属性三分法采用自上而下根据差异逐渐分类的方法,具体包括三级划分,第一级将生态旅游资源分为自然生态旅游资源、人文生态旅游资源和保护生态旅游资源3个大类,第二级分为8类,第三级分为26小类,形成了生态旅游资源的分类系统(如表4.1所示)。

(2)生态旅游资源成因分类。郭来喜(1997)按生成机理把生态旅游资源分成两大类型:内生型(或称原生型)生态旅游资源,指纯天然生态系统;外生型生态旅游资源,指人工干预而形成的生态系统,如人工森林、植物园、历史文化遗产等,并认为在我国生态旅游资源的载体主要是自然保护区、森林公园、国家风景名胜区、海洋自然保护区、国家历史文化名城、国家重点文物保护单位、国家旅游度假区以及动物园、植物园、野生动物繁殖中心、野生植物保存基地、生态研究站网体系等。李俊清(2007)根据生态资源的属性和地域特色,把生态旅游资源分为第一级三大类:自然生态旅游资源、人文生态旅游资源和景观生态恢复旅游资源,并对每一大类分别进行了描述性细分,在我国生态旅游资源分类方案中实用性较强,但系统性尚不成熟,有待于进一步完善。

表 4.1 杨桂华生态旅游资源分类系统

第一级(大类)	第二级(类)	第三级(小类)
自然生态旅游资源	陆地生态旅游资源	森林生态旅游资源 草原生态旅游资源 荒漠生态旅游资源
	水体生态旅游资源	海滨生态旅游资源 湖泊生态旅游资源 温泉生态旅游资源 河流生态旅游资源
人文生态旅游资源 (人与自然共同营造)	农业生态旅游资源	田园风光生态旅游资源 牧场生态旅游资源 渔区生态旅游资源 农林生态旅游资源
	园林生态旅游资源	中国园林 西方园林
	科普生态旅游资源	植物园 野生动物园 世界园艺博览园 自然博物馆
保护生态旅游资源	自然保护生态旅游资源	北极生态旅游资源 南极生态旅游资源 山岳冰川生态旅游资源
	文化保护生态旅游资源	中华五岳名山生态旅游资源 宗教名山生态旅游资源 "龙山"生态旅游资源
	法律保护生态旅游资源	世界自然文化遗产 自然保护区(国家公园) 森林公园 风景名胜区

（3）生态旅游资源主体功能差异分类。马乃喜(1996)按资源主体功能或旅游目的，将生态旅游资源划分为观赏型、科学型、探险型、保健型、狩猎型、民俗型等六大类。袁书琪(2004)从旅游产品开发角度，将生态旅游资源分为生态观光、生态运动、生态休闲、生态度假、生态科考、生态文化、生态探险旅游资源等。程道品(2004)也提出了类似观点。

（4）生态旅游资源地域分布归类。袁书琪(2004)按照资源空间分布将生态旅游资源分为山岳生态旅游资源、滨海生态旅游资源、湿地生态旅游资源、草原生态旅游资源、河湖生态旅游资源、荒漠中绿洲生态旅游资源、冰雪地带生态旅游资源。王良健(1996)

则结合资源空间分布与地域气候特征,将我国划分为四大基本生态旅游区,即:东部名山、江河湖泊、田园风光生态旅游区;西北草原、沙漠戈壁、雪山绿洲生态旅游区;青藏高原高寒景观、江河源头、高原湖泊生态旅游区;西南高山峡谷、岩溶风光、天然动植物园生态旅游区。除了上述根据生态环境的巨大差异而划分的四大基本生态旅游区外,还可以根据生态环境的保护状况划分为自然保护区生态旅游以及自然退化区生态旅游,并强调在自然退化区开展生态旅游对游客更能起到宣传和教育作用,促使他们树立起环保意识。

2. 以环境学、生态学、旅游地理学相结合为学科依据的分类

将环境学、生态学、旅游地理学相结合是近些年才兴起的分类方法,它在旅游地理学资源分类的基础上引入环境学、生态学科的理念和内涵,不但肯定实体旅游资源的价值,而且关注环境、生态因素对旅游资源的价值,此分类体系有效地促使旅游区域资源开发转向"质量"提升。

陈凤翔、何平等(1999)根据生态旅游作用于旅游者的表现形式,将生态旅游资源分为可视生态旅游资源(如原始森林、草原、河流、瀑布等)和可感觉生态旅游资源,可感觉生态旅游资源往往是无形的,通过感官所感知,或通过身体的融入而逐步感知,如花的芬芳、植物所释放出的精气、高浓度的负离子所带给人体的舒适性、局部小气候给人的适宜性等。吴楚材(2000)特别指出生态旅游的目的是为了寻求人类生存的最佳环境,环境资源是生态旅游的主要资源。吴章文(2002)等也对生态环境资源作了相关论述。

卢云亭、王建军(2001)按照性质与功能、价值因素,认为生态旅游资源可组合成一个包括子系统、主系统在内的庞大结构体系,这个体系包括了生物物种多样性资源、生物物种美学资源、生物物种分泌性资源和生态环境资源。王建军(2006)采用生态旅游资源的景观—环境属性分类方法,将生态旅游资源分为4级共2个大类、4个主类、16个亚类、114个基本类型(表4.2)。该分类体系颇为翔实,其中亚类、基本类型参考了国家标准《旅游资源分类、调查与评价》(GB/T18972—2003)。

王力峰等(2006)和周文丽(2007)分别根据景观生态学理论采用自上而下差异逐渐分类的方法,拟定的生态旅游资源分类系统分为生态景观系、生态景观区、生态景观型3个层次:第1层次为生态景观系,包含水域生态旅游资源景观类和陆地生态旅游资源景观类两类;第2层次为生态景观区,包含森林景观区、草原景观区、荒漠景观区、园林景观区、农业景观区(陆地景观)以及滨海景观区、湖泊景观区、河流景观区、内陆湿地景观区(水域景观);第3层次为生态景观型,又在上述第二个层次上细分为40个景观区(型)。

此外,还有学者从实例切入,提出了更具操作性的资源分类方法,亦值得借鉴。综上所述,按照生态旅游资源本体属性的分类在研究角度、成果方面都相对丰硕,其他角度的生态旅游资源分类亦有研究,但是数量、质量都有所局限。究其原因,大概是受旅游资源传统分类方法路径的影响,生态旅游资源本体属性分类更加符合人们的认识与操作习惯。

表 4.2　王建军生态旅游资源分类方案

大类	主类	亚类	基本类型
生态旅游景观资源	生态旅游自然景观	地质地貌景观	山体、谷地、洼地、平原、峡谷、峭壁、洞穴、矿石、化石、沙丘、小岛、珊瑚礁、地质遗迹、石(土)林、奇特山石、丹霞、雅丹、岸滩、峡湾
		地域水体景观	海域、河川、溪流、地下河、冰川、湖泊、池塘、水库、河口、潮(浪)、温(冷)泉、瀑布、沼泽与湿地
		地域生物景观	植物——特殊个体、优势物种、珍稀物种,林地、花卉地、草原与草地、苗木与花卉繁育地 动物——水生动物栖息地、陆地动物栖息地、鸟类栖息地、蝶类栖息地
		气候气象景观	日出、日落、云雾、霞光、佛光、海市蜃楼、雾凇、树挂、极昼
	生态旅游人文景观	宗教活动场所景观	寺庙、法器、经文、坛塔、法会、庙会、图腾、壁画
		历史遗址遗迹景观	考古现址、文物、古建筑、古遗址遗迹、历史纪念地标
		经济文化场所景观	工厂、矿山、农场、文化馆、体育馆、展览馆、博物馆 地方建筑与街区景观乡土建筑、街景、故居、会馆、庭院、园林
生态旅游环境资源	生态旅游自然景观	地域非生物类环境	大气环境、噪声环境、土壤环境、水环境、环境容量
		生态系统物种环境	栖息环境、有益植物精气、空气负离子、生态容量
		生态旅游气候环境	康疗气候、小气候、避暑避寒气候、冰雪气候
		地域区位要素环境	地域区位、客源地距离、交通可及性、地域关系
	生态旅游人文景观	生态旅游聚落环境	社区人居环境、民族、信仰、传承、社会容量
		地域化要素环境	传统工艺、民间艺术、民间习俗、节庆集会
		社区经济综合环境	安全友善、文化教育、就业福利、投资环境、经济容量
		地域设施物质环境	生态设施,餐饮、住宿、交通、购物、娱乐等设施容量

第三节　生态旅游资源类型

一、自然生态系统旅游资源

自然生态系统旅游资源是自然形成的,在我国一般是自然保护区的主要保护对象。在被保护的自然生态系统中具有较高生态旅游价值的是森林、草原及荒漠,其中尤以森林的生态旅游价值最高,世界及我国自然保护区中,半数以上均为森林生态系统。一望无际的草原也有较高生态旅游价值,尤其是牧业利用草原后更增强其旅游价值;荒漠似乎荒凉沧桑,但其广漠之美、生物为抗争不利生存环境而具备的适应特性中蕴含着的生命活力之美,仍有生态旅游价值。

（一）森林

森林一词具有丰富的内涵。从生态学角度来看,森林是一个生态系统,是指以乔木为主体的生物系统与环境系统之间进行能量流动、物质循环和信息传递,并具有一定结构的特定功能总体。从木材利用的林学角度则定义为木材生产的基地。从环境保护的角度则看重森林的涵养水源、保持水土、防风固沙、调节气候、净化空气、防止噪声、防止污染、保护和美化环境等多种功能。人类社会发展到今天,森林的另一重要价值,即旅游价值正在日益为人们认识和利用。风景秀丽、气候宜人的森林的旅游价值如下:(1)由于富含负离子氧能使人消除疲劳,促进新陈代谢,提高人体免疫能力;(2)一些植物分泌的芬芳和气味能够杀菌和治疗某些人体疾病;(3)森林的美景能给人以美的享受,陶冶情操;(4)森林中千姿百态的景物可以激发人的想象力和创造力;(5)森林中蕴含的大自然奥秘能够激发人更深层次地认识生命的价值,热爱自然,树立自然的环境意识,是回归大自然的理想场所。从分布上看,森林可分为热带森林、亚热带森林、温带森林和寒带森林,其中尤以热带森林的旅游价值较高。一因热带雨林生长繁茂,二因当今旅游客源多不位于热带,热带林的不少生态现象均为"奇观",从而对游客有吸引力。从外貌上看,森林可以分为常绿阔叶林、常绿针叶林、落叶阔叶林、落叶针叶林及针阔混交林,其中针叶林树种的平展树枝、塔形树冠具有较高的旅游审美价值。

森林公园指以森林生态系统为主体的旅游区域,我国专指由原林业部、现国家林业局及各级政府批准建立的森林旅游区域,并定义"森林公园是以良好的森林景观和生态环境为主体,融合自然景观与人文景观,利用森林的多种功能,以开展森林旅游为宗旨,为人民提供具有一定规模的游览、度假、休憩、保健疗养、科学教育、文化娱乐的场所"。为使森林公园的开发规划符合规范,原林业部于 1996 年颁布实施了中华人民共和国林业行业标准《森林公园总体设计规范 LY/T5132—95》,至 2011 年已设立国家级森林公园 730 处。建立森林公园,发展森林生态旅游事业是林业部门利用自身资源向社会提供高质量的旅游环境所进行的立体开发、综合利用的优势项目,是人们对森林与人类关系认识的深化,也是全面发挥森林多种效益的一项系统工程。'99 生态环境旅游年时,我国向世界推荐开展生态旅游的森林 119 个。目前,许多国家森林公园已成为生态旅游的重要目的地,如张家界国家森林公园举办了国际森林保护节,推出了武陵源等生态旅游区。

扩展阅读 4-2：张家界生态旅游资源简介

我国第一个国家级森林公园——张家界国家森林公园位于湘西的张家界市。这里属于亚热带山原型季风性湿润气候，光照充足，雨量充沛，贮藏着丰富的旅游资源。整个公园以世界上罕见的石英砂岩大峡谷地貌为主体，区内奇峰耸立，怪石林立，溪水淙淙，云雾缭绕，古林葱葱，洋溢着原始的自然情调与生态风貌。张家界国家森林公园是我国生物多样性极为丰富的地区之一。据估计，园内有陆生脊椎动物 50 科 116 种，列入国家珍稀动物的就有 30 多种；植物资源方面仅高级植被就有 3 000 多种，世界五大种系在这里一应俱全。木本植物的种类居全国之首，乔本植物比整个欧洲还要多出一倍，裸子植物占世界总数的一半。此外，张家界国家森林公园还拥有一些世界罕见乃至绝无仅有的奇花异草、珍禽异兽，如龙虾花、五色花、中国鸽子花、背水鸡、玻璃蛇等。

同时，作为张家界国家森林公园旅游资源的主体景观，砂岩大峡谷风光堪称一绝。在这块面积为 390 平方公里的土地上，壮丽而参差不齐的石峰列队成阵，横无际涯，使人不由惊叹"造物主"的鬼斧神工。

1992 年，联合国教科文组织在详尽考察了张家界森林公园后，于同年 12 月将其纳入世界遗产名录，从而填补了我国纯自然遗产的空白。

张家界国家森林公园列入世界遗产，这意味着它具有独特的和世界性的保护价值，为了全人类的利益应予特别保护。为此，张家界市始终坚持开发旅游资源与保护生态环境并举的方针，在致力于把区位优势、资源优势转变为产业优势和经济优势的同时，把确保景区生态放在旅游开发的第一位。

也就是说，在保护自然景观—发展旅游—振兴经济—促进生态环境的良性循环中，一切行为都必须以保护和发展生态平衡为前提。在自然保护区建设中，旅游开发者严格以国务院审批的《武陵源风景名胜区总体规划》作为景区开发和保护事业的主要决策依据，大力保护张家界国家森林公园的自然生态系统。如严禁在景区内安排有污染和不恰当的建设项目，最大限度地降低各种污染与破坏，保持保护区的原始面貌；停止景区内乃至周边地带的农耕行为，退耕还林，让世代以农为主的居民转为从事旅游服务等第三产业；景区内设立环境保护站，全面推行以"全日保洁"为主要手段的景区环卫程序目标管理责任制度，对捕杀野生动物、滥砍滥伐森林等行为进行坚决打击。

由于坚持旅游开发要以环境保护为前提，张家界国家森林公园保持了 36 年无火灾的记录，整个景区的植被覆盖率达 97%。生态环境得到了保护，旅游得到了发展，成为森林公园保护旅游开发的一面旗帜。

资料来源：张家界市情简介. 张家界旅游导航网，http://www.zjjguide.com/cs-dh/sqjj.htm.

（二）草原和草甸

草原是指在半干旱气候条件下，以旱生和半旱生多年生草本植物为主的生态系统，在全世界广泛分布。热带草原表现为草被上散生稀疏的乔木，即热带稀树草原；温带草原主要以禾本科植物连绵成片分布，缺乏散生乔木，是最典型的草原，旅游审美价值极高，城市绿化中，多模仿此种草坪。另外还有一种在湿生条件下形成的草甸，草甸据其生境又可分为河流旁的泛滥草甸、次生的大陆草甸及高海拔山地上的高山草甸，其中高山草甸夏秋之际特有的"五花草甸"景观具有极高的旅游价值。我国草原主要分布于温带内蒙古高原、黄土高原及新疆，高山草甸大面积分布于我国西部高海拔地区，这些区域同时为我国牧场所在地，结合牧民浓郁民族风情，是一个生态休闲度假的好去处。东北的锡林郭勒、内蒙古的呼伦贝尔、四川阿坝等都是备受关注的草原草甸生态旅游地。

（三）荒漠

荒漠是指在干旱、极端干旱地区年降雨量不足 200 毫米的条件下，地表裸露或植物生长极为贫乏之地，即所谓"不毛之地"。按其地表组成物质，分岩漠、砾漠、沙漠、泥漠、盐漠等，其中以沙漠分布最广，砾漠（戈壁滩）次之。

荒漠作为生态旅游资源不是以生态景观引发人们感观的愉悦，而是以它一望无际的旷远之美吸引游客。更为重要的是在荒漠生态系统中，生命在"逆境"中所表现出来的惊人的适应环境的能力，蕴含着深刻的人生哲理，即丰富的"生态美"内涵。对荒漠的生态旅游价值过去认识不够，随着游客文化素养提高、科学环境意识增强，荒漠的生态旅游价值将日益提高。

世界上荒漠分布的面积较广，撒哈拉、中亚、西亚、南非、大洋洲等地都有大面积荒漠分布。我国的荒漠属中亚荒漠的一部分，分布于西北各省区，其中尤以新疆分布面积最广。近几年新疆旅游业正积极开拓荒漠的生态旅游，如在建的吐鲁番沙漠生态旅游风景区以中国科学院吐鲁番沙漠植物园为核心，包含了海拔零点标志、农业观光园区、坎儿井休闲乐园（沙漠动植物馆）、沙漠植物分类标本园、柽柳专类园、民族草药圃、荒漠珍稀濒危植物迁地保护区、经济果木种质资源收集圃、沙漠景观观赏台、沙漠风情园、古城遗址区、艾丁湖湖区等多处景点。

（四）湿地

湿地是介于陆地和水生系统之间的过渡带，《国际湿地公约》规定的重要湿地是指潮湿或湿水状的土地类型，它是一种处于水陆交接带的特殊生态系统，主要包括淡水和咸水沼泽、草泽、泥沼、滩涂、洼地积水区等，以其高度的多样性和独特性与农田、森林并列为世界三大生态系统。湿地生态系统物种丰富，不但在维持当地生态平衡和为一些珍稀动植物（特别是水鸟）提供野生生境等方面有不可替代的作用，而且也显示出了其作为旅游资源的开发潜力。我国湿地类型多、数量大、分布广、区域差异显著、生物多样性丰富，为湿地生态旅游提供了优越的资源基础。如四川若尔盖、黑龙江扎龙、杭州西溪、江苏盐城、江西鄱阳湖湿地等都是湿地生态旅游的代表。

（五）内陆水域

内陆水域主要包括河流、湖泊和温泉。河流从其段位上，可分为源头、上游、中游、下游及入海口（外流河）。其中最有旅游价值的是源头、上游及入海口。大河的源头往往位于高海拔的高原地，如我国的长江、黄河的源头均位于青藏高原，不仅源头特有的青山秀水对游人有吸引力，而且探大江大河之源，具有较高的科考价值；上游河流多呈"V"形态，与两侧近乎直立的山地构成具有险峻之美的峡谷景观，是人们探险、漂流、观光向往的地方，如我国长江三峡。上游河流往往多瀑布，气势宏大的瀑布历来都被视为旅游之佳品。有的河流的入海口与海潮共同构成了巨大的潮差，显示了自然界的壮丽之美，如我国的钱塘江大潮。世界著名的亚马逊河、恒河、多瑙河均有较高的旅游价值，我国的长江、黄河也被辟为黄金旅游线路。

地面上陆地积水形成比较宽广的水域称为湖泊。湖泊以其烟波浩渺的旷远之美及与周围山地森林共同构成的"青山秀水"的景色，再加上湖水所具有的潜在的游泳、潜水等水上娱乐功能，使之成为对游客具有很大吸引力的旅游目的地。中国咸水湖中面积最大的青海湖、淡水湖中面积最大的鄱阳湖、最深的长白山天池等湖泊所在地都是著名的旅游胜地。太湖及云南滇池则辟为中国国家级旅游度假区。不仅天然形成的湖泊具有极高的旅游价值，人类服务于农业灌溉的水库，即人工湖泊也成为生态旅游开发利用之地。

温泉是指水温超过20℃的泉水，也有人认为只有水温超过当地年平均气温的泉水才能称为温泉。由于温泉是地表水渗透后循环到地表深部，经地温加热，且溶解了大量的矿物质和微量元素，用于沐浴对身体有显著的医用疗效和消除疲劳的功能，故人类很早就将温泉所在地辟为疗养之地，如我国著名的华清池。随着旅游业的发展，人们又进一步开发温泉，增加项目如温水游等，使温泉的旅游价值得到进一步的实现，现在全国各地均能见到的温泉疗养度假区，是游客享受大自然的最佳选择。

（六）海洋和海岸

海洋和海岸在生态旅游中作用最突出的是海滨地带。海滨是指滨海的狭长地带，主要指平均低潮线与波浪作用所能达到最上界线之间的地带，由四部分组成：(1)固态的海滩，据其质地分为砾滩、沙滩和泥滩；(2)液态的海水；(3)气态的空气；(4)绿色的腹地。据其温度差异分为热带、温带、寒带。海滨的旅游价值较早为人们所认识和利用，其中热带优质沙滩海滨所特有的充足的阳光（Sun）、温暖的海水（Sea）及优质的沙滩（Sand）被誉为旅游资源中的上品"三S"。"三S"特有的度假功能使不少海滨地成为世界著名旅游胜地，如美国的夏威夷、泰国的帕堤亚。中国近几年也大力开发海滨旅游资源，我国12个国家级旅游度假区，除少量在内陆地区，绝大部分均建在东南沿海的海滨地区。

（七）潜在自然生态旅游资源

在自身极端的环境条件下人类难以涉足，或即使涉足，影响也在其承受范围内的北极、南极及高海拔山岳冰川区域，原生生态系统得以较为完善地保留下来，这些区域随着人类科技、经济及旅游发展,已日益成为一种重要的潜在生态旅游资源。

1. 北极地区

北极地区指以北极点为中心,北极圈以内的广大区域,其主体是世界四大洋中最小的北冰洋。北冰洋是一个非常寒冷的海洋,洋面常年不化的冰层占其总面积的三分之二,厚度多在2～4米,冰层相当坚硬,可行驶车辆和降落重型飞机;北极圈上有半年是极昼,半年极夜,极夜的严冬气温极低,最冷月平均气温达－40℃左右,而且越靠近北极点气候越寒冷,冰层也越厚,极点附近冰层厚达30米。北极圈的北冰洋上有许多岛屿,主要岛屿有格陵兰岛、斯匹次卑尔根岛、维多利亚岛等。由于严寒,其生物种类极少,植物以地衣、苔藓为主,动物主要有北极熊、海象、海豹、鹿、鲸等,但数量不多。生活在那里的人主要为爱斯基摩人,严酷的环境条件下,爱斯基摩人的日常生产生活极具特色,对生活于温暖地区的人具有巨大的吸引力。

2. 南极地区

南极地区指位于南极圈范围内的南极洲,南极洲是世界七大洲中最寒冷的冰雪大陆,包括南极大陆及附近的大小岛屿,19世纪20年代以前还不为人所知。1911年12月14日,挪威探险家阿蒙森率领南极探险队第一次到达南极点,南极洲才逐渐为人们所认识。南极洲四周被太平洋、大西洋和印度洋所包围,平均海拔2 350米,其中冰层厚2 000米左右,是世界上最厚的冰库。南极洲气温很低,年平均气温－15℃以下,即使在夏季,气温仍在0℃以下,比北极更为寒冷,有"世界寒极"之称。南极不仅酷冷,而且也是世界上风暴最频繁、最大的地方,有的地方一年有340天的暴风雪,其风速比台风大3～4倍。在如此严酷的气候条件下,几乎见不到绿色植物,只是偶尔在背风的石头下有少量地衣和苔藓。南极的动物种类虽稀少,但数量可观,如企鹅,此外还有鲸、海豹、海狮、海象等动物。南极地区是目前地球上唯一没有常住居民的大洲,只有一些科学考察站。我国于1985年也在此建了科学考察站。现在有不少国家成批地组织科学家去进行科学考察。这一未开垦的处女地,对生态旅游者有较大的吸引力。

3. 山岳冰川

上述南北极均存在巨厚的冰层,属大陆冰川。在地球表面高海拔山地区域,由于气候寒冷,当降雪积累的量超过消融量,积雪逐年增厚,经一系列物理过程,冰在重力的作用下向下滑动形成山岳冰川。山岳冰川的寒冻风化和侵蚀作用,使所在地的山峰棱角分明,山脊呈"刃"状,山谷呈"斗"状,在白雪和冰川覆盖下具有极高的观赏价值。山岳冰川地区气候酷冷、多变,气势宏大的冰峭随时可见,在此,大自然的洁美严酷融为一体,使生活在山岳冰川附近的居民常把它奉为神,畏惧和敬慕之情使他们拜倒在大自然的山岳冰川之下,如青藏高原喜马拉雅山上的珠穆朗玛峰是世界最高的山岳冰川,被当地人奉为"朗玛"女神峰。位于尼泊尔东侧的喜马拉雅山已经开发了以直升机为交通工具的生态旅游。欧洲著名的阿尔卑斯山岳冰川很早就成为旅游胜地。

为了更好保护各类自然生态旅游资源,专门划出并通过法律或其他有效手段加以管理的区域称为保护区。在我国主要有世界自然遗产、自然保护区、国家(森林、地质)

Ecotourism

公园、风景名胜区等。这些资源有的早已成为旅游的主要对象,有的正在开发之中。

我国自 1985 年加入《保护世界文化和自然遗产公约》,目前已批准了九寨沟风景名胜区、黄龙风景名胜区、武陵源风景名胜区、云南三江并流保护区、四川大熊猫栖息地、中国南方喀斯特、江西三清山、中国丹霞等八处世界自然遗产和泰山、黄山、峨眉山与乐山大佛、武夷山风景区等四处世界文化与自然双重遗产地。截至目前,我国国家级自然保护区已达 335 个。然而自然保护区并不是整个都可作为生态旅游对象的,核心区是保护区最重要的地段,应严格保护,一般不允许旅游开发,外围的缓冲区和实验区可作为保护前提下的旅游开发利用区。我国国家公园除了上文所述的国家森林公园外,还包括国家地质公园(目前已建有 182 处),安徽黄山、浙江雁荡山、江西庐山、云南石林、黑龙江五大连池等旅游业已具相当规模。风景名胜区是指具有观赏、文化或科学价值,自然景物、人文景物集中,并融为一体,环境优美,具有一定规模和范围,可供人们游览、休息或进行科研、文化活动的各具特色的旅游区域,在我国专指经建设部及各级政府批准的国家级、省级和市县级风景名胜区。1985 年 6 月 7 日由国务院发布的《风景名胜区管理暂行条例》对风景名胜区的开发利用及保护作了详细的规定。经过多年的建设、运作,现在各级风景名胜区已成为各地接待游客的主要载体,其中国家级风景名胜区是各地的旅游拳头产品。

二、人与自然共营生态旅游资源

(一)农业生态旅游资源

农业生态旅游资源是指蕴含着人与自然共同创造的具有生态美的景观及天人合一的文化内涵的传统农业,其中农耕田园风光、牧场、渔业及富有浓郁地方特色的民族风情也具有较高的生态旅游价值,近年又悄然兴起了"食农家饭"的农业生态旅游活动。

1. 田园

田园风光是传统农业顺应大自然,与自然共同营造的具有一定规模和审美价值的种植景观,根据种植作物的不同可以分为乔木、矮树、灌木与草本四类。其中矮树及草本种植景观旅游价值最高,矮树种植景观有温带水果的桃、梨、苹果等果园,果园中春之花、秋之果,不仅具有观赏价值,而且其采摘过程中的参与及品尝更具生态旅游价值,因而近几年果园旅游成为农业旅游的重头戏。草本种植景观更具旅游价值,其一是因为作为人类主食来源的小麦和水稻种植广泛,具有一望无际的规模效应;其二是这些种植景观均有明显的季相变化,春季绿油油、秋季黄灿灿,随风起伏,既有绿的气息,更有丰收的喜悦。尤其是山区的水稻梯田,沿着高山随地形有规律地弯曲形成的特有韵律,极具审美价值。我国云南元阳哈尼族人所建的梯田堪称人间一绝,有"元阳梯田甲天下"之美誉。

在漫长的农业耕作历史中,人类适应并利用自然生态发展规律,逐渐形成了农耕文化与俭朴自然的生活方式,成为农事活动与生态文化的完美结合。

2. 牧场

在草原地区,大规模地放牧牛、羊等动物所形成的动物与自然环境和谐的牧场景观,对久居闹市的城市人来说堪称"世外桃源"。那"风吹草低见牛羊"的景色历来为人们所称颂,那"万马奔腾"的气势不仅场面壮观,更有深刻的精神文化价值;牧民特有的游牧生活,也具有深刻的顺应自然的人生哲理和地方特色。上述种种均对游客回归大自然有着独特的吸引力。我国东北草原牧区、内蒙古牧区及高山草甸牧区均以此作为吸引游客的生态旅游资源。

3. 渔区

渔区泛指渔业生产的区域。从范围上看,主要是以海上和湖上的捕捞区为主。例如,位于东海舟山群岛附近的海域,盛产大黄鱼、小黄鱼、墨鱼和带鱼,是我国著名的渔场之一。从类型上看,渔业也随着社会经济的发展由单纯的捕捞发展为放养,近几年又发展了不少鱼塘,与人们喜爱的钓鱼休闲活动结合起来。如今的钓鱼已不满足于自然水域的耐心等待,钓鱼钓到了鱼塘,将观鱼、钓鱼、品尝鲜鱼融为一体的渔业生态旅游备受游客喜爱。

4. 农家

远离城市,以农业为主要生产方式的传统农村居家生活对日趋现代化、远离大自然的城市人有着特殊的吸引力。其原因有三个方面:(1)传统农家生活以大自然为背景,过的是一种人与自然和谐的生活;(2)传统农家位于偏僻之地,交通不便,使其形成与当地环境和谐的地方性特色,其民族风情保留较为浓郁;(3)传统农家具有的"好客"传统给竞争激烈、人情淡漠的城市人带来一种久违的亲切感。正因为如此,在农业生态旅游中,悄然兴起了家庭接待旅游,游客到农家"做客",与主人共食农家饭,得到了原汁原味的人类发展之初的生活体验,回归自然的感觉也在此找到了归宿。我国作为一个发展中国家,不少地区仍保留着传统农业生活方式,民族风情浓郁,其农家生态旅游大有发展前途。

(二) 园林类生态旅游资源

园林景观与当地的文化结合形成各具特色的园林生态旅游资源,东西方文化的巨大差异形成了特色各异的东西方园林,其中中国古典园林最具东方特色,意大利及法国的园林最具西方特色。

1. 中国古典园林

中国古典园林是效法大自然的山水画的立体再现,建园的目的主要基于人们亲近自然的愿望与需求。山水画和园林均能满足这一需求,但山水画毕竟只是一张平面观赏的图画,只可"神游",不能"身临"。为了真切地感受大自然,人们择地建园,建园时以"虽由人作,宛自天开"为其最高境界。这就要求所有造园景物都要尽可能多地载有自然信息,如园中地形地貌顺其高低起伏,花石树木顺其原形,不修剪造型。中国园林这种风格在世界上独树一帜,被称为"自然或山水园林"。另一方面,中国园林还有深刻的精神文化审美情趣,即对自然景物的精神文化内涵的追求,如中国园林

中喜种的"岁寒三友"——松、竹、梅,从各自的自然特征中体现了园主崇高的精神追求,例如,园主种梅就是因为梅花蕴含着敢为天下先的勇敢精神和不争名居功甘当无名英雄的谦让美德。

中国园林据其地方差异可分为北方园林、江南园林和岭南园林;据园林的所有权又分皇家园林(如承德避暑山庄)和私家园林(如苏州拙政园)。在众多传统园林中,颐和园、承德避暑山庄、苏州留园和拙政园并称为中国四大名园。

2. 城市公园绿地

城市里最适合于发展生态旅游的地方包括公园、高尔夫球场、公共绿地等,这样看来,城市生态旅游资源具有人造自然的特征。有些学者认为生态旅游的理念与城市环境格格不入,但开展城市生态旅游可促进生物多样性的保护,加拿大绿色旅游协会认为在城市旅游中注重生态旅游原则在某种意义上来说对环境有更积极的作用,因为相对于荒野而言,城市更能吸纳旅游业的影响。

(三)科普生态旅游资源

旨在进行科学研究、科普教育及休闲旅游的植物园、动物园、世界园艺博览园及自然博物馆,既是提高游客自然科学知识、增长环境意识的大课堂,也是人们获得高层次理性娱乐的场所,是生态旅游活动难得的资源。

1. 植物园

植物园是种植植物的园地。种植的植物主要是为了研究和普及植物科学知识。植物园的科研及科普双重功能决定了其在科普活动中的重要价值。英国两百多年前(1759年)建立的英国皇家植物园(邱园)是世界上最有名的植物园,经长期的驯化、栽培,现已种植5万多种植物,收藏600万份植物标本,并建有4座博物馆和植物书籍极为丰富的图书馆,是世界一流的植物宝库和植物研究中心,而且其宜人的美景吸引了世界各地的人们前去参观旅游。美国的阿诺德树木园、加拿大蒙特利尔植物园都是世界闻名的植物园。我国的中山植物园、庐山植物园、北京植物园、华南植物园、西双版纳热带植物园等,均对游客有强烈吸引力。

2. 野生动物园

野生动物园将几十种乃至上百种的野生动物集养于一园。根据野生动物活动受限的差异又可分为两类:一类是动物活动空间受限的"动物园",如北京动物园;第二类是动物散居于园中的"天然野生动物园"。后者对生态旅游者吸引力较大。如非洲坦桑尼亚的塞伦格蒂国家公园是坦桑尼亚野生动物最集中的地方,园内野生兽类总数达300多万头。有的天然野生动物园是专门性的,如南非和博茨瓦纳的卡拉哈里羚羊国家公园,园中多南非大羚羊、南非小羚羊和角马等。还有的动物园是夜间开放的,如新加坡夜间野生动物园。我国动物园较多,但天然野生动物园是随旅游业兴起才建设的,目前在深圳、秦皇岛、上海、海口等地已建成天然野生动物园,今后还有增加的趋势。

3. 世界园艺博览园

世界园艺博览园是世界园艺博览会集各国园林精品,奇花异草大联展留下的永久性园地。目前世界上共举办过20多次世界园艺博览会,并在多个国家和城市留下了世界园艺博览园。中国于1993年申请加入国际园艺生产者协会,并于1999年5月至10月在四季如春的昆明举办"中国'99昆明世界园艺博览会",其主题是:"人与自然——迈向二十一世纪"。会址坐落于昆明东北部的金殿国家森林公园旁。整个博览园分室内展馆和室外展场,室内展馆有中国馆、人与自然馆、科技馆、国际馆和大温室;室外展场有国外展区、国内展区和企业展区。其中国内室外展区分为两大部分,其一为各省市的特色和代表性的园林景观园区;其二为专业园区,包括树木园、月季园、沙生植物园、兰花园、蔬菜瓜果园、药草园、传统花木园区、水上植物园、竹园、茶文化园等14个专业园。博览园在会议期间吸引了大量来自世界及全国各地的游客,会后成为中国一大生态旅游景区。

4. 自然博物馆

自然博物馆是"立体"的大自然百科全书,主要展览自然界和人类认识自然、利用自然和保护自然的知识,按其展览内容性质进一步区分为一般性自然博物馆和专门性自然博物馆。如美国自然历史博物馆、中国北京自然博物馆是一般性自然博物馆;英国格林尼治天文博物馆、北京地质博物馆、四川自贡恐龙博物馆是专门性自然博物馆。不少科学家甚至认为动物园、植物园、国家公园或自然保护区也是一种自然博物馆。世界上规模最大的自然博物馆首推美国自然历史博物馆,该馆位于美国纽约曼哈顿区,始建于1869年,陈列品包括天文、矿物、人类、古生物和现代生物五个方面,除天文馆外,有58个陈列厅。我国北京自然博物馆、北京地质博物馆、北京天文馆、上海自然博物馆等都是有名的自然博物馆。

(四)文化生态旅游资源

千百年来,我国各民族在生存发展中,珍惜爱护生态环境,创造了与自然生态环境和谐相处的价值观念、生活方式与民族文化,这些优秀传统文化也保护了自然风貌,使人文景观与自然景观融为一体,我们可以称之为中国特色的生态旅游资源。

1. 历史名山生态旅游资源

我国是一个多山的国家,对山有着特别的精神寄托。一些高耸入云、难以攀登的雄险山体被视为"通向天界的阶梯",并得到皇权的保护,在古代享有至高无上的地位,形成了所谓的"五岳"。

"五岳"是中国古代受皇权保护的五大名山的总称。"五岳"与中国传统文化密切相连,确定其地位的是至高无上的帝王,帝王按阴阳五行学说将全国分为东、南、西、北、中五大区,每区选出一座"领头的山",并在此山上祭天(即"封"),山脚祭地(即"禅")。最早的封禅可追溯到秦始皇登泰山之行,到汉朝则基本确定了五岳,即东岳——山东泰山、西岳——陕西华山、中岳——河南嵩山、南岳——安徽天柱山,北岳——河北大茂山。以后南岳和北岳的位置有所改变,隋代改南岳为湖南衡山,明代改北岳为山西恒

山。五岳融自然与文化于一体,五岳独尊、以"雄"著称的泰山被联合国教科文组织世界遗产委员会专家卢卡斯称为"自然文化遗产融为一体的典范"。西岳以险见长,南岳衡山"独秀",中岳嵩山"胜迹如云",北岳恒山海拔最高。我国历代宗教及名人为五岳所吸引,留下了丰富的宗教建筑和名人墨客的遗迹,是自然与人文融合统一的特殊生态旅游资源。

2. 宗教信仰类生态旅游资源

中国有"山不在高,有仙则名"、"天下名山僧占多"之说,宗教名山数量可观,最具代表意义的是"四大道教名山"和"四大佛教名山"。道教渊源于我国古代巫术,是汉族的宗教,由张道陵于东汉顺帝时首创于四川鹤鸣山,该山与江西龙虎山、湖北武当山、安徽齐云山,合称四大道教名山(另一说法,鹤鸣山应为四川青城山)。佛教于东汉明帝永平十年(公元 67 年)由印度传入中国,经历佛经翻译研究逐渐发达。据说佛教中的文殊、普贤、观音、地藏四大菩萨分别选定五台山、峨眉山、普陀山及九华山作为他们"说法"的道场,故这四座山成了中国的四大佛教名山。这种对精神信仰的追求不但创造了丰富的宗教文化、艺术文化产品,而且在追求过程形成了与自然和谐、与众生相依的生活方式与境界,其中蕴涵着丰富的生态文化,如西藏独特的藏民朝圣活动也成为一种重要的人文生态旅游资源。

3. 敬畏自然类文化生态旅游资源

图腾崇拜:由于早期人类自身力量有限,对于强大的自然力量产生了"万物有灵"的自然崇拜,逐渐发展为以特定的自然物为对象的图腾崇拜。这种思想观念中包含着朴素的人与自然生态平衡的文化精神,为人类生态思想的丰富作出了自己的贡献。

对自然界的禁忌习俗:许多民族都将涵养水土的山林视为神圣加以保护,形成"龙山"或"神山",由民间传统文化保护的"龙山"在全国各地都能寻到。不同民族、不同地域有自己独特的自然禁忌习俗,如藏民对神山、神湖等的禁忌。自然禁忌习俗不仅对生态环境有直接保护的意义,而且其深刻的地域文化内涵,对于求新、求异并渴望建立主客之间直接文化交流和理解的生态旅游者来说,极具吸引功能与环境教育功能,本身也是一种重要的生态旅游资源。

4. 历史遗迹类旅游资源

中国 5000 年文明史和灿烂的古代文化,是独一无二的旅游资源。历史遗迹遍布中华大地。从北京周口店遗迹,到秦陵兵马俑和半坡遗址,以及神秘莫测的四川广汉三星堆文化、耐人寻觅的夜郎古国,随着考古事业的发展,这类名胜区还在不断增加。

岩画是史前艺术的代表遗迹,它记载了古代先民们狩猎、游牧、祭祀、欢呼、舞蹈以及部落间的征战,与周围环境浑然融为一体,具有极具震撼力的审美效果,不仅带给人们无限的遐想,还反映了当时的历史状况,是一种重要的文化旅游资源。

历史古都及其相应的文化遗产是历史遗迹中的重要组成部分。位于中原腹地的周秦汉唐文化中心,有西安、洛阳、开封,有号称六朝古都的南京,更有从辽、金、元、明、清因沿而来的古都北京。此外,南宋杭州、越国绍兴、蜀都成都、南诏大理,都因其历史而成为名胜古迹之地。

遗迹的美在于其历史真实性,因而遗迹地保护应注意其整体性和文化内涵。遗迹地保护忌讳"建设性"破坏,应防止按今人的观念进行遗迹"改善";遗迹地保护更忌讳以假乱真,现造假遗迹是对真遗迹的破坏。应避免造成"假作真来真亦假"的后果。生态旅游是一种负责任的旅游,所以要更加注意旅游地的保护。

三、景观恢复类生态旅游资源

尽管景观生态恢复类资源也属于人文类生态旅游资源,但由于景观恢复类生态旅游资源所具有的独特的教育反思功能,从而把它作为单独的一类列出。

景观生态恢复必须是在生态学思想的指导下,避开科技的片面性,从整体和关联的原则出发,对退化生态系统的成因、特征和发展进行全面的勘察,综合考虑地理、生物、经济、技术、历史、人文和艺术等因素,最终形成一个健康的、发展的、永续的、艺术的状态,并重新融入自然与人类和谐发展的进程中。

景观生态恢复的实践最初起源于对工业废弃地、废弃矿地的改建和在此基础上的植被再生。但是随着环境的日益恶化、景观生态恢复学科的发展,它的研究范围也越来越大,不仅仅包括工业废弃地、垃圾填埋场等退化生态系统,还包括生物多样性退化的恢复、水土流失的恢复性保护、湿地的重建、城市恢复等等。关于景观生态恢复的方法很多也较为复杂,我们这里所关注的是恢复了的景观生态类旅游资源,因其独特的美感和现成的环境教育素材而成为一种独特的旅游资源,它能很好地将保护、环境教育、社会利益、道德和可持续性几方面结合起来,符合生态旅游的理念,吸引了大批游客和关注环境的人们,从而成为一个极其重要的生态旅游场所。

扩展阅读 4-3:浙江天目山生态旅游联盟成立
优势互补合作共赢

日前,浙江临安、安吉、长兴,安徽绩溪、旌德、广德、宁国七个县市共同成立了天目山生态旅游联盟,以进一步整合天目山脉优势生态旅游资源,促进天目山跨县市的旅游合作和共同发展。

临安作为旅游联盟的成员单位,境内的天目山素有"大树王国"、"清凉世界"的美名,还以生产茶叶、笋干、山核桃、竹木等丰富的旅游产品而闻名。在成立大会上,临安市旅游部门将临安的天目山区块以绿色文化、金色文化(佛教文化)、名人文化逐一展现,并借此机会介绍了该市在冬季即将举行的"临安年俗风情旅游节"及"大明山高山滑雪节"活动,受到了众多媒体的关注。

联盟成立后,成员单位将最大限度地利用天目山良好的交通区位、独特的生态资

源和深厚的文化底蕴优势,按照"资源共享、信息共用、品牌共创、市场互动"的原则,实现跨省、跨县市的旅游产业"优势互补、合作共赢",提升天目山生态旅游影响力,着力打造"中国江南最美活力乡村"。

　　临安市旅游局有关人员表示,旅游联盟的成立,为该市旅游发展提供了宝贵的契机,各县市间的交流合作进一步加强,无论是资源整合还是精品线路策划上,各地区的旅游营销合作都有了更好的联系平台,为提升天目山生态旅游品牌影响力奠定了基础。

　　资料来源:孙建韵,王轶军. 浙江天目山生态旅游联盟成立 优势互补合作共赢[Z]. 临安新闻网,2011-12-02.

第四节　生态旅游资源的保护性开发

一、生态旅游资源调查与评价

　　生态旅游资源的调查内容主要包括生物物种多样性、生态环境资源、生态风景资源三方面,调查方法与一般旅游资源调查方法差别不大,在此不再赘述。

　　旅游资源综合评价的正确性及客观性依赖于切实可行的旅游资源评价方法。综合来说,目前对生态旅游资源的评价方法主要是从定性和定量两个角度考虑的。早期对生态旅游资源的评价主要采取的是定性评价方法,具有代表性的定性评价方法主要有卢云亭的"三三六"评价法、黄辉实的"六字七标准"评价法、魏小安的"综合评价法"等。随着研究的深入,数学方法开始被引入到旅游资源评价中,建立起一套以定量化为目标的评价模型及指标体系。定量主要采用单因子评价法、多因子综合评价法、模糊数学评价法、特尔菲法、层次分析法(简称 AHP)以及熵技术等。其中 AHP 具有明显的优势,应用较广泛。2003 年我国国家旅游局对旅游资源评价拟定了国家标准,即《旅游资源分类、调查与评价》(GB/T18972—2003),建立了旅游资源共有因子综合评价系统,主要根据"资源要素价值"、"资源影响力"、"附加值"三要素以及"观赏游憩使用价值"、"历史文化科学艺术价值"、"珍稀奇特程度"、"规模、丰度与几率"、"完整性"、"知名度与影响力"、"适游期或使用范围"、"环境保护与环境安全"等因子进行评价,由于统一标准便于横向对比而受到相关专家学者青睐。

二、生态旅游资源保护开发

　　生态旅游资源的保护性开发是美国学者芬讷(Fenell)和伊格尔斯(Eagles)提出的概念,认为生态旅游的核心是生态旅游资源的保护。经过近十年的发展,生态旅游资源的保护性开发已注入了新的内涵和新的思路。

（一）开发目标——旅游业的可持续发展

旅游资源是旅游业发展的基础,生态旅游资源保护性开发的目标是旅游业可持续发展。

1. 传统旅游资源开发目标的误区

传统的旅游资源开发虽也讲"经济、社会、生态"三大效益的协调发展,但在实际操作上,我们可以看到,在三大效益的横向关系上,经济效益被作为首要目标。在这种思想的指导下,以经济的驱动力进行旅游开发,旅游业重蹈工业发展对环境的"先污染后治理"的覆辙。即便是经济效益,从纵向上看,追求的是尽快收回投资成本、牟取暴利的短期经济高效益。在这种思想和行为下,不少名山胜水躲过了工农业的污染破坏,却难逃旅游业的不利影响,致使旅游资源的进一步利用出现问题,旅游业的发展仅是昙花一现。

2. 生态旅游资源开发的目标

生态旅游资源开发的目标定位在旅游业的可持续发展。其内涵有三个要点:第一是限制性条件,即开发的限制性前提是保护生态旅游资源及其环境。为了保护,开发应在资源及环境的可承受范围内,超出这一范围,保护就成了空话一句,故生态旅游资源的开发应该是在强度上的控制性开发、在方式上的选择性开发。第二是最大效益,即生态旅游资源开发的近期目标是获得最大的效益,这并不是指三大效益中的某一效益最大,而是三大效益协调发展而呈现的综合效益最大。第三是可持续效益,即生态旅游资源开发的远期目标是获得可持续的最大效益,这一可持续效益是建立在经济可持续、社会可持续、环境可持续基础上的整体三大综合效益的可持续。同时,这一可持续效益也不是为了保护而降低整体效益,追求的既是可持续,又是整体最佳效益。

（二）开发观点——系统的观点、保护的观点

生态旅游资源保护性开发应持系统的观点,从系统的角度明晰保护的对象及关键。

1. 系统的观点

生态旅游资源开发应将开发对象视为一个系统,这一系统是由生态、社会和经济复合而成的复合系统,如图 4.1 所示。

（1）组成上。生态旅游资源保护性开发是一个复杂系统,是投影叠加在自然生态、社会、经济三大系统交汇区之上的,即整个系统是分为三个层次的。三大系统为基础层次系统,生态旅游系统是高层次系统。

（2）关系上。生态旅游系统对三大基础系统有依赖关系,即生态旅游系统要获得效益,必须依赖于三大基础系统,与三个基础系统之间是相互紧密联系的关系。紧密联系意味着相互协调,在协调的三大系统基础之上,生态旅游才有可能获得最大的综合效益。

（3）操作上。生态旅游资源开发必须全面考虑三大基础系统中的各个要素。以保护为例,不仅要保护生态环境,还应保护社会环境及经济利益。我们反对以牺牲环境换

取经济发展,同样也不主张因保护环境而压制经济发展。

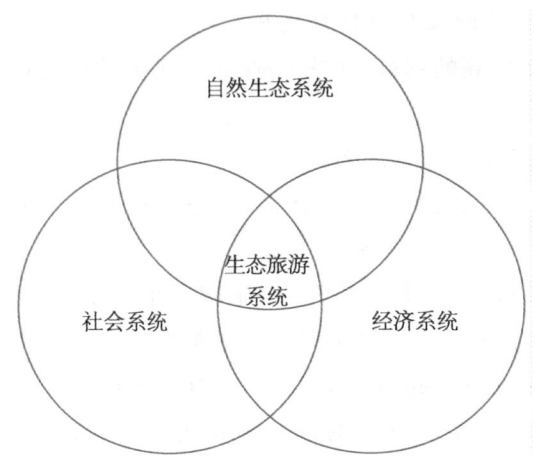

图 4.1　生态旅游保护性开发复合系统

2. 保护的观点

在旅游发展影响资源及其环境的保护的现状下,不少人认为只要保护了资源和环境就能彻底解决问题,达到可持续旅游发展的目标。事实上,要实现旅游可持续发展目标,生态旅游资源开发的保护有着丰富的内涵。

(1)保护对象体系。一个区域的生态旅游资源开发后要能实现旅游业可持续发展,保护的对象不仅仅是资源环境,还应包括社会文化及相应的经济利益。三大方面每个方面的保护都对旅游业可持续发展有特殊的功能,资源环境及社会文化是旅游业可持续发展的资源基础,其中资源环境是资源的物质载体,社会文化是资源的精神内涵,而经济利益则是保护的动力。

(2)保护的动力。过去我们在谈环境保护时,往往只注意两点:一是人们的环境意识,即人们的环境意识强了,保护就成了自觉行为,而环境意识的增强是靠素质教育,靠宣传;二是法律保障,即通过法律限制人们的行为以达到保护的目的。上述两点对保护固然很重要,但还有一点应该引起我们的注意,即保护的动力。一个人的自觉行为,总是由其内在的动力驱动,保护行为也是如此,保护动力往往与保护者的切身利益紧密联系,也就是说,保护者的切身利益是其自觉保护行为的动机。欲使所有受益于旅游的人都能自觉保护生态旅游资源,就应该让他们明白保护能够给予他们所需的利益。例如,让当地社区的居民明白,当地的生态旅游资源是他们发展旅游业获取经济效益的基础,保护了这一基础,就意味着保护了他们的经济收入,保住自己经济收入这一切身利益就成了社区居民保护生态旅游资源的动力。

(三)开发模式——"护源"开发导向模式和"三 Z"开发投入模式

1. "护源"开发导向模式

传统的旅游资源开发以追求旅游经济高效益为目标,在开发时考虑的主导因素即开发导向存在差异,据此差异,开发导向模式有两类三种,以可持续旅游发展为目标的生态旅游资源开发应将保护作为主导因素贯穿其中,摸索新的"护源"开发导向模式。

(1)传统"一源"开发导向模式。传统"一源"开发导向模式,即开发的主导因素是一个,据主导因素的差异又可分为"资源型"和"客源型"两种。所谓"资源型",即开发地具有丰富独特的旅游资源,如泰山、张家界、拉萨布达拉宫、西双版纳等世界级的旅游资源地,把资源作为当地发展旅游的优势,开发时,又以资源作为具有竞争力的主导因素来考虑。所谓"客源型",又称"市场型",指旅游资源相对贫乏,但区位条件好的大城市和口岸城市,凭借其巨大的交通流量和完善的基础设施,发展旅游具有很大的潜在优势,如深圳借助其特有的口岸区位优势,在旅游资源贫乏的条件下,创造旅游资源兴建主题公园(如"锦绣中华"、"欢乐谷")来发展旅游业,并取得了成功。

(2)传统"二源"开发导向模式。以这一开发模式成功的地区往往是同时具备发展旅游业的资源优势和区位决定的客源优势,如北京、西安、广州等地都以其"二源"优势成为我国著名的旅游市场。这些地区既可以开发原有的旅游资源,又可适当建一些主题公园,使当地在旅游业发展的"双翼"优势下成为令人瞩目的旅游热区。

(3)生态旅游"护源"开发导向模式。传统旅游开发均以"资源"、"客源"或"资源—客源"为其开发导向来发展当地的旅游业,但其成功的后面潜藏着一个危机,即进一步发展的后劲问题,也就是旅游业的可持续发展问题。究其原因主要是一个保护问题,即作为旅游发展优势的主导因素,出现破坏问题后将导致旅游业走下坡路。为此,保护旅游业发展的主导因素,无论是资源还是客源的"护源"开发导向就成了生态旅游开发的一种新模式。近几年一些本来以其闻名于世的资源发展起来的旅游热区开始出现"降温",如云南的西双版纳,以其特有的热带雨林和傣族风情吸引国内外游客,但由于开发利用旅游资源过程中不注意保护其"绿色"自然环境和"原汁原味"的民俗风情,旅游业出现了滑坡,因此保护旅游资源就成了旅游业可持续发展的关键。同时,我国火爆一时的"客源型"的主题公园也出现了收入滑坡现象,仔细分析,原因在于没有保护好旅游发展的主导因素——客源,其具体表现为客源被抢,即游客流向新的具有竞争力的主题公园或景区。欲保住客源,我们认为,首先,主题公园要成为精品,对游客的吸引力长盛不衰,使客源无法被抢,如迪斯尼乐园;其次要不断地输血,即新增内容,使旅游业永葆青春,如深圳在"锦绣中华"出现滑坡时,及时兴建"欢乐谷",游客量不但不会减少,反而呈上升趋势。

2."三 Z"开发投入模式

旅游资源的开发到底需要投入些什么才能使旅游业既有近期的高效益又有长远的可持续效益,我们可以从传统旅游开发教训中寻找答案。

(1)传统的"一 Z"开发投入模式。传统的旅游资源开发把资金的投入作为主要因素来考虑。资金的"资",其读音的第一个汉语拼音字母为"Z",故称为"一 Z"。"一 Z"投入出现了两个认识误区:一是看不到旅游资源的价值,认为"资源无价",由此,把旅游业看作"低投入、高产出"的产业,导致对资源的不尊重,即保护旅游资源环境虽已挂在口上,但难以落实,不少风景名胜区出现了旅游资源及其环境的破坏和污染问题,影响

了其可持续利用;二是对知识的价值认识不足,"知识廉价",致使在旅游开发中旅游规划设计不"精",导致不少旅游地开发或因特色挖掘不够造成粗放性开发,或因不注意开发过程中的保护造成"开发的过程就是破坏的过程",或因开发中管理方案设计不周造成利用中的破坏。

(2)生态旅游的"三Z"开发投入模式。从传统"一Z"开发投入认识误区的分析中,我们清楚地认识到,欲使旅游业可持续发展,其开发的投入不应该只考虑单一的资金投入,资源及知识的投入也应一并考虑,形成生态旅游特有的资源—知识—资金"三Z"开发投入模式。这一模式可从下述几个方面来理解。第一,承认资源有价,让资源在旅游业经济效益中占一定股份,使人们在认识上珍惜和保护资源及环境,实践上回投资金用于维持和保护资源及环境。第二,在知识经济时代,我们应该充分认识知识对于旅游开发的价值,知识是有"价"的,这个价值体现在旅游资源开发规划设计中的特色挖掘、主题创意和宣传促销上。在资源导向型的旅游地,旅游资源开发后的"增值"效应正是旅游开发中知识有价的体现;在客源导向型的旅游地,凭借出奇制胜的创意建成的主题公园显著的经济效益也是知识有价的体现。第三才是资金投入。在三大投入中,我们认为缺一不可,资源和知识投入是发展旅游业的前提因素,资金投入是保证因素。

(四)开发过程——循环开发过程

1. 传统旅游资源开发过程认识误区

传统旅游资源开发利用不能有效地保证旅游资源及环境的保护,重要的原因之一是对开发过程的认识存在误区,具体表现在以下几个方面。

(1)开发与管理分离,保护难以落到实处。过去对旅游开发的认识仅限于狭义的旅游区的建成,至于建成后的旅游经营管理则被视为开发以外的事。开发与管理是分离的,这种分离使开发中提出的保护问题难以在全面经营管理中落实,同时,管理中出现的保护问题也缺乏渠道反馈到重新优化开发之中。

(2)开发与管理的过程是直线型。传统旅游业中,旅游规划、建设及经营管理是分离的,三者在过程上是前后单向联系。

2. 生态旅游循环开发过程

为解决旅游业中的资源及环境保护问题,我们认为:第一,要把旅游开发过程广义化,即旅游开发包括旅游规划、建设、经营管理和监测全过程;第二,旅游开发过程中的四个环节间的关系模式应该是环状的(如图4.2所示)。

从图4.2可见,生态旅游开发由规划、建设、管理、监测四个环节组成,并位于同一系统中。与传统旅游开发相比,一是把开发、管理视为一个系统,二是多出了"监测"环节,而这一环节,正是沟通规划、建设与管理的链,有了监测这个链,不断地向前三个环节反馈信息。旅游区建成运行一段时间后,据监测反映出来的问题,再度优化规划设计使旅游区更为完善,同时也定时地为旅游区注入生命的新内涵,增加对游客的吸引力,使旅游区的生命周期延长,这本身就是对旅游资源及环境避免浪费的保护;再者,通过监测反馈的信息,充分认识旅游规划设计、建设和管理中存在的旅游资源及环境的保护

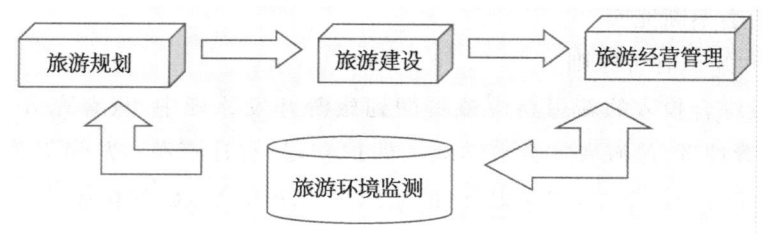

图 4.2　生态旅游循环开发过程

问题,再有的放矢地予以解决并落实到进一步的优化规划设计和管理中,把环保建立在监测提供的科学依据上。

（五）开发原则——十大原则

为实现生态旅游资源开发的旅游可持续发展目标,保护是基础。传统旅游开发往往以效益、特色、市场、保护等为原则。表面上看,似乎保护作为一种开发原则早已列入,但仔细分析和观察现在旅游业发展中出现的种种保护问题不难看出,对于保护仍然存在重视不够和落不到实处的问题,为此,我们在认可旅游开发的效益、特色、市场等原则基础上把"保护"作为生态旅游资源开发的首要原则,并从影响保护的各主要因素入手,总结出了生态旅游资源保护性开发的十大原则。

1. 环境容量原则

在旅游开发和利用过程中,应遵循生态规律,具体体现在遵循生态环境承载力这一基本规律上。生态旅游资源及环境的开发和利用都有一个承载力的范围,超出这一范围,生态旅游资源及环境就会受到破坏,因此,我们应该把旅游活动强度和游客进入数量控制在资源及环境的"生态承载力"范围内,设立合理的环境容量。

2. 原汁原味原则

在旅游开发时要尽量保持旅游资源的原始性和真实性,具体表现在不仅保护大自然的原生韵味,而且保护当地特有的传统文化,避免因开发造成文化污染,避免把城市现代化建筑移置到旅游景区,旅游接待设施应与当地自然及文化协调,保证当地自然与人的和谐的意境不受损害,提供原汁原味的"真品"和"精品"给游客。

3. 多元参与原则

国家、企业经营者、专家、社区居民都应该参与到生态旅游服务中,可以利用多方力量增强生态旅游资源保护与开发的动力,使各方真正从旅游中受益。

4. 环境教育原则

生态旅游与传统大众旅游最大的差异之一是对游客的环境教育功能。欲使游客在愉悦中提高环保意识,旅游开发时,必须认真考虑在旅游区中设计一些能启迪游客环境意识的设施和旅游项目。

5. 依法开发的原则

旅游开发必须遵循相应的保护法规,如自然保护区的开发必须遵循《野生动物保护法》、《森林法》和《自然保护区管理条例》。当然,旅游开发方面的法制还不够健全,这方

Ecotourism

面的工作以后会不断充实。

6．资源和知识有价原则

旅游开发综合投入的新思路应该贯彻到旅游开发原则中，只有充分认识"资源有价"，开发者、管理者、旅游者才会自觉地去保护它；只有让资源占旅游开发效益的一部分，这种保护才有经济支撑。"知识有价"能减少传统大众旅游的粗放性开发，避免开发中的破坏，同时还能避免管理低水平所带来的破坏。

7．清洁生产、节约资源原则

"清洁生产"一词最早源于工业生产，其原意是在生产的过程中，精心设计，使一个生产流程的"废物"变成另一个生产流程的生产原料，以最大限度地限制生产向环境中排放废物，使整个生产过程成为一个无污染的"清洁生产"过程。将这一概念引入旅游开发，在其宾馆等接待设施的实际运作设计中尽量不向环境排废物，把旅游对环境质量的不利影响控制在环境承载力范围内。节约资源，即开发中采用"消耗最小"为准则，具体表现为一要节约自然资源，二要适度消费，提倡用诸如太阳能、风能、潮汐能等可再生资源，倡导建筑时尽量采用砖瓦、石头、沙子等不会造成污染的建筑材料。

8．资金回投原则

为了使保护资源环境落到实处，旅游所得的经济收入要回投到环境中，用于保护和修复因旅游造成的对环境的不利影响，保证其具有可持续利用的潜力。

9．技术培训的原则

保护欲落到实处，旅游从业人员的保护意识、保护素质是保证。在从业人员技术培训中，过去仅注意旅游业的操作培训，保护方面的培训很少，甚至没有。而没有保护意识和保护知识的人是难以胜任保护性的生态旅游开发与服务责任的。

10．保护游客的原则

在保护和旅游的关系上，人们往往会有一个误区，总把旅游景区运行中的破坏与游客连在一起来思考。确实，在传统大众旅游中，景区的垃圾、景物上的刻痕是游客所致，但有一个问题往往被人们所忽视，即游客作为旅游消费者，他的合法权益也应该得到保护，"乘兴而来、败兴而归"的感叹正是游客的旅游消费权益受到不利影响甚至侵犯的反映，为此，在旅游开发的市场营销上，一定要坚持对游客负责任的态度，为游客提供真实的信息，以保证游客的合法旅游消费利益。另外，在一些特种旅游地，如滑雪、探险等景区，应设置必要的救生员和医疗机构，以保护游客的健康和生命安全。

（六）开发机制

1．政策与法规保障机制

在此种机制中，政府起到了关键作用，政府作用由主导变为推导，通过制定各项政策与法规来推动和保障生态旅游资源的开发和保护。如1996年1月颁发的《森林公园总体设计规范》，强调森林公园建设"应以良好的森林生态为主体，充分利用森林旅游资源，在已有的基础上进行科学保护、合理布局、适度开发"的指导方针，在有关景点与游览线路、旅游服务设施、基础设施等的设计要求中始终贯彻"生态保护"的中心思想，并对"生态环境容量"、"植物景观工程"及"保护工程"作出具体规定。应利用公共权力努力提高公众的环境保护意识,设立专门的生态旅游资源保护管理机构,加强生态旅游资源保护的立法与执法工作。在生态旅游资源保护方面,现在最大的问题是执法不力、执法不严。应在各级旅游管理部门设置专门机构进行旅游执法工作,同时加强执法透明与公开度,以保证执法的强度与有效监督。

2. 生态旅游经营企业效益机制

随着旅游者生态意识的不断提高,旅游者越来越要求原汁原味的旅游体验。为了满足旅游者日益多变的需要,生态旅游经营企业在开发生态旅游资源的时候将重视景观的原汁原味,同时通过经营生态旅游,企业获得经济和社会效益。为了获利的持续性,生态旅游经营企业在进行生态旅游资源的开发过程中会注重保护性开发和开发后的保护。

3. 社区居民参与机制

此种机制是通过社区居民的参与发挥作用,社区居民通过参与生态旅游业,生活水平得到提高,民族自豪感得到增强,同时也认识到只有持续保护才能持续获利,社区居民的生态旅游资源开发与保护意识得到增强,由被动参与转为积极主动参与。

4. 生态旅游者推动机制

现今生态旅游者的需求呈多样化趋势,这些多样化的需求推动了生态旅游产品的开发和不断深化,同时生态旅游者也通过体验生态旅游获得生态旅游效益和生态教育,推动了生态旅游者对生态旅游资源的开发和保护。

5. 专家咨询监督机制

生态旅游学专家掌握着丰富的生态学和旅游学知识,作为生态旅游经营企业,在进行生态旅游资源的开发过程中,应该首先向专家进行咨询,以确保在保护的前提下开发生态旅游资源。同时,在生态旅游资源的开发过程中,难免有的经营企业会打着生态旅游的旗号进行破坏生态旅游资源的活动,此时,专家还可以作为监督力量发挥重要的作用,通过生态旅游资源开发和保护过程中的监督来促进生态旅游资源的可持续发展。

 案例

云南生态旅游的资源优势及开发

云南是一个位于青藏高原南延部分的高原山区省份,是一片神奇美丽的土地,大自然的鬼斧神工造就了这里的山山水水,悠久的历史也给这里留下了众多独一无二的名胜古迹,复杂多样的自然环境培育了这里多姿多彩的民族风情,众多的生态旅游资源类型在云南这片土地上闪耀着迷人的光芒。

1. 云南生态旅游资源的分区

以云南的生态旅游资源类型为主兼顾行政区划可分为以下六个片区。

(1)滇西北雪山峡谷片区。包括丽江、大理、迪庆、怒江,地处云南西北部,横断山脉腹地,青藏高原南缘,与四川、西藏和缅甸接壤,地理位置优越。该区蕴藏得天独厚的生态旅游资源,有广阔的高山原始森林、丰富的动植物种群、广袤的高山草原、险峻的雪山峡谷、宽广的高原湖泊,如梅里雪山主峰卡瓦格博峰,被誉为世外桃源的香格里拉大峡谷,举世闻名的世界自然遗产三江并流;还有古老的宗教文化和藏、白、纳西、彝、普米、傈僳、怒、独龙等各个世居少数民族多姿多彩的民俗风情,使这片美丽的土地充满了勃勃生机。

(2)滇中高原湖泊片区。该片区以昆明为中心,辐射延伸到玉溪和楚雄。区内交通便捷、著名景点密布、气候温和,是云南最大的旅游接待地和集散地。该区高原湖泊分布广泛,自然生态良好。滇池被誉为"高原明珠",是中国西南最大湖泊;抚仙湖是中国第二深水湖,云南第一深水湖。在滇中这片美丽的土地上,除汉族外,还居住着彝、哈尼、傣、回、蒙古、白、苗、拉祜等少数民族,各民族有其独特的历史文化和民情风俗。

(3)滇西地热火山片区。含保山、德宏,地处横断山脉南缘,云贵高原西缘,南部、西部与缅甸接壤。区内地热、温泉、瀑布众多。著名的腾冲热海,面积广达9平方公里,泉眼之多属世界罕见,周边还分布着大大小小的火山70多座。滇西早已成为我国享誉海内外的绝佳地热火山生态旅游区。在这里,还可身临其境地感受美丽的自然田园风光,体验傣、景颇、德昂、拉祜、彝、布朗、阿昌等少数民族浓郁的风土民情。

(4)滇西南热带雨林片区。包含临沧、普洱、西双版纳,地处横断山脉南段延伸地带,与缅甸、老挝和越南接壤。该区山川秀丽、风物神奇,有海内外闻名、我国面积最大、生态景观奇特的热带雨林。在这块土地上,世代生息繁衍着以傣、佤、布朗、基诺、拉祜为主的少数民族,民风民情绚丽多彩。

(5)滇东南喀斯特地貌片区。包括曲靖、红河和文山,南与越南交界,东与广西、贵州接壤。该区是云南喀斯特地貌核心分布区,如泸西阿庐古洞、建水燕子洞、弥勒白龙洞、广南"世外桃源"坝美等。另外,在这里还可领略世居于此的哈尼、彝、傣、苗、回等少数民族独特的民族风情。

(6)滇东北红土高原片区。含东川、曲靖北部、昭通,与川贵接壤。这里有曲靖珠江源"一水滴三江、一脉隔双盘"的自然景观;有繁茂森林和潺潺溪流,有风景秀丽的"瀑布群落";有大山包黑颈鹤、茶马古驿道、"锁滇扼蜀"的雄关天堑;有富含铁质、色彩斑斓绚烂的红土地;在这里还可探寻古滇文化遗风,感受彝、苗、回、布依等少数民族风情。

2. 云南生态旅游的资源优势

(1)类型结构丰富独特,空间分布既分散又集中。依《云南省旅游发展总体规划》、《云南省省志》所附资源列表及《旅游资源分类、调查与评价》(国标 GB/T18972—2003)对云南主要生态旅游资源进行分类,有4个主类,即A地文景观、B水域风光、C生物景观、H人文活动;14个亚类,26个基本类型,269个生态旅游资源单体。云南自然和人文生态旅游资源丰富独特,集高山、大河、湖泊、溪泉、瀑布、溶洞、森林、动物、古城、寺庙等为一体,独特的地貌环境,保存了大量珍稀物种,构成了遍布全省又有浓郁区域特色的自然生态旅游资源;悠久的历史文化,多民族的社会环境,形成了各具特色的人文氛围,孕育了多姿多彩的人文生态旅游资源。在云南这样一个如此集中的区域涵盖了世界上除沙漠和海洋以外的所有类型,涵盖了雄、险、秀、奇、幽、奥等各类景观,所以,它被赞誉为是一片难得的净土和乐园,是人类物种基因宝库和世界生态微缩景观,是生态旅游的最佳去处。

云南生态旅游资源既分散又集中。六大片区在空间分布上各有主题明确的自然和人文生态旅游资源,形成了特色鲜明的区域。

(2) 优良的生态旅游资源,天人合一的极致杰作。云南生态旅游资源类型多样、品位优良、特色突出,是中国生态旅游资源最富集的地区之一,更拥有众多世界级、国家级生态旅游资源。在中国排名世界前列的生态旅游资源类型中,云南的山岳、江河、峡谷、喀斯特地貌、珍稀动植物、古建筑和民族传统文化等名列全国前茅,如三江并流、丽江古城就是具有垄断性的世界级生态旅游资源。云南在竞争激烈的国内和国际旅游市场上独树一帜,成为最具特色的世界生态旅游目的地之一。

云南积淀深厚的独特历史文化,就是一部活的人类社会发展史。自然景观因有人文景观映衬而更有内涵,人文景观也因依附于自然景观而富有生机,两者交相辉映。人与自然和谐共生的理念自古就渗透于这片大地,使云南生态旅游资源天人合一的特征达到了极致。

(3) 原生态的珍稀自然资源,原真性的民族文化瑰宝。云南众多的自然生态资源原始、古老,不少仍处于原生状态,开发价值高,是极宝贵的资源财富;云南又是历史文化源远流长的地区,大理就曾是"亚洲文化十字路口的古都",丽江大研古镇是世界文化遗产,东巴古籍是记忆遗产,"茶马古道"和"西南丝绸古道"承载着中国历史弥足珍贵的"古道文化"。云南也是多民族聚居地区,民族风情绚丽多姿,尤其是各民族保留了自己古老的原真性民族文化传统,在衣食住行、节日庆典等方面均有独特体现。

因此,无论从生态旅游资源类型、分布、优势来看,还是从资源品位层次、结构类型等方面来看,云南六大片区拥有众多世界级生态旅游资源,具备开展生态旅游的资源基础;对于生态旅游资源的清晰认识,既有利于生态旅游的可持续发展和完善,也能更有效、可持续地保护和利用生态旅游资源,最终实现云南生态旅游的科学、和谐和可持续发展。

3. 云南生态旅游的开发

(1) 挖掘各区特色,分区互补发展。六大片区在发展过程中,应不求面面俱到,而是把发展重心放在充分挖掘本区特色资源上,分区发展,各显特色,形成云南生态旅游的不同亮点,互补发展,促进云南生态旅游业做大做强。

(2) 强化资源配置,打造线路产品。强化要素资源配置,以旅游线路为核心,不断完善沿线各地旅游交通、旅游城镇、旅游景区、旅游配套设施,加大旅游生态环境的统筹发展力度,深度挖掘沿线历史和民族文化内涵,努力营造有利于生态旅游业发展的良好社

会心理环境,在空间布局上带动全省民族贫困地区旅游业发展。重点打造以昆明为中心,辐射全省各主要生态旅游区的生态旅游线路产品,包括滇西北香格里拉生态文化精品旅游线路、滇西南热带雨林及多国精品旅游线路、滇西火山地热及跨境精品旅游线路、滇东南喀斯特地貌景观及跨境精品旅游线路、滇东北生态及历史文化精品旅游线路。

(3)围绕产品体系,完善节点建设。在分区发展、线路统筹基础上,围绕生态旅游产品体系建设,完善全省州(市)、县、乡三级生态旅游节点建设,包括各级生态旅游区的重要生态旅游景区景点、酒店设施、各生态旅游线路上的重要旅游城镇和游客中心等。

(4)分区定向发展,扩大区域合作。云南省生态旅游业的发展,在科学分区定向发展的基础上,还需要加大跨区域合作。首先,加大国内旅游区域合作力度。以"滇川藏香格里拉生态旅游区"建设、"泛珠三角"地区旅游合作为重点,建设在国内外市场具有较强吸引力和竞争力的"滇川藏""泛珠三角"大旅游圈。其次,加快国际旅游区域合作步伐,抓住中国—东盟自由贸易区建设新机遇,多层次、多渠道加强与各国联系与合作,努力构建面向东南亚、南亚的国际区域旅游圈,促进云南边境旅游和跨国旅游的发展。

(资料来源:王薇.云南生态旅游的资源优势及开发[J].中国商贸,2010,8:180—181.)

 思考题

1. 如何理解生态旅游资源概念的发展?
2. 生态旅游资源主要有哪些功能?试举例说明。
3. 简析生态旅游资源的特点。
4. 试选择生态旅游资源分类方案进行简要评述。

第五章 生态旅游媒体——生态旅游业

导入式阅读

　　由国家林业局森林公园管理办公室、江苏省林业局、江苏省旅游局、宿迁市人民政府联合举办的第四届江苏省森林生态旅游节于 2011 年 10 月 28 日至 11 月 28 日在宿迁市湖滨新城举办。其间举办了第四届江苏省森林生态旅游节开幕式、江苏省森林生态旅游工作座谈会、洽谈会、森林生态旅游成果图片展,湖光山色梦田园风光摄影作品征集及展览、大学生走进森林、自行车赛等系列活动,并发行第四届江苏省森林生态旅游节纪念册。主办方还将向社会推荐江苏省森林生态十大黄金旅游线路。目前,江苏省有森林公园 56 个、湿地公园 30 个、自然保护区 23 个,2010 年全省森林生态旅游接待游客达 3 500 万人次,森林生态旅游收入达 100 亿元。有关领导表示,随着人类现代文明的发展和生态意识的提高,崇尚自然、回归自然的热潮正在全球广泛兴起,有着巨大的市场需要和广阔的发展前景,江苏省也将不断增强森林生态旅游产业发展规模和效益①。

　　除了江苏省,生态旅游业在我国各省、直辖市、自治区均通过有效利用与开发当地的生态旅游资源特色获得较快发展。生态旅游业是生态旅游系统中沟通生态旅游主体(生态旅游者)和生态旅游客体(生态旅游资源)之间的媒介,在推动生态旅游的发展方面起到了供给、组织和便利的作用。它是由众多部分和相关行业组成的向生态旅游者提供各种服务的社会综合体。本章则从基本概念出发,详细介绍生态旅游业的性质、特点、构成及具体运作等情况。

第一节　生态旅游业概述

一、生态旅游业的定义

　　生态旅游业是以生态旅游资源为凭借,以旅游设施为基础,为生态旅游者的生态旅

---

　　①　根据《中国旅游报》相关专题版内容整理。

Ecotourism

游活动创造便利条件并提供其所需商品和服务的综合性产业。从定义不难看出,生态旅游资源、旅游设施和旅游服务是生态旅游经营管理的三大要素。生态旅游资源的开发利用为生态旅游者的需求提供了可能,是生态旅游业生存和发展的凭借和依据,而旅游服务体系是旅游经营者借助旅游设施和一定手段向生态旅游者提供便利的活劳动,为利用和发挥生态旅游资源的效用创造了必要条件,并通过一定的旅游经济实体和生态旅游政策的实施,为生态旅游活动提供服务而实现其旅游、保护、扶贫及环境教育四大功能。

　　生态旅游业是在传统大众旅游业发展过程中出现了环境问题后逐渐兴起的,它与人类正在经历的生态时代相适应,代表了旅游发展的新潮流,是旅游发展的一个新阶段,与传统大众旅游业相比,在追求目标、管理方式、受益者和影响方式等方面具有不同的特征,见表 5.1。

表 5.1　生态旅游业与传统大众旅游业的比较

比较项目	传统大众旅游业	生态旅游业
目标	利润最大化 价格导向 享乐为基础 文化与景观资源的展览	适宜的利润与持续维护环境资源的价值,价值导向 以自然为基础的享乐 环境资源和文化完整性展示和保育
管理方式	旅游第一,有求必应 无计划的空间拓展 分片分散的项目 交通方式不加限制	生态化管理,景观保护第一 有选择地满足游客要求,有计划的空间布局 功能导向的景观生态调控 有选择的交通方式
受益者	开发商和游客为净受益者,当地社区和居民的收益与环境代价相抵所剩无几或入不敷出	开发商、游客、当地社区和居民分享利益
正面影响	创造就业机会,刺激区域经济增长,但只注重短期利益 交通、娱乐和基础设施的改善有一定的经济效益	创造持续就业的机会,促进经济持续发展 交通、娱乐和基础设施的改善与环境资源保护相协调 经济、社会和生态效益的结合
负面影响	高密度的基础设施和土地利用问题,机动车拥挤、停车场占用空间和机动车产生的大气污染、水污染、地面污染等问题,旅游活动干扰居民和生物的生活规律	短期内游客数量较少,但趋于增加,交通受到管制(多数情况下,不允许使用机动车),合理开发措施和游客的保护性旅游行为将不产生各类污染问题,生态旅游者的活动必须以不干扰当地居民和生物的生活为前提

资料来源:杨桂华等. 生态旅游[M]. 北京:高等教育出版社,2001.

　　从表 5.1 中可以看出,对于传统旅游业,利润最大化是开发商追求的目标,而追求享乐是旅游者的主要目标,其最大受益者是开发商和游客,由旅游活动所带来的环境代价则主要由社区居民承担,它以牺牲环境资源的持续价值来获取短期经济效益,这种旅游是不可能持续发展的。生态旅游业则在实现经济、社会和美学价值的同时,寻求适宜的利润和环境资源价值的维持,开发商、游客、社区及其居民都是直接受益者,环境得到有效的保护,是可持续发展的旅游业。

二、生态旅游业的构成

类似于旅游业的企业构成,生态旅游业由旅行社、交通工具经营企业、住宿和餐饮企业、生态旅游景区经营企业或机构、娱乐和购物企业等构成,与旅游业构成的最大区别则是企业的生态化/绿色特点。每一种企业在现实中可以有不同的表现形式和叫法,如旅行社,可以称为旅行代理商或批发商;交通工具经营企业又包括汽车经营或租赁企业、火车经营企业或部门、航空公司等。这些企业共同作用、互相影响,共同构成了完整的生态旅游业。

三、生态旅游业的性质与特征

认识生态旅游业的性质与特征,有利于加深对生态旅游业的理解,更好地制定生态旅游业发展的战略措施。

（一）生态旅游业的性质

传统旅游业是文化性的经济事业,生态旅游业在传统旅游业的基础上强调了生态性,是兼有经济性、文化性和生态性的行业。

1. 经济性

生态旅游业是一项高度分散的行业,它由各种大小不同、地点不同、组织类型不同、服务范围不同的企业组成,这些企业是以营利为目的,并进行独立核算的经济组织。发展生态旅游业不仅能够增加外汇收入、回笼货币,而且能促进轻工业、手工业、交通运输业等有关部门和行业的发展,对繁荣地方经济、促进地区经济的发展具有重要意义。生态旅游业从根本上说是一项具有经济性质的服务行业。经济性是生态旅游业的根本性质。

2. 文化性

从生态旅游者的角度来看,在整个生态旅游过程中,他们在物质享受的同时得到精神享受,在精神追求中得到物质享受,精神活动和物质活动相互依存,互为条件。因此,生态旅游者所进行的一切活动实际上都是社会文化活动,生态旅游者在生态旅游过程中可以陶冶情操,丰富文化知识,增长见识。文化性是生态旅游业的基本性质。

3. 生态性

生态旅游作为一种以协调旅游开发和环境保护之间的关系为核心内容的新型旅游模式和经营理念,具有生态的性质。生态学的思想是生态旅游业运作和发展的指导思

想，相关行业部门的管理与运行都要求生态化，如生态旅游区要实行功能分区管理和旅游容量限制原则；旅行社的导游要有专业知识、环保责任感；吃绿色食品，住宿设施的建设符合生态保护的原则等。生态性是生态旅游的关键性质。

（二）生态旅游业的特点

从范围来看，生态旅游业是整个旅游行业的一个分支，它除了具有旅游业的依赖性、敏感性、带动性和涉外性等一般特点外，也具备其自身的特点。

1. 综合性

生态旅游业是综合性的行业，这是由其生产、产品及效益的综合性决定的。生态旅游业的生产是综合的，需多个相关部门或相关因素协调配合、共同努力，既涉及旅游部门的旅行社、住宿业和交通客运业，又涉及国民经济中的一些物质资料生产部门，如轻工业、建筑业、农业、林业、畜牧业等，以及一些非物质资料生产部门，如文化、宗教、园林、卫生、科技、邮电、教育、商业、金融、海关、公安、环保、保险等部门或环节。

为了满足旅游六大环节的生态需求，一些国家和地区建立了与生态旅游相关的生态产业，主要包括三大类：一是动物饲养；二是花卉种植；三是生态农庄的经营。生态旅游业提供的生态旅游产品也是综合的，所凭借的资源既有人文的，又有自然的，既有历史遗留的，又有今人创造的；所需要的设施条件，既包括旅行社设施，又包括以饭店为代表的餐饮住宿设施和交通客运设施；所提供的服务不是某一单项服务，更不是某一具体物品，而是由吃、住、行、游、娱、购等多种服务项目构成的综合体。其产生的效益也是综合的，追求的是经济、社会及生态等效益的综合。

2. 资源限制性

这一点是生态旅游业与传统旅游业的主要区别之一。传统的旅游业当中，旅游资源包括的范围相当广泛，既有自然的也有人文的，几乎任何事物都可以作为旅游开发的对象，所以即使在没有自然或人文资源的地区，也能人为地创造出旅游资源吸引游客。然而，生态旅游业的资源基础则薄弱得多，往往自然性要求很高，甚至是人迹罕至的地方，并不是每个地区都有生态旅游业，至少目前来说是这样的。当然，随着生态旅游研究的深入，生态旅游业也会逐渐成为包括更多种类的资源的产业。

3. 动态性

生态旅游业的动态性表现在空间与时间的动态变化。空间的动态变化主要是指生态旅游者的生态旅游活动与旅游目的地生态环境之间的互动过程，即相互影响、相互关联、相互制约的动态关系，认识这种动态关系有利于更清楚地认识到生态旅游活动可能对环境造成的负面作用，以便及时调控；时间的动态变化是指生态旅游业的季节性，这是由生态旅游活动的季节性所决定的，而生态旅游活动的季节性主要是由旅游目的地的自然条件所造成的。旅游目的地的纬度、地势、气候、海拔等自然条件会引起生态旅游资源的观赏利用价值随季节变化，形成生态旅游产业的旺季、淡季和平季，如滑雪运动一般在冬季才能进行，生态旅游者的增减，造成旺季旅游设施和服务人员不足而淡季却闲置。只有设法缩小淡旺季的差别，充分利用生态旅游资源和设施，才能有效地提高生态旅游业的效益。

4. 可持续性

随着"持续发展"这一新观念受到世界范围的广泛重视,旅游持续发展也成为受关注的论题,其目标是在为旅游者提供高质量的旅游环境的同时,改善当地居民的生活水平,并在发展过程中保持和增强环境、社会和经济的未来发展机会。由于生态旅游方式把生态环境的承受能力放在第一位考虑,重视旅游环境容量的研究和维持措施,强调生态旅游者、社区居民及从业人员对保护生态环境的贡献,注重旅游发展与社区经济发展、环境保护紧密结合,被认为是达到旅游持续发展目标的有效手段和途径,是一种与可持续发展原则相协调的旅游形式,因此,生态旅游产业具有可持续性。

扩展阅读 5-1:骑游:产业融合引领崇明生态旅游发展

自行车是一项风靡世界、绿色低碳、健康时尚的运动方式。在环崇明女子国际公路自行车赛等自行车赛事的逐步推动下,"骑游"为主的自行车赛及产业融合发展的旅游项目正不断引领崇明生态旅游大踏步前进。

小轮子推动大旅游

崇明拥有独特的岛屿风情、优美的生态环境和纵横交错的公路网,得天独厚的环境为举办公路自行车赛提供了非常理想的条件。2009 年建成通车的上海长江隧桥,将崇明岛与上海城区连接起来,更成为举办自行车赛的一个"经典赛段"。截至目前,女子国际公路自行车赛在崇明已成功举办了 9 年。

经过多年打造,以"绿色运动、低碳生活"为主题的环岛赛不仅成为一个知名的体育名牌,也让很多人对崇明有了新的印象。为了充分发挥小轮推动大旅游发展的功能效应,2011 年,崇明还在赛事期间首次举办了自行车嘉年华活动。自行车嘉年华以"绿色崇明,零度嘉年华"为主题,倡导绿色、低碳、环保的生活理念,举办了娱乐表演、旅游展示互动、自行车展示互动、美食文化体验、崇明特色文化展示以及创意市集等多项活动,将体育赛事与自行车运动、生态旅游巧妙融合,打造崇明的绿色名片,在整个上海掀起了一阵绿色生态狂潮。

生态崇明的一道风景线

低碳环保自行车运动与崇明现代生态岛的定位完美契合。历年自行车赛的成功举办为崇明增加了旅游新亮点并为开发衍生旅游产品带来了重要启发,崇明多年来的公路建设也为自行车比赛和自行车骑游观光做了充分准备。如今,自行车运动正成为生态崇明的又一道独特风景线。

目前,自行车租赁网点已覆盖崇明岛上的 7 个旅游景点,包括明珠湖公园、西沙湿地、东平国家森林公园、瀛洲公园、南门码头、前卫村和瑞华果园,可租赁的自行车已达 1 000 辆。据了解,普通自行车租赁费用为 15 元/时,山地自行车为 20 元/时,

车辆可在所有景点通借通还。仅仅在"五一"小长假3天中,租自行车游览崇明的游客就超过1 500人,其中20%是外国游客,其余都是来自城市的青年白领。

产业融合谱新篇

如何让体育运动变成旅游项目?如何让体育资源变成旅游产品?即将开建的崇明自行车主题公园很好地解决了这两个令人关注的问题。据了解,崇明自行车主题公园占地1.2平方千米。对专业的自行车比赛来说,建成后的自行车主题公园除了将作为崇明自行车国际大赛赛道的一段外,还考虑以此为依托举办小轮车、山地车、自行车极限运动等国际赛事,平时也可作为专业运动员的训练基地。针对游客,公园将提供一系列游乐设施,如滨湖的景观自行车专用道、环坡的山地自行车专用道、水上自行车、轨道自行车等。此外,公园还将设置一处充满童趣的趣味自行车场地,配置几种独具想象力的自行车,如三角轮自行车、方轮自行车等。这些活动新颖、有趣,自行车郊野公园将成为上海市民及其他游客休闲度假的好去处。

崇明是上海的"后花园"和可持续发展的重要空间,是人们疗养、度假、科普、休闲旅游的理想之地。崇明未来的旅游业发展将结合自行车文化,为崇明生态旅游添上浓墨重彩的一笔。

资料来源:骑游:产业融合引领崇明生态旅游发展[N].中国旅游报,2011-08-05.

第二节　生态旅游景区

一、生态旅游景区的概念

笼统地说,地球本身就是一个大的生态系统,在地球的任何一个角落进行的旅游活动或旅游开发,只要符合生态保护的原则,都可以视为生态旅游的范畴;但严格地说,生态旅游资源富集的地区才是生态旅游开展的主要区域,我们把这些区域统称为"生态旅游景区"。值得注意的是,生态旅游景区与常规旅游景区有较大的差别。常规旅游景区的建立是以满足旅游者需求、获取最大经济利益为主要目标,景区的功能也主要围绕为旅游者服务这一主题来设计;而生态旅游景区则是以生态、社会和经济综合效益最大化为主要目标,旅游和娱乐只是景区的多种功能之一,此外生态旅游景区还具有科学研究、物种及其遗传多样性的保护、环境效益保持、自然和文化景观的保护以及教育等多种功能。另外,生态旅游景区并不像常规旅游景区那样全方位地向游客开放,其开放的范围是根据生态环境保护的要求来确定的。例如美国黄石国家公园,其总面积的99%都没有开放,任其保持原始状态,主要目的就是为了给野生动植物提供原生态的生长和栖息环境。

二、生态旅游景区类型

1994年,世界国家公园保护联盟和保护区委员会根据受人类影响的不同程度和允许人类干预的强度与方式将生态旅游景区分为了6种类型。

（一）严格的自然保护区（Strict Nature Reserve）

该区被划分为两个亚类：

（1）未受破坏的区域（Wilderness Area）。大面积未经破坏或破坏较轻的陆地和海域,保持其自然特点和现状,没有永久的大片的聚居地,保护和管理它就是为了保存其自然特色,使人口密度和可利用的资源相均衡,并保持他们的生活方式。允许适量公众不携带任何机动工具进入,享受美丽的自然风光。

（2）严格的自然保护区（Strict Nature Reserve）。拥有一些突出的或有代表性的生态系统、地质或自然景色、物种的陆地或海域,主要用来进行科学研究和环境监测。所有权或控制权应属于国家或省级政府,可通过一个专门部门、私人基金会或有研究和保护能力的大学或研究单位进行管理。

（二）国家公园（National Park）

国家公园主要是为保护生态系统和娱乐而进行管理的区域,要达到下列目的:保护各类生态系统完整性;排除不利于公园的开拓和占有;提供科学、教育、精神休养、娱乐和旅游等功能。所有这些活动都必须与环境和文化相协调。所有权和管理权一般情况下应由有决策权的国家机构负责,可以由省级政府或明确对它进行长期保护的本地社区基金会或其他法人来管理。

（三）自然遗迹（Natural Monument）

自然遗迹主要是为管护特殊的自然景色而进行管理的区域,包括若干特殊的自然或具有文化特征的自然景色的区域。由于它的稀有性、代表性、美学性或文化意义,使其具有突出的或独特的价值。所有权和管理应由国家或有关政府部门、非营利组织或法人负责。

（四）栖息地/物种管理区（Habitat/Species Management Area）

该区主要通过管理途径进行管护。所有权可由各级政府、法人、私人集团或个人负责。

（五）保护景观/海景（Protected Landscape/Seascape）

该区主要是为保护陆地或海洋景观和娱乐而进行管理的区域,包括有重要文化意义和生态价值并具有丰富生物多样性的陆地、海岸和海域。可由群众团体拥有,但要更多地包括从事各种经营管理的集体或私人所有权的组合体,并应服从开发规划和其他控制原则,保证被保护景观的质量与本地习俗和信仰得到长期保持。

（六）资源管理保护区（Managed Resources Protected Area）

该区主要是为自然生态系统持续利用而进行管理的区域,在保护生物多样性持续

发展的同时提供自然产品和效益的持续流动,满足社区的要求。管理应该由负有明确保护任务的团体来进行,并与本地社区有关单位合作开展工作。

以上的分类系统是国际性的,但并不强调代替其他分类系统,而是鼓励各国根据自己的环境特点和资源状况制定自己的分类系统。例如,日本将生态旅游景区分为:国家公园、准国家公园、都道府县立自然公园、自然保护区、自然游憩林(包括休息林、郊外运动林、风景林、自然观察林等)。美国的生态旅游景区则大致是按国家公园、国家林地、草地公园、项目试验地、特殊财产区(包括科学、历史、地质、动物、植物、古生物等)分类的。

扩展阅读 5-2:印度尼西亚的科莫多国家公园

世界上最大的蜥蜴——科莫多龙(Varanus Komodoensis),构成印度尼西亚科莫多岛专业野生生物旅游业的基础。1980 年,科莫多国家公园(Komodo National Park)建成了保护科莫多龙栖息地的重要区域,因此该公园也是印尼最早的国家公园之一。科莫多国家公园位于印尼东努沙登加拉(Esat Nusa Tenggara)省的小巽他群岛(Lesser Sunda Islands),它包括科莫多(Komodo)、林卡(Rinca)、帕达(Padar)三个岛及周围的一些小岛,三个主要岛屿间的海峡和海滩周围 1 公里以内的水域。公园为科莫多龙提供了主要的栖息地。

游客坐渡船或私人船只都可到达科莫多岛,公园建成后游客人数也日益上升,其中 95% 为国际游客。除非乘游船达到,不然所有到科莫多国家公园的游客都要通过两大关口城镇之一:松巴哇的萨佩(Sape on Sumbawa),或弗洛勒斯的拉布巴焦(Labun Bajo on Flores),游客住宿费用的 95% 以上和游客费用的 80% 都是在拉布巴焦支出的。1996 年对这两个关口城镇的 400 户家庭的调查发现:94% 的被调查者认可公园中保护区的地位;90% 的人相信公园是主要的游客吸引源;93% 的人希望看到更多的游客;89% 的人愿意让他们的孩子从事旅游业。近一半的被调查者感到整个社区都受益于旅游业,但较富裕的社区居民受益更多,而且旅游业抬高了当地的物价,因此也引起了一些文化冲击。

20 世纪 90 年代初,随着旅游发展计划的开展,科莫多国家公园的游客数量明显增加,但由于国家公园管理机构缺乏资金投入,公园的环境也出现了明显的恶化。1993 年,在美国林业部(US Forestry Service)的帮助下,印尼林业部(Indonesia Ministry of Forestry)为科莫多国家公园进行了旅游规划,主要目的在于改善解说设施、使游客从船坞散开后有一个良好的环境、对游客的偏好进行市场调查。

为改善解说效果,专家通过研究希望重新设计并改进现有的两个游客中心,向游客提供有关交通、食宿、公园规划、公园费用和设施、观看野生生物和其他活动信息的地图和标牌等产品。有导游陪同的人行道、无导游陪同的小路和在游客中心播放的幻灯片也被设计出来了。为帮助分散热点景区和拥挤地区的游客,专家在林卡岛附近设计了一系列活动、交通设施、旅游设施和解说资料。这些附加的设施有利于保护环境,并能延长游客的平均逗留时间,以给当地旅游业带来经济效益。旅游规划实施的几年来,公园的确采纳了很多建设性的意见,主要集中于解说系统和一些基础设施建设上。但印尼林业部所提供的规划资金仍远远不能满足规划的预期要求,所以一些大的设施并没有建成。但还是安装了指示标牌,甚至引入了视听产品。他们也进行了游客调查,安装了停泊用的浮标以保护海洋环境免遭船锚的破坏,并购买了两艘汽艇用于监控和加强管理。

资料来源:Ralf Buckley 著,杨桂华等译. 生态旅游案例研究[M]. 天津:南开大学出版社,2003:124—126.

目前,生态旅游在我国才刚刚起步,因此国内还没有一个获得有关认证机构承认的生态旅游景区。我国开展生态旅游的场所主要有自然保护区、风景名胜区、水利风景区、地质公园、森林公园、湿地公园、矿山公园、文化生态保护区、民族生态旅游区以及宗教生态旅游区。这些构成了一个内容极为丰富和庞大的生态旅游景区景点网络。尽管如此,我们必须清楚地认识到我国生态旅游发展还处于起步阶段,设施建设和管理水平还十分落后,科学依托相当薄弱,经营管理经验还十分欠缺,生态旅游产品的生产能力极低。大部分的生态旅游景区自然本底尚不明了,开展生态旅游对生态环境的影响怎样、程度如何,也不十分清楚。因此,在生态旅游业的起步阶段,我们必须秉持科学、谨慎、严谨的态度,根据我国国情和自然状况逐步摸索中国的生态旅游景区发展之路,切不可一哄而上。

扩展阅读 5-3:宰客事件引发海南旅游建设急功近利质疑

"海南国际旅游岛"的概念,最早源自中国(海南)改革发展研究院。2001 年 12 月,该研究院提出了《建立海南国际旅游岛框架建议》。2010 年 1 月 4 日,国务院发布《关于推进海南国际旅游岛建设发展的若干意见》。其中提出,到 2020 年,初步建成世界一流的海岛休闲度假旅游胜地。至此,海南国际旅游岛建设获国家政策支持。对于国际旅游岛,国际上排名均以入境游人数衡量,也就是你赚了多少"外国人的钱",比如夏威夷和巴厘岛入境游人数比重都达到近 90%,海南目前接待的国际旅客占比不足 5%。对于 2020 年的目标,研究人员并不认同,称"有些急功近利"。2012 年春节期间曝光的三亚海鲜排档宰客事件,增加了这种质疑的分量。

宰客事件致矛盾凸显

"有些急功近利。"中国社科院旅游研究中心特约研究员王健民表示,建设海南国际旅游岛的目标是到 2020 年基本建成,距离 2010 年提出仅短短 10 年的时间,从国

际经验来看,与海南同等起步条件的旅游岛实现国际化至少需要二三十年的时间,如墨西哥坎昆经历了近30年才完成。

三亚海鲜排档宰客事件从微博上爆出后,迅速升温,引起了对海南旅游环境的广泛关注和讨论。

"矛盾越来越突出。"对此,中国(海南)改革发展研究院海南研究所所长夏锋表示,这件事表明全国人民对海南旅游消费快速增长与海南消费结构、消费结构不优的矛盾越来越突出,包括住房、度假、养老的刚性需求在逐渐增强,而海南在旅游消费品的供给上还不能满足,比如医疗、教育、餐饮等消费软环境的矛盾正在加深。

酒店建设好大喜功

"从酒店建设上就能看出好大喜功。"王健民表示,一个城市的酒店体系应该是三角形的,高端的永远是最少的,然后是中档酒店,最后才是经济型酒店和家庭旅馆,数量也最多,而高星酒店扎堆儿,数量过多,会影响酒店正常的价格体系。目前,三亚全市共有旅游饭店219家,年接待能力超过1 500万人次。在不到2 000平方公里的范围内云集了挂牌五星级酒店12家,四星级酒店22家,待评四五星级酒店23家。三亚已超越北京、上海、广州等大城市,成为国内高星酒店最密集的城市。三亚市物价局发布的数据显示,2012年春节期间三亚旅游饭店标间客房平均价格为3636元/间,比2011年春节期间的实际销售价格上涨6.8%。2012年春节,三亚旅游饭店平均出租率为80.48%,同比下降超过3个百分点。

三亚高星酒店价格非常不稳定,前后几日往往有天壤之别。一位旅行社从业人员表示,三亚的旅游旺季非常短,只有每年11月到次年2月短短的四个月时间,这让酒店价格浮动较大,除此之外,更主要的原因是受"炒房客"人为拉动。

旅游产业利益应与民分享

"三亚只是一个地级市,三亚今天面临的问题同中国其他同类城市一样,是其城市化进程中的一个缩影而已。"一位海南当地企业相关负责人表示,只是作为旅游目的地,迅速增长的客流将这个矛盾集中突出了。据记者了解,三亚当地人工资水平偏低,一个五星级酒店的前台或者服务人员一个月的工资也不过1 000多元,但由于三亚是个海岛城市和旅游目的地,其吃、穿、住、用、行的日常生活成本非常高,并不比北上广等一线城市低多少。

"我在考察的时候发现,问了那么多三亚当地居民和旅游服务人员,竟然没有一个对建设国际旅游岛项目表示关心和热情。"王健民表示,这说明当地政府并没有把建设旅游产业的利益分享给老百姓,所以大家没有积极性,这在某种程度上导致旅游从业人员短视,只看眼前利益,出现"宰客"现象。

增长主要靠特殊政策

"只重硬件不重软件会造成后续增长乏力。"王健民认为,目前,海南游客数每年创新高的表面繁荣下,隐藏着危机。这些增长主要还是靠"免签证、零关税、放航权"的特殊政策性措施拉动的。

夏锋表示,中国(海南)改革发展研究院海南研究所通过对实现国际旅游岛建设目标的分阶段预测,发现目标设定具有明显的"前松后紧"特点,即 2011—2016 年,初步实现国际旅游岛的建设目标,尽管有一定难度,但经过努力能够实现,但是 2017—2020 年,基本实现国际旅游岛的建设目标,难度和不确定性明显增大,仅采取一般的政策措施和工作方法,很难实现。为此,夏锋建议适当调整提高 2011—2016 年目标,打提前仗,同时加大改革开放的力度,确保目标实现。

资料来源:国际旅游岛的跃进与烦恼[N].新京报,2012-02-07.

第三节 绿 色 饭 店

在大众旅游兴起之前,用来接待旅行者的住宿设施只是规模非常小的客栈和旅馆,里面的设施十分简单。因此,它们对自然资源的消耗和废弃物的排放是非常有限的。但是,随着大众旅游在世界范围内的迅速发展,饭店的规模也迅速扩大,服务项目不断增多,对建筑和装饰材料的讲究以及餐饮供给的推陈出新使得它们对资源的需求量越来越大,种类越来越多,产生的废弃物和对环境造成的污染也越来越严重。建造在旅游景区的饭店针对的是旅游者,为了迎合他们追求舒适和高级享受以及高消费的心理,旅游饭店更是成了资源消耗的"大家"和环境污染的主要"肇事者"之一。随着人们环境保护意识的增强、对旅游业理解的深入以及对自身健康状况的关注,怎样改变饭店的资源利用模式和减少对环境的负面影响越来越受到人们的广泛重视,"绿色饭店"(又称为"生态饭店")便应运而生。

扩展阅读 5-4:全球绿色饭店发展历程

20 世纪 80 年代末期,在全球"绿色浪潮"的推动下,欧洲的一些饭店意识到饭店应对环境保护起到积极作用,并逐渐开始改变经营策略、加强环境意识、实施环境管理,极力营造饭店的"绿色"氛围。同时,将绿色饭店作为企业新的形象,以提高经济效益和社会效益,并取得了较好效果。1991 年,"威尔士王子商业领导论坛"创建了"国际旅馆环境倡议"机构。该机构是由 11 个世界著名的饭店管理集团组成的委员会,由英国查尔斯王子任主席。1993 年,查尔斯倡议召开了旅游环境保护国际会议,通过了这 11 个饭店管理集团签署的倡议,并出版了《饭店环境管理》一书。这次会议的召开标志着饭店业的环境管理发展到了崭新阶段,环境管理不再是一家饭店、一个

Ecotourism

集团的行为，而是全球饭店行业的行为。

20世纪90年代中期，国外"绿色饭店"的理念传入我国，在北京、上海、广州等一些大城市的外资、合资饭店和一些由国外管理集团管理的饭店中实施"绿色行动"，其他一些酒店也开展了自发活动。这一阶段的行动大部分局限于降低物资消耗和减少固体废弃物上。

1999年，浙江省计划与经济委员会、浙江省旅游局、浙江省环境保护局共同发起在浙江省范围内开展创建"绿色饭店"的活动。这是国内首次在省级区域内开展的创建"绿色饭店"活动，并于2000年6月5日评出了第一批浙江省"绿色饭店"。此后，地区性的、以环保为主要内容的绿色饭店标准也在深圳、广西、四川、河北、山东等一些省市出台。2003年，由中国饭店协会制定的我国第一个绿色饭店国家行业标准（SB/T10356—2002）由原国家经贸委于3月1日起正式实施，这一国家行业标准，突破了绿色饭店概念的传统范围，把绿色饭店的概念由单纯的"环保型饭店"扩展为"安全、健康、环保"，为其注入了新的内涵。

2005年，商务部、发改委、环保部、国标委、国资委、旅游局等六部委发出通知，明确了创建绿色饭店的目标和相关部署。中国饭店协会按照国家行业标准推动创建工作，取得良好效果。为了更加扎实有效地开展这项工作，商务部、发改委、环保部、国标委、国资委、旅游局和中国饭店协会共同起草了《绿色饭店》（GB\T21084—2007）国家标准，于2007年发布并从2008年3月1日起开始实施。这部国家标准的发布和实施，有力地提升了我国创建绿色饭店活动的地位，对创建工作也提出了新的更高的要求。为了保证创建工作的顺利进行，根据商务部要求，成立了全国绿色饭店工作委员会，以及各省市相应工作机构。按照绿色饭店创建的目标要求，至2012年，全国将创建10 000家绿色饭店和绿色餐饮企业。

资料来源：中国饭店协会网站，http://www.chinahotel.org.cn.

一、绿色饭店在生态旅游业中的作用

饭店是旅游业，也是生态旅游业的主要组成之一。生态旅游业对饭店的环境效益要求更加强烈，所以绿色饭店是生态旅游业要重点发展的领域之一。

绿色饭店一般被认为是指"那些为游客提供的产品与服务符合充分利用资源、保护生态环境要求和对人体无害的酒店。其经营宗旨是在提供带有绿色标志的产品和服务的同时，保护资源环境和人类健康；同时使顾客感受到一种绿色企业文化，增强其环保意识"。绿色饭店对饭店的建设和周围环境营造的要求包括以下几个方面。

（1）建筑材料和装饰材料的选择要做到自然化，不能使用可能损害人体健康的材料和涂料。例如，客房房间的装修材料、覆盖物（如毛毯）和家具都要采用无污染的合成加工绿色材料,几项重要指标如地板木材中的苯含量、大理石地面的放射性元素释放量要符合国家标准。

（2）污染物的排放要达到国家相关标准,室内外环境的绿化面积要符合有关规定。主要是注意光污染（如不建玻璃幕墙）、烟雾污染（废气排放）、噪声污染（中央空调水塔、风机）、水污染（废水排放）等。主要措施就是增加周边的绿地面积使可绿化地的绿化覆盖率达到70％以上,处理好"三废"的排放使排放全部达标。

绿色饭店主要是通过达到以上要求和清洁过程的清洁化对生态旅游业的发展作出贡献的,主要反映在以下几个方面。

（1）绿色饭店的建设对周围环境的破坏最小。饭店的建设需要使用土地、绿地、森林、水体等资源,饭店建筑物的风格也会影响到自然景观、城市景观的质量,饭店的建设和经营生产的废弃物排放也会影响其周围生态环境的质量。绿色饭店通过综合考虑自然和人文因素以及执行国标、国家相关环境标准,在建设过程中经过科学的论证、合理的规划设计,将会使自然资源得到充分利用,减少人力的影响和破坏,从而最终达到对环境影响最小的目的。

（2）绿色饭店的生产过程对环境的影响最小。饭店生产过程对环境的破坏主要在于:通过消耗传统的能源（如煤炭、天然气等）排放出"三废"污染物;通过消耗大量的电能和使用电器设备间接加剧环境污染或直接污染环境。绿色饭店应选择使用节能设备和环保产品来减少环境污染,并采用先进的科学和管理技术（如自动化）,减少无谓的物资消耗,提高设备的使用效率,从而减少环境污染物的排放。

（3）绿色饭店的物资消耗将会大幅度降低。现代饭店的服务项目繁多,对各种物资的需求非常大,如提供餐饮需要粮食和果品蔬菜,顾客洗浴需要消耗大量的水资源以及洗浴用品,维护客房的清洁卫生也需要水和清洁用品,这些都会对资源形成需求压力和造成环境污染。绿色饭店要主动减少这些物资的消耗,如建议顾客用餐时要注意节约,而不是铺张浪费;减少房间的清洁维护的次数,尽量不对客户提供免费的用品（如肥皂、洗发水、沐浴液等）,以尽量地减低物资的消耗程度。

（4）绿色饭店提供对人体健康无害或者有益的产品。饭店是一个为人们提供暂时性的生活、休憩和娱乐服务的场所,其内部生存空间质量是饭店产品质量的重要组成部分,直接关系到人们的健康。所以,饭店首先要保持室内外环境的安全卫生标准,同时应努力开发各种环保型产品、绿色产品以满足人们的最新需求。绿色饭店还要通过室内外环境的绿化来提高顾客生活的环境质量。

（5）绿色饭店通过参与社会环境保护活动提高生态旅游业对环境保护和人类社会发展的贡献。环境保护是一项全社会的工作,每个人、每个团体和每个企业都有责任和义务为环境保护和实现可持续发展贡献自己的一份力量。绿色饭店对环境保护的贡献在于:严格执行国家颁布的各项环保法规,积极配合政府进行各项环境整治工作,主动为社区的环境保护发挥作用。

二、实施饭店绿色经营管理的途径

根据现有的有关绿色饭店的研究成果,主要从以下几个方面进行绿色管理的实践。

(一)理念的树立

绿色饭店的"绿色"理念,旨在树立保护环境、崇尚自然和促进可持续发展的意识,这是饭店实行绿色管理的前提条件。这个过程可以在两个层面上进行:一是领导层面,这是绿色饭店建设的关键;二是员工层面,这是饭店能否真正实现绿色管理的关键所在,可以通过饭店内外硬件设施的改善来营造"绿色"氛围,并通过建立具体的规章制度、员工培训以及奖励制度等来强化和固化员工的这种意识。

(二)清洁技术和环保设备的采用

在能源节约方面,尽量用较少的原料和能源的投入,并排放最少的污染和废弃物,这主要是通过采用先进的节能型和环保型设备来实现的;在能源的使用方面,应该采用对环境污染小和废弃物排放少的能源,例如使用天然气做燃料就比使用煤炭对环境的影响小;在替代性物品的使用上,要尽量减少不可回收物品和一次性物品的使用,并在达到卫生标准的情况下减少清洁的次数和清洁剂的使用量;在物资的充分利用上,要变一次性利用为多次利用,减少客房设施的更换等。

(三)饭店的绿色营销

绿色营销是饭店以环境保护观念作为其经营指导思想,以绿色消费为出发点,为满足顾客的绿色消费需求而进行的营销活动。吕建忠等认为,绿色营销的第一步是要取得"绿色认证",如国际标准组织 ISO 14000 环境质量标准认证;然后是实行绿色价格促销,考虑绿色相关建设和管理的成本,并针对我国人民的消费心理采取循序渐进以及有重点、有针对性的措施;最后是要提供细致周到的绿色服务,切实从环境和顾客的利益出发,并对客人加以适当地消费引导。也有人认为,饭店绿色营销是绿色饭店的主题,饭店所有的经营管理活动都应该围绕这一主题进行。除了绿色意识和绿色生产以外,还要注重饭店企业组织结构的转变和企业文化的转变。

扩展阅读 5-5:几大世界生态旅馆

黑石旅馆

黑石旅馆隐藏在中美洲国家伯利兹最大的城市伯利兹城附近的一片雨林中,旅馆只有 14 间客房,全是轻盈、结实的茅草屋式建筑,山风吹进,空气十分通透。旅馆的电力供应主要依靠太阳能和水力发电,以水力发电为主。旅馆的水力设备将附近 600 英尺(约合 183 米)高山上的山泉输送到山下,将泉水在重力作用下形成的水压转化为电能。旅馆里有一个大型的蓄电池组,储存的电能可以为旅馆提供 120 伏的交流电。

有机水果占据了旅馆几乎所有的菜单,利用雨林优越的气候环境和地理条件,旅馆在周围开辟出大面积的果园,种植着上百棵果树,水果随摘随吃,避免了运输环节中尾气的污染,种植水果的肥料也是旅馆用树叶、马粪堆积成的有机肥,这使得雨林中的环境始终没有遭到破坏。除了在这里居住,游客还可跟随当地导游穿过雨林,观察栖息在林中的200种热带鸟类,或探访玛雅遗迹、乘坐独木舟沿玛寇河顺流而下,这些旅游项目也十分环保。

阳光牧场旅馆

阳光牧场旅馆坐落于美国蒙大拿州的阳光牧场的中心,邻近麦迪逊河,距离黄石国家公园大约40分钟的车程。旅馆由再生木材建成,四周是壮阔的草原,云杉环绕。旅馆总面积1万平方英尺(约合992平方米),仅提供5间客房和旅馆附近的3所独立小屋,最多可同时入住16名客人。

阳光牧场隶属于美国阳光牧场集团,这家公司以开发生态旅游、经营牧场为主,注重保护蒙大拿当地的生态圈。建造旅馆时,该公司采用的是当地生产的可再生建材,雇用的也是本地的建筑承包商,因此,碳排放量比建造同类旅馆要少得多。住客所吃的牛羊肉也都由牧场新鲜供应。这里每周还会举行一次演讲活动,科学家、环保分子和艺术家一起交流近期在当地的环保成果。住客可以到附近的麦迪逊河飞钓,也可以在2.6英亩(约合0.1公顷)的牧场中骑马、散步或登山,尽情享受人与自然和谐共处的乐趣。

威瑟茨帐篷旅馆

威瑟茨帐篷旅馆是野外住宿旅游组织"非洲环保公司"(Conservation Corporation of Africa)在南非博茨瓦纳共和国的乔贝野生动物园内开办的临时性旅店。乔贝野生动物园是全世界顶级的野生动物保护区之一,栖息着非洲象、斑马、角马和印度豹等难得一见的珍稀野生动物。

威瑟茨帐篷旅馆并没有传统意义上的房间,只有6顶豪华帐篷。想象一下,在非洲大草原上还能用上抽水马桶和洗上热水澡该是多么惬意的事。此外,每顶帐篷都配有一名专职男管家。由于在野生动物园内,帐篷式旅馆不仅方便而且环保,无论搭建还是拆卸过程中都不会留下任何痕迹和污染。威瑟茨帐篷旅馆在保护当地原始生态环境的同时,也为当地居民提供了相应的经济收益。

"阿里纳斯的海"旅馆

该旅馆可以说是一座名副其实的生态旅馆,它是哥斯达黎加第一座经过当地环境部门"可持续发展"认证的旅店。旅馆距哥斯达黎加最小、风景最优美的安东尼奥国家公园约两公里,周围是成片的热带雨林。旅馆中的任何一个细节都可以体现它极度环保的一面。热水供应依靠的是太阳能加热装置,照明使用的都是亮度较低的

Ecotourism

节能灯泡,既不会惊扰附近雨林中的野生动物,又降低了能耗。

旅馆所有的电力系统都被埋于地下,目的是保护野生动物不致受到电击。此外,旅馆还回收污水用于灌溉农作物。为了减少空气和噪声污染,旅馆还规定仅用电力作为能源的汽车才可以在周围通行。洗衣房内用于干燥衣物的也是太阳能。客房内所有的床单和毛巾全用 100% 天然竹纤维制成,家具用的也是牧场中的木材(而不是雨林中的木材)和可回收材料。

拜格湾旅馆

拜格湾(Baghvan)这个名字来源于印度国虎盂加拉虎。这座迷人的旅馆位于印度蓬其国家公园内,进入公园步行 5 分钟就可以找到它。旅馆门前有一条小溪,周围是以柚木为主的茂密森林。

旱季溪水干涸时,住客可以在这里近在咫尺地看到盂加拉虎、美洲豹以及其他栖息在树林周边的野生动物。旅馆规模不大,共有 12 间独立的套房,最近又经过重新粉刷和扩建,并增加了一座游泳池。为了与周围的自然环境相融合,旅馆的设计和装潢都尽量贴近自然,整座旅馆采用木质结构,所有房间屋顶都有露台,顶棚安装了蚊帐和吊扇,在这里休息感觉就像在露营,但这里的居住条件却是可以和任何星级酒店相媲美的。

资料来源:中国林业网,http://www.forestry.gov.cn/portal/slgy/s/2352/content-334120.html.

第四节　生态化旅游交通

一、传统旅游交通的问题

旅游交通在旅游业中的重要性不言而喻,但随着旅游业可持续发展的潮流,传统旅游交通的弊端日益显现,主要体现在以下几个方面。

(一) 交通通道的建设对于其所经过的地面自然环境的影响

铁路运输的发达意味着更多的地面被占去,这些地面可能是良田,也可能是野生的草地,还可能是自然生态系统极其脆弱的原始地区。公路的修建也存在跟铁路相似的缺点。这是铁路和公路的建设对于自然环境的直接影响。航空虽然不像铁路和公路那样主要在地面运行,但这并不意味着它不占据陆地面积和影响自然环境。实际上,飞机场的建设往往需要大片的土地面积,而且飞机在空中高速飞行也会对一些鸟类和昆虫的生存造成一定影响。

(二) 交通工具对于自然生态环境的影响

交通工具是交通业对自然生态环境产生负面作用的主要来源。主要的作用途径包括以下几个方面。

1. 废气污染

汽车尾气含有多种有害气体和固体颗粒，如一氧化碳、二氧化硫、烟尘等，从而直接污染大气；早期的火车采用煤作为燃料，从而可以直接造成对大气的污染，虽然现在的火车绝大部分以电力作为能源，但在我国主要是燃烧煤来发电的，所以火车也会间接对环境造成污染；飞机的尾气会破坏臭氧层，从而导致紫外线过多地到达地面，对人体健康和其他生物造成损害。

2. 噪声污染

所有的交通工具在运行时都会发出噪声，有的还非常大，如飞机。噪声可以影响人的睡眠，高分贝的噪声会使人烦躁不安，从而影响人体健康和精神状态；噪声也可以影响野生动物的休息和繁殖，从而打破生态平衡。

3. 安全隐患

现代交通工具的运行速度都非常之快，这增加了交通事故发生的可能性。交通事故不但会威胁人类，而且还会影响动物。例如，汽车在穿过草原或荒漠的公路上行驶可能撞死正在迁徙的动物，影响它们的繁殖和生存，造成生态系统的失衡。火车也会有类似的安全隐患。飞机可能撞死正在空中飞行或迁徙的鸟类。这些都会影响自然生态系统的平衡性。

4. 给自然资源造成压力

无论是汽车、火车还是飞机，它们主要的动力来源是靠直接或间接燃烧地球上有限的自然资源，如煤炭、石油等。这些能源对于人类来说是不可再生的，一旦它们消耗完毕，那么就有可能使人类社会的发展完全停滞不前。所以，一方面，人类在使用这些交通工具的时候要注意节约能源，合理规划；另一方面，也要注意利用先进的科学技术寻找可替代的、可持续性的能源。对于前者，生态旅游业可以直接为社会作出贡献；对于后者，虽然生态旅游业可能没有什么太大的作为，但同样可以通过自己的发展理念和主旨激发人们的聪明才智，从而可以对科学技术人员的创造和发明起到辅助性的作用。

交通对于生态旅游业就如同对于传统旅游业一样具有十分重要的作用。随着人们环境保护意识的增强和可持续发展思想在世界范围内的广泛传播，传统交通原来比较隐蔽的缺点也逐渐显露出来。在这种背景下，发展生态化旅游交通便成为生态旅游业的必然选择。同时，我们知道，交通是旅游全过程的起点，没有交通这个起点，也就不会有旅游者在目的地旅游的终点或继续到其他目的地去的中间点。而绝大部分的旅游业的构成部分又都在旅游的终点——旅游目的地，例如饭店、景区经营管理企业或机构、旅游商品企业等。所以，交通有充分的理由在生态旅游业中处于非常显著的地位。而发展生态化旅游交通也就成了顺利开展生态旅游业最重要的决定性因素之一。

二、发展生态化旅游交通的途径

按照前面对交通业构成的分类方法，即交通系统是由交通通道和交通工具两大部

分构成的,那么,就可以从这两个大的方面着手探讨生态旅游业交通发展的途径。而鉴于交通目前还不属于生态旅游业所独有,所以也有必要把生态旅游业的交通分为生态旅游目的地以内和生态旅游目的地之外的交通。

（一）生态旅游目的地以外的交通

从交通通道来看,道路系统的建设在我国一般都是政府行为,生态旅游业的任何企业和部门都不能左右交通道路系统的建设。但是,生态旅游企业和部门以及各种组织、团体在道路系统的建设上也不是毫无作为。随着我国民主制度的进一步完善,生态旅游业的企业、部门、组织和利益团体可以通过民主参与的方式对政府的交通道路系统的建设和管理施加影响。例如,假设有一条国家公路必须要通过某个正在酝酿或发展之中的生态旅游景区,那么生态旅游业的有关部门的负责人就可以要求道路的建设必须按照对自然环境和生态系统产生最小影响的原则进行,并可以对道路的宽度、经过的地理环境等提出自己的意见和理由。倘若道路必须经过野生动物迁徙的路径,那么就要建议和要求建设部门采取措施为那些动物提供一个可靠的方法让它们顺利通过,如可以修建一个地下通道供动物迁徙之用,又如在动物迁徙的时候,当地的生态旅游业的相关部门可以在车辆的燃料消耗和尾气排放、车内硬件的构造和设计以及乘务人员的服务质量等方面提出自己的意见和要求,使其运行和经营管理逐渐与生态旅游的理念和原则相符。

（二）生态旅游目的地以内的交通

生态旅游景区以内往往在很大程度上属于生态旅游业自己的"地盘",因此更有能力根据自己产业的特点和原则来规范交通通道的建设和交通工具的使用。在景区内交通通道的建设方面,道路的建设要尽可能不破坏地理和生态的完整性,例如绕开植物生长的脆弱地带、远离动物的栖息和繁殖地等。在交通工具的使用上,要采用节能型、环保型以及具有当地特色的交通工具,尽最大可能把由交通工具的使用所引起的污染和对生态系统的破坏减到最小。在对于进入景区的私人车辆的管理方面,要让驾车者把车辆停放在景区之外,不应该允许私人车辆进入生态旅游景区。对于旅游团队乘坐的巴士等交通工具也要采取类似的限制。

例如加纳的卡库姆是建设了空中走廊的原始森林生态旅游景区;再如澳大利亚的"树梢走廊",其直接动机就是因为该地区开展了几年的旅游活动之后,由于游客的践踏,树木的根部受到严重损害;澳大利亚的塔胡纳(Tahuna)所在的国家森林公园,也由于建设了空中走廊而使其收入大增。

总之,交通方式的改变,尤其是景区内交通方式的改变,对于生态旅游景区的自然环境保护和维持生态系统的平衡具有相当的意义,对于促进生态旅游业遵循自己的发展理念和原则成长也具有关键性的作用。另外,景区交通方式的改变,不但可以增加生态景区的特色和文化内涵,还可以成为当地特殊的旅游线路和旅游体验产品,从而直接增加生态旅游目的地的经济效益,例如九寨沟于2004年6月开辟的"扎如沟马背体验游"线路,就受到了广大游客的热烈欢迎,因为他们感受到了一种全新的旅游体验。

第五节　旅　行　社

　　旅行社在生态旅游业中起着沟通生态旅游目的地与生态旅游市场的媒介作用。在不同的国家,其称呼也有一些不同,有旅行代理商(travel agency)、旅游批发商(tour wholesaler)和旅游经营商(tour operator)等几种叫法。但它们的实际业务和经营管理还是有着许多相同或相似之处的。

一、旅行社的基本概念和基本业务

(一) 旅行社的概念

　　根据我国《旅行社管理条例》(2001 修订版)中的相关定义,旅行社就是指"有营利目的的、从事旅游业务的企业"。其中,旅游业务包括为旅游者代办出境或入境手续、招徕和接待旅游者、为旅游者安排食宿等服务的经营活动。

　　旅行社作为专门为旅行者旅游提供服务的机构,可以说是旅游业中"最纯粹"的旅游企业。首先,旅行社是联系旅游产品供给者和旅游消费者的中间商。这是因为旅行社并不是真正的旅游产品生产者,而是根据旅游者的需求和偏好将现有的旅游产品进行重新组合,从而"生产"出自己的旅游产品,而且这种生产是通过旅游者的参与才能实现的。其次,旅行社是通过销售旅游产品来获取利润的企业。旅行社作为独立的经营实体,具有旅游活动自主经营权。它自我约束、自我发展、自负盈亏和独立核算,并承担民事责任。一般情况下,旅行社代理其他旅游供应商生产的产品,要支付各种费用,所以它卖给旅游者的旅游产品的价格是在其成本上加了一定手续费的。旅行社利润的来源就是手续费收入再扣除其各项开支后剩余的部分。

(二) 旅行社的基本业务

　　在不同的国家和地区,旅行社在经营规模、经营方式、经营职能、经营范围等方面存在着较大的差异,但是不同的旅行社在经营的业务内容上还是有许多相同之处的。一般而言,作为旅游中间商,旅行社最具代表性的业务有以下五项。

　　1. 组合产品、设计路线

　　由于旅游业是由不同类的企业组合而成的,所以它们提供的产品是不同的,旅行社的工作之一就是按旅游者行为规律,并根据旅游者支付意向和市场竞争状况把这些产品组合在一起,然后将它们推向不同的旅游者或旅游团队。在产品的选择和组合中,旅游线路的设计是最为关键的,因为它直接决定游客的旅游体验。所以,旅行社在设计线路之前应该进行充分的市场调查研究,了解旅游者的需要,预测市场需求变化的趋势。只有这样,才能有针对性地设计出适销对路的产品,使得旅游者的旅游需求得到最佳满足。

2. 促销产品、传递信息

现代社会中,几乎所有的商品都要经过促销这一关,旅游产品也不会例外。不过,由于旅游产品的特殊性,旅游产品无法以实物的形式让旅游者"眼见为实",只能借助一定的手段,如印刷品、电视广播、各种活动等来传递有关旅游目的地的种种信息。这样,旅游产品的促销更接近企业的公关活动。一方面,通过这些活动向消费者传达企业的品牌形象;另一方面,把旅游信息传递给旅游者,让他们先对旅游产品有一个感性上的认识。旅行社更应该重视促销手段的恰当性和促销质量,因为一旦出现偏差,旅游者的预期与其实际的感受相差很大,就会在很大程度上损害旅行社的企业形象,使今后业务的开展处于被动状态。

3. 销售产品、招徕客源

旅行社的产品具有很强的同质性,加上其代理人或中间商的特点,所以销售渠道的建立和维护就显得尤为重要。如何选择客源地和客源国,如何寻找合作者并与之建立长期、稳定的关系,是旅行社要慎重考虑的几个问题。

4. 组织协调、安排客源

旅游活动的吃、住、行、游、购、娱都要由旅行社来安排,而这六大项都分属不同类型的企业。作为中间商,旅行社必须协调这些企业间的关系,以使游客的旅游活动都能顺利、完美地进行。至于协调的手段,则是多种多样的,不过都应该建立在经济利益的基础之上。

5. 实地接待、提供服务

接待旅游者是旅行社的"天职"。旅行社与旅游者之间的相互作用主要体现在其接待活动上,接待服务质量的好坏直接影响其"产品质量",即游客旅游体验质量的高低。旅行社的接待服务除了为旅游者或团体提供以导游为主的服务以外,还要包括承接与旅游有关的各种委托代办业务,即代购各种交通票、代订饭店、代办签证、代办行李托运、代办接送服务等。

旅行社在生态旅游业中的作用与上述旅行社的基本业务并无二致,只是在具体的操作手段、方法上有所不同。

二、生态旅游对旅行社业务的影响

生态旅游主要在以下几个方面影响旅行社的经营活动。

(一)对生态旅游目的地的宣传促销

在推介其生态旅游产品的过程中,旅行社有责任使消费者了解:保护生态环境是生态旅游活动的重要内容之一。同时,旅行社还应利用其宣传手册、促销材料、工作人员等向潜在的生态旅游者介绍生态旅游地的基本情况,使他们了解生态旅游的知识和特殊要求以及旅游中应该注意的问题,使潜在的生态旅游者意识到参与生态旅游是一种对环境、文化负责任的行为,是一种更高层次的旅游消费,从而在吸引消费者购买生态旅游产品的过程中,提高消费者的环境保护意识。

(二)生态旅游线路的组合设计

第一,生态旅游目的地的选择要符合生态旅游的内涵。旅行社应选择那些比较原始的、受人为因素影响较少的景区作为生态旅游的目的地,具体来说可以有以下几类:(1)自然的、原始的生态旅游区,如森林、草原、荒漠、海滨、湖泊、温泉等;(2)人与自然共同营造的景区,如牧场、农舍、园林、植物园、野生动物园、自然博物馆、世界园艺博览园等;(3)以传统文化为特色的景区,如中华五岳、宗教名山、"龙山"等;(4)法律保护的生态旅游区,如联合国教科文组织公布的"世界自然遗产"、国家公园、森林公园等;(5)在条件允许的情况下,旅行社还可以将极地包括到自己的生态旅游产品中来。

第二,住宿设施的选择。在一个生态旅游业发展完善的目的地,应该建有生态型饭店,又叫"绿色饭店"。饭店的建设综合考虑了自然环境、生态系统和旅游者等因素,是一种能源节约型和对生态旅游环境影响较小的住宿设施。另外,近年来,随着人们环保意识的不断加强,在许多生态旅游景区内,由当地农民兴建了许多农村小旅馆,这些旅馆一般接待量较小,无须使用大型设备,生产的废弃物数量少,有利于保护环境;并且这些农村小旅馆多具有浓郁的乡土气息,在这样的旅馆里,旅游者完全可以轻松自然地接触到当地的风俗习惯,能与当地居民进行友好的直接接触和交流,从而能够更好地实现生态旅游的目的。

第三,饮食安排。许多游客在旅游过程中,往往希望品尝到当地的特产风味,这无可厚非,但是许多特产风味往往采用一些珍稀甚至濒临灭绝的动植物为原料,而这恰恰是与生态旅游的目的相违背的。因此,在进行生态旅游产品组合设计时,旅行社可以为游客安排一些不以珍稀野生动植物为原料但又能体现当地特色的菜肴,比如福州的"佛跳墙"、井冈山的竹笋等。此外,在旅游过程中,导游人员应注意对游客的引导,不推荐或不选用由珍稀野生动植物制成的菜肴。

第四,娱乐活动的安排。旅行社可以为游客安排一些既有益身心健康又不会对当地自然文化资源产生破坏作用的娱乐活动,如垂钓、森林浴、划水、泡温泉、蹦极、滑雪、漂流等。

第五,旅游购物的引导。导游人员应注意引导游客不要去购买野生保护动物的皮毛及其他野生动物禁卖品,不要让游客去收集野生动植物、生物标本。导游人员应事先告知旅游者哪些当地动植物是濒危的,哪些商品是禁购的。

第六,交通工具的选择。这里所说的交通工具主要是指景区内的交通工具。生态旅游是以保护环境、保护文化为目的的旅游活动。因此,在景区内,应尽量少安排或者不安排游客乘坐机动车辆,以便减少对环境的污染与破坏。如果路程较远,导游人员可选择那些具备环保性、自然性、地方特色性的交通工具,如人力车、牛车、电力车、船筏等。当然,如果可以不使用交通工具的话,最应该提倡的就是徒步了,尤其是走人行小径,更能促进人与自然的融合。

（三）对参加生态旅游的游客进行事前教育

在生态旅游活动开始之前，旅行社要对游客进行事前教育，让游客做好心理上和物质上的准备，以保证生态旅游的顺利进行。教育的内容包括：旅行社制定的有关生态旅游的行为规范及注意事项，旅游目的地的环保政策法规，以及行李物品的携带措施、垃圾处理措施等。另外，由于目前我国的生态旅游市场还不太成熟，真正意义上的生态旅游者还没有形成或者尚未大众化，因此，旅行社可以制定有关生态旅游的规章制度，以便在旅游途中对旅游者的行为进行约束。

三、旅行社经营生态旅游应注意的几个问题

（一）组团人数

要严格限定组团人数。生态旅游是以不破坏环境、文化为前提的，但是以人为主体的旅游活动不可避免地会对环境产生影响。我们所能做的就是将旅游者的活动对环境的影响控制在环境的承载力之内，因而参加生态旅游的人数不宜过多，以避免加大对环境的压力。国外有研究者指出，一个野外出游的 8～10 人的团体就算是大型团体了。

（二）导游素质

要不断提高导游人员的综合素质。生态旅游的价值体现主要是由导游人员来完成的，因而导游人员的素质对生态旅游活动的成功与否具有重要的意义。旅行社应通过多种方式对导游人员进行培训，提高导游人员的环保意识，丰富导游人员的生态学知识以及急救技能，加深他们对生态旅游地文化、自然资源的理解，使他们在导游的过程中，既能为参加生态旅游的游客提供高质量的服务，满足游客的旅游需求，同时又能帮助旅游者树立或加强环保意识。

（三）环保意识

要不断提高旅行社内部各级人员的环保意识，使生态旅游概念和内涵深入人心，在自己的企业中营造以生态旅游为宗旨的企业文化，并形成制度，这样才能为消费者提供始终如一、高质量的生态旅游体验。

（四）加强联系

旅行社要注意加强与生态旅游地资源管理者以及当地社区之间的联系。一方面，资源管理者不了解旅行社的业务，包括其追求利润的动机、经营成本、市场营销和拉动旅游者需求以及对生态旅游目的地基础设施的要求等；另一方面，旅行社也担心那些管理者是否真的有资格管理那些十分脆弱的生态旅游资源，从而配合旅行社控制旅游者的数量。除此之外，取得社区居民对生态旅游的支持和理解也非常关键。可以通过聘请社区居民作为生态旅游的导游来达到该目的，这样做不仅能使旅游者欣赏到自然的美丽，并更好地融入当地的人文景观之中，也能使生态旅游目的地的居民感受到保护他们本地生态资源的重要性。

（五）生态旅游产品

目前在国内,生态旅游产品只是旅行社经营的众多旅游产品中的一项,但今后肯定会有专门的生态旅游旅行社出现。这样就要求现在的旅行社不应当仅仅在经营生态旅游产品时才强调对环境的保护,还应对其经营的其他旅游产品加上环保的内容,使那些没有参加生态旅游的旅游者也能接受环境保护的教育,从而使得更多的人加入到环保大军之中,使生态旅游更加深入人心,从而为产生更多的生态旅游者奠定基础。

扩展阅读 5-6：澳大利亚"探索生态旅游"公司

"探索生态旅游"公司(Discovery Ecotours)主要在澳大利亚的北部地区开展业务。在旅游业发展过程中,它赢得了良好的声誉。这主要是因为:"探索生态旅游"对环境有深刻的认知,在旅游业发展过程中与当地社区保持良好的关系,带领游客参观科学研究场所,聘请科学研究人员为游客解释科学研究项目。

公司成立于 1987 年。除经营一般旅游业务外,"探索生态旅游"的经营者还不断致力于提高旅游业对澳大利亚生物多样性和土著文化的保护等方面的工作。例如1992 年,在一个生物多样性的国家会议上,他们建议对旅游收入进行实质性征税(当然也包括他们自己),这些租金将用于生物多样性的保护。最近他们多次做了一个名为"双赢策略"的引证的报告,呼吁在把澳大利亚动植物包装或旅游产品出售给游客的同时,也担负起对动植物的保护责任。

"探索生态旅游"的导游拥有多重资历,精通交流和科学,对游客进行环境解说,不仅包括当地的自然和历史,还涉及某些全球问题。他们也向游客传授一些如何正确对待敏感文化和脆弱环境方面问题的建议。有些旅游项目专门聘请当地人陪同游客参观他们的土地,传授文化和历史知识。许多北部地区的土著社区通常也极力要求旅游团雇用当地居民做导游。导游还有责任保证游客不乱扔垃圾、尽量不破坏植物生长、露营地被复原及使用可回收容器。尽管"探索生态旅游"公司 1993 年赢得了环境旅游业的澳大利亚游客奖(Australia Tourist Award for Environmental Tourism),1996 年赢得了生态旅游业的班克夏环境奖(Banksia Environmental Award for Ecotourism),但它仍发现,旅行社并不能将生态旅游产品和一些"人为生态产品"区别开来。

资料来源:Ralf Buckley 著,杨桂华等译. 生态旅游案例研究[M]. 天津:南开大学出版社,2003:149.

第六节　生态旅游商品与生态旅游康乐

一、生态旅游商品

"购"是生态旅游业六要素之一,发展生态旅游商品的生产和经营,可以增加旅游收入,繁荣市场,传播传统的优秀文化艺术,促进轻工业水平的提高,还能提高资源利用率。生态旅游商品有广义和狭义之分。广义的生态旅游商品也称生态旅游产品,是指旅游经营者为了满足生态旅游者在生态旅游活动中的各种需要,面向生态旅游市场提供的各种物品和服务的总和,它由生态旅游资源、旅游设施、服务和商品等多种要素构成。本节所谈的是狭义的生态旅游商品,专指生态旅游者在生态旅游过程中所购买的实物商品,这些商品一般具有纪念、欣赏、保值、馈赠意义或实用价值。

（一）生态旅游商品的类型

生态旅游商品主要包括旅游纪念品、旅游工艺品、旅游用品及其他商品五大类。

1. 旅游纪念品

旅游纪念品是以生态旅游区的文化特色或自然风光为题材,利用当地特有的原材料,体现当地传统工艺和风格,富有纪念意义的小型纪念品。纪念品应标上产地地名,或用产地的人或事物特征做商标,以经常让游客引起美好的回忆。

2. 旅游工艺品

旅游工艺品在我国历史悠久、技艺精良,如玉雕、木雕等雕塑工艺品,金银首饰等饰品,刺绣工艺品,天然植物纤维编织品等等。

3. 旅游用品

旅游用品主要是指旅行途中的日用品,包括洗漱用具、旅游鞋帽、地图、美容化妆品、常备急救药品等。

4. 旅游食品

生态旅游者外出旅游时,一般都想品尝一下当地的风味,或大餐或小吃,如云南的过桥米线,还有地方特色的名茶、药材或农副产品,也是必不可少的。

（二）生态旅游商品的特点

生态旅游商品要突出其特色,主要体现在以下四点。

1. 地方性

地方性是体现其特色的关键,地方性越强,越能让游客引起长久的回忆,其纪念意义就越深远,主要表现在地方性的原材料、地方性的设计、地方性的文化内涵、地方性的艺术风格及地方性的包装。

2. 环保性

生态旅游商品的制作、设计及包装都应体现生态旅游的环境保护特色,使之无污染无公害,符合环保、卫生的标准,相比传统的旅游商品品质更加优良。

3. 实用性

实用性是指生态旅游商品做到实用化,能够满足生态旅游者的各种需求,如旅游食品要软包装,洗刷用品小型化、系列化,旅游鞋帽要舒适、轻便、安全等。

4. 方便性

生态旅游者在目的地停留时间是短暂的,不可能有很多时间来购物,所以小巧玲珑、包装精美的商品更容易引起注意,而且为避免旅途负重累累,商品不宜过于大、笨、重、粗,包装应牢固又轻便,以便于携带。

扩展阅读 5-7:我国生态旅游商品开发现状

旅游购物是旅游活动"食、住、行、游、娱、购"六大要素之一,其发展状况是一个国家或地区旅游业发展深度和广度的重要标志。近年来,我国旅游业得到迅速发展,但旅游购物始终是一个薄弱环节,旅游购物占旅游总收入的比重始终在20%左右徘徊,与发达国家占50%以上的比重相距甚远,其主要原因是旅游商品生产和设计不合理,不能满足旅游者日益变化的购物需求。最近几年,在生态旅游快速发展的情况下,旅游商品开发和生产方面的弊端更加明显。不少生态旅游区,购物品仍以传统旅游商品为主,真正体现生态原则、反映旅游区特色资源和文化内涵的商品很少。例如旅游纪念物,大多是刻有纪念字样的纪念币、纪念章、钥匙链,印有景点代表图案的书签、扇子、手绢和明信片等,除了景点名称、景象不一样,载体几乎一模一样。另外,在旅游商品的生产和销售方面,片面追求商品的种类,大量地从外地引进商品而忽视利用本地自然资源和人力资源进行商品开发。如云南某一少数民族地区在发展旅游业时,一方面从其他地区"进口"大量旅游商品,另一方面旅游区所在地的居民却为国外一些大公司进行扎染、蜡染的初加工,获取少量的加工收入,其结果是旅游商品缺乏地方特色、销路差,同时收入漏损大,当地居民获利很少。

传统旅游商品不符合生态旅游发展的需求,生态旅游商品本身的开发和生产又滞后于生态旅游的发展,因而开发既符合生态旅游发展原则又能满足生态旅游者需求的生态旅游商品显得尤为必要。

资料来源:张伟,张建春. 生态旅游商品开发的思考[J]. 安徽师范大学学报(自然科学版),2005,28(1):112—115.

二、生态旅游康乐

生态旅游康乐即指旅游企业为生态旅游者进行健身锻炼和文化娱乐活动提供各种设施服务,它与其他生态旅游业要素有机结合,构成生态旅游业体系。

（一）生态旅游康乐活动的意义

1．可以满足生态旅游者求乐、求新、求知、健身的心理需求

生态旅游业的存在和发展是以满足生态旅游者的需求为条件的，生态旅游者来到大自然，除了了解大自然、保护大自然以外，还要以自然为舞台，进行丰富多彩的生态旅游娱乐活动，如参与当地有民族特色的歌舞晚会、攀岩、登山探险、漂流、滑雪等等。

2．可以用来调动客流、调整客源结构

生态旅游业具有动态性，在时间上有淡季、旺季和平季之分，在空间上有热点和冷点之分，而康乐活动的安排可以增加或减少生态旅游者在一地的逗留时间，在全局上起到均衡客流的作用，还可以缓解季节对生态旅游业的不利影响，在旺季加速客流，在淡季吸引客源。如以文化交流为主旨的中日青少年友好交流大会连续几年安排在冬季举行，起到补充淡季客源的作用。

3．可以增加旅游收入

生态旅游者参与生态旅游康乐活动，一方面有些活动本身需要交纳一定的费用，直接增加了旅游收入，另一方面也延长了游客在生态旅游区的逗留时间，对增加旅游收入也起到间接推动的作用。

（二）生态旅游康乐活动的种类

生态旅游康乐活动按活动场所不同可以分为以下三类。

1．旅游饭店的康乐活动

三星级以上的旅游饭店和旅游度假村一般都有比较完备的康乐设施，作为配套服务设施提供给生态旅游者，例如歌舞厅、健身房、保龄球馆、桌球室、网球场等，生态旅游者在饭店休息之余，可以借助这些设施进行自己喜爱的康乐活动。

2．游乐园的康乐活动

在一些生态旅游区，设立了游乐园或游乐场，根据不同年龄层次、不同肤色、不同性别的需求来设计活动设施，例如适合儿童的童话世界、秋千、滑梯等，适合青年人的攀登人工岩壁、模拟野战等。

3．专项旅游的康乐活动

生态旅游活动由丰富多彩的专项旅游构成，如自行车旅游、森林生态旅游、草原生态旅游、登山探险旅游等，在这些专项旅游过程中，不乏各式各样的康乐活动。以森林生态旅游为例，可以在森林生态环境中进行野营、野餐、钓鱼、野外生存、体能训练、骑马、划船、团体聚会、高尔夫球等活动。

案例

太湖源生态旅游营销

太湖源景区位于浙江省临安市天目山东南麓的太湖源镇境内,距杭州 65 公里,是我国第三大淡水湖——太湖的源头。太湖源主景区生物多样性保存完好,植被覆盖率96.3％,年平均气温 21℃,空气清新湿润,植被丰富多彩,垂直分布明显;动物种类繁多,因此被誉为"生态沟"、"动植物的天堂"。太湖源也是华东地区开发较早的生态旅游景区之一,自 1998 年开业以来已接待国内外游客数百万人。如今太湖源景区已是国际示范林中国网络组织成员、浙江省旅游科学研究所生态旅游示范基地、浙江林学院生态环境实验基地、浙江省摄影家协会风光摄影基地。

太湖源从一个二流的景区被打造成为一流的市场品牌,主要是靠出色、有效、丰富多彩的营销手段,而有效营销就是有效传递信息的一个过程,成功地开拓客源市场的过程,最终塑造了良好的企业形象。同时,太湖源生态旅游的成功开发,体现了太湖源景区"旅游新观念"的价值,其核心表现为文化包装、品牌先行、以人为本。其营销活动表现为:"唤起民众"、"把支部建在连队"、"空军步兵协同作战"、"不到沸点不熄火"、"让活动激闹市场"等。这些理念和活动是太湖源景区在实践中摸索积累出来的,既有成功经验,也有失败的教训,因此,太湖源生态旅游营销模式具有典型性和推广价值。

一、"唤起民众"——激发从内部员工到社会公众的生态旅游推广意识

(一)唤起内部员工的生态旅游推广意识

太湖源景区董事长华抗美常对员工说,红军打胜仗靠支部过硬,要做旺生态旅游,必须靠上百上千个"基层支部"来"唤起民众"。支部就是营销队伍,连队就是客源地旅行社。旅行社既是客户,又是基层组织。公司营销人员帮助旅行社策划活动,旅行社为景区招徕旅游者,双方建立了亲密无间的合作关系,不仅实现了双赢,更促进了双方的和谐发展。

(二)唤起当地农民的生态旅游意识

太湖源的开发打破了白沙村的宁静。白沙村位于太湖源头,森林覆盖率达到97％,农民收入以农作物和伐木烧炭为主,比较贫困。景区开发初期,受到当地百姓的一些质疑和阻碍。最初,公司给予当地村民一定的资源费和补贴,但是治标不治本,平息之后又是一连串的矛盾。由于污染严重,太湖源景区发动景区农民有偿捡垃圾,以市场经济引导农民。

太湖源景区以"发展农家乐、让农民致富"为己任,不惜花费大量时间挨家挨户做村民思想工作,唤起村民的环保意识,向他们传递新的生活价值观,使他们从最初的卖木材、毁山水过渡到卖山货、护山水,渐渐走上健康发展的道路。之后,太湖源景区给农民

装上自来水,补贴煤气费,征地造广场,最大限度地获得当地居民的支持。同时,公司还帮助村民发展农家乐,并为村民建立农家乐的经营样板,大力扶助村委会,成立农家乐经营协会。村民的生活红火起来,经济和精神面貌双项变化,逐渐养成良好的卫生习惯以及健康的生活理念和环保意识。

太湖源景区的开发带动了整个白沙村的发展,而景区的繁荣也离不开当地村民的支持。太湖源景区与白沙村形成了一种和谐发展的良好态势。短短的几年时间从人均收入不足4 000元到现在的人均收入1.5万元以上,受益还在扩大。农家乐的成功反过来促使景区上规模、上档次、提升经济效益。此后,村民和公司形成了双赢的局面。

(三)唤起社会公众的生态旅游意识

太湖源景区在内部提出"保护太湖,从我做起,从源头做起"的口号,对"景区环保"起到了表率的作用。在外部先是利用"南京市周边地区旅游交易会"进行接力宣传;接着开展了用5节废电池可换取一张价值28元的景点门票的活动;采取了开"环保直通车"进社区的方式,引起杭州市民的轰动。当时全国数十家大小媒体被太湖源景区"借用",太湖源的这一举动,不仅提高了杭州人的环保公益意识,而且激发了他们对临安真山真水的向往。同时,许多城市民众被太湖源景区的活动所吸引。仅杭州统计,有数万市民收集了4万多节废电池,换回了近万张太湖源的门票。

2002年初夏,太湖源邀请了18对太湖湖畔成长起来的恋人,分乘18辆轿车,作了一次环绕太湖的长途旅游。恋人们先到太湖源取1瓶源头水,又到无锡取了1瓶下游之水。他们拿着这两瓶清、浊对比强烈的水,沿着太湖广为宣传,号召沿湖的居民们行动起来,保护母亲湖。这场苦心经营的"太湖行"成为保护太湖水源的一堂深刻的社会现场教育,同时,也将太湖源从一个水域概念提升到了一个文化概念。太湖源生态旅游理念得以在全社会推广,并得到社会公众的认同。

二、太湖源生态旅游产品的定位

适当的产品是一切营销活动的根本。没有质量和吸引力,不能为广大旅游者认同并赞赏的产品,无论价格、促销、渠道、公关、沟通等环节做得如何完美,都不能够真正满足目标旅游者,并占领市场。太湖源在大幅度提高产品开发水平,适应目标市场的个性化需求,完善产品的配套服务设施建设,提升旅游服务质量,提高市场的美誉度和认可度等方面作了大胆的尝试。

(一)太湖源景区在市场定位前的准备工作

太湖源景区为使其产品在市场和目标旅游者心目中占据独特的深受欢迎的地位而作出的各种决策和进行的一系列的营销推广活动,在旅游者心中塑造了独特形象。显示独特的竞争优势和定位:这一步骤的主要任务是太湖源景区要通过一系列的宣传促销活动,将其独特的竞争优势准确传播给潜在旅游者,并在旅游者心目中留下深刻印象。为此,太湖源景区首先使目标旅游者了解、认同、喜欢和偏爱太湖源的市场定位,在旅游者心目中建立与该定位相一致的形象。其次,企业通过各种努力强化目标市场的形象,稳定目标旅游者的态度和加深目标旅游者的感情来巩固与市场相一致的形象。

根据上述内容进行较深入的调研,提出以下太湖源市场定位。

（二）市场空间定位

太湖源景区针对旅游者的需求,为太湖源产品塑造与众不同、印象鲜明的形象,并将这种形象生动地传递给旅游者,从而使该产品在市场上确定适当的位置。因此,太湖源景区的旅游市场定位是立足华东地区,立足生态旅游,以城乡环境反差为卖点,紧扣生态文化主题,围绕城市居民短期、短距离郊游来做文章,不断进行景区完善和项目更新,使之成为华东地区一流的生态旅游景区。

一级客源市场:这一定位与著名的"吴曲线"是一致的,"吴曲线"反映了中国城市居民旅游和休闲出游市场随距离增加而衰减的规律,即80%的出游市场集中在距城市500公里以内的范围内。太湖源景区将一级客源市场定位为长江三角洲,即杭州、上海、南京、苏州、无锡等城市。

二级客源市场:安徽省、江西省、福建省、山东省。

三级客源市场包括国内华中、华南等各省区。对于该市场应适时开发,通过改善旅游区功能、增加旅游项目特色以及举行一些大型旅游活动来吸引国内旅游者。

（三）形象定位

形象设计必须紧扣景区特色,唯有如此才能形成鲜明的形象。太湖源虽然山清水秀、峡谷幽深,但与临安其他景区相比特色不强,仅凭山水风光难以塑造鲜明的形象。太湖源最强烈的特色是浩渺太湖的源头,而源头总是给人以神圣的感觉,是人们追寻、追踪、追忆生命的本能和文化本真的寄托。太湖孕育了瑰丽的江南文化。"太湖源头"与"长江源头"、"黄河源头"一样,早已超越了地理概念,是中华民族文化与精神的凝聚与寄托。在这里,人们体会到的是一种神圣、庄严的感觉。太湖源的自然风光与享誉天下的九寨沟有相似之处,九寨沟是世界自然遗产,在旅游市场上有着很高的知名度。太湖源生态旅游区的形象定位应借助"太湖源头"概念、借助四川九寨沟的概念,才能最大限度地突出特色、塑造亮点、营造意境。所以,太湖源生态旅游区的形象定位为:"风景名胜太湖源,江南野趣九寨沟"。这一形象既突出了旅游区作为"太湖源头"的庄严,又恰当地比拟了旅游区的资源特色。这一形象无论在观光市场还是度假市场,对旅游者都有很强的吸引力。这一良好独特的旅游形象对太湖源景区的发展至关重要。

三、太湖源生态旅游产品设计

根据客源市场构成不同进行产品整合,推出符合市场需求的旅游项目,即激活旅游项目的"卖点"。太湖源生态旅游项目的开发模式是以自然环境为基础,以当地的文化、历史、风土人情为衬托,以都市人群为目标,根据太湖源景区的特点开发出满足各种生态旅游需求的专项旅游。在具体的生态旅游产品开发设计中,太湖源景区将人文生态旅游资源和自然生态旅游资源有机地结合起来,让旅游者获得多种经历和体验,推出了以下生态旅游产品。

（一）乡村生态旅游产品

在地方特色浓郁的白沙村,以田园风光为基础,以自然生态系统为主体,真实地展

Ecotourism

示太湖源景区乡村居民生产和生活原貌。因其师法自然，乡土气息浓郁，如利用山地开辟果园、菜园、茶园、山核桃生产基地等，让旅游者品尝农家蔬菜、品茗垂钓、学习园艺、享受田园乐趣，故而具有浓厚的文化韵味和地方特色，极具吸引力和生命力。

（二）观光度假生态游

第一，风光旅游。风光旅游是一种欣赏自然风光的观光旅游，和传统的观光旅游的差异表现在两方面：一是观光对象是自然风光和"天人合一"的人文景观；二是观光对象不因旅游活动的开展而受到损害。为旅游者提供人与自然和谐，尽显人文生态美的体验。

第二，度假旅游。在空气清新、风光独特、自然生态环境优良的白沙村农家乐，现已形成了度假旅游产品，让旅游者在周末和节假日身心得以放松。

（三）探险猎奇生态游

在太湖源自然环境较为险峻的区域，设计了探险旅游项目，如悬崖峭壁上的攀岩等项目。这个项目在游客接待量上作了严格控制，以保护环境。

四、太湖源生态旅游的促销模式——"把支部建在连队"、"空军步兵协同作战"

人们对旅游地的选择，大致经历以下的过程：首先是具有旅游的需要，然后，在具有合适的旅游对象后形成旅游动机，在旅游动机的促使下再对若干目标进行选择，从而决定旅游目标。在旅游需要与选择决定之间，有一个了解、分析、评价和判断旅游对象的过程，在这个过程中，旅游宣传、促销发挥着重要的作用。

（一）运用多种信息传播方式——"不到沸点不熄火"

太湖源景区充分运用广播、电视、报纸、互联网、短信、影视、手册、招贴画、户外广告等多种形式的媒体发布旅游信息，并根据旅游活动的特点、目标市场的媒体视听习惯、广告媒体的覆盖面和影响力、广告的内容和目的、广告成本等进行有针对性的旅游宣传，取得了显著成效。

太湖源景区一直坚持"不到沸点不熄火"的广告宣传投入理念，"好酒也怕巷子深"，就像开水不到100℃，是永远也不会沸腾的。如果不到"沸点"就熄火，那么先前烧进去的"柴火"也就白白浪费掉了。这是华抗美董事长对太湖源促销模式的总结。

作为浙江第一个主题为"生态"的太湖源景区，比国家旅游局出台的生态旅游年足足早了2年。由于活动组织得法，加上题材的前瞻性，开业不久，《人民日报》首次对太湖源景区作了报道，在社会上产生连锁反响。太湖源景区充分利用自身宣传阵地加大市场宣传。如2007年1—7月，在公司网、新浪网和临安市旅游局网共发布各类文章近300篇次。其次，《太湖源头》报正式创刊，并邀请媒体有影响的旅行专栏记者访问太湖源景区，争取信息在这些媒体上有更多的报道。

社会反响较好。太湖源景区动态消息和景区推介类文章分别在《浙江日报》、《解放日报》、《杭州日报》、《新民晚报》、《常州日报》、《江南晚报》、《上海商报》、《现代快报》等数十家报纸杂志先后发表达90余篇次，这在众多景区中也是罕见的。

在旅游的宣传和营销过程中，网络营销至关重要。要打造生态旅游精品，就要建立自己的网络门户。太湖源景区于2006年建立了网站,介绍太湖源的旅游吸引物、旅游线路以及当地的住宿等配套设施,使生态旅游产品和国内外旅游者紧密地联系在一起,并提供低成本、高效率的服务。同时,为旅游者提供旅游信息服务,提供网上购票、网上结算服务。太湖源景区运用立体形象的声、影、形、色等将生态旅游产品展现在上网用户面前,大大提升了太湖源景区的宣传力度、促销水平、覆盖面。

所以,2007年7月31日上午国际篮球巨星姚明夫妇选择在太湖源景区拍婚纱照,也就是偶然中的必然。之后,各地媒体记者蜂拥而至,报纸、杂志、电视、网站各种各样报道铺天盖地。面对国内外众多的旅游胜地,为什么姚明夫妇选在太湖源景区?主要因为太湖源景区近10年来在上海的宣传攻势的成功,该景区在上海家喻户晓,深入人心,早被长三角地区的人们所认可,因此,姚明夫妇来太湖源拍婚纱照也是顺理成章之事。此后,太湖源利用姚明的名人效应和上海婚庆协会搭起了鹊桥,推出"情定太湖源"长三角百对新人大比拼等活动。2009年9月,太湖源景区获浙江省首批蜜月旅游首选景点称号。

这一事件,再一次说明了太湖源景区的宣传、促销的成功。之后,太湖源景区在景区宣传营销上运用娴熟独特的营销战术,走出一条唯我独有、行之有效的新路。

（二）利用影视手段宣传

影视明星名人的出现总能起到引人注意、强化事物、夸大影响的效用,而人们又普遍存在模仿名人的心理现象,影视宣传正是在这样的社会文化背景和心理特征的作用下逐步产生发展起来。太湖源生态旅游公司很好地利用影视手段宣传景区,这样对太湖源景区的特色、品牌的宣传,触动公众敏感的神经,产生巨大的影响。

太湖源头猴王争霸上了央视《绿色空间》等。太湖源景区利用影视手段使其名声传遍了全国各地,因为,对一个景区最好的宣传媒介,是影视作品。影视作品特有的感染力会促使人们产生前往实景的愿望,旅游动机也由此而生。

（三）旅游人员推广

太湖源景区在上海、南京、杭州等主要客源市场设立营销代表,针对不同的旅游偏好进行线路推荐。采用人员推广策略可以进一步弥补广告与促销信息之间的信息沟通不足的弊病,提高产品竞争力,通过现身说法的方式赢得旅游者的信任和好感,促成旅游者完成购买行为。

太湖源推广层级的人员主要包括促销员、促销主管、市场代表、市场督导等等。总体上分为促销员和带有部分管理性质的直接销售人员(促销主管、市场代表、市场督导等)。促销员所做的日常工作的核心就是促进终端销售,主要是通过自己对产品知识的掌握,服务于旅游者,促使旅游者购买自己促销的产品。市场督导或者促销主管的主要职责除了销售旅游产品外,还肩负着培训管理促销员的工作,使团队工作发挥最大效能。

（四）活动推广

"让活动激闹市场"是太湖源景区在实践中提炼出来的理念。活动保持活力,活动

激发活力,活动创造活力。创意的活动,从太湖源景区开业时的"给我五节废电池,送你一张门票",到"太湖源头野猴节"等活动,每个活动都取得了预期的可喜成效。正是2007年春的"万人游"活动,把太湖源的春游旺季提前了半个月,并且一直持续到了"五一"长假。曾被上海市场列为国内短线游排行榜首位。紧接着"嬉水纳凉"活动的策划着重凸显太湖源景区的文化内涵,体现地域差异,突出山村民风、山野趣味,受到旅游者的青睐。

随后几年,太湖源景区不断造势,激活民众,实施全民促销。太湖源的营销策划体现出明显的时代、社会色彩,在全国产生影响。太湖源生态旅游公司紧跟社会动向策划了"长三角16城万名社区干部游临安"和"万名旅游者走近千家农户"等活动。接着,再次大胆策划了一个以"构建和谐社会、关爱外来民工、激情畅游临安"为主题的"长三角万名民工畅游临安太湖源"活动。两个"长三角"活动构成姐妹篇,互相辉映,相得益彰,但意义不同,后者比前者更具新闻性。太湖源景区出资30多万元,策划并组织了长三角万名民工畅游临安太湖源活动,一经媒体刊登,便打动了社会公众,使他们对太湖源景区推出的活动、理念赞同有加,积极踊跃参加太湖源旅游。由此,太湖源生态旅游理念、产品被广为传播。

这些活动以创建和谐社会、体现全社会的关爱之情为主题,得到了各地政府、总工会、旅游局、各旅行社的大力支持。

（五）会议营销

2008年3月,太湖源生态旅游开发10周年之际,太湖源生态旅游有限公司成功举办了"中国·太湖源生态旅游与生态文明高峰论坛"。来自全国的生态旅游专家学者近百人欢聚一堂,共同探讨和研究以太湖源为代表的旅游开发模式,对于大力开发生态旅游、积极倡导生态文明,对于我国方兴未艾的旅游业健康发展,都有着非常重要的现实意义与指导意义。

此次会议,让太湖源在更高层面上得到支持、认同,在学术界引起了普遍的关注,"太湖源模式"得到了进一步积极推广。

会议营销是推广景区品牌的良好宣传平台,以其投入少、风险小、门槛低受到旅游企业的青睐。作为一种营销形式,要做到扬长避短,让其真正发挥长处,在市场上起到应有的作用。成功的会议营销是项系统性的工作,太湖源景区从前期筹备、会议执行和会后跟进三个阶段进行精心策划和细节落实,所以,成功地进行了会议营销。

综上所述,太湖源生态旅游营销模式总结如下:起名"太湖源"属于首创因而具有重大意义和无限价值。对于旅游来说,"名称"就是重要的旅游资源。"太湖源"名称使之与太湖流域的巨大市场迅速形成了认同感和亲和力,进而对迅速形成的市场竞争力产生了不可估量的积极作用。

在全国第一个策划"环保概念"旅游项目。系列主题旅游活动层出不穷,创意无限,包括:"保护太湖,从我做起,从源头做起";"给我五节废电池,送你一张门票";"野猴节"、"野菊花节"、"万名妈妈寻源头,旅游局长为你做导游";"长三角16城万名社区干部游临安";"构建和谐社会、关爱外来民工、激情畅游临安"等,并配套系统化的营销策略,将大型会展旅游活动与网络销售密切结合,牵手上海春秋旅行社,"支部建在连队上",强调销售终端的管理,及时了解市场需求并迅速作出反应。所以,太湖源营销模式具有示范和推广价值。

（资料来源:薛群慧．太湖源生态旅游营销模式案例启示[J]．旅游研究,2010,2（1）:30—35．)

 **思考题**

1. 传统旅游业有哪些缺陷?
2. 生态旅游业的特征有哪些?
3. 生态旅游景区可以划分为哪些类型?
4. 绿色饭店具有哪些特点?
5. 旅游交通对景区有哪些破坏?

第六章 生态旅游载体——生态旅游环境

导入式阅读

20世纪80年代初泰山第一条索道动工修建之时,引发了以地理、历史、园林等专家为代表的反对者和以当地政府、企业为代表的支持者之间的论争。20多年后,泰山新索道的投入运营再一次引发了保护与开发的大讨论[1]。同样,黄山风景区斥资1.11亿元新改建的云谷索道于2007年11月投入运营。该索道上下高差775米,总长2 642米,运行速度可根据客流情况调整,最高运行速度为每秒4米,最佳运力为每小时运客600～800人。云谷索道始建于1986年,是当时亚洲最长的客运索道,改建后的云谷索道极大地缓解了黄山游客乘缆车长时间等候的状况,但是这次改建更加激发了各界激烈的争论[2]。

有些人认为在风景区修建索道是合理的,尤其是山岳型风景区,在提高接待水平、加速游客周转、提高经济效益等方面有积极作用;而另一些人则从遗产保护角度认为,索道建设将会给遗产带来不可恢复的破坏。值得注意的是,我国大量山岳型风景区都属于国家级风景名胜区,乃至在世界遗产名录也赫赫有名,属于典型的生态旅游目的地,这些生态旅游地开发的核心理念应当是保护生态环境,但我们为了旅游经济利益所做的似乎与这一核心理念背道而驰。那么,生态旅游环境作为生态旅游系统的载体,究竟目前存在哪些问题? 是否有量测生态旅游环境系统的手段或工具? 如何对生态旅游环境进行有效保育? 这些问题正是本章内容的核心。

第一节 环境与生态旅游

全国国民经济和社会发展"十二五"规划纲要提出要大力发展旅游业,全面推动生态旅游,深度开发文化旅游,大力发展红色旅游。自改革开放以来,我国旅游业的特点是起步晚、基础差,但发展速度快,现在已经成为具有相当规模,且经济效益显著的"无

---

① 吴东晓. 对泰山风景区内修建索道的几点思考[J]. 中国园林,2001,4:29—31.
② 佟玉权,王辉. 环境与生态旅游[M]. 北京:中国环境科学出版社,2009:180.

烟工业"产业。它在国民经济诸多产业中,独具"朝阳产业"的特色。随着经济的发展、科学的进步和人民生活水平的不断提高,旅游产业在国民经济发展中的地位越来越重要;但与此同时,传统旅游业存在的问题已经严重制约了行业的可持续发展。

首先,工业"三废"造成对旅游区的严重污染。据有关方面报道,昆明滇池、杭州西湖、无锡太湖、武汉东湖、桂林漓江、长江三峡等旅游区,受到沿岸工业废水、废渣和城市生活污水、垃圾的污染,水质逐年下降,有的形成沿江段污染带,例如我国四川乐山大佛脚下的岷江、青衣江、大渡河三水汇流处形成了一条长年不消的黑色污染带;江苏苏州著名的寒山寺下有一条黑臭的河流是造纸厂排放液所致,严重地影响了游人观赏流连的心情。其次,旅游区内生活污水、垃圾及燃煤污染日益加重。随着旅游业的发展,在旅游区内各大饭店、宾馆林立,由于旅游人数逐年增加,景区内的楼堂馆所及生活设施也随之剧增,随即带来了生活废水、垃圾粪便和燃煤等污染,使旅游区的环境质量下降,观赏价值也随之降低。再次,旅游区内资源和景观的破坏与日俱增。许多风景名胜区和旅游度假村都不同程度存在着随意砍树、采石、偷盗国家保护的野生生物、修建违章建筑、设置过多的旅馆饭店、辟地摆摊设点、任意开辟索道、随地抛弃垃圾和果皮等现象。例如我国峨眉山风景区内开荒种植黄连木,海南省青皮林保护区内开采矿石,青岛即墨马山国家级自然保护区内和辽宁千山风景区的开山采石,四川大熊猫保护区的偷猎大熊猫,云南西双版纳自然保护区的大量捕杀野象以及峨眉山、张家界森林公园等处林木、墙体、岩体、石碑上的乱刻乱画现象到处可见。鉴于此,越来越多的人认识到,解决传统旅游业与环境保护相协调的问题,根本的出路是提倡和发展生态旅游。但尽管如此,我们也要清醒认识到,并不是发展了生态旅游,打响了生态旅游口号,环境就得到了保护。

一、环境与生态旅游的关系

(一) 健康发展的生态旅游有利于生态环境的保护

1. 生态旅游是对传统高消耗产业的替代

在很多地区,发展生态旅游可以替代部分资源消耗大、污染重的传统产业,达到减轻污染排放、减少生态破坏的目的。特别是对生态脆弱的贫困山区的环境保护,可产生积极作用。在一些生态环境较好的贫困地区,如果没有其他有效的发展途径,当地人们为了生存和发展的需要,往往比较容易出现砍伐林木、过度开垦、过度放牧等破坏生态环境的现象。但通过发展生态旅游,培育新兴产业,既可以较快地增加社区居民收入,促进脱贫致富,又保护了当地珍贵的资源和脆弱的生态环境。例如云南省的丽江市和迪庆藏族自治州正是由于实施了旅游发展战略,一度贫穷落后、边远封闭,以森林采伐为主的滇西北地区,短短 10 年时间一跃成为世界瞩目的"香格里拉"旅游胜地。

2. 生态旅游增强了地方政府、社区居民和旅游者的环境保护意识

通过发展生态旅游,一些地方政府逐步认识到,优良的环境就是区域竞争优势和发

141

Ecotourism

第六章 生态旅游载体——生态旅游环境

展优势,保护环境就是保护生产力,改善环境就是发展生产力。在全国许多地区,保护资源和环境,正通过生态旅游业的发展,越来越多地成为共识,深入人心。特别是一些生态旅游景区的老百姓,从开发生态旅游中尝到了甜头,开始倍加珍惜和爱护自己的家园,地方生态环境得到了有效保护。例如在国家级贫困县湖南省桑植县,政府欲与香港客商合作建一座万吨造纸厂,该项目不仅可以使当地每年获取4 000多万元的财税收入,还可以安排上千人就业。但是如果这座造纸厂上马,不仅将对上游九天洞和茅岩河风景区造成极大污染,还会因原料供给对桑植县的森林植被带来不可估量的后果。考虑到保护环境的需要和生态旅游业的可持续发展,在已投入上百万资金、即将完成各项前期准备工作的情况下,还是被地方政府坚决否定了。

3. 生态旅游为环境保护提供资金支持

在许多地区,通过建立有效的保护补偿机制,旅游业日益成为保护工作重要的资金来源,成为保护与发展相互促进的生动见证。资金投入不足一直是制约我国环保事业发展的重要因素,长期以来,保护区的建设和管理没有规范的投入渠道和稳定的经费来源,随着全国保护工程的启动,国家开始为保护区事业发展安排专项投入,但仍远远不能满足事业发展的要求。主要体现在:投资范围有限,国家安排的自然保护区建设投入主要是针对国家级自然保护区,其他级别的保护区没有列入范围;同时,投资的总额还很少。据统计,发达国家每年用于环境保护的投入约为2 058美元/平方公里,发展中国家每年约157美元/平方公里,而我国却不到20美元/平方公里,差距之大,令人惊叹。另外,地方的配套经费也难以兑现。要想解决这个问题,大力发展生态旅游业是有效的方法之一。生态旅游业的开发,不仅可以为保护区筹集大量资金以维持其健康发展,而且也能为当地居民提供大量的就业机会,促进当地经济的发展和人民生活水平的提高,极大地改善当地居民与保护区的关系,使其成为自然保护事业的拥护者、支持者和实施者。

(二) 不合理的生态旅游开发给环境安全带来巨大威胁与破坏

1. 生态旅游景区的商业化、城市化和人工化

生态环境受破坏的原因是多方面的,完全归咎于生态旅游显然也是片面的;但是,因不当的生态旅游开发和旅游活动而使生态环境受损,却是不可忽视的客观事实。一些生态旅游开发不按法律、法规和规划的要求进行,对生态环境构成威胁。为了满足物质享乐型旅游的社会需求,并借此获得丰厚的经济效益与税收,不少地方政府、旅游开发商和旅游经营管理部门,都竭力加大基础设施的投资建设,热衷于在保护地内大兴土木、筑路修桥、架设缆车索道,兴建桑拿、舞厅等一应俱全的星级宾馆,甚至引入房地产开发。其结果不仅助长了奢靡之风,更导致了景区的商业化、城市化和人工化。正是这种过度的旅游开发,破坏了自然保护区、风景名胜区和世界遗产的真实性和完整性。

2. 生态旅游景区的环境污染

一些部门的旅游管理不到位,对生态旅游景区内资源和环境的污染监督不力。特别是在旅游热点地区和高峰时段,大量旅游者和旅游交通工具短时间内集中涌入,产生

的废水、废气和废渣,超过了旅游区的环境容量,对生态环境造成极大的破坏和污染。我国"人与生物圈"国家委员会的一份调查资料显示:在已开展生态旅游的自然保护区中,有44%的保护区存在垃圾公害,12%的自然保护区由于开展生态旅游而造成保护对象受到损害,11%出现旅游资源退化。2005年,原国家环保总局对226个国家级自然保护区进行检查时发现,有82个自然保护区存在违规开发活动;其中,有25个自然保护区核心区和缓冲区,存有旅游开发活动。面对景区的过度开发,联合国教科文组织中国办事处官员曾经斥之为:"就像一位风烛残年的老人,被逼着乔装打扮出去赚钱。"

综上所述,环境与生态旅游存在着一种唇亡齿寒的特殊关系,环境得不到保护,生态旅游根本无从谈起。因此,在生态旅游开发过程中应时刻关注生态环境的利益,以生态环境保护、生态安全作为生态旅游的重要目标。

二、生态旅游环境问题的类型

事实上,生态旅游过程中的环境问题是普遍存在的,有些地方甚至非常严重。我们非常有必要了解这些环境问题的成因以及程度,以便有针对性地采取相应的措施。

(一) 生态旅游环境问题的成因类型

图6.1表达了生态旅游环境问题的成因类型。原生生态旅游环境问题是指由自然作用而引起的生态旅游环境问题,包括因自然灾害引起的生态旅游资源和环境破坏以及因自然因素(如风化等)而引起的生态旅游资源和环境质量的劣变。

次生生态旅游环境问题是指由于不合理的生态旅游活动、生产、生活等引起的生态旅游资源和环境的破坏、污染和价值降低等问题,包括因旅游经营者、管理者和旅游者不合理的活动造成生态旅游资源和环境的破坏、生态旅游活动及其他人类活动所产生的"三废"(废物、废水、废气)等造成的生态旅游资源和环境质量下降(退化)以及建筑或其他景观与生态旅游环境不和谐等。

社会生态旅游环境问题是指因人类社会经济畸形发展或政治动乱(如战争、交通事故等)所造成的生态旅游环境质量降低或破坏。

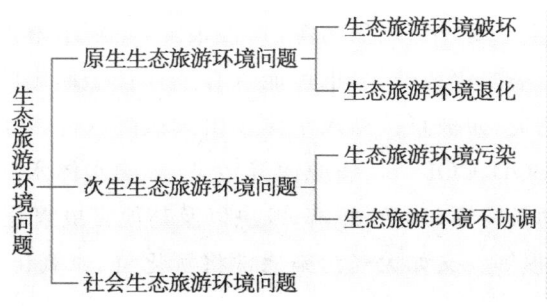

图6.1 生态旅游环境问题的成因类型

资料来源:明庆忠. 生态旅游环境问题类型及保育对策[J]. 经济地理,2000,20(4):114—117.

（二）生态旅游环境问题的程度类型

生态环境问题按其影响程度也可划分为三类。

（1）生态旅游环境破坏。生态旅游也有着旅游开发和旅游者的活动，如果在这一过程中缺乏合理的、科学的规划和引导，就会导致生态旅游资源和环境的破坏（见表6.1）。如旅游者到墨西哥太平洋沿岸观看月夜沙滩上乌龟下蛋，为让旅游者看清楚，海滩饭店打出耀眼的灯光，使乌龟无法辨认海岸方向，也下不了蛋。此类事例不胜枚举。

表6.1　生态旅游环境可能造成破坏的类型与内容

破坏类型	破坏内容
破坏动植物种群结构	1.破坏繁殖习性；2.猎杀动物；3.影响动物迁徙；4.植物因采集而遭破坏；5.因砍伐植物建旅游设施和基础设施而改变植物覆盖率或性质；6.游人践踏而导致植物死亡
破坏地表	1.导致地表水土进一步流失和侵蚀；2.增加地面滑坡、泥石流、崩塌等的危险性；3.增加雪崩的危险性；4.破坏地质特性（如突岩、洞穴等）；5.损害江、河、湖、库、海岸线；6.破坏景观地貌
破坏自然资源	1.导致地下水枯竭；2.导致为旅游活动提供能量的化石资源枯竭；3.增加发生火灾的危险性；4.降低大气环境质量
破坏社会经济环境	1.导致社会经济结构单一、易崩溃；2.导致社会政治信仰等崩溃；3.导致传统文化艺术的消失

资料来源：明庆忠. 生态旅游环境问题类型及保育对策[J]. 经济地理，2000，20(4)：114—117.

（2）生态旅游环境退化。生态旅游虽然是不以牺牲生态环境为代价，以有利于资源的可持续利用，但生态旅游资源的开发和旅游经营者、活动者的行为都多少对生态旅游环境有一定的影响，会导致生态旅游环境退化（见表6.2）。如生态旅游者所产生的固体垃圾中往往含有重金属、酚、氰化物等，毒性很强，经雨水淋溶而进入土壤，使土壤寸草不生；有时导致土壤酸化或碱化；也可能含有杂草种子而影响生态旅游地草木、花卉生长，影响环境绿色美；如被直接抛入水体或由天然降水冲入水体，或经由土壤进入地下水等，引起水体 BOD、COD、SS 病原菌等污染，影响水体水质、影响水生生物的生长等，固体垃圾还会助长苍蝇、鼠类、蟑螂、蚊虫以及其他害虫繁殖，传播疾病，导致旅游者和当地居民健康受损等。又如大气污染通常将氟化氢、二氧化硫等有害气体经叶面气孔→海绵组织→栅栏组织来破坏叶绿素；粉尘附于叶面之上，擦伤叶面，阻碍光照，使植物叶面产生伤斑，或者直接使植物叶片枯萎脱落，轻者可使植物生理机能受阻致使病虫害侵袭，重者使植物死亡等。

表6.2　生态旅游环境可能导致退化的类型与内容

退化类型	退化内容
动植物生长环境恶化	1.旅游者践踏使土地板结,影响动植物生长;2.土壤被废水、废物污染,影响动植物生长;3.大气环境污染而导致动植物生长受阻;4.噪声污染影响动物迁移与生长;5.水体污染导致水生生物环境恶化甚至死亡;6.动植物病虫害增多
人类生活环境质量下降	1.助长某些害虫繁衍;2.大气污染导致呼吸系统疾病和心脏病发生;3.水体污染导致某些疾病传染;4.噪声污染干扰休息,损伤听力,引发心血管系统、消化系统、神经系统、内分泌系统疾病等;5.受旅游者影响,当地居民生活方式、价值观等发生变化;6.犯罪率提高;7.当地传统文化同化、庸俗化与伪民俗出现;8.旅游者与当地居民的隔离与冲突
旅游气氛环境恶化	1.生态旅游环境容量超载,影响对景观的感知;2.生态旅游环境容量超载,导致交通拥挤、食宿紧张等,影响旅游体验质量;3.大气污染导致旅游体验质量下降;4.水体污染导致旅游体验质量下降;5.噪声污染导致旅游体验质量下降;6.旅游经营者、管理者素质偏低,导致旅游体验质量下降

资料来源:明庆忠. 生态旅游环境问题类型及保育对策[J]. 经济地理,2000,20(4):114—117.

扩展阅读 6-1:太湖蓝藻何时休

太湖美,美就美在太湖水。但是,2007年5月,江苏省无锡市城区的大批市民家中自来水水质突然发生变化,并伴有难闻的气味,无法正常饮用,市民纷纷到商店抢购纯净水,许多商店的各类瓶装、桶装的纯净水被抢购一空。各方监测数据显示:2007年入夏以来,无锡市区域内的太湖水位出现50年以来最低水位,加上天气连续高温少雨,太湖水富营养化加重,诸多因素导致蓝藻暴发。

太湖蓝藻大暴发半个月后,无锡旅游接待量和创汇在去年同期基准上下降了40%～50%,旅游部门紧急制定新的旅游促进计划,千方百计把损失降到最低。据无锡市旅游局局长王洁平介绍,无锡旅游业在这次水危机中受到了前所未有的打击,且对入境旅游的影响远远大于境内旅游。自事件爆发后,该市境外旅游甚至一些国际旅游团队根本不把无锡列入华东黄金旅游线,原先预定的一些外地旅行社退团人数达到7000多人,无锡旅游形势十分严峻;原本的入境旅游者在无锡逗留时间也大为减少,无锡太湖鼋头渚、三国水浒影视基地等景区只有零星游人。

此次蓝藻事件甚至引起了国家领导人的高度重视,但而后的几年中,太湖仍在不同程度、不同时间暴发了蓝藻。逾2400平方公里的太湖是我国第三大淡水湖,因洞庭湖面积萎缩,在一些资料中,太湖已被称为第二大淡水湖。它是上海、苏锡常、杭嘉湖地区最重要的水源,以不到0.4%的土地面积、3%的人口,创造了占全国13%的国内生产总值和19%的财政收入。

对生于斯、长于斯的太湖人而言,有关蓝藻的梦魇是随乡镇企业的发展伴生的。大概在1990年左右,作为苏南模式的发祥地之一,位处太湖上游的周铁镇涌现乡镇企业,最终成为宜兴重要的化工工厂基地。当时的大多数企业都是作坊式的,生产污水直接就倒到河里、排入太湖。有媒体报道称,从1987年开始,每年排入太湖流域的污水达360亿吨,其中上海占1/2,80%未经处理。如今,苏南已成为江苏省经济最发达的区域,但发展的代价是,流域的"心脏"太湖最终蜕变成一颗千疮百孔、被严重污染的黑"心",并把污染从城市扩大到了农村。

太湖流域联合编制的水质评价显示,1987年太湖水面有机物污染尚为1%,而到1993年后,太湖已呈全部富营养化趋势。1994年甚至达到29.18%。而河网的情况同样并不乐观。1983年流域内污染河道长度还只占40%,1996年即升至86%,成为各流域之最。蓝藻暴发的地点,刚开始是堤岸上的入湖口,随后逐步向湖中心发展。直至2007年5月,那场突如其来的饮用水危机,席卷了江苏无锡,罪魁祸首便是太湖蓝藻。2007年的蓝藻事件,证明此前的太湖治理已经完全失败。当年,滇池、巢湖蓝藻相继暴发,中国进入"水污染密集暴发阶段"。

事实上,治理太湖的行动一直在进行,但进展缓慢。1991年,国家投资逾百亿元启动的第一期太湖治理工程,曾经给了苏南希望。第二次的治理规模更大。1998年,国家批准"太湖环境治理计划","聚焦太湖零点达标"因此展开。1999年元旦钟声敲响之前,官员们宣布,治理已"基本实现阶段性目标"。然而,与十年前相比,太湖及流域河道的水色,不进反退,已变成浑浊不清的"酱汤"。2007年以来,流域展开了新一轮的综合治理,开始引入省部际联席会议的制度。每年召开一次会议,每年要确定一个年度目标。但从地方政府经济发展的角度来看,地方积极性并不高。太湖治理因此遭遇了反复的拉锯战。一位太湖的高级主管官员曾告诉翁立达(长江流域水资源保护局原局长):"2008年经济危机后,许多地方对太湖污染控制开始放松,2010年后局部地区甚至出现了反弹。""以清释污"难以奏效的原因还在于,长江水体中的氮磷含量已经很高,"等于用污水去冲污水,效果可想而知"。更关键的是,"太湖的污染是过去30年积累起来的。即使现在把污染源都控制住了,但光是太湖湖底淤泥积累起来的污染物质逐渐释放,可能也要好几十年"。翁立达说,要治理好这么一个大湖,并非易事。"日本的琵琶湖污染后,花了20年、180亿美元,依然只能还原到三类水的标准。""毕竟,治理太湖是个长期、艰巨、复杂甚至有时是反复的过程。"太湖流域管理局的人士说。

资料来源:《南方周末》2011年6月9日及中国新闻网2007年6月12日相关新闻。

(3)生态旅游环境不协调。生态旅游在很多人眼中在很大程度上都属于自然旅游,特别强调旅游活动场所与自然的和谐一致。但是有些旅游设施、旅游经营者和管理者行为、旅游者行为仍与生态旅游环境不协调(见表 6.3)。如黄果树瀑布下游 7 公里处的天星景区,其内修了一个体量过大、黄色琉璃瓦屋顶的茶室,与景区本身仿佛一个天然喀斯物盆景公园的特色很不协调,破坏了自然美,违反了自然法则。而在突尼斯,游览地新建饭店的高度不得超过周围地区棕榈树一般高度;在加那利群岛的兰萨特岛上,旅游局不仅规定了建筑风格,而且还规定了门窗油漆的颜色只能是白色、蓝色和绿色等。

表 6.3　生态旅游环境可能导致不协调的类型与内容

不协调类型	不协调内容
建筑设施与生态旅游不协调	1.建筑设施体量与生态旅游环境不协调;2.建筑设施形式与生态旅游环境不协调;3.建筑设施颜色与生态旅游环境不协调;4.建筑密度与生态旅游环境不协调
"三废"与生态旅游环境不协调	1.固体垃圾堆放与生态旅游环境美不协调;2.废水排放导致水体污染与生态旅游环境不协调;3.废气排放与生态旅游环境不协调
旅游地域城市化、商业化与生态旅游环境不协调	1.旅游地域商业化内容与生态旅游环境不协调;2.旅游地域商业点分布与生态旅游环境不协调;3.旅游地域商业形式与生态旅游环境不协调
旅游者行为与生态旅游环境不协调	1.旅游者行为与生态旅游环境不协调;2.旅游者行为结果与生态旅游环境不协调
人造景观与生态旅游环境不协调	1.人造景观与自然环境不协调;2.人造景观与文化环境不协调;3.人造景观与社会经济环境不协调
旅游灯光等配置与生态旅游环境不协调	1.游路设置与生态旅游环境不协调;2.灯光设置与生态旅游环境不协调;3.停车场等与生态旅游环境不协调

资料来源:明庆忠. 生态旅游环境问题类型及保育对策[J]. 经济地理,2000,20(4):114—117.

第二节　生态旅游环境容量的概念

目前,生态旅游的发展大有"燎原"之势,必须及早对其加强规划和管理,以保证生态旅游业乃至旅游业的最终可持续发展。其中,一个很有用的手段或工具就是通过对生态旅游环境容量进行确定,从而采取相应的调控和生态旅游环境保育措施。

一、生态旅游环境容量的定义

同生态旅游概念一样,生态旅游环境容量也是生态旅游学科内一个争议颇多的研究领域。对于生态旅游环境容量的界定,虽然不同的学者从不同的学科视角给出有着一定差别的定义,但其核心思想或基本概念是相容的。以下列举几种有代表性的关于

生态旅游环境容量的定义,如表 6.4 所示。

表 6.4　生态旅游环境容量的定义

定义者	定义表述	定义出处
崔凤军 (1995)	旅游环境承载力:在某一个旅游地环境的现存状况和结构组合不发生对当地人及未来人有害变化的前提下,在一定时期内旅游地所能承受的旅游者人数	论旅游环境承载量——持续发展旅游的判据之一[J].经济地理,1995,15(1):105—109.
杨锐 (1996)	风景区的环境容量:在可持续发展的前提下,风景区在某一时间内,其自然环境、人工环境和社会环境所能承受的旅游及其相关活动在规模、强度、速度上各极限值的最小值	风景区环境容量初探——建立风景区环境容量概念体系[J].城市规划汇刊,1996,(6):12—17.
明庆忠等 (1999)	旅游环境容量:在某一旅游区域范围内旅游环境的现存状态在不损害当代人利益,又能满足后代人旅游需求能力的情况下,某一时期内所能承受的旅游者人数	试论旅游环境容量的新概念体系[J].云南师范大学学报,1999,1(5):52—57.
杨桂华等 (2000)	生态旅游环境容量:某一生态旅游目的地,在特定的时期内,在保证该地资源与生产的连续性、生态的完整性、文化的连续性、发展质量的前提下,所能承受的旅游者人数或者说旅游活动的强度	生态旅游[M].北京:高等教育出版社,2000.
印开蒲 嫣和琳 (2003)	生态旅游环境容量:在某一时间、某种状态或条件下,某生态旅游区的环境所能容纳或承受的游人活动作用的阈值。"某种状态或条件"指现实的或拟定的环境结构不发生改变的前提条件;"所能容纳"指不影响环境系统发挥正常功能的条件,其中包括环境本身具有的自我调节功能的能力	生态旅游与可持续发展[M].成都:四川大学出版社,2003.
严力蛟 (2007)	生态旅游环境容量:某一生态旅游地环境(指生态旅游环境系统)的现存状态和结构组合不发生对当代人(生态旅游相关者)及未来人有害变化(如环境美学的损减、生态系统的破坏、环境污染、旅游消费舒适度减弱、旅游经济受损等过程)的前提下,在一定时期内生态旅游地(或景点、景区)所能承受的生态旅游活动强度,一般量化为旅游地接待的旅游人数最大值	生态旅游学[M].北京:中国环境科学出版社,2007.

从上述学者们对生态旅游环境容量的定义可以看出,生态旅游环境容量的界定可以有不同的角度,其容量值的大小受制于多种因素,并表现出明显的时空动态性。但生态旅游环境容量的核心内容仍然是明确的,即生态旅游环境容量是以环境保护为先导,以促进生态旅游地环境、经济、社会和谐发展为目标,在特定时空条件下的生态旅游业限定规模。

从概念层面上看,生态旅游环境容量是一个表征生态旅游环境系统属性的客观的量,不仅是生态旅游环境系统活力的表现,也是生态旅游环境系统产出能力和自我调节能力的表现。其反映的是在某一时期、某种状态或条件下,某生态旅游地环境系统正常发挥其功能所能承受的旅游活动作用的阈值,是生态旅游生态环境资源利用限度性的固有表现。

从技术层面上看,生态旅游环境容量是在一定程度上对旅游活动质与量的规定性,是衡量生态旅游发展与生态旅游环境保育之间是否和谐统一的重要指标。因此,生态旅游环境容量可以作为生态旅游规划与管理的一种重要指标。这一方面体现了人类可以在生态旅游环境系统的自我调节能力范围内积极开展旅游活动,满足人类的精神文化需求;另一方面也明确要求人类的旅游活动强度必须要有一定的限度,必须以保证生态旅游环境系统的持续正常运行为前提,从这个层面上讲,生态旅游环境容量是旅游环境问题产生的限度。

扩展阅读 6-2:九寨沟首创"置换式"建设模式严格限定景区容量

2006 年,九寨沟县一位副县长被免职,原因主要是违规批准一个在沟口漳扎镇加建宾馆的项目。这已是最近 5 年间该县第三位因违反景区相关建设规划而去职的副县长。"九寨沟一草一木无小事",阿坝州委、州政府态度坚决:在科学规划下对景区实施最严格的保护。

过去几年间,九寨沟成为全国游客数量增长最快的景区之一。游客蜂拥而至,食宿购设施遍地开花,特别是低档次宾馆数量急剧扩张,不仅在建筑风貌上给"人间天堂"抹上不和谐一笔,其伴生的污水、废气、垃圾、噪声和消防隐患等问题,更令生态环境一度遭受空前压力。

"牺牲短期利益是为了永续发展。"在无限扩大接待规模和科学限定景区容量之间,当地选择了后者,界定景区每日接待人数上限为 2 万人。以此为标杆,景区内外建设大做"减法"。

始自 2002 年的"沟内游、沟外住"政策,让景区内的 7 000 多张床位减少为零。不符合景区风格的现代建筑物全部拆除,总面积达 15 万平方米。景区外的漳扎镇2004 年进行大规模拆迁和环境整治,与环境相悖的 25 万平方米建筑物被拆除,100多家宾馆中扶优汰劣只保留 89 家,床位从近 2.5 万张减少到 2.1 万张,与景区游客容量大致相当。

11 月,定位于世界级精品旅游地的漳扎镇总体建设规划刚获通过,其中一项内容是该镇建设实施州县两级管理,"即使增加一个营业床位都要上报州里"。去年至今,漳扎镇至少有数十个增加床位的申请未获批准。

但是,只做"减法"并不能完全解决宾馆上档升级问题。拆迁整治后,当地宾馆约8 成是中小宾馆,"合法合规却不一定合用"。为提升宾馆业水平而又不突破景区容量,阿坝州今年在全国景区首次提出"置换式"建设模式——在漳扎镇、川主寺镇新建宾馆,必须收购已有中小宾馆床位,置换为上档次的新床位。被收购的中小宾馆,

Ecotourism

或者作为新宾馆建设地,或者由政府回购作为公共绿地。

康巴林卡,一个在漳扎镇投资6 000多万元的度假酒店,由于没有取得足够的床位经营权,自建成起数月停业。尽管如此,投资商却对政府这一决定给予充分理解和高度评价,负责人说:"一个景区有序发展,所有投资者和当地百姓都将受益。"他们正与数家弱小差、经营困难的宾馆进行收购谈判。漳扎镇还至少有17家中小宾馆与仁智休闲、边边街等大型项目进行床位转让接触。

在有序引导下,九寨沟三星级标准以上床位比例提高到48%左右。截至10月20日,九寨沟今年接待游客近200万人次,增长16%以上,景区较好地满足了游客的住宿需求,游客好评增加。

11月,包含"置换式"模式的一份规划管理决定提交九寨沟县人代会表决,被赋予法定效力。阿坝州委、州政府表示,这种维持和谐平衡的理念,还将推广到景区管理的其他领域。

资料来源:四川日报网,http://www.sichuandaily.com.cn/2006/11/05/20061105306254445242.htm.

二、生态旅游环境容量的特征

生态旅游环境容量作为表征生态旅游环境自我调节功能量度和判断生态旅游可持续发展依据的重要概念体系,是用来衡量生态旅游活动与生态旅游环境之间是否和谐统一的重要指标。作为维持旅游地的可持续发展以及成为旅游管理与规划的主要依据的生态旅游环境容量具有以下五个特征。

1. 综合性

生态旅游环境容量是一个概念体系,从容量属性或内容上看,生态旅游环境容量包括自然环境容量、经济环境容量、社会环境容量三个系列若干个环境容量指标,每一个环境容量都从不同的侧面来反映旅游地人类活动强度的大小。同时,在不同时空条件下随着生态旅游目的的不同,生态旅游环境容量也可以有不同的内容。

2. 时空差异性

从时间分布上看,生态旅游活动具有季节性。由于旅游区的自然生态环境因子、经济环境因子、社会环境因子等都随着时间的变化而有规律地变化,由这些影响因子决定的自然环境容量、经济环境容量、社会环境容量也都随着季节的变化而变化,这样就最终决定了生态旅游环境容量具有时间分布特征。从空间分布上看,由于作为旅游环境容量基础的自然生态环境,其生态恢复力、敏感性等特征存在着空间差异,社会经济环境和社会心理存在着区域性差异,因此生态旅游环境容量也具有空间分布特征。

3. 可控性

生态旅游环境容量具有可控性,多表现为对生态环境容量限制性因子的定向改造上。但环境容量的可控性是有限度的,若限制因子的弹性大则可控性强,刚性大则改造难度大,可控性弱。相对来说,在生态旅游环境容量中,自然环境容量、社会环境容量刚性大,弹性小,不易改造;而经济环境容量弹性较大,改造相对容易。因此,生态旅游环境容量增长的"瓶颈"通常是自然环境容量与社会环境容量。

4. 反馈性

生态旅游活动行为与生态旅游环境之间存在着正负反馈作用。良好的生态旅游环境在一定程度上呈现出资源性,往往能吸引生态旅游者,使生态旅游地的游客数量增加;而且一旦旅游活动过度或因其他活动导致生态旅游环境质量恶化,引起该区域生态旅游环境容量降低,又会损害生态旅游者的旅游兴趣,致使生态旅游地的游客数量减少。生态旅游环境容量的反馈性要求旅游经营者和管理者在旅游规划和经营管理过程中要始终注意对游客的数量及其行为进行有效的调控,努力在环境保护与社会经济发展之间找到一种平衡,以实现综合效益的最大化。

5. 可度量性

一定时期内的旅游环境系统在结构、功能、信息诸方面具有相对的稳定性,利用这一点,通过一定手段或方式可对生态旅游环境容量进行测算。现在生态旅游地大多采取理论推测和调查研究相结合的方式推算生态旅游环境容量的经验值,其中的最大值和最适值,对生态旅游景区的规划和管理起着非常重要的作用。

三、生态旅游环境容量的分类

事实上,生态旅游环境容量是个多因子的复合概念体系,依据不同的标准可对生态旅游环境容量进行不同的分类。

(一) 按属性或内容划分生态旅游环境容量

按属性或内容可将生态旅游环境容量划分为生态旅游的自然环境容量、经济环境容量和社会文化环境容量,具体分类如图 6.2 所示。

(二) 按照对生态旅游环境利用程度划分

从广义范畴和动态上可以根据人们对生态旅游环境的利用程度,将生态旅游环境容量分为以下类型。

1. 生态旅游环境容量的疏载

指生态旅游地(或景区、景点)的旅游容量过于稀疏,旅游活动强度远低于生态旅游环境容量的最适容量,造成很多生态旅游资源闲置浪费,旅游体系的整体功能得不到全面充分发挥。

2. 生态旅游环境最佳容量

生态旅游环境最佳容量,也称合理容量或最适容量,指生态旅游体系的整体功能能够正常发挥的状态下,生态旅游环境系统所承载的旅游活动强度。

3. 生态旅游环境极限容量

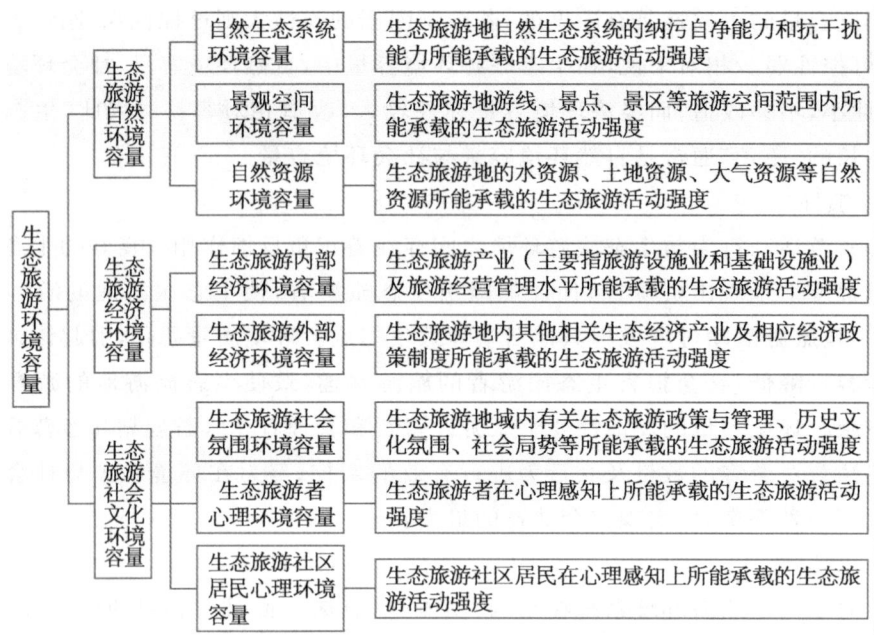

图 6.2　按属性或内容划分生态旅游环境容量

资料来源：严力蛟. 生态旅游学［M］. 北京：中国环境科学出版社，2007：319.

生态旅游环境极限容量也称旅游饱和容量，指生态旅游环境系统在不发生毁灭性崩溃的状态下所承载的最大生态旅游活动强度。

4．生态旅游环境容量的超载

即超过生态旅游环境极限容量，使生态旅游环境系统发生破坏以致崩溃状态下所承受的生态旅游活动强度。

（三）按照空间规模划分

依据旅游活动的空间规模，可将生态旅游环境容量分为生态旅游线容量、景点容量、景区容量、旅游地（如旅游城市）容量和旅游区域容量等。

（四）按时间尺度划分

依据旅游活动的时间尺度，小尺度上可将生态旅游环境容量分为瞬时容量（时点容量）、日容量、季节容量和年容量；大尺度上可将生态旅游环境容量分为现在容量（也称既有容量）和将来容量（也称潜在容量）。现在容量指生态旅游地域目前达到的所能容纳的旅游活动强度，又叫实际旅游容量或已开发旅游容量；将来容量指生态旅游地域在未来某时可能达到的所能容纳的旅游活动强度，也称规划旅游容量或期望旅游容量。

（五）以生态旅游发展阶段划分

依据旅游发展阶段，可将生态旅游环境容量分为发展中容量、可持续发展容量与不可持续发展容量。这是一种依据旅游地生命周期学说进行的理论上的分类。

发展中容量，指在生态旅游体系各种资源现状之间不能协调运行，致使整体功能不能全面发挥、潜力不能很好挖掘的状态下所承载的旅游活动强度。其表现是,对旅游资源低层次的开发利用,有益于旅游资源环境的保护,但不利于实现经济效益。很多旅游资源存在着过度的闲置浪费,该时段旅游地的环境容量为发展中容量。

可持续发展容量,指在生态旅游体系各种资源环境之间高度协调运行,能够使旅游体系的整体功能全面发挥,或者说潜力充分发挥的状态下所能承受的旅游活动强度。其表现是,经济效益、社会效益和环境效益三者协调发展而呈现的综合效益最大化,不存在资源的过度闲置浪费或者受到破坏,该时段旅游地的环境容量为可持续发展容量。

不可持续发展容量,指在生态旅游体系中大量旅游环境要素持续存在"超载"现象,旅游体系整体功能不能很好地发挥,以致旅游地衰退,直至旅游体系崩溃的状态下所承受的旅游活动强度。其表现是,可能存在短期较好的旅游经济效益,但社会效益和环境效益(尤其是环境效益)严重受损;而且旅游三大效益的总体趋势不断降低,直至旅游地失去旅游效益,该时段旅游地的环境容量为不可持续发展容量。

四、影响生态旅游环境容量的因素

由于生态旅游环境是由若干因素组成的复杂的生态环境系统,因而影响生态旅游环境容量的因素也特别多。在生态旅游规划和管理中应考虑的主要影响因素有以下几个。

（一）自然环境因素

生态旅游活动给自然环境带来了两方面的消极影响:一个是环境污染,如旅游者产生的固体废弃物,宾馆饭店等服务设施产生的污水、废气,旅游娱乐设施的运行产生的噪声等;另一个是生态破坏,如游人对草地等植被的直接践踏,对野生动物生存环境的妨碍导致的种群迁移,游客对珍稀植物的采集造成植物品质退化甚至灭绝等。

一般生态环境系统都有一定的纳污自净能力,即通过稀释、扩散、淋洗、挥发、沉降等物理作用,氧化还原、化合和分解、吸附、凝聚等化学作用,以及吸收和降解等生物作用来消除污染,使生态环境系统达到自然净化,保持生态系统的平衡和稳定。如果生态系统长期或超量接纳外部输入,尤其是人为的强制输入,这种稳定性就会被破坏,平衡关系被打乱,生态系统将陷入自萎状态,自我调节能力下降,最终可能导致整个生态系统出现崩溃。

因此,自然环境容量是一定时间内生态旅游地的自然环境质量不致退化、能保持生态平衡的前提下,所允许的旅游活动量。它立足于生态旅游地原有的自然环境质量,其承受能力取决于水环境容量、大气环境容量、土壤环境容量、噪声环境容量,以及自然植被、动物及其群种对于环境污染和干扰的承载力等。

（二）经济环境因素

生态旅游发展受诸多经济环境因素的影响,区域经济发展水平、产业结构状况、交通等基础设施条件,特别是保障生态旅游业持续发展的相关产业的供给能力等往往成

Ecotourism

为区域生态旅游业容量大小的重要限制因素。生态旅游的经济环境容量是一定时间内某生态旅游地的经济要素所能容纳的旅游活动量。其主要制约因素包括基础设施与娱乐设施，如旅馆床位、水电、煤气、电话、交通运输、停车场、露宿区等诸方面供应能力。通常情况下，基础设施易于通过建设消除"瓶颈因素"，在管理或规划中不将其作为生态旅游环境容量的重要指标，而更多考虑的是生态经济因素。即旅游地域内建立在清洁生产理念上的生态旅游经济（主要是绿色基础设施业和绿色服务设施业）条件，以及相关的其他生态经济产业（如服务于生态旅游的生态农业、生态工业等）条件，作为确定生态旅游地域内的社会经济环境容量的重要指标或影响因素。

（三）社会环境因素

20 世纪 80 年代之后，随着"人本思想"的兴盛，研究者日益重视各项开发活动中"人的因素"的作用，"以人为本"的社会环境因素因此也成为生态旅游环境容量研究中所要考虑的重要内容。由于旅游是多种文化背景下的人进行的接触和交流，自然会出现彼此之间能否相互接纳的问题。旅游社会环境容量就是作为旅游互动行为主要方面的旅游者与旅游目的地的居民在社会价值观、道德习俗、宗教信仰、文化传统和生活方式等社会规范的基础上能达成谅解的极限值。旅游者和旅游目的地社区居民的心理感知状况也自然成为衡量社会环境容量的重要指标或影响因素。

生态旅游地社区居民的心理容量是生态旅游地社区居民在心理感知上所能承受的生态旅游者数量。国外学者 Doxey 使用"烦恼指数"测量居民对旅游业发展的态度，发现随着开发程度的递进，居民的态度经历了欣喜、冷漠、烦恼、愤怒四个阶段，在四个阶段中居民的心理容量又各有不同。

生态旅游者的心理容量是某一生态旅游地在生态旅游者满足程度最大时的生态旅游活动强度。旅游者在旅游活动时，对环绕在自身周边的空间有一定的要求，任何外人的进入，都会使个人受到侵犯，感到压抑和拥挤，这种空间称为个人空间。生态旅游活动所要求的个人空间的大小因人而异，例如大城市的游客较之中小城镇或乡村的游客对人群拥挤程度有较强的承受力；南欧人比北欧、北美人，亚洲人比欧美人更容易容忍拥挤和狭小的个人空间。就个性心理特征而言，依据美国学者斯坦利·C·帕洛格划分的旅游者心理类型，随着从自我中心型的转变，旅游者心理容量逐渐变大。如将旅游者与当地居民相比较，旅游者可以接受更高的游客强度。

当然，不管是旅游者还是旅游目的地居民，心理容量都不能仅仅用对旅游者人数的容忍量值来反映。对于目的地居民来说，他们对旅游的淡漠感甚至反感，不全取决于旅游者的数量，还取决于旅游者类型特征、行为特征。同时，这种感情还会因他们从旅游所获得的其他经济、文化、社会方面的利益（或损量）的程度而被强化或弱化。同样，对于旅游者来说，他们对旅游过程的心理感受的阈值既取决于旅游的性质、旅游者的经验背景、看待问题的方式、调整心态的能力，也取决于旅游者与当地居民在交往中角色扮演的效果。几乎可以肯定的是，在一般情况下，旅游心理容量都可能是一个最不稳定的量数，会因时、因地、因人呈现出很大的不同。

第三节 生态旅游环境容量的量测

生态旅游环境容量是进行生态旅游规划和管理的重要依据,对其进行调控是保证生态旅游良性循环的重要手段。生态旅游环境容量具有可测量性,其主要原因是生态旅游环境系统具有一定的稳定性,生态旅游环境容量一般变化于一定的阈值范围之内。

科学、合理地确定生态旅游环境容量是生态旅游目的地健康、可持续发展的前提和保证,确定生态旅游环境容量应遵循以下三个原则:(1)生态效益原则。在允许的旅游环境容量范围内,游客对生态旅游区的不利影响要降到最低程度,使旅游区的自然生态环境不受破坏。(2)经济效益原则。生态旅游环境容量的确定要有利于促进生态旅游目的地社会经济发展和居民生活水平的提高,同时也要使经营者获得一定的利润,以激发其从事经营管理并促进环境保护工作积极性。(3)游客需求原则。确定的旅游环境容量要保证生态旅游区能够为游客提供一定程度的舒适环境,保障他们能够获得较高质量的旅游体验。

借鉴目前旅游环境容量确定与量测的一些方法,生态旅游环境容量的确定与量测方法主要有以下几种。

一、经验量测法

生态旅游环境容量的经验量测法是通过大量的实地调查研究而得出的经验值或经验公式。常用的具体方法有:

(1)自我体验法。调查工作者作为一名生态旅游者,在生态旅游过程中体验所需要的最小空间,体验在不同旅游者密度情况下的感受,感知旅游者数量、活动强度对生态环境的影响等。

(2)统计分析法。借助统计分析工具(如 SPSS),通过构筑分析假设、检验假设、理论分析等过程对第一手资料进行分析,最终形成研究结论。

(3)问卷调查法。采取问卷形式调查生态旅游者或社区居民的看法,比较分析后得出生态旅游环境容量的经验值或相关结论。

(4)遥感和计算机技术法。运用地理信息系统(GIS)、遥感(RS)和多媒体信息等技术来获取生态旅游者人数和分布情况等信息,然后对此信息进行分析得出生态旅游环境容量的经验值。

二、理论推测法

理论推测法是在调查研究或经验量测的基础上,对生态旅游环境容量进行推算,以

求得确立更合适的生态旅游环境容量。生态旅游环境容量的理论推测法主要有单项推测法和综合推测法。目前常用的是单项推测法。

（一）单项推测法

单项推测法是对生态旅游环境容量体系中某一方面的容量进行推测，一般是根据各旅游环境要素容量的最大值进行量测，具体包括以下六方面的内容。

1. 生态旅游生态系统环境容量的测定

维持旅游地的自然生态环境质量，包括两个基本方面：第一，自然环境对旅游活动造成的直接消极影响能够承受住，即自然环境本身的再生能力能很快消除这些消极影响；第二，自然环境对旅游者所产生的污染物能够吸收与净化，例如，旅游者的大量集中对水的污染可在较短的时间内为当地自然生态系统所净化。

对于无须由人工处理方法处理部分旅游污染物的生态旅游地，其旅游的生态环境容量量测公式为：

$$F = \frac{\sum_{i=1}^{n} S_i}{\sum_{i=1}^{n} P_i}$$

式中：F 为生态容量（日容量），即每日接待游客的最大允许值；P_i 为每位旅游者一天内产生的第 i 种污染物量；S_i 为自然生态环境净化吸收第 i 种污染物的数量（kg/d）；n 为旅游污染物种类数。

在绝大多数的生态旅游目的地，旅游污染物的产出量已明显超过了旅游目的地生态系统净化和吸收的能力，因此，一般都要对污染物进行人工处理。用人工方法处理旅游污染物，可以提高旅游目的地接待旅游者的能力，但这种扩大了的旅游容量同原有生态环境闲置下的旅游接待能力（生态容量）已不一样，可以称之为扩展性的生态旅游环境容量。其计算公式如下：

$$F = \frac{\sum_{i=1}^{n} S_i + \sum_{i=1}^{n} Q_i}{\sum_{i=1}^{n} P_i}$$

式中：F 为扩展性的生态旅游环境容量（日容量）；Q_i 为每天人工处理掉的第 i 种污染物量。其他符号意义与没有人工处理方法的生态旅游环境容量的计算公式相同。

从上述公式中可以得出，生态旅游环境容量的确定，最重要的是确定每位游客一天所产生的各种污染物和自然环境净化与吸收各种污染物的数量这两个参数。但这两个参数会随着生态旅游活动的性质以及旅游地所处的自然环境状况的不同而不同。旅游者每人每天产生的主要污染物量如表 6.5 所示；而生态旅游地自然环境对旅游污染物的自然净化能力，目前尚缺少这方面的系统研究。

表 6.5　国内旅游者每人每天主要污染物产生量

污染物	排泄物	BOD	氨氮	悬浮固体	不过夜游人垃圾	过夜游人垃圾
产生量/g	400	40	7	60	200	500

资料来源:严力蛟. 生态旅游学[M]. 北京:中国环境科学出版社,2007.

2. 生态旅游景观空间环境容量的测定

生态旅游景观空间环境容量的量测,一般以生态旅游的基本空间标准为依据,在对生态旅游地直接调查的基础上。最常用的方法有面积法和线路法。

(1)面积法。以面积为限制性因子的计算模式,适用于游人游览的面状空间环境容量测定。计算公式如下:

$$C = \frac{A}{A_0} D$$

式中:C 为日环境容量(人次/d);A 为可游览面积(m²);A_0 为每位游客最低空间标准(m²/人);D 为周转率(D＝景点最开放时间/游客游览该景点所需时间)。

(2)线路法。以长度为限制性因子的计算模型,适用于游人只能沿线路步行游览观赏风景地段的环境容量测定。根据旅游线路设置的不同及游道是否重复,分为完全线路法和不完全线路法。完全线路是指进出口不在同一位置而与其他道路相通联的游道;不完全线路是指进出口在同一位置的游道,游客只能沿原路返回。

完全线路法计算公式如下:

$$R = \frac{M}{m} D$$

式中:R 为日环境容量(人次/d);M 为旅游路线总长度(m);m 为平均每位游客占有的游览线合理长度(m/人);D 为周转率(D＝游道开放时间/游客在游道上游览所需的时间)。

不完全线路法计算公式如下:

$$R = \frac{M}{m + m\frac{t}{T}} D$$

式中:t 为沿原游道返回所需的时间;T 为游完全部游道所需的时间;其他符号含义与完全线路法计算公式中的符号相同。

生态旅游地总的景观空间环境容量是旅游景区、旅游线路和非活动区接待旅游者人数之和,公式如下:

$$T = \sum_{i=1}^{m} C_i + \sum_{i=1}^{p} R_i + C_0 \qquad 其中 \ C_i = \sum_{i=1}^{n} S_i$$

式中:T 为生态旅游地容量;C_i 为第 i 个旅游景区容量;S_i 为第 i 个旅游景点容量;R_i 为第 i 个景区内游道容量;m、n、p 为景区数、景点数、景区内游道条数;C_0 为非活动区接纳游人量。

3. 生态旅游资源环境容量的量测

一般按一些主要自然资源数量的限制程度来计算。在较多生态旅游区,往往以水资源供应量为限制因素。计算公式如下:

$$W = \frac{T}{W_e}$$

式中:W 为水资源环境容量;T 为该生态旅游区的总供水量;W_e 为人均用水量,包括住宿旅游者人均用水量和流动旅游者人均用水量两部分。

4. 生态旅游内部经济环境容量的量测

生态旅游内部经济环境容量是生态旅游产业(主要是绿色旅游基础设施和旅游设施业)及旅游经营管理水平所能承载的生态旅游活动强度,函数表示为:

$$EEBC = \min(EEBC_1, EEBC_2, EEBC_3 \cdots EEBC_i)$$

其中:$EEBC$ 为生态旅游经济环境容量;$EEBC_i$ 为第 i 种生态经济要素供给量所形成的承载力分量。

5. 生态旅游者心理环境容量的量测

生态旅游者心理环境容量是生态旅游者在心理感知上所能承载的生态旅游活动强度。不同类型的旅游活动场所,不同的设施,其基本空间标准是不一致的。我国《风景区规划规范》对于不同类型游憩用地的空间容量作了相应规定,如表 6.6 所示。我国旅游设施的基本空间标准则主要沿用欧美的空间标准参数,具体见表 6.7。

表 6.6　游憩用地生态容量标准

用地类型	允许容量和用地指标	
	人/hm²	m²/人
针叶林地	2～3	3 300～5 000
阔叶林地	4～8	1 250～2 500
森林公园	20～25	400～500
疏叶林地	<70	>140
草地公园	<15～20	>500～600
城镇公园	30～200	50～330
专用浴场	<50	>20
浴场水域	1 000～2 000	10～20
浴场沙滩	1 000～2 000	5～10

资料来源:严力蛟. 生态旅游学[M]. 北京:中国环境科学出版社,2007.

表 6.7 旅游设施基本空间标准(欧美)

住宿设施建筑面积	旅馆	10~35 m²/人
	海滨假日饭店	15 m²/人
	山区饭店	19 m²/人
饮食区	超过 500 床位,旅游外餐饮用地	24 m²/人
娱乐区	海滨胜地	0.1 m²/人
	山区滑雪旅游地	0.25 m²/人
	室外电影场	最多 1 000 人/场
	夜间俱乐部	最多 1 000 人/处
开放空间 (户外娱乐、赏景用)	海滨或乡村旅游地	20~40 m²/床
	滑雪旅游地	5~15 m²/床
行政中心和服务中心	集中服务(洗衣和食物处理等)	最少 0.3 m²/床
	行政、健康与卫生服务	0.2 m²/床

资料来源:保继刚,楚义芳. 旅游地理学[M]. 北京:高等教育出版社,1999.

6. 生态旅游社区居民心理环境容量的量测

生态旅游社区居民心理环境容量的测量与生态旅游者心理环境容量测量的思路大体相同,具体内容略。

(二)综合推测法

综合推测法是对生态旅游环境容量的各个方面作出综合判断。综合推测往往遵循"木桶原理",即生态旅游环境综合容量由生态旅游生态系统环境容量、景观空间环境容量、自然资源环境容量、内部生态经济环境容量、生态旅游者心理环境容量和生态旅游社区居民心理环境中的一或两个因素决定。无论每种容量有多大,"木桶"的最大容量取决于"最短"的那块"木板"的高度。当然,到底哪种容量对生态旅游环境容量影响最大,还是要视景区景点具体情况而定。一般地,湿地生态旅游区的旅游环境容量,主要取决于水资源的环境容量;森林生态旅游区的旅游环境容量,主要取决于森林资源的规模和森林生态系统的抗干扰强度。此推测方法以函数表示为:

$$E = \min(E_1, E_2, E_3 \cdots E_i)$$

式中:E 为某生态旅游区的环境容量;E_i 为该生态旅游地的第 i 种环境因素所决定的环境容量值。

生态旅游环境容量的分析是生态旅游可持续发展的重要科学依据之一,也是旅游科学研究的热门课题,有众多专家学者给予关注并投入心血,也取得了一些研究成果。但总体来说,我国对生态旅游环境容量的研究还远远不够深入。其概念、内涵、分类体系及其量测方法等尚有待于进一步统一和规范,同时还要注意理论联系实际,通过提高研究成果的可操作性提升生态旅游环境容量的研究水平。有关生态旅游环境容量的一般测量方法,如图 6.3 所示。

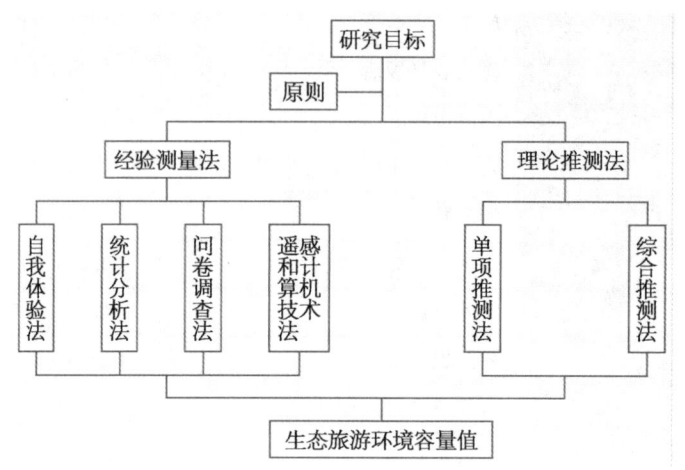

图 6.3　生态旅游环境容量测量方法

资料来源:佟玉权,王辉. 环境与生态旅游[M]. 北京:中国环境出版社,2009.

扩展阅读 6-3:基于非线性理论的生态旅游景区环境容量研究

　　近年来的多数旅游实践表明,借助生态旅游方式,通过严格按环境容量限制旅游人数的小规模旅游,既可以很好地保护自然资源,又可以通过发展旅游业促进当地经济发展。但是,目前的多数研究仍主要是针对风景区环境容量的定性分析,或通过各种评价体系对景区容量进行评估,而很少有研究从根本上认识或挖掘生态旅游景区的环境容量与各种影响要素之间关系的动力学机制。认识了动力学机制,也就从根本上了解了如何确立生态旅游景区的环境容量。目前,由于研究角度、深度的不同,国内外关于生态旅游环境容量的定义众多,也尚无公认和确定的界限。本研究认同严力蛟的定义,即生态旅游环境容量量化为旅游地接待的旅游人数最大值。将环境容量与生态旅游景区可容纳的旅游人数最大值等同量化,便非常利于动力学模式的建立与分析。当然,生态旅游环境容量本身也是一个概念体系,其中包括对生态旅游地造成影响的一系列经济、自然和社会要素,这些要素都将成为动力学模型的构成因子。据此,基于非线性理论,构建普适的游客数量与生态旅游景区环境容量的二元非线性动力模式,探讨众多影响要素之间的内在动力学关系和演化机制,从而达到最大限度地合理利用生态旅游资源。

　　1. 游客数量与生态旅游景区环境容量的非线性模式

　　在不考虑其他因素对游客出游行为的约束前提下,生态旅游景区的游客数量变化与游客基数 x、净增长率 r 成正比,即:

$$\frac{dx}{dt} \propto rx$$

如果用 y 表示生态旅游景区的环境容量,即可接待的旅游人数最大值,那么,游客数量的变化也将与生态旅游景区所能承载的剩余人口数量成正比,即:

$$\frac{dx}{dt} \propto (y-x)$$

由 Logistic 模式,可以得到环境容量约束下的游客数量动力方程:

$$\frac{dx}{dt} = rx(y-x) = f(x,y) \tag{1}$$

根据生态旅游环境容量概念体系中所包括的内容及其影响因素,我们认为影响生态旅游景区环境容量由正、负反馈共同构成。正反馈包括三个方面:生态自然环境(包括生态系统、景观空间以及水、土、大气等自然资源)对旅游活动影响的自我更新变化率 R_1,生态经济环境(包括景区内部设施及经营管理水平、外部生态经济产业及相关经济政策)对旅游活动影响的改善率 R_2,以及生态社会环境(包括生态社会氛围、生态旅游者心理感知和生态旅游社区居民心理感知)对旅游活动影响的认知变化率 R_3。负反馈包括两个方面:游客进行旅游活动过程中(包括每位游客对环境的破坏,系数设为 b;每位游客对旅游活动空间的需求,系数设为 d)对环境容量的降低率 bdx,以及外界环境变化(主要包括不合理生产、开发活动及周边居民生活造成的污染、环境破坏等)对景区环境容量的降低率 Q。

据此,建立以下的生态旅游景区环境容量方程:

$$\frac{dy}{dt} = (R_1 + R_2 + R_3 - bdx - Q)y = g(x,y) \tag{2}$$

方程组(1)—(2)即为游客数量与生态旅游景区环境容量之间演化发展的非线性动力模式。

2. 平衡态和稳定性分析

根据方程,求得定态解为:

$$A(0,0); B\left(\frac{R_1 + R_2 + R_3 - Q}{bd}, \frac{R_1 + R_2 + R_3 - Q}{bd}\right) \tag{3}$$

平衡态 $B\left(\dfrac{R_1 + R_2 + R_3 - Q}{bd}, \dfrac{R_1 + R_2 + R_3 - Q}{bd}\right)$ 对现实具有重要的现实意义。

(1)平衡态生态旅游景区环境容量与景区的自然环境自我更新率、经济环境改善率和社会环境认知提高率成正比(图1),与外界污染和破坏比率成反比(图2)。

图1表示随着景区自然环境、周遭经济环境的改善以及游客对生态旅游社会环境认知水平的整体提高,生态旅游景区可承载的游客数量将呈线性增加。这说明管理者若想实现更多的旅游收益,让更多的游客参与到生态旅游活动中,首先必须努力

Ecotourism

改善自然、经济环境,并且依赖于游客普遍认知水平和素质的提高。当然,在我国生态旅游发展现状下,不断提高旅游规划者和管理者的水平是最关键要素,迫在眉睫。这是因为由于生态旅游固有的特殊性,管理者除了要具有常规的旅游开发和管理能力外,还必须具备较高的环保意识、环境管理的技能等。其次,生态社会氛围的改善、游客认知水平的提高,也同样依赖于管理者或开发者的宣传和教育。

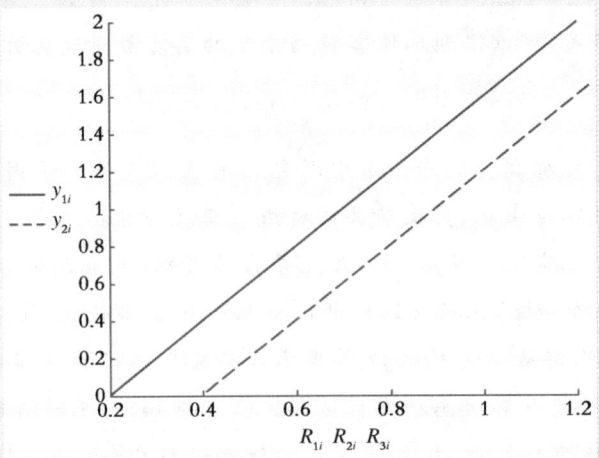

图1 生态旅游景区环境容量将随自然、经济、社会环境的改善或恢复而线性增加

根据图2显示,如果外界对生态旅游景区的污染或破坏增多,景区环境容量将线性减少,在污染或破坏一定的条件下,环境容量也只会维持在一个较低水平上。据中国人与生物委员会于1997—1998年开展的一项对我国自然保护区旅游现状的调查发现,44%的自然保护区存在垃圾公害,12%出现水污染,11%有噪声污染,3%有空气污染。这正是我们在生态旅游开发和建设之中亟待重视的问题,那就是缺乏全面科学的论证、评估与规划,从而盲目地开发生态旅游资源,尤其是新旅游区开发时,开

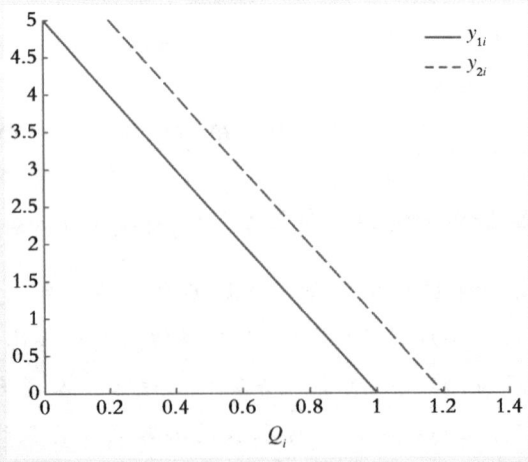

图2 生态旅游景区环境容量将随外界污染和破坏比率的增加而线性减少

发者急功近利,造成了很多不可再生景观资源的破坏和浪费,使得生态旅游大环境系统受损,降低了景区的最大可承载游客量。由于外界干扰所带来的环境问题的显现是一个从量变到质变的时间渐变过程,因此短期内很多景区的管理者只会看重眼前的旅游经济收益,而不会考虑景区未来的可持续发展。

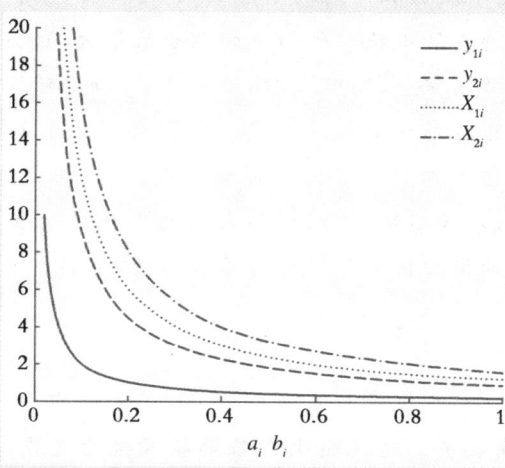

图 3　平衡态景区环境容量、游客数量与游客随环境破坏和空间需求增加而非线性减少

（2）平衡态生态旅游景区环境容量、平衡态游客数量与每位游客对环境的破坏和旅游活动过程中的空间需求成反比（图 3）。

如图 3,不难发现,随着游客对环境的破坏程度增强,或者游客在旅游活动过程中对空间需求增加,平衡态生态旅游景区的环境容量呈非线性迅速下降,另外游客的数量也同样快速减少。这说明了如果游客在生态旅游景区的旅游活动过程中对环境造成破坏,或者个人对旅游空间的需求不合理地增大,将对景区的环境容量造成致命性的打击。生态旅游发展至今,仍有大量的游客将生态旅游与普通的大众旅游混为一谈,生态旅游承载着对游客的生态教育功能,但目前我们的游客因为个人素质、学识等原因,并不能成为真正的生态旅游者,大部分游客仍只有浅层的生态意识和行为。该结论则充分表明了游客本身担负着比管理者、开发者更为重要的生态角色,游客的行为将使景区的环境容量快速下降或提升。此外,一旦生态旅游景区的环境容量迅速下降,这种突变必然带来到访游客数量的迅速减少,这是因为人们都只习惯于自然或环境的缓慢变化,无法接受过于迅速的衰变。

（3）平衡态生态旅游景区环境容量与游客数量的关系

通过平衡态 $B\left(\dfrac{R_1+R_2+R_3-Q}{bd}, \dfrac{R_1+R_2+R_3-Q}{bd}\right)$ 的表达式不难发现,平衡态的景区环境容量与游客数量保持一致。也就是说,只要影响生态旅游景区的正、负反馈各要素之间保持高度的动态平衡,以及游客对环境的生态保护、空间需求维持在良好

水平,那么,景区可承载的游客数量完全可以达到景区最大承载力。尽管在目前看来,这是一种理想状态,但理想状态的表达式已经充分地告诉了人们,只要合理地开发生态旅游资源,尽最大努力地、科学地、有规划地对生态旅游资源进行保护,同时下足力气开展生态旅游教育,提高游客以及周边居民的生态保护意识,完全可以化解游客数量与生态旅游景区承载力相矛盾的尴尬局面。

但是,我们生态旅游景区现状与平衡态的理想有很大的差距,为了片面追求经济效益,一些自然生态旅游区完全忽视了对环境的保护,加之旅游开发前并未对景区进行环境容量分析,致使旅游高峰期人满为患。大量游客的涌入和游客留下的固体废物等对景区的水质、动植物都产生了直接影响。据调查,在已开展旅游的保护区,仅16%的保护区定期进行环境监测,依据科学监测对保护区游客数量进行控制的也仅20%,甚至一些保护区的核心区也可以进行旅游活动,这些都严重影响了生态旅游区的可持续发展。

3. 结论

首先,生态旅游景区环境容量与景区自然、经济、社会环境的改善成正相关,与外界污染或破坏因素成负相关。这说明生态旅游能否持续发展,可承载游客数量能否增加,开发与管理是否科学化与生态化是关键条件。要做到既能在开发与管理中维护旅游区的生态环境和自然景观,又能为旅游者提供回归自然的体验,其关键也正在于不断提高旅游规划者和管理者的素质。

其次,游客对环境的破坏程度,或者对旅游活动空间需求发生变化,生态旅游景区的环境容量将呈非线性迅速变化。表明游客的生态意识对景区环境容量起到催化剂作用,将加速提高或减少生态旅游景区的环境承载能力。

再次,由于平衡态景区环境容量与游客数量一致,这表明能否对游客数量进行控制,是决定生态旅游能否持续发展的前提。通常生态旅游区比普通的旅游区环境承载力相对要低,当游客数量超过生态环境承载量时,从非线性理论出发考虑,系统将偏离平衡态,最终导致系统崩溃,这一结论正是向管理者发出了最严重的警示,即在进行生态旅游开发和经营中,规划者和管理者应首先根据生态旅游区合理的环境容量,制定最佳的游客容量,对景区游客实施有效而科学的调控。

资料来源:陈玲玲. 基于非线性理论的生态旅游景区环境容量研究[J]. 生态经济,2011,(9):136—140.

第四节　生态旅游环境的保育

一、认识与利用生态旅游开发与环境保护规律

生态旅游开发过程在一定程度上也加剧了环境损耗和地方特色的消失,伴随经济效益的增长是生态环境、自然景观、文化特色和传统习惯等付出的代价。生态旅游业赖以发展的生态旅游资源也是有限的,那种对生态旅游资源"杀鸡取卵、竭泽而渔"的方法,片面追求高速度、高效益,造成旅游发展越快、环境污染越严重的状况,并不符合人类社会发展总目标。因此,尊重和保护生态旅游资源和环境,不断改善环境质量,促进人类和环境和谐共处是生态旅游发展的根本目的。这就必须从生态旅游开发与环境保护的相互关系中探寻内在规律,以针对不断恶化的生态环境,加强生态旅游开发与环境保护的一体化研究,采取合适方针政策及有关措施,促进生态旅游与自然、文化、环境融为一体。

(一) 生态旅游开发与生态旅游环境容量规律

鉴于生态旅游是一种高级的视觉消费,应有利于生态环境,因而利用优美的环境条件,开发建设各种各样的生态旅游地,并按视觉美要求装饰来满足人类需求,使自然能保持其"原汁原味",这才是生态旅游开发的真谛。生态旅游开发也必须控制在生态旅游环境容量限度之内,以促使生态旅游与自然、社会文化与环境形成合理的平衡关系,为人类自身和子孙后代留下优美、和谐的环境。

(二) 生态旅游开发与环境保护滞后规律

先污染、后治理已成为世界性的普遍规律,在生态旅游开发中环境保护滞后规律虽尚未被人们所认识,但已客观存在。导致这一规律存在的原因在于:只有当生态旅游开发对生态环境破坏综合强度达到一定程度,甚至持续一段时间,使人们的视觉消费严重受碍时,才会被真正意识到。一些生态旅游地环境恶化状况已证明了这一点。这就要求做好环境生态旅游规划和环保教育等工作,加强环保立法和执法,加大对环保的投入等。

(三) 生态旅游开发与环境污染扩散规律

随着生态旅游的兴起与发展,旅游活动迅速向那些美丽的、洁净的地区蔓延和扩散;一些工业等项目也随之而来,较易造成污染。所以,生态旅游开发一开始就应充分认识到环境污染扩散的客观性和危害性,并给予高度重视。从生态旅游规划到生态旅游开发、区域社会经济发展,自始至终贯穿生态环境保护意识,采取切实有效措施与方法,保护和治理生态环境,杜绝那些对生态旅游环境损害大的开发项目,发展那些生态旅游环境损害小、有利于生态旅游环境良性循环的项目,避免或减少生态旅游开发中的环境污染及扩散。

（四）生态旅游开发与环境保护后发优势规律

生态旅游开发中遵循环保后发优势并加以有效利用的办法是：首先，认真分析和研究生态旅游发展较早的国家和地区对生态旅游环境保护和治理的措施与方法，结合本国或本地区实际，形成生态旅游开发与环境保护的良性循环机制，避免走"先污染、后治理"的老路，促进生态旅游的持续发展；其次，认真研究发达国家或先行者的环保技术与管理发展情况，充分利用环保后发优势，尽可能采用先进的环保工艺和工程设备，节约环保单位成本支出，提高环保和治理综合效益，促进环保产业发育与成长；最后，也要认识到生态旅游开发中环保后发优势规律的作用也是有限的，切不可亦步亦趋地模仿，应努力探索本地域的生态旅游开发与环境和谐发展的道路。

（五）生态旅游开发与可持续发展规律

可持续发展概念是基于各国环境污染和生态破坏日益加剧的情况而提出的，可持续发展规律是人类反思其历史经验，谋求在人类未来发展中实现发展与环境相互协调的客观需求和规律。根据可持续发展规律，旅游开发特别是生态旅游开发的目标也要符合期望目标和环境要求，要对生态旅游环境良性循环担负起更多责任。生态旅游作为一种高级旅游形式和产品，是实施可持续发展的重要方式和行动，应充分考虑对资源、环境和生物多样性的影响，应考虑对当地文化遗产、传统习俗和社会生活方式的影响，将其开发限制在生态旅游环境容量之内，才能为旅游可持续发展作出积极的贡献。

二、认真做好生态旅游发展规划

生态旅游规划是应用生态学原理和方法将旅游者活动与环境特性有机结合，对旅游活动在空间环境进行合理布局的一种规划。在规划时，要首先考虑生态旅游资源状况和特性及分布、旅游者类别及需求特征、生态旅游环境容量大小、旅游地生物多样性程度和保护条件及自然资源的可持续利用、旅游地各方面的公平发展与各方利益等，在不破坏生态旅游环境基本原则指导下，分析生态旅游地重要性，进行功能分区，选择适合动物栖息、植物生长、旅游者旅游和居民居住的各种规划方案，充分利用河、湖、山、绿地和气候条件，为旅游者创造优美景观，为当地居民创造舒适、卫生、静谧的居民环境。因此，生态旅游开发应规划先行，用规划做指导，各方面携手合作，以保证旅游发展与环境和谐。

目前已有多种多样的生态旅游功能分区和规划模式，如 Richard Forster 于 1973年所倡导的同心圆模式（将国家公园从里到外分为核心保护区、游憩缓冲区和密集游憩区），Clare A. Gunn 于 1988 年所提出的重点资源区、低利用荒野区、分散游憩区、密集游憩区和服务社区的生态旅游分区模式，加拿大的国家公园生态旅游功能分区模式，香港郊野公园分区模式以及陈传康先生主张的以文脉（地理背景）特征为基础的"分地段开发生态旅游产品、形成不同生态回归情调"的规划方式等。

三、制定生态旅游开发政策

政策往往是发展的先导，是进行管理的前提和条件，因此生态旅游发展政策是进行生态旅游环境保护和治理的重要条件。在经济政策方面，支持那些有利于提高景观生态多样性，增强地方田园特色，可吸引更多生态旅游者的产业；在环境政策方面，加强对生态旅游产品的环境影响评价，根据有关法规征收环境税或颁发无污染奖金；在技术政策上，提倡保留一些民间技术和生产部门，尽量做一些融合古老技术和现代技术的体系，使之更有吸引力；在社会政策上，尽量考虑代际利益和代内利益，使旅游者和居民的活动与生态资源的结构、功能及价值相协调，不损害当地的社会文化价值和民族生活习俗等。

四、认真进行环境影响评价和环境审计

环境影响评价又称为环境效应评价（Environmental Impact Aesessement，简称 EIA）是进行环境预防管理的有效方法。现在 EIA 具有更广泛的意义，将环境理解为由生物、物理、社会、经济、文化诸要素组成的一个复杂系统。EIA 是一个包括行政管理部门、环境部门、公众参与决策的过程。其作用主要是减少投资损失、降低项目运行成本、避免对环境造成无法预见的重大损害，对实施生态旅游而言，主要是：确认风险，减少不利影响，确定环境容量，通过研究、管理和监测，以及有效的公众参与过程，提出合理的生态环境措施。环境审计一般被认为是评价、检验和证实企业组织运行是否依从已制定的环境规章制度、标准和政策的过程。很明显，环境审计对生态旅游企业管理、保护生态旅游环境也有重要意义。近年来，新的法律、技术和设备不断出现，使环境保护、管理、规划有长足进步。随着公众对环境问题日益关注及对可持续发展战略广泛支持，EIA 和环境审计也将为生态旅游的环境保护、规划和管理提供有效方法。

五、构建具地方特色的生态旅游产业结构

生态旅游应围绕农林生态系统的第一生产力以及以自然为基础的人工生态景观来发展。根据地方资源环境基础，将丰富的生境资源和一些天人和谐的景观优化配置，形成既有利于生态旅游资源和环境可持续利用，又能对人们起到环境教育功能的生态旅游产品。

1. 生态旅游资源业

旅游者在开展旅游活动时需要旅游地提供方便舒适的游、衣、食、住、行、购等服务。在生态旅游地应设法使其服务产业生态化。

2．生态服装业

生态服装是为避免一些服装面料对人体及大自然的危害，在服装设计方面加强生态意识，其衣服图案取材于大自然，还要选用植物做染料和没有经过化学加工的布料。在制衣过程中减少使用有毒化学物，衣物还能进行生物分解。

3．生态餐饮业

供应旅游地植物园自己生产、加工的植物类食品。植物园内菜园除种植各种食用植物外，还种植调味用芳香类植物和食用菌，其提供的植物食品能满足人体所需各种营养，对人体健康十分有利，饭店废弃物可直接做动物园饲料或植物园肥料。

4．生态旅馆业

旅馆的建筑材料可部分利用再生原料，向旅游者提供的用品尽量不含化学物质，如不含酸的信笺，床单、毛巾等用在种植植物过程中未曾使用化肥和化学杀虫剂的棉花或亚麻制成，肥皂可用植物油炼制，电子过滤系统清除自来水中的氯化物和有毒微生物，旅馆废水可直接用于浇灌植物，粪便可集中收集制作沼气，沼气用于照明，沼气渣用作植物肥料。

5．生态商业

开辟生态商店，专营各种天然食品、饮料、化妆品、纯棉服装、手工艺品及有关生态环境保护的书籍和小型技术设备，店里所有商品都由自然原料制成，不含任何化学有毒成分。

6．生态交通业

在旅游地及附近要求使用太阳能驱动或电能驱动的小车和自行车、畜力车作为交通工具，或要求旅游者安步当车。禁止使用有害环境和干扰生物栖息的其他交通工具。

上述生态旅游产业结构是发展生态旅游业应考虑的基本方面。针对具体旅游地，应根据其自身特点选择相应的生态旅游产业。

六、实施生态管理

旅游管理者往往是生态旅游和环境保护的引导者和监督者，对其实施生态环境教育是发展生态旅游的要求。旅游管理者在接受生态教育后，会重视生态旅游资源普查与科学评价，组织制定生态旅游发展纲要和规划，确立生态旅游发展的基本策略、方向、目标、重点和实施步骤及相应措施，营造生态旅游协调管理与保护机制，制定不同类型生态旅游线路设计，为开展生态旅游企业和旅游者传递有关生态旅游与生态旅游环境保护信息。旅游管理者在有较好生态意识后，组织或支持研究、制定或采纳某些保护环境的生态旅游标准。如美国 Condé Nast Traveler 杂志经过对全美上百个生态旅游项目调查和分析后提出了几条标准：(1) 把商业性高收入旅游业与地方生态保护计划结合起来，如帮助当地农民植树造林，防止乱伐森林及支持和赞助由当地居民自行组织起来的生态保护团体；(2) 为建立国家公园和保护区以及这些公园和自然保护区的管理和运作提供资助或其他实质性赞助;(3)通过支持购买当地土特产品及服务以支持当地经济发展;(4)积极促进旅游者与当地人民进行直接的、有意义的接触和交流,并为游人提供便利;(5)支持赞助生态研究计划;(6)保护并支持发展有地方特色的旅游文化设施,维护自然环境和谐统一;(7)协助恢复已被破坏的自然生态环境。对于类似标准,作为管理者应考虑予以采纳,纳入旅游的生态管理之中。

在生态旅游管理方面,还要调整理顺管理体制以保证旅游地生态管理有效。我国生态旅游地同其他旅游地一样,也存在着政出多门,缺乏统一规划和管理的现象,不少旅游地均存在着一定程度的生态问题,迫切需要从维护生态系统的完整性、持续性角度,从旅游业可持续发展目的出发,调整管理体制,理顺行政管理、行业管理及生态管理的关系,在体制建设、规划制定、环境质量监测和控制、立法保证等方面,形成一套行之有效的办法和措施。

对生态旅游投资经营者和生态旅游产品进行分等定级,主要是检查投资经营者是否具备相应的基本理论、知识和技能,是否有相应的旅游管理决策水平和生态旅游环境保护意识,将旅游投资经营者人数、产品开发限制在一定范围内,由旅游管理部门认真审定其旅游开发目的、旅游开发计划、旅游开发产品等,并对其产品进行环境方面的鉴定,以保证其生态旅游产品的实质,并定出等级。澳大利亚在 1996 年年底实施生态旅游经营者分级制度,对环境绿色水平进行分级界定,主要是针对那些在自然风景区内进行业务经营的公司评定其生态旅游的实质和可靠程度,以保证生态旅游"货真价实",为这一工作提供了示范。

在进行生态旅游开发时,必须从生态角度严格控制旅游设施设备和场所的规模、数量、色彩、用料、造型和风格,如加拿大对生态旅游区的特别保护区、原野区、自然环境区、游憩区及公园服务区各区内的设施设备配置都有严格规定。特别保护区内没有道路和设施;原野区内没有道路,仅有宿营基地和登山者掩蔽处;自然环境区提供非永久性的宿舍和低度运动设施与信息中心;游憩区和公园服务区集中布局旅游、娱乐、体育等服务设施。

对生态环境和生态因子也进行生态管理,包括植被和动物两个管理系统。植被管理系统的基本目标是保持生态旅游区植被的原野特性,如对植物生态群落发育良好地区,采用不干涉方式随其自然生态发展,对植被群落受到人为和自然破坏出现异化地区,要控制和调整植物物种与群落的发展,采用适当人为干涉方法,使其更接近自然生态与生境;对植物生态大部分或局部受到破坏地区,要建立新生境与引进新物种,或模拟自然生态,或按人类需求发展引进物种配置的生态群落。对植物病虫害的防治要禁止使用化学农药,提倡生物防治和综合防治的生态防治技术。

关于野生动物生态管理系统,主要是根据自然地带性的特点,保护野生动物不受生态旅游的干扰,包括动物栖息及其活动。在生态旅游区规划道路和游览场所时,要与动物栖息地保持一定的安全隔离地带。在建立动物观察所、站或架设动物瞭望台时,以不破坏生境和景观质量为度,如加拿大多伦多郊外的"非洲野生动物园"等采用动物自然

漫游,人却在汽车、游艇或小火车中观赏的方式。在允许狩猎的生态旅游区,要严格按照国际和国家狩猎规定,如在动物哺育期要停止狩猎,狩猎的数量规定必须考虑到不同的动物繁殖年度变化,以及动物越冬的死亡率等。加强生态旅游的可行性研究与实施,组织实施一批可持续发展生态旅游示范区、示范景区、示范点。加强生态旅游法规条例及相关条例的建立和执行,例如规定生态旅游的消费模式、增收生态旅游区的生态环境费用等。认真执行《环境保护法》《森林法》《风景名胜区管理暂行条例》等。

七、建立相关观测站点以利于调控

在生态旅游区建立定位与半定位观测站、点对生态旅游环境进行跟踪观察研究,以确定其生态旅游环境容量以及注意生态环境的变化,以采取适当的对策与措施。

总之,生态旅游环境保育要遵循生态旅游与环保规律,从生态旅游政策、开发规划等制订和环境影响评价与审计到建立生态旅游产业结构、实施生态管理等,进行全方面生态旅游环境保育,以达到生态旅游可持续发展的目的。

案例

杭州西溪国家湿地公园生态旅游环境容量

随着城市化和工业化的快速发展,我国湿地面积大幅减少、环境质量日益退化。为了实现区域可持续发展,中国首个国家湿地公园——杭州西溪国家湿地公园应运而生。湿地公园属于极其脆弱的生态系统,旅游环境容量的控制对其具有极为重要的意义。本研究对西溪国家湿地公园的旅游环境容量进行了深入探讨,旨在为其生态旅游资源和环境保护提供科学的管理依据,促进其生态旅游的可持续发展,并为国内其他湿地公园的旅游环境容量研究和客流管理提供参考。

一、研究地区与研究方法

1. 研究区概况

西溪湿地位于杭州城西(30°14′57″—30°16′57″N,120°02′20″—120°05′32″E),为一片地势平坦、河流纵横的水网平原,有一批情趣各异的水乡景观以及众多重要的名胜古迹资源。湿地内分布着大量维管束植物,动物资源极其丰富,各种鱼类还形成了西溪湿地的特色水产。

随着城乡经济的快速发展,尤其是房地产业的不断扩张以及农村养殖业的蓬勃发展,西溪湿地面积日益减少。为了实现区域可持续发展,杭州市政府在国家林业局的大力支持下,积极开展以生态恢复和保护为主的西溪国家湿地公园建设工程。公园规划总面积10.08 km²,分3期实施。2003年9月,总面积3.46 km²的一期工程正式实施,并已于 2005 年"五一"黄金周正式对外开放。本研究主要探讨的正是一期范围的旅游环境容量。

2. 研究方法

(1) 综合量测模型的建立和权重的确定。旅游环境容量是各个具体容量指标的综合,主要包括旅游生态容量、旅游空间容量、旅游设施容量、旅游管理容量、旅游心理容量等方面,由于不同旅游目的地各分量的贡献程度不同,因此要赋予各分量不同的权重。本研究的权重值采用专家打分的办法,通过面对面或电子邮件的方式请浙江大学、中国林科院亚热带林业研究所、西溪湿地管委会、浙江林学院、杭州市环科院等多家单位 25 位长期从事生态旅游且对西溪湿地相当熟悉的专家分别打分,最后通过计算平均值来综合确定权重。因此,旅游环境容量(C)的综合量测模型为:

$$C = a_1 C(e) + a_2 C(s) + a_3 C(f) + a_4 C(p) + a_5 C(m)$$

式中 $C(e)$、$C(s)$、$C(f)$、$C(p)$、$C(m)$ 和 a_1、a_2、a_3、a_4、a_5 分别为旅游生态容量、旅游空间容量、旅游设施容量、旅游管理容量、旅游心理容量及其权重。其中,$a_1 + a_2 + a_3 + a_4 + a_5 = 1$。

(2) 指标标准的获取

指标标准通常指在一定时间和空间内,某种旅游环境下,对环境体系、游客感受具有一定规范作用的合理性旅游指标,它在旅游环境容量的量测过程中,起着非常关键的作用。指标标准确定的合理与否,直接关系到旅游环境容量的科学性。由于目前国内外对旅游环境容量的计算还没有统一的规范和标准,本研究参照了《城市湿地公园规划设计技术导则(试行)》、《风景名胜区规划规范(GB50298—1999)》、《地表水环境质量标准(GB3838—2002)》、《环境空气质量标准(GB3095—1996)》等国家标准和一些经验数据。

(3) 数据获取

为了明确游客对公园的景观、环境、设施、服务及管理等方面的满意度,从 2006 年初至"五一"黄金周期间,共向游客发放并回收了 2 411 份满意度调查问卷。西溪国家湿地公园日游客量数据及水质、大气环境质量等方面的监测数据由公园管委会提供。

3. 数据处理

用相关分析和逐步回归法分析日游客量和游客满意度之间的关系。

二、结果与分析

1. 旅游生态容量

组成旅游环境系统的自然环境本身具有一定的环境承受能力,如大气、土壤、水、生物都产生恢复作用。因此,旅游生态容量指生态环境自身恢复能力所能允许的游客数量。根据西溪湿地的实际情况,本研究主要探讨其水体环境容量、大气环境容量、固废环境容量和生物环境容量。

(1) 水体环境容量。西溪国家湿地公园一期面积为 3.46 km^2,其中水域面积约占 70%,平均水深 1.6m。受旅游活动影响的水质指标较多,本研究将生化需氧(BOD$_5$)量

和氨氮（NH₃-N）量作为水体旅游环境容量的评价指标。旅游者人均产生的 BOD₅ 和 NH₃-N 分别是 40 g·d⁻¹ 和 7 g·d⁻¹；根据 2004—2006 年环境监测的结果，西溪湿地主要水域水体 BOD₅ 和 NH₃-N 的平均值分别为 5.65 mg·L⁻¹ 和 1.16 mg·L⁻¹，属Ⅳ类水体；远期水质保护目标根据《地表水环境质量标准（GB3838-2002）》按Ⅲ类水标准执行。当前，在保证水环境质量不发生明显恶化的前提下，西溪湿地作为以Ⅳ类水为标准的人体非直接接触娱乐用水水体的旅游环境容量（C_{we}，人次·d⁻¹）如下：

$$C_{we} = \min\left(\frac{水体\ BOD_5\ 净化容量}{每日人均\ BOD_5\ 产生量}, \frac{水体\ NH_3\text{-}N\ 净化容量}{每日人均\ NH_3\text{-}N\ 产生量}\right)$$

$$= \min(6\,840, 187\,670) = 6\,840（人次·d⁻¹）$$

（2）大气环境容量。影响杭州城市空气质量的 3 项指标中，二氧化硫和二氧化氮均达国家空气质量 2 级标准，可吸入颗粒物为主要污染物，浓度超过 2 级标准。根据木桶原理，选取总悬浮颗粒物（TSP）作为大气环境容量的评价指标。旅游者人均产生的 TSP 为 60 g·d⁻¹；根据 2004—2006 年环境监测的结果，西溪湿地日均 TSP 浓度为 0.30 mg·m⁻³；远期空气质量保护目标根据《环境空气质量标准（GB3095—1996）》按一级标准执行。当前，3 级大气质量标准下西溪湿地的大气旅游环境容量（C_{ae}，人次·d⁻¹，）为：

$$C_{ae} = \frac{总悬浮颗粒物容量}{每日人均产生总悬浮颗粒物}$$

$$= \frac{\substack{湿地面积\\(3.46\ km^2)} \times \substack{大气环境有效厚度\\(10\ km)} \times \left[\substack{总悬浮颗粒物分级\\标准值(0.50\ mg·m^{-3})} - \substack{西溪湿地现日均\\TSP(0.30\ mg·m^{-3})}\right]}{日人均产生总悬浮颗粒物量(60\,000\ mg·L^{-1})}$$

$$= 115\,333（人次·d⁻¹）$$

关于旅游对水域和大气环境质量影响的研究尚处于探索阶段，可供参考的成熟的相关生态旅游容量指标比较有限。同类似研究一样，上述对水域生态旅游环境容量的测算主要依据 BOD₅ 和 NH₃-N 项目，对大气生态旅游环境容量的测算主要根据 TSP 指标，这难免会带来一定的偏差。随着关于旅游对水域和大气环境质量影响研究的不断深入，旅游者人均产生的总磷、总氮、细菌数、悬浮固体浓度、二氧化硫、氮氧化合物等及其他相关指标将会逐渐明确，这些指标的纳入对水域和大气生态旅游环境容量的测算将会更加客观。

（3）固废环境容量。在西溪湿地景区内，游线沿途放置了足够的生态型垃圾箱，并配备专门人员、船只清理和打捞水面、河汊、池塘的垃圾，垃圾清运出景区后统一纳入城市固废处理系统。当前景区内的垃圾日均产生量约 1 000 kg，黄金周期间垃圾日均产生量约 2 500 kg，基本能做到日产日清。所以，固废环境容量不是限制旅游环境容量的因子。

（4）生物环境容量。游客的旅游活动多种多样，旅游者对生物环境的直接影响方式主要表现在对游览线路两侧植被的践踏、刻划及采摘，以及对各种动物的捕捞、惊吓。由于公园内建设有较完善的水上航道和陆上游步道，游客对植被的践踏现象不明显；一些古树名木有护栏加以保护，没有发现游客在树上刻划的现象；对柿子、桑葚、竹笋等的采摘及对鱼类的养殖和捕捞都在严密的组织下进行，属于正常的生产性活动。因此，西溪湿地的生物环境容量控制的目标主要是实现人鸟和谐共处，保证鹭鸟、喜鹊等鸟类栖息地的安全。根据景观生态学原理，为了保护景观中的生物多样性，至少应保留10%的天然荒野地，故实际允许的游览面积不应超过3.11 km²。有研究表明，野外调查人员和水禽接近到100～200 m的距离时将可能引起水鸟惊飞逃逸。作者实地调查表明，在鱼塘区当人距离鸟类<150 m时，鸟类会飞离。为保证鸟类的安全距离，可用农田和鱼塘隔开旅游道路与鸟类活动区。因此，本研究控制湿地公园的两条游览道路间的最小距离应大于300 m，以便在游览道路间为湿地鸟类保留一定宽度的防护地带，尽可能地确保湿地鸟类少受惊扰。据此计算，西溪湿地的游线总长度不应超过24 km。按每隔5～10 m一人的旅游距离标准，游客人均日周转率为1.5，则西溪湿地的生物环境生态容量（C_{be}，人次·d^{-1}）为：

$$C_{be} = \frac{\text{基于人鸟合理距离的游览线路长度}}{\text{人均合理游线长度}} \times \text{游客人均日周转率}$$

$$= 3\,600 \sim 7\,200 \text{（人次·} d^{-1}\text{）}$$

综上所述，西溪湿地在Ⅳ类水和3级大气环境质量标准下的旅游生态容量为：

$$C(e) = \min(C_{we}, C_{ae}, C_{be}) = \min(6\,840, 115\,333, 3\,600 \sim 7\,200)$$

$$= 3\,600 \sim 6\,840 \text{（人次·} d^{-1}\text{）}$$

其值主要由生物环境容量和水体环境容量所限定。

2. 旅游空间容量

旅游空间容量是旅游资源对旅游者的空间限制与旅游者自身感知容量的复合概念。测算方法有面积法、线路法和卡口法三种。鉴于西溪湿地在地形地貌方面对游客的进出没有明显的卡口限制，故主要用面积法和线路法估算其旅游空间容量。

（1）旅游面积空间容量

鉴于西溪湿地基塘生态农业的景观特点，其有效可游览水域面积约占总水域的30%。按风景名胜区城镇公园游憩用地生态容量的标准（人均50～330 m²），游客人均日周转率为1.5，则水域空间容量（C_{ua}，人次·d^{-1}）为：

$$C_{ua} = \frac{\text{有效可游水域面积}}{\text{水域人均合理游览面积}} \times \text{人均日周转率} = 3\,302 \sim 21\,789 \text{（人次·} d^{-1}\text{）}$$

西溪湿地一期工程陆地面积约占总面积的30%，有效可游览面积约占总陆域的50%。根据风景名胜区城镇公园游憩用地生态容量的标准，陆域日空间容量（C_{la}，人次·d^{-1}）为：

$$C_{la} = \frac{\text{有效可游陆域面积}}{\text{陆域人均合理游览面积}} \times \text{人均日周转率} = 2\,360 \sim 15\,570 \text{（人次·} d^{-1}\text{）}$$

西溪湿地水陆旅游面积空间容量为：

$$C_a = sum(C_{ua}, C_{la}) = sum(3\,302 \sim 21\,789, 2\,360 \sim 15\,570) = 5\,662 \sim 37\,359 \text{（人次·}$$
$$d^{-1}\text{）}$$

Ecotourism

（2）旅游线路空间容量

西溪国家湿地公园一期范围内河道总长度约 90 km，其中，可游河道为 15 km。以每公里 2～3 只游船、平均每船 20 人计，则水上游线日空间容量（C_{wl}，人次·d^{-1}）为：

C_{wl} ＝可游航线长度×游航密度×船均载客量×航均日周转率＝3 600～5 400（人次·d^{-1}）

环园游步道长约 8 km，则陆上游线日空间容量（C_u，人次·d^{-1}）为：

$$C_u = \frac{游线长度}{游客合理间距} \times 人均日周转率 = 1\,200 \sim 2\,400（人次·d^{-1}）$$

西溪湿地旅游线路环境容量为：

$C_l = sum(C_{wl}, C_u) = sum(3\,600 \sim 5\,400, 1\,200 \sim 2\,400) = 4\,800 \sim 7\,800$（人次·$d^{-1}$）

综上所述，西溪湿地的旅游空间环境容量为：

$C(s) = min(C_a, C_l) = min(5\,662 \sim 37\,359, 4\,800 \sim 7\,800) = 4\,800 \sim 7\,800$（人次·$d^{-1}$）

其值主要受限于旅游线路环境容量。

3. 旅游设施容量

旅游设施包括旅游基础设施和旅游服务设施。其容量主要是由水、电、旅馆床位、主副食、交通、通信等方面的供给水平决定所能容纳的旅游者数量。西溪湿地国家公园周边地区的近距离游客大部分当天返还，外地游客则多选择住于杭州市区内，故景区住宿设施的容量可忽略不计。景区目前供水、供电体系已建成投入使用，水电供应充足。因而，西溪湿地的旅游设施容量主要取决于包括停车场、游船、餐饮等旅游服务设施的容纳量（表 1）。

表 1　杭州西溪国家湿地公园旅游接待服务设施概览

设 施	数 量	规 格	接待使用情况
停车车位	54	大客车	日周转率（1.5～2）
	101	小车	
电瓶船	5	30 座	单趟来回
	21	21 座	
	5	10 座	
摇橹船	54	6 座	单趟来回
茶室座位	322	室内	每座位日均接待游客数（3～4 位）
餐厅座位	948		
室外餐、茶座	254	室外	

停车场每天可接待人数为：

C_p ＝停车位×车载人数×日周转率＝3 997～5 330（人次·d^{-1}）

游船每天可接待人数为：

$C_b =$ 电瓶船瞬时载客量×电瓶船日周转率＋摇橹船瞬时载客量×摇橹船日周转率
$= 6\,001$（人次 $\cdot \mathrm{d}^{-1}$）

室内外餐、茶座停车场每天可接待人数为：

$C_c =$ 餐（茶）位×每座位日均接待游客数 $= 4\,572 \sim 6\,096$（人次 $\cdot \mathrm{d}^{-1}$）

因而，西溪湿地的旅游设施容量为：

$C(f) = \min(C_p, C_b, C_c) = \min(3\,997 \sim 5\,330, 5\,945, 4\,572 \sim 6\,096) = 3\,997 \sim 5\,330$（人次 $\cdot \mathrm{d}^{-1}$）

其值主要受限于停车场车位容量。

4. 旅游管理容量

西溪国家湿地公园现有正式管理人员约 60 人。按 90～100 名游客需要 1 名正式管理人员计，其旅游管理容量为：

$C(m) = 60 \times (90 \sim 100) = 5\,400 \sim 6\,000$（人次 $\cdot \mathrm{d}^{-1}$）

5. 旅游心理容量

游客心理容量可由游客满意度得到直接反映。西溪湿地从 2006 年初开始，每周都对游客满意度进行抽样调查，调查内容包括总体满意度及自然生态景观、文化景观、总体水质、生态保护政策、团体接待服务、游船服务、导游服务、餐饮服务、指示标识服务等方面的满意度。将上述因子作为自变量、日游客量（C_p）作为因变量，在 $\mathrm{P} < 0.05$ 的显著水平下，进行逐步回归分析，得出如下关系式：

$C_p = 22\,673 - 11\,062 \times S_s - 11\,394 \times S_g$

式中，S_s、S_g 分别代表游船服务满意度和导游服务满意度（％）。自然生态景观、文化景观、总体水质、生态保护政策、团体接待服务、餐饮服务、指示标识服务等方面的满意度在逐步回归分析过程中被剔除。结果表明，当游客量过多时，游船服务和导游服务满意度明显下降。实地观察也发现，主要原因在于黄金周、双休日和周一免费开放日游客大量涌入的情况下，8:00—10:00、13:00—15:00 等高峰时段在水上游线前两个码头等候游船的时间过长，在 0.5h 左右。设良好和优秀的满意度要求应分别达到 80％和 90％以上，由上式得相应的旅游心理容量值：

$C_p = 3\,500 \sim 4\,800$（人次 $\cdot \mathrm{d}^{-1}$）

6. 旅游环境容量的综合估算

根据 25 个生态旅游专家打分的结果，杭州西溪国家湿地公园旅游生态容量、旅游空间容量、旅游设施容量、旅游管理容量、旅游心理容量的权重分别为 0.37、0.22、0.15、0.13 和 0.13。旅游环境容量：

$C = (3\,600 \sim 6\,840) \times 0.37 + (4\,800 \sim 7\,800) \times 0.22 + (3\,997 \sim 5\,330) \times 0.15$
$\qquad + (5\,400 \sim 6\,000) \times 0.13 + (3\,500 \sim 4\,800) \times 0.13$
$\qquad = 4\,145 \sim 6\,450$（人次 $\cdot \mathrm{d}^{-1}$）

综上所述，西溪国家湿地公园一期工程范围的旅游环境容量为 4\,145～6\,450 人次 $\cdot \mathrm{d}^{-1}$。

（资料来源：李睿,戎良. 杭州西溪国家湿地公园生态旅游环境容量[J]. 应用生态学报,2007,18(10):2301—2307.）

 思考题

1. 简要叙述环境与生态旅游的关系。

2. 什么是生态旅游环境容量,影响生态旅游环境容量的因素主要有哪些?

3. 如何做好生态旅游环境的保育?

4. 以某个生态旅游目的地为例,你能否尝试计算出它的生态旅游环境容量?

第七章 生态旅游规划

导入式阅读

　　规划是一种智力产业,能够为产业的持续发展提供思路与制度保障。从某种意义上说,规划是推动产业发展的强大生产力。生态旅游规划则是应用生态学原理和方法将旅游者活动与环境特性有机结合,对旅游活动在空间环境的合理布局所进行的一种规划。规划经相关政府审批后,则成为区域进行生态旅游开发、建设的法律依据和方向指引。因此,生态旅游规划既包括科学的规律,又有艺术的创造。可以说,生态旅游规划是实现生态旅游发展理念的重要手段和工具。

　　目前,已经有多种多样的生态旅游功能分区和规划模式,如国外所倡导的同心圆模式(将国家公园从里到外分为核心保护区、游憩缓冲区和密集游憩区);陈传康先生主张的以文脉(地理背景)特征为基础的"分地段开发生态旅游产品、形成不同生态回归情调"的规划方式等①。本章将从生态旅游规划的基本概念与分类入手,对生态旅游规划的发展历程、特点、目标与原则、基本内容和步骤等基础知识展开详细介绍;并以加拿大卡普兰诺索桥公园和我国普达措国家公园为案例,使读者深入了解生态旅游规划的应用与意义。

第一节　生态旅游规划概述

一、生态旅游规划概念与分类

　　生态旅游规划是旅游规划的一个分支。根据旅游规划理论与生态学的观点,在调查研究的基础上,生态旅游规划是以可持续发展为指导原则,通过对未来生态旅游发展状况的构想与安排,将旅游者的旅游活动与环境特征有机地结合起来,在结合不同的景观设计和自然学科的基础上,将生态旅游活动在空间环境上进行合理布局,寻求生态旅游业对环境的保护和对人类福利的最优贡献,保持生态旅游业永续、健康的发展与

---

　　① 张建萍. 生态旅游[M]. 北京:中国旅游出版社,2008.

Ecotourism

经营。

生态旅游规划包括两种类型：一种是以设计生态旅游产业为重点内容的纵向性规划，一般被称为生态旅游产业规划；另一种是以区域为单元的生态旅游横向性规划，一般被称为生态区域性规划。两类规划在内容上多有重叠，故有的规划者将其统一到生态旅游区的规划中，它表明任何一个以生态旅游为主题的区域单元完全可以囊括所有生态旅游规划内容，组成一个具有综合性特点的生态旅游规划框架。

二、生态旅游规划发展历程

（一）世界生态旅游规划发展历程

1. 萌芽期（20 世纪 50 年代—20 世纪 70 年代末）

20 世纪 50 年代以来，政府逐渐意识到旅游能够带来客观经济效益，但是对于环境等方面又会带来不良的负面影响。为了实现地球资源和旅游资源的可持续发展，一些国家意识到需要进行生态旅游规划。首先，较为完整的旅游规划是 1959 年美国夏威夷的规划，可以被看作是现代旅游规划的先驱，在此基础上，旅游规划第一次成为区域规划的一个重要的组成部分。在其后的 60 年代中期到 70 年代的几年里，世界旅游业的迅速发展，使旅游区域开发规划的需求日益强烈，因此相应的旅游规划也在全球内得到了进一步的发展。许多国家和地区组织开始参与到旅游规划中来。EEC、联合国开发计划署、世界旅游组织、世界银行等积极参与并推动了菲律宾、斯里兰卡、尼泊尔、肯尼亚等国的旅游规划编制工作，特别是 WTO 出版的两个和旅游开发规划有关的文件《综合规划》(Integrated Planning)和《旅游开发规划明细录》(Inventory of Tourism Development Plans)。

景观设计师 Richard Forster 在 1973 年提出了得到 IUCN 认可的同心圆分区模式，将国家公园从里到外分成核心保护区、游憩缓冲区和密集游憩区，这是生态旅游规划得以展开的初始阶段。

2. 发展期（20 世纪 80 年代初—20 世纪 90 年代末）

在此基础上，1988 年 Clare A. Gunn 提出了国家公园旅游分区模式，将公园分成重点资源保护、低利用荒野区、分散游憩区、密集游憩区和服务社区。该理论被广泛应用于加拿大的国家公园的规划和管理。而在 1987 年，由世界自然基金会（WWF）组织进行了世界上第一个明确的生态旅游规划项目，WWF 在对拉丁美洲和加勒比海地区的五个国家进行系统调研以后于 1990 年出版了《生态旅游：潜力和陷阱》研究报告，对这些国家的生态旅游规划和管理提出建议，也为全世界生态旅游的开展提出指导。特别是当生态旅游一词出现以后，论述生态旅游规划的专著与论文不断涌现。如 Eagles 于 1995 年所著的《生态旅游：规划者和管理者们的参考文献注解》以及 David 于 1999 年所著的《生态旅游介绍》等分别将"岛屿理论"、"环境容量"和"游憩地等级理论"等引入生态旅游规划。

3. 成熟期（20 世纪 90 年代末至今）

20 世纪 90 年代,美国著名的旅游规划学家 Inskeep 为旅游规划的标准程序框架作出了巨大的贡献。其代表作 *Tourism Planning*：*An Integrated and Sustainable Development Approach*,在旅游规划界产生了深远的影响。该书不仅对于旅游规划操作本身进行研究,还提出了不定期对规划实施监控和管理的建议。

Fennell 在 2002 年出版的《生态旅游项目规划》和 2003 年的《生态旅游政策和规划》是目前为止有关生态旅游规划的原理、方法、规划内容、实施过程和检测评价最为全面和深入的著作。2002 年被联合国指定为"国际生态旅游年",召开了大量的生态旅游研讨会,会议总结提出了生态旅游地的规划、管理指南。Wood 指出:"一个完整的旅游区的总体规划应该划分绿色区域、人行小径、游步道以及公共场所,要有居民区和商业区开发密度(强度)的明确的规定,要安排足够的预算开销用以保护受欢迎的旅游地,并且有专用于保护的费用。"

(二) 我国生态旅游规划发展历程

我国于 20 世纪 70 年代末成立旅游事业的行政管理单位,同时在建设部门出现了旅游城市规划、风景名胜区规划,林业部门出现了森林公园规划等,这些都可以看成是中国旅游规划的资源导向阶段,规划形态以观光游览为主。20 世纪 90 年代后,中国旅游业开始进入全面发展阶段,各级政府纷纷将旅游业作为龙头或支柱产业,出现了旅游开发、规划和建设的热潮,旅游规划的社会需求不断增加,"发展旅游,规划先行"已经成为共识,旅游规划出现区域规划、产业规划、区点规划齐头并进的新局面。

在理论研究方面,进入 21 世纪以来,更是全面迅速发展。如刘忠伟等(2001)探讨了景观生态学在生态旅游规划管理中的应用,并且从旅游供给方、需求方以及二者的综合层次方面考虑;钟林生(2004)系统阐述了景观生态学在生态旅游规划中的应用领域;杨尚(2008)以河南省淇县金牛岭森林公园为例,通过引入景观生态学中的景观安全格局理论,对景观资源进行生态旅游阻力评价,构建生态旅游地分区规划的新模式。

另外,从规划方法方面的研究来看,我国许多学者,如石金莲、李俊清(2002)、吴晓玉、匡洪兴(2002)等都对生态旅游规划的原则、管理要点、规划内容、方法、程序等进行了系统的研究与阐述;李小梅等(2007)以武夷山大峡谷生态旅游区规划为例,提出了生态旅游规划中环境影响评价的方法。

三、生态旅游规划的特点

生态旅游规划是为生态旅游服务的项目,所以在设计规划之前,有必要搞清楚生态旅游的特点,以及与传统的旅游规划相比有什么不同之处(如表 7.1 所示)。

表 7.1　生态旅游规划与大众旅游规划之间的比较

项　目	传统旅游规划	生态旅游规划
规划项目	把旅游业当作一项纯粹的经济产业来进行规划,实现经济利益的最大化	强调旅游业要与生态保护、社会发展紧密结合,追求适宜的利润和良好的生态环境
规划者	精英规划、主要是专家和官员的意见	多方参与,广泛征求利益相关者的意见与建议
开发模式	旅游项目主导,将经济利益放在首位,其次才考虑社会和生态效益	保护性开发,追求生态保护和经济发展相互促进的良性发展模式,对开发程度有一定的限制
目标市场	大众旅游市场	生态旅游者,具备较强的生态环境意识
空间布局	结构导向的空间拓展,交通方式限制少	功能导向型空间安排,交通方式有限制
建筑风格	风格上偏好钢筋水泥的人工建筑,不太注意建筑材料的无污染、低能耗	风格上喜好地方特浓厚的建筑,提倡生态建筑
旅游收益	开发商和游客为净收益,当地社区居民的收益与环境代价相抵所剩无几或为负收益	开发商、游客和当地社区居民

资料来源:宋然然,樊国盛,陈坚.浅谈生态旅游规划与旅游业的可持续发展[J].四川建筑,2010,31(1):22—24.

总的来说,生态旅游规划代表了当前规划的方向,是现代规划思想的集中反映与体现,它既是对于传统的旅游规划方法的传承与发扬,同时又与之存在很大的区别。总体来说,有以下三个具体的特点。

1. 协调性

为了保证生态旅游目的地的社会、经济和环境的协调发展,需要从社会、经济和生态三个方面的共同效益去考虑,使得它们之间有机结合,相辅相成。从系统论的观点出发,注重环境承载力、生态旅游业、生态环境保护、社区经济的发展和生态旅游之间的平衡发展,实现生态旅游目的地的生态系统以及其附属项目之间的协调发展。

2. 自然性

在生态旅游规划中,其自然的特性非常明显。这是因为作为生态旅游目的地,游客在生态旅游活动中,强调的是与自然环境的和谐相处,在获得个人情感经历的同时获得启迪教育。因此,大多数生态旅游区域都是相对原始,并且地方文化浓郁的地区,游客也比较愿意到那些受人类干扰较少的野生自然保护区去进行旅游活动。

3. 生态性

生态旅游强调对于旅游对象的保护,明确反映出保护自然的要求和责任。在规划的过程中,需要应用生态学规律,并且合理地利用自然生态系统。另外,生态旅游规划的质量直接关系到旅游业的可持续发展,一旦生态旅游规划出现质量问题,便极易造成环境破坏。一般来说,适合开展生态旅游的地区往往是生态环境脆弱的地区,所以旅游资源的保护将受到生态旅游规划质量的直接作用,最终会影响旅游业的可持续发展程度。例如,近年来,随着我国生态旅游业的快速发展,一些自然保护区纷纷对外开放,进而成为开展生态旅游的热点。但由于生态旅游还属于起步阶段,在资源开发和规划方面没有形成一套完整科学的理论体系,不少自然保护区的生态环境受到了不同程度的破坏,旅游资源退化。中国"人与生物圈"国家委员会对保护区的旅游现状作了深入调查后发现,目前的自然保护区存在垃圾公害,出现水污染,有噪声污染和空气污染。国际上这样的例子也不胜枚举,如圣约翰岛的珊瑚礁因大量潜水者的光临而面临解体;墨西哥的玛雅文化遗址因大量游客的涉足而面临崩塌;哥斯达黎加每年接待近50万游客,使旅游业成为该国超过咖啡和香蕉生产业的第一大产业,导致该国的森林迅速被破坏,成为世界上森林破坏率最高的国家[①]。

四、生态旅游规划的目标和原则

(一) 生态旅游规划的目标

生态旅游规划的目标就是建立可持续发展的生态旅游业,结合中国古代"天人合一"的思想,也就是天道与人道、自然与人为的相通和统一的思想,实现生态环境、经济和社会的可持续发展,具体体现在自然和文化环境质量得到维护、社区人民生活水平和质量的提高,以及生态旅游者高质量的体验。

首先,生态旅游资源以及社区文化所共同依赖的环境得到维护。对自然资源和文化遗产的维护是地方乃至世界所关心的问题,维护环境是生态旅游业和社区经济发展的必要条件。由于不同旅游目的地社会经济状况有所差异,因此,在进行规划时除追求上述基本目标外,还要制定一些具体的、定量的社会和生态目标。其次,社区人民生活水平质量的提高。包括生活水平的改善、区域经济的增长、特色文化的昌盛、道德水平的提高、生存发展能力的增强、社会秩序的和谐以及居民素质的改进等内容,是社会可持续发展的具体体现。再次,生态旅游者高质量的体验。生态旅游体验质量的高低直接决定着旅游目的地对游客需求的满足程度,直接反映了旅游目的地的吸引力,从而决定了客源数量的大小和旅游收入。因此,要充分挖掘旅游目的地的自然科学和文化内涵,提高其旅游观赏品位,加强管理以保持对游客的吸引力。

总之,生态旅游业的发展要走以资源保护为基础的可持续发展之路。资源的过度开发可能导致不可修复的破坏,从而失去资源的吸引力,生态旅游业也就无从谈起。生态旅游资源维护的好坏决定了生态旅游能否走可持续发展的道路,因此在生态旅游规划中要重点研究,合理规划,有效利用。

(二) 生态旅游规划的原则

生态旅游规划的目标是生态旅游资源及其环境的保护,重要目标是社区经济的发展。所以,生态旅游规划在遵照执行传统旅游开发原则的基础上,还要注意遵循和强调

① 龚雪辉. 生态旅游岂能破坏生态[N]. 光明日报,1998-05-23.

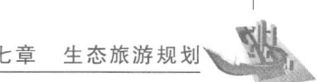

下列原则。

1. 平等性和保护优先原则

自然界的万物同样具有同等的存在和发展的权利。平等地对待规划区内的各种资源,尽量保护好其存在和活动的环境,创造一种人与自然和谐共处的状态。同时要注意到,保护有价值的自然与文化景观资源以及生态环境,是生态旅游可持续发展的基础,因此在生态旅游规划过程中,要遵循生态学规律,将保护置于优先地位,保持生态平衡。

2. 生态与文化真实性原则

规划时要尽量保持生态旅游资源的原始性和真实性。要注意保护大自然的原始韵味,保护当地特色文化的传承,避免因开发而造成的文化污染,避免把现代化建筑移植到景区。

3. 整体性和系统性原则

生态规划的对象是一个整体的区域,但是在其中又存在不同的子系统。因此,在规划设计时,要采取多种形式,普遍征求利益相关者的意见,全面了解,吸收他们的合理建议和意见,以求最好的规划效果。并且要注意三个基础系统的相互交汇:开发活动对于自然生态系统(水、空气、地貌、野生动物)、对于社会环境(居民生活方式、价值观念、种族信仰等)、对于旅游区域经济环境(物价、产业结构、地价等)。

4. 环境教育和法制监控原则

生态旅游与传统大众旅游的差异之一就是实现对游客的环境教育功能,强调旅游者在与自然生态环境的和谐共处中获得第一手的具有启迪和激发情感意义的共享经历,从而激发他们自觉保护环境的意识。另外,生态旅游规划应在遵循有关法律的前提下进行,以防止决策的短期行为,力求规划措施实施的制度化。

5. 安全与健康原则

要坚持对游客负责的态度,为旅客提供有保障的旅游服务,保护游客的合法旅游消费权益,在一些特殊的旅游地,如滑雪场、大森林、水域等设置必要的救生和医疗机构。

6. 可持续发展原则

可持续发展是生态旅游的重要理论基础,促进旅游业的可持续发展是生态旅游规划的出发点。在规划中应突出强调对生态环境和特色文化的优先保护,不为局部或眼前利益所驱动,坚持近期利益和长远利益统一、局部利益和整体利益兼顾。生态旅游规划由于其自身的特点和原则,因此,对规划者也有特别的要求,包括要具有环境保护的责任感、要多学科的参与合作以及拥有长远的发展性的目光去规划和发展生态区。

第二节 生态旅游规划的内容与步骤

一、生态旅游规划的参与实施者

生态旅游规划主要由四类人员参与实施：(1)国家或地区旅游行政管理部门工作人员；(2)旅游规划专家；(3)生态旅游产业开发者或生产者；(4)生态旅游经营商和推销者。这四类人员有时一起对一个国家和地区的生态旅游制定总体规划方案，有时分别就生态旅游的某些内容进行规划与设计。如政府管理部门参与规划的重点是生态旅游景点和项目的总体布局、发展规划、速度及实施生态旅游的管理办法、法规等；生态旅游开发者的规划内容侧重于生态旅游项目及产品的策划和市场定位以及项目的运作技术、生产组织过程等；生态旅游经营者的规划主要是产品推销方案、广告和组团策划等；生态旅游规划专家则是运用规划学原理将上述规划内容系统化、规范化，形成一个符合规划操作要求的规划文本和说明书。但是，不管是哪一类人员，他们都要对生态旅游这一全新的、高层次、高品位的旅游形式有深刻的认识，同时还要对旅游地生态环境有敏锐的洞察力，对控制旅游者的行为有良好的设计思路。反映到具体的规划工作中，就是能够站在全方位的战略高度，通过科学的设计手段，以有效的措施解决生态旅游地开发与保护的矛盾。

二、生态旅游规划的内容

开发生态旅游产业在具体运作上要受很多条件的限制，这些限制因素包括：旅游供给方(生态旅游地)和需求方(生态旅游者)；旅游开发商和经营商；旅游管理部门；与旅游业相关的行业；生态旅游地的社区居民；生态旅游的实体条件(如硬件设施和技术设施)；生态旅游开发、管理、营销工作人员和管理条件(如软件环境)等。由此可见，生态旅游产业规划是一个由多项内容构成的系统工程。

(一) 生态旅游业的性质与开发战略

生态旅游业在产业性质上属于旅游产业，它是促进旅游服务业发展的第三产业。该产业有其自身特点，它是以保护和体验为主体功能的产业，在开始运作生态旅游业时就要有这种思想，拟定规划大纲、指导方针、发展战略时都要写明保护与体验这两大功能。所谓保护，就是要使生态旅游开发者、管理者、经营者、旅游者把保护生态系统、维护生态资源与环境的完整性作为自己行为的出发点；所谓体验，是指在生态旅游过程中，指导游客如何体验生态美，包括生态美学、生态健身、生态健全等。考虑到生态旅游产业的这个特点，有人把它叫作体验型旅游产业或保护型旅游产业。海外一些学者还把它列为第四产业，即在以生产、加工、服务为特点的第一、第二、第三产业之后，所建立

的第四产业——体验型产业。"体验"有多方面的形式,生态旅游体验只是其中的内容之一。

在制定生态旅游业的开发战略时,要以体验与保护这两大特点为依据,视各地情况予以准确表述。如生态旅游地有的是小规模的,有的是精品型的,有的是示范式的,有的是考察型的,在开发这些生态旅游产业时,应采取不同的发展战略。在战略重点、战略目标方面,各地的生态旅游应有所不同。在开发规划中要明确规定战略重点:是以沿海湿地为战略重点,还是以自然保护区的实验区为战略重点,或是以山岳森林、草原湖泊、野生动物观察等为战略重点。在战略目标方面,除应以接待游客数及经济收入为目标外,还涉及环境保护目标、生态旅游形象目标等的规划与设计。

(二)生态旅游活动范围及面积的圈定

生态旅游必须有严格的空间限定。在规划生态旅游区时,要画出明确的界限,并把它落实在规划图上,计算出它的准确面积。在实际操作时,要立四至界碑,要有允许游人进入的汽车种类和数量。在自然保护区,要严格按照国家和地方关于自然保护区发展旅游的规定,只能在实验区内进行生态旅游活动。若对自然保护区的核心区、缓冲区、实验区划定不明确,这类保护区就不能发展生态旅游。这类旅游区一旦全面开放,就会对环境造成严重破坏。

(三)生态旅游项目和产品设计

生态旅游项目和产品设计是制定生态旅游规划的中心环节,也是衡量规划水平高低的重要标志。

策划任何生态项目和产品必须以保护环境和体验生态为宗旨。在保护环境方面,如何设计保护动植物,特别是珍稀生物的项目和产品,是生态旅游规划的一种艺术体现。这种设计应既能使生态旅游者获得视觉享受,又能有利于动植物的保护。在体验生态美方面,要设计一些适时、适地、适量的生态产品,指导游人合理欣赏和操作。

生态旅游产品一般包括生态旅游目的地(景区)、旅游项目及生态旅游线路三部分。按其形成因素可分为原始生态旅游产品、人工生态旅游产品和综合生态旅游产品,或分为自然生态旅游产品、人文生态旅游产品和自然文化兼有的生态旅游产品①。一般人们多按其性质将其分成六个系列:生态观光产品系列、生态保健产品系列、生态度假产品系列、生态科研产品系列、生态娱乐产品系列、生态美食产品系列。

(四)生态旅游资源的科学评价

生态旅游资源是供生态旅游使用的自然型和文化型资源,在发展生态旅游产业时,要对生态旅游资源进行科学的评价,即利用现代科技手段,把生态资源的属性、特性、本性(包括产生原因)解释清楚。生态旅游资源具有体验生态的功能,为给游人体验生态提供丰富的科学依据,有必要对生态资源进行科学评价。如为使游人体验植物的健身康体功能,就应对生态旅游地及其健身植物进行科学测定工作,使游人知道哪个环境或

---

① 周笑源.生态旅游内涵再论[J].旅游学刊,2003,18(2):67.

哪种树木能释放更多的芬多精杀菌物质或负氧离子,在哪种环境和哪种树林中,可治疗哪种疾病,以及会达到什么样的疗养效果,可以得到什么样的体验等。只有把生态旅游所需要的科学数据提前测定出来,才能指导游客具体体验生态,真正感受生态的内在美和生态旅游资源的价值,从而为保护生态资源及其环境奠定基础。所以,对生态旅游资源的评价是开发生态旅游的重要科学基础。

（五）对生态旅游设施及基础设施作出限制性规划

在生态旅游区、自然保护区内建设住宿、餐饮、信息中心等生态旅游设施时,必须科学规划、严格限制在合理的范围内,同时其建筑风格、材料、家具和装饰等都应该与周围环境和地方文化相协调。进入生态旅游区的交通、通信工具等应尽量减少对生态环境的破坏,在生态旅游区内应该禁止使用噪声强、污染大的各种交通工具、活动设施,尽量采用低污染的能源并配备有效解决游客废弃物的各种设施和条件等。

（六）生态旅游容量标准的制定

生态旅游规划的核心是保护大自然、保护地方文化,保护大自然的核心又是保护生态系统、保护生物多样性以及保护自然环境的原始风貌,而维护、控制生态环境的基本措施就是确定合适的生态旅游环境容量。生态旅游环境容量的具体概念及计算已在第六章中作详细说明,此处不再赘述。

（七）生态旅游营销方案的制定

制定营销方案是开发商开展生态旅游业的前提。营销方案一般包括市场定位、营销方式等内容。只有对环境负责的高素质的旅游者才最钟情于生态旅游,因此在市场定位上,开发商应侧重于那些环境意识比较强的旅游者。通过各种营销方式和促销手段,组成不同兴趣的生态旅游团队。在组织游人进入旅游目的地现场时,应对旅游者进行有效的训练和环境教育,并把事先准备好的"行为规范"、"行动指南"等分发给游人,以引起他们对环保问题的注意。在经营中,如遇到经济目标与环保目标冲突时,应以环保目标为重,其次再考虑经济利益。

（八）导游培训规划

生态旅游过程对导游的要求比大众旅游要高得多,生态旅游开发者和经营者要制定导游培训的具体规划,如导游的数量、培训方式、导游词的编写、语种的翻译等。

（九）生态旅游区的居民安排和规划

开发生态旅游产业必须取得当地居民的有力支持,这是实现保护环境目标的重要条件。为了实现这些目标,要在开发规划中规定具体办法,使社区居民成为开发工作的受益者。如让他们参与旅游区管理,尽量多给他们提供就业的机会,协助居民开办家庭旅馆、餐馆、娱乐项目和交通服务业等,只有这样,开发区居民才会把保护生态环境放在心上。

三、生态旅游规划的核心步骤

（一）确定目标和保护对象

旅游规划的定位至关重要，首先要研究清楚究竟这个区域以后将以什么核心项目为卖点。定位关系到整个规划水平的高低，也是对整个生态旅游区域的合理配置的先决条件。

（二）生态旅游资源的调查与评价

包括从定性和定量两个方面去分析旅游资源本身的情况，以及生态旅游资源的开发优势比较和机遇挑战分析。生态旅游区本身资源的质量是完成好的规划的基础之一，如果本来旅游自然环境资源就不尽如人意，那么无论如何也制定不出好的规划。

（三）生态旅游市场与产品的策划分析

要根据区域内可利用的资源及可开发的产品、竞争者在市场所处的位置，针对消费者对产品的重视程度，强有力地塑造出与本区域产品相结合的、但是同时又给人印象鲜明的个性或形象，从而使产品在市场上确定适当的位置。同时，还应该注意以下五个设计原则。

1. 可持续旅游发展理念下的生态保护原则

一旦开发与生态保护产生矛盾，生态保护对开发有否决权，生态旅游产品的开发过程中生态保护要贯彻始终。制定开发规划时，将生态保护作为重要内容，在开发的过程中造成生态环境破坏的，要及时调整开发计划。在缺乏保护能力的情况下，则要义不容辞地停止生态旅游产品的开发。对自然生态区要充分尊重生态发育规律，对文化生态旅游区要充分尊重当地的文化特色，以此来实现真正的生态保护。

2. 教育指导原则

生态旅游的功能包括保护环境、发展旅游、维系当地居民生活。发展生态旅游重在教育，提高全民意识，把生态意识作为重要的知识理念，在整个生态旅游的过程中倡导生态教育，借此唤醒人类珍惜自然、爱护环境的家园意识，是生态旅游产品的一个重要功能。

3. 生态效益为首原则

在生态旅游产品的开发过程中，经济目标的实现要以不损害生态效益为原则，当短期经济利益与生态效益产生矛盾时，短期经济利益要服从生态效益。只有这样，才能保证生态旅游长久的市场吸引力和市场竞争力。

4. 真实性原则和区域整体开发原则

在生态旅游产品的开发过程中，要尽可能地保持生态旅游资源的原生状态，如果会给当地的自然生态和人文生态带来人为雕琢的痕迹，则应该尽量避免。另外，对于生态旅游景区的城市化则应该特别注意避免。生态旅游产品的开发不应仅仅着眼于绿色景区的点状开发，景区周围区域的开发要与其有机结合。生态旅游产品开发的好坏，受周边经济活动的影响极大。

5. 地区需求原则

生态旅游产品和其他旅游产品一样,是针对一定的市场需求而设计生产的,一个拥有适宜旅游市场的生态旅游产品才可能具有较强的生命力,才能实现其经济使命。不同的旅游者有不同的偏好,因此生态旅游产品的开发应以市场为导向,进行充分的市场调研,了解生态旅游需求,对市场进行细分,确定生态旅游产品的开发方向。

（四）生态旅游配套设施的设计

生态旅游配套设施的设计规划也是非常重要的。道路、交通条件的好坏,是否给游客的出行带来方便,以及政府的支持力度如何,都是旅游规划能否成功完成的重要条件。具体包括对外交通规划、内部交通规划、主景区间环车道规划、景区区内游览道路设计规划、景点间游步道规划等。

（五）形成规划方案

在以上步骤的基础之上,结合旅游资源和生态环境和谐发展的理念,我们应该意识到:好的规划设计方案,既是生态旅游景区开发建设的前提和基础,也是旅游景区发展的生命力所在。因此,要做到统筹好旅游景区建设与资源环境保护,维护好旅游景区开发建设的基础,保护和用好旅游景区持续发展的生产力。在加强对旅游资源和生态环境的科学保护,做好旅游景区开发建设的环境影响评估的基础之上,充分考虑旅游景区开发建设的影响及保护治理措施,以保护促进开发,以开发促进保护,按照资源节约型和环境友好型的要求,使经济、社会和生态效益有机结合,合理地开发利用旅游资源和生态环境,科学地进行旅游景区的开发建设,实现旅游资源和生态环境的可持续开发和利用,形成生态友好型的发展规划方案。设计方案的最终制定,要以坚持可持续发展原则为首要指导方针,科学地确定旅游景区的生态环境容量或承载力,建立旅游环境监测体系,合理地控制旅游景区的游客流量,积极探索旅游景区循环经济的发展机制,确保对旅游资源和生态环境的永续利用,以促进和实现旅游景区的可持续发展。

（六）修正反馈

任何计划都有一个实施和反馈的过程,因为一切在计划时都或多或少是一个纸上谈兵的过程。方案设计得是否合理,规划是否能真正使当地居民和游客满意、有没有取得预期的成效,这些都需要实践。在实践中总结经验教训,好的项目继续保持发展,不成功的项目总结经验教训,使得规划朝着积极的方向完善。

第三节　国内外生态旅游规划案例

一、国外生态旅游规划案例——加拿大卡普兰诺索桥公园

（一）背景资料

在加拿大西部太平洋沿岸哥伦比亚省温哥华市西北郊，卡兰诺河及河谷的两侧，有着非常著名的，以原始内陆雨林为主要植被的生态森林公园——卡普兰诺河区域公园。而在此公园中，最重要的生态旅游景点则要数处在这个狭长幽深的峡谷地带中部，以一条横跨东西的钢索索桥著称的卡普兰诺索桥公园（Canada Capilano Suspension Bridge Park）。

建于1889年的卡普兰诺索桥，是世界上最长最高的索桥，它最早仅由2根麻绞索组成，在1903年才替换成钢索。这个仅有百余公顷的索桥公园面积虽不大，却树林茂密，巨树参天，给人一种深谷幽林的感觉。卡普兰诺索桥架于峡谷之上，置身其中可以看到奇峻壮观的大峡谷。人们在这里可以感受到自然巨大的震撼力，感叹大自然的鬼斧神工。20世纪90年代，这里建成了各类设施均比较齐备的公园。卡普兰诺索桥公园以索桥为界分为东西两个区，东区以文化展示、综合服务为主，主要是建筑设施和人工景观；西区强调原生态环境的保护和展示，以原始森林生态体验为主。在2003年建设了空中生态游览栈道，推出树梢探险的生态旅游项目。最大限度地保护自然生态环境，并将传统土著文化巧妙融于景观设计中，是卡普兰诺索桥公园规划设计的指导方针，并且结合推行生态旅游项目，使得一切人工痕迹与原始自然美都和谐共生地存在于同一个空间，让公园内充满自然的奇趣。

（二）设计规划理念

1. 土著文化的展示

卡普兰诺区域公园曾经是原始土著居民生活过的地方，土著部落生产生活方式和文化艺术特色的展示成为景观设计的主要内容，因为他们留下的足迹要远远早于西方的移民者。而加拿大最宝贵的也是土著文化。这些艺术品处理手法自然生动，精巧多样，使人们仿佛亲临印第安人的古老聚居地。最特别的是以下三组艺术品：

（1）印第安文化长廊。该长廊以印刻有印第安人生活场景的大型组图为背景，展示了印第安原住民农耕砍伐和造船泛舟使用的工具，以及各类生活装饰器件和艺术雕刻，烘托渲染出浓浓的原生文化气息。这种应用了立体的陈列方式与廊架的组合，从建筑学角度来看，是非常巧妙的，渲染了游线组织过程中的特殊的空间气氛。

（2）印第安特色的船。园区入口摆放了一只具有双重含义的印第安特色的船，一方面暗示了这里曾是原住印第安土著居民的聚居地，另一方面也再现了他们奇特的造船工艺，即利用西部红柏树干凿洞成舟的特殊的生产方式。

188

（3）图腾柱主题园。该主题园以密林为背景,展示了一组色彩丰富、高低错落的高大的印第安图腾雕刻柱,它们有韵律地排列在丛林中。园内共有 25 根图腾柱,其中最高的图腾柱高达 10 米以上,而且所有的均为 1930 年以来收藏的印第安原住民艺术品。

另外,还有一些土著文化展示是结合建筑的外部空间展开的,例如礼品店建筑外廊展示了印第安家庭生活场景和各类不同年代的日用工具,厕所外墙展示了各类原始农具,这既弱化了大型景观建筑对环境空间的影响,也丰富了单一的建筑外墙,渲染了外部空间的文化氛围。

2. 原始自然美的保护

索桥两边是茂密的原始森林林景观,以高大笔直的松科植物为主。西部红柏是当地重要的用材树种和文化象征,它具有超常的天然耐久性,这使其有很长的利用历史。西部沿太平洋地区的印第安人把它称为"生命之树"。它的木材被用来制作独木舟、建造住屋、雕刻图腾柱;树皮用来编织席子和篮子、绳索和衣服;树根用来制作防水的篮子,其中一些雕刻艺术品常用于仪式和宗教目的,如跳舞面具、图腾柱等,在公园里它扮演着自然和文化的双重角色。而且,树林的上层林木主要是由花旗松、西加云杉、西部铁杉、北美云杉等组成的纯林或混交林。下层植被分布有大量的苔藓、地衣和蕨类植物以及各类耐阴湿的常绿阔叶灌丛。

索桥公园的原始森林生态环境受到严格的保护,植物按照自然演替的规律繁衍生息,即使枯木和倒木也不作清理,使其自然更新。索桥公园的规划布局中为游人提供了很多游憩设施,但从空中俯瞰,它们完全被森林所覆盖,建筑、小品和栈道巧妙地融于自然,成为自然的延续。公园的空中栈道作为生态游的主要内容,既是旅游项目,同时也是独特的生态保护措施。空中木栈道距离地面 30~40 米高,但其工程设计对森林植物群落的影响却很小。支撑空中栈道木板的是一种独创的工程措施——压力圈,这是一个由包括树木学家、桥梁工程师和环境学顾问在内的多领域专家组成的小组设计完成的。压力圈将树干环抱,它对树干的压力仅相当于人的拇指按压桌面的强度,特制的可调节锚链方便常规的检查维修,根据树木的生长状况还可调节压力圈大小,因此,这个空中系统对树木的伤害极其微小。

同时,人工设施设计体现了尊重自然的意识,公园开辟的人行路线是有限的,仅入口区域考虑了相对集中的展示、服务和管理的设施,森林区则以空中步行线路为主,人们的活动仅仅限于观看、感受和体验,而不是破坏性的介入和参与,地面交通铺设架空木栈道,防止游客对森林地面造成足下破坏。正是由于这些生态保护措施,人们得以清楚地看到地面横斜的倒木上生出苔藓和蕨类植物,甚至还有高高低低的小树从上面长出,这为公园增添了几分原始神秘的气息,也成为展示植物群落演化进程的活的科普展。事实上,卡普兰诺河流域受到的人为干扰非常小,因此保持着非常原始的森林风貌,这是它吸引游客的一个重要因素和基本前提。

3. 注重细节的处理

大门的设计保持和尊重原有自然环境,建筑的设计与树木的生长穿插共生。森林

木栈道沿路排布的木椅、小径、木桥都掩藏于茂密的蕨类植物之间；木构景亭与树木的穿插搭建，目的无非是模拟原始巢居。索桥公园的标牌体系的设计同时重视了直观性和趣味性，标牌内容包括森林的自然科学知识、工程技术知识和各个景点的历史文化由来。索桥的长度、高度和牢固程度，通过富有趣味的图解方式，形象生动地进行标牌说明，这比单纯的文字说明和数字描述给人以更深刻的印象。生态大门、餐饮设施、山石小景、树木年轮、花坛和树池都尽量融入自然；花池选用野生花草，成为原有生态格局的延续。注重细节的景观设计富有个性，注重细节的精心处理，使景观小品体现了延续自然的设计理念。

在公园的森林科普知识展示区，通过一系列展台和玻璃橱窗展示了有关森林动植物的自然知识。其中一个展台展示森林植物群落的形成过程，大幅的彩色图片讲解了一片森林的演化过程，而森林资源一旦破坏，再生的能力将非常弱小，这是一个很好的启示。下部展台使用玻璃橱柜，陈列了各类植物的叶片和动物骨骼，展品上方的放大镜可以左右移动，便于仔细观察它们的细微结构。用手转动旋钮，能使橱窗内的动物标本和模型活动起来，游人操纵在手使得展品活灵活现，同时让游客们展开丰富联想，使得他们犹如亲身经历并且参与了这些自然的进化过程一样。

（三）规划分析与评价

生态规划应更多关注植物群落的格局，演化进程应取法自然，一方面充分尊重原有自然格局和生态进程，另一方面人为创造的景观，也应使其符合自然规律，使人工景观成为当地自然风貌的延续，否则可能会变成自然风貌的破坏者。同样的山水植物，经过巧妙的规划和设计，可以显示出别样的趣味和魅力。

卡普兰诺索桥公园对自然采取尊重和保护的态度，采用多样的自然科普教育方式，以充满趣味的参与性项目使人们切身感受自然的奥秘和演化规律，使人们在愉悦的生态旅游中提高环境意识，激发关爱自然、关心人类生存环境的责任感。生态旅游区的景观设计应考虑场地内在的自然和文化特征，应重视景观的体验和感受。卡普兰诺索桥公园的景观设计充分考虑地方特点和文化特征，将原生文化巧妙地融于景观设施和建筑小品中，同时又与自然生态环境协调统一。

除此之外，卡普兰诺索桥公园还创下了令人满意的经济收入，2003 年获加拿大最佳经营奖，2004 年获加拿大旅游业最佳创意奖，2004 年有 450 家旅行社组织 80 万人到此访问，仅门票收入就达 1 600 万加元。公园旅游项目除了索桥体验游、空中生态游、印第安文化游，还有"找图章"的游戏项目，这个游戏项目的主要内容是：在公园里分布了 6 处护照图章，找到一处就把放在那里的图章印在进公园时发的护照上，集满图章就能得到一张奖励证书，上面写着"我做到了"。这对于人们来说是一个富有探索性的活动。

总体来说，尽管公园里安排了众多的旅游项目，但它们对于环境的破坏并不显著。所有的设计和人们的观赏、体验和学习都是在尊重自然生态的基础上展开的。反过来，这些旅游项目带来的巨大收益为公园的生态维护和重建提供了有力的保障。

二、国内生态旅游规划案例——普达措国家公园

（一）背景资料

普达措是我国内地第一个由地方立法机关成立的国家公园,位于云南省迪庆藏族自治州香格里拉县东22公里处,2007年正式开放。普达措国家公园位于滇西北"三江并流"世界自然遗产中心地带,由国际重要湿地碧塔海自然保护区和"三江并流"世界自然遗产红山片区之属都湖景区两部分构成,总面积约300平方公里。

普达措现以碧塔海(国家2A级旅游区)和属都湖(国家3A级旅游区)为主要组成部分,海拔在3 500~4 159米,属省级自然保护区,是"三江并流"风景名胜区的重要组成部分。规划区管理总面积1 313平方公里,按7大板块进行开发,目前开发出来的面积仅占总面积的3‰。公园拥有地质地貌、湖泊湿地、森林草甸、河谷溪流、珍稀动植物等,原始生态环境保存完好。"普达措"藏语意为"神助乘舟到达湖的彼岸"。普达措国家公园是一个无任何污染的童话世界,水质和空气质量达到国家一类标准,湖清清,天湛蓝,林涛载水声,鸟语伴花香,是修身养性和陶冶情操的最佳净域。这里是摄影爱好者的天堂,一年四季景色各不相同,都能出很好的片子。

景区雨量充沛、气候宜人。有时云雾缥缈,时隐时现,宛如仙境,有时则云海茫茫,有如腾云驾雾一般,情趣盎然。这样的自然条件,使得植物生长茂盛,植被丰富,俨然就是一个天然的植物园。此外,还有多处断层崖、林间小涧、深沟峡谷等独特小景交错分布,具有极高的地理科学价值与旅游观赏价值。

（二）资源分析与评价

1. 资源环境分析与评价

湿地分布海拔高,密度大,类型多样,生态环境组成完整;水环境质量优越。

2. 生物多样性分析与评价

普达措国家公园融高原冰渍湖泊、沼泽化草甸寒温性五花草甸和原始亚高山寒温性针叶林等植被于一体,成为中国生物多样性最丰富的地区之一,主要有丰富度高、特有物种多的特性,同时也造就了生态系统多样性、景观多样性和遗传多样性的特点。

3. 文化资源特征分析与评价

滇西北横断山区民族的多样性和民族社会发育的层次性,形成了其民族社会文化的多样性。藏传佛教的宗教信仰形成朴素的环境观,发展成为该地区独特的自然生物多样性和整个环境实施保护的生态观。同时,藏民族通过长期的实践,积累了丰富的利用当地动植物及生态系统的技巧、知识和经验。其中,藏药是最具代表性的一个方面。

4. 生态旅游资源分析与评价

（1）资源本底评价。资源本底评价包括自然资源和人文资源两方面内容。

自然资源:普达措国家公园是中国十分罕见的高原湿地富集区,多样的湿地类型聚

集,具有很高的景观价值。大量湿地孕育了大量珍稀动植物,具有丰富的生物多样性和景观价值。

人文资源:以藏族为代表的少数民族在滇西北地区形成了其独特的传统文化,各种少数民族节日、婚丧习俗等成为传统文化中的亮点,尤其是藏传佛教在传统文化中的重要地位,更为藏族文化增添了神秘色彩。

自然资源和人文资源在充分展示其独特性的同时紧密结合,赋予了自然资源以人文色彩和人格特征,成为雪域高原香格里拉风光的集中体现。

(2)生态旅游资源开发条件评价。普达措国家公园集合了类型各异的地质地貌形态和丰富多样的生物景观,其静态资源空间上错落有致,分布密度大,动态资源与静态资源在时空上形成了良好的系统结构,旅游资源和旅游产品具有强烈的同构性,旅游产品开发投入小,公园开发较早,交通便捷,地方起伏小,有利于旅游组织和区域旅游合作。

(三)目标市场定位

普达措国家公园应积极引导海外和国际专业生态旅游市场,培养国内大众生态旅游市场,包括培养生态旅游者、生态旅游开发商、生态旅游经营者以及调动社区居民积极参与到生态旅游活动中来。

根据市场调查的数据,结合普达措国家公园的区位条件和旅游市场的空间距离,综合考虑目标市场的定位(如表7.2所示)。

表7.2 普达措国家公园国内、国际客源市场定位

客源市场		国　　内	国　　际
一级市场	大众生态旅游市场	以云南省、四川省、重庆市、长江三角洲、珠江三角洲等地区经济发达省份为主。其中,省内市场以昆明、玉溪、楚雄为主,省外市场以重庆、成都、北京、上海、广东等地为主	日本、韩国、东南亚等国家和地区
	专业生态旅游市场	长江三角洲、珠江三角洲、京津地区的专业生态旅游市场	以美国、德国、法国等为主的欧美发达国家和地区
	生态休闲市场	港澳台、珠江三角洲的高端市场	主要以美国、德国、法国等为主的欧美发达国家和地区
二级市场	大众生态旅游市场	港澳台、贵州、广西及华中、华北、东北地区省份,其中以贵阳、南宁、武汉、长沙等为主	俄罗斯、西亚各国等近距离境外市场为主
	专业生态旅游市场	华中、华北、东北其他地区旅游市场	大洋洲、中欧、东欧等国家和地区
	生态休闲市场	云南省、四川省、重庆市以及长江三角洲、京津地区省市的高端市场	澳大利亚、东南亚各国

客源市场		国　内	国　际
三级市场	大众生态旅游市场	国内其他地区	其他发展中国家和地区
	专业生态旅游市场	国内中等城市游客市场	墨西哥、南美各国、北欧各国等为主的世界其他国家和地区
	生态休闲市场	国内其他省区的高端市场	世界其他国家和地区

（四）旅游市场的 SWOT 分析

（1）优势：理念优势、资源优势、客源优势、品牌优势。国家公园的开发和运营模式是目前世界上解决保护与发展矛盾的最好方式之一，普达措国家公园的建设能为我国资源保护和开发的问题与国际先进理念接轨。公园的资源十分丰富，不仅拥有多种景观，还包括了大量的动植物资源，同时在美丽的大自然中还融入了神秘的宗教民族文化，将人与自然的融合达到极致。普达措公园目前已经形成了一定的客源市场，同时云南省及迪庆藏族自治州旅游业的快速发展也保证了公园的客源量。香格里拉的品牌已经在国内外拥有很高的知名度，这将为普达措公园游憩市场的进一步拓展奠定更坚实的基础。

（2）劣势：生态环境脆弱、交通"瓶颈"现象严重、景区管理工作人员水平不高、社区居民参与度不高、基础设施不完善。普达措公园地处高海拔地区，自然生态环境极为脆弱，而丰富的民族文化也非常容易受到外来文化的侵蚀，因此旅游开发中稍有不慎，就会破坏当地丰富的资源。景区旅游交通状况较差，没有形成完全游路，使除背包客外的众多大众旅游者无法体验到完整的景区风貌。在游客感受度降低的同时，影响了景区的质量。目前景区管理工作人员多为大专学历，受教育程度较高，但由于在管理方面的精力投入不足，使得管理、工作效率比较低。同时景区内居民基本上是初中文化水平，加之缺乏相应的培训，大多数居民缺乏相应的参与意识与技术性参与能力，只能向游客提供简单的服务。景区内接待设施简陋，卫生条件差，破坏了景区的环境。

（3）机遇：生态旅游成为时尚、云南省旅游发展的新战略、云南省政府高度重视国家公园管理和经营模式的引进、国家和云南省政策的支持。

（4）挑战：保护与发展矛盾突出、周边景区的竞争、国家公园管理与经营模式的执行。

（五）功能分区规划

普达措国家公园的功能分区规划如表7.3所示。

表 7.3 功能分区

类型		范围	面积/km²	功能
特别保护区		碧塔海省级保护区核心区内部分云杉和冷杉林区	60	属于严格控制区域,禁止游人进入,禁止设施建设,科研人员经申请核准后可以进入
自然生境区	野生生物区	碧塔海、属都湖湖面及面山地带、吉利谷	78.5	在保护基础上允许游人进入,可以慎重考虑建设极少量必要的设施
	荒野区	除特殊保护区、户外休憩区、文化保存区、公园服务区和自然生境区中的野生动物区之外的区域	158.6	专业生态旅游用地,允许少量游人进入;除少量基础游憩设施外,禁止大规模开发
户外游憩区		"8"字形大众生态旅游区	0.57	大众生态旅游用地,在环境评估的基础上,可以适当建设观景点、停车场、休息点、游览观景栈道等
文化保存区		洛茸村及居民生活、生活生产区域	3.3	保存藏族特有的文化及其遗存物,严格控制建筑,景观风格和生活、生产环境
国家公园服务区		双桥门景区、属都湖入口、弥里塘服务区	0.034	环境影响微弱地区,适宜集中建设旅游接待设施,游客活动集中区
引导控制区		红坡村—双桥沿线	90.7	入口景观控制区,中期可开发成遗产廊道

（六）社区发展规划

社区在发展中存在的主要问题:对生态旅游的认识层次较低,大部分居民在旅游接待过程中急功近利,大多数居民不会讲汉语,受教育程度较低,与游客交流困难,家庭卫生条件有待改善,文化传承后继无人,儿童辍学从事旅游服务,社区内基础设施不足,缺乏必要的发展资金、人员和设备。

随着国家公园生态旅游的开展,该片区生态旅游发展所涉及的各相关利益群体所产生的合力将决定社区未来的发展方向,主要包括游客、旅游经营投资商(包括社区生态旅游经营商)、社区居民、政府和社会机构。

社区发展对策:(1)拓宽融资渠道,建立社区旅游发展资金;(2)调整产业结构,使社区经济、生活水平全面提高;(3)启动社区旅游服务能力建设项目,提升社区居民参与能力;(4)通过国家公园建设,促进民族地区文化多样性保护和文化传承。

参与旅游开发主要体现在以下三个方面:参与旅游开发决策;参与旅游发展带来的利益分配;参与有关培训,提高整体社区居民的素质。结合普达措国家公园的实际情况,制定社区居民参与的机制:政府主导,联合企业,引进第三方,在村委会基础上成立社区发展委员会统筹安排参与旅游发展。并且实行社区参与经营,初期采用保护性参与经营模式,或是在政府的引导下,由社区居民集资建立旅游服务公司,由社区发展委员会统筹安排进行旅游服务接待;在中远期,采取与外来企业联合经营的模式。

（七）社区利益分配及发展保障机制

普达措国家公园采取的利益分配机制为:享受一定比例的门票收入分配权利;以资源、劳务入股享受分红;以劳动、服务合同为纽带参与利益分配。保障机制有:建立健全法律、法规;村民集资建立风险基金;明确利益主体责、权、利。

（八）社区培训

让当地居民清楚地看到旅游业的发展将会提高他们的生活水平、拓宽他们的眼界以及更加有效地传承他们的民族文化。同时,也要他们做好应对旅游业发展可能带来的一些负面影响的心理准备。培训时针对各个方面的旅游从业人员进行从业技能培训,包括观念上的和技能上的,主要包括:商品经济意识、导游技能、餐饮服务技能、客房服务技能、种植技能和语言能力等。旅游接待培训是一个长期的工作,旅游接待培训方式要灵活,应尽量采取村寨居民通俗易懂、喜闻乐见的方式方法。

（九）生物多样性保护对策

（1）植被保护对策。施工过程中,应该在林业局或管理局技术人员的指导下,对项目区的珍稀特有植物进行挂牌标记,让施工人员明确知道哪些是应该特别加以保护的,或进行合理的移栽,实施迁地保护,需要挖取植物时尽量减少对根系的损伤。另外,在人员活动较多和相对较集中的区域设置环境保护方面的警示牌,提醒人们保护自然。

（2）动物保护对策。修建项目对兽类、鸟类造成的影响不大,对两栖类和鱼类的影响较大。在施工过程中应尽量减少放炮,坚持"先防护后施工"的原则,禁止猎杀任何动物,杜绝对水体的污染,保证动物的栖息地不受或少受影响。对建设项目经过溪流的地方要顺溪流设置小型桥梁和涵洞,确保两栖类和爬行类动物的迁移畅通。

（3）景观及生态系统的保护对策。施工期间开挖和废弃的土石方很多,会对区域环境造成负面影响,在很大程度上破坏原有景观的整体性。因此更要加强后期的管护工作,对于当地植被的恢复以自然恢复为主。另外,观景栈道的修建也会造成景观的破碎,所以建设时要考虑其对环境以及生态系统的影响。修建悬空木质栈道,以保证游憩设施与整体景观效果相协调。针对每年9月至来年4月,游牧民对保护区周边的生态系统造成的破坏情况,应加大周边社区的畜牧业技术和资金投入,提倡应用牧业养殖新技术,让当地藏民转变传统的放牧方式,减轻草甸、沼泽的载畜压力,真正使湿地生态系统得到有效保护。就每年7、8月份,远近牧民进入公园过度采集松茸的现象,管理部门应根据情况划定松茸种源保护地,制定相应的保护条例,与周边的社区建立松茸共管机制,实行轮歇采集制,切实保证松茸资源的持续利用。

（4）社区保护对策。对社区的保护,以保护其原有生产生活方式、原有的风俗习惯以及传统的民族文化为核心。在社区参与旅游活动的同时,应对其进行相关技能、知识

的培训以及通过教育增强他们的民族自豪感和自尊心,加深社区居民对本民族文化的了解和理解,使社区传统文化在与外来文化的交流过程中处于平等的地位。另外,国家公园社区共管项目的实施,可以缓解社区居民对自然资源的依赖,并促进社区对湿地生态环境的保护。

(十)环境保护规划

(1)保护对象。普达措国家公园的环境保护对象包括:

——以碧塔海为核心的高原内陆断陷湖泊、湖滨沼泽化草甸湿地生态系统,水生植物群落及其水生生物多样性特征;

——以中甸叶须鱼、格咱叶须鱼和油麦吊云杉、松茸为代表的滇西北高山、亚高山珍稀濒危特有动植物种类及其生境;

——以国家重点保护的黑颈鹤、中华秋沙鸭为代表的珍稀越冬水禽和迁飞过境停歇候鸟及其栖息地;

——滇西北纵向岭古区典型的和具有代表性的高山、亚高山寒温性生物地理景观及其丰富的自然资源与脆弱的高寒森林生态系统;

——以油麦吊云杉和中甸冷杉为标志的原始的亚高山寒温性针叶林及其森林生物多样性特征。

(2)环境保护区划。

根据保护原则和保护对象,结合公园建设现状,采用三级保护区划(如表7.4、表7.5所示)。

表7.4 普塔措国家公园保护区划

保护类型	范 围	比重(%)	功 能
一级保护区	原来保护区的核心区和缓冲区,属都湖及其面山的大面积云杉、冷杉林、吉利谷	70	突出地反映保护目的,并且包括其保护对象长期生存所必需的所有资源的区域,重点要保护完整的、有代表性的生态系统及其相应的完整生态过程,禁止人类对自然的干扰和破坏活动
二级保护区	除去一级和三级保护区之外的部分	20	减少外围人为活动对一级保护区的干扰,可以从事科研、参观、考察等活动和符合环保要求的必要的建设项目,但资源开发利用和经济发展不得超过生态环境的承载能力
三级保护区	景观游憩区	10	保护自然的原始环境不受污染,可修公路,旅游设施齐全,在交通上只允许行人和非机动车辆出入

表 7.5　普达措国家公园分区保护措施

分类/分区		保护对象	保护难点	保护措施
特别保护区		碧塔海省级保护区的云杉和冷杉林区	生态结构脆弱,轻度的干扰即可导致该环境的破坏 易发生自然灾害 范围大,缺乏管理	禁止开展游憩活动,严格控制有人进入,禁止游憩设施建设 在一些必要地点建立监测点,对保护区里的各个生态系统和环境进行监测,及时掌握生态环境的第一手资料
自然生境区	野生生物区	碧塔海、属都湖及面山	游客数量大,对环境和野生动物的干扰大 易被忽视,保护意识不强	对修建点的建设尽量减少 对游客进行提前培训和教育,增加他们的保护意识 建立游憩环境评价指标体系
	荒野区	其他区域	生态结构脆弱,大量游人的干扰可导致该环境的破坏 过度放牧 范围大,缺乏管理	让当地居民参与保护,使人们意识到只有保护好当地的环境和生态系统才能从中得到更多的利益 严格控制大量游人的进入,除必要的建设外,控制游憩设施的建设 重视对植被类型及水土流失的监测
景观游憩区		河流型湿地及高山柳生态系统,藏族生活、生产方式,藏式建筑	游客数量大,对环境的干扰大,设施较多,对环境的破坏大 易被忽视,保护意识不强	对修建点的建设尽量减少 加强设施建设的管理,尽量降低对生态系统的破坏 对游客进行提前培训和教育,增加他们的防火和保护意识 建立游憩环境评价指标体系,通过对环境定期监测得来的资料进行及时有效的保护措施
国家公园服务区		服务区内植被、水体	游客数量大,对环境的干扰大 设施较多,对环境的破坏大 人为主观意识强,对环境产生很大破坏	各项建筑要作生物多样性影响评估和环境影响评价 大体量的设施建筑要进行生态恢复 服务区内要建有垃圾、污水的收集系统,以便处理或运出 对污染比较严重的和对环境有危害的一些旅游商品应禁止出售
引导控制区		藏族生活、生产方式,藏式建筑	非管理权限内,难以控制,居民和当地经营者的短视行为	加强环境宣传,培养当地居民的生态意识 联合城建部门,控制区域内建筑风格 建立补偿机制,引导居民行为

197

Ecotourism

（十一）生态旅游功能区

以土地利用比例为基础，将普达措国家公园生态旅游开发格局分为7个区域。

点状结构：由景观点、停车场、旅游设施点、休息点、管理站等构成。

线状结构：由防火道、游览景观栈道、公路、生态小道等构成。

片状结构：由门景区、综合服务区和会议度假村等构成。

整个区域内大众生态旅游带中穿插有专业生态旅游线，专业生态旅游带中原则上不规划大众旅游线路（如表7.6所示）。

表7.6　生态旅游区及其功能

区域名称		功　　能
"8"字形生态旅游带	碧塔海线	大众生态观光、生态体验、科学考察
	弥里塘线	大众生态观光、生态文化体验、科普教育
属都湖生态休闲度假旅游区		度假、生态观光
洛茸村大众生态旅游区		藏文化体验、大众生态观光旅游
属都湖—地基专业生态旅游区		户外运动、软式探险、徒步穿越、科学考察等
吉利谷徒步旅游带、碧塔海南线自驾车旅游带		观鸟、徒步穿越、自驾车旅游、科学考察
红坡村引导控制区		引导控制
尼汝河片区	自驾车旅游路线	自驾车生态旅游线路
	生态徒步小道	徒步、探险

（十二）生态旅游产品规划

依据普达措国家公园旅游资源的特征和公园的规划理念，将其旅游产品定性为以生态旅游和文化旅游产品为主，度假为辅的旅游产品，构成普达措国家公园的四大产品体系（如表7.7所示）。

表7.7　旅游产品体系

产品体系		主要产品类型	线路、景点	实现模式	建设时序
生态旅游产品	大众生态旅游产品	大众生态观光	属都湖、弥里塘、碧塔海	空间上通过"8"字形，内涵上通过动态和静态解说系统，方式上通过观景系统来完成	近期
	专业生态旅游产品	徒步、户外运动	吉利谷、属都岗、地基塘、普朗瀑布、鲁杰品科、哪豁波	通过合理的路线的组织来完成	近期
		自驾车	碧塔海南线、尼汝河上游线路	通过标识系统和线路来完成	近期
		科学考察、环境监测	湿地系统、植被系统、属都湖裂腹鱼、碧塔海重唇鱼	空间上由科考点、科考线来构成	近中远期
		观鸟旅游	高原湿地观鸟（黑颈鹤）	吉利谷湿地	中远期

产品体系	主要产品类型	线路、景点	实现模式	建设时序
文化体验旅游产品	村寨旅游	洛茸村、四村	藏民族民居民俗体验地、遗产廊道	近期
生态休闲旅游产品	旅游度假	属都湖入口、吉利谷	通过营造良好的自然环境和服务环境来实现	近中远期
	主题度假	乐孜坪	通过特许经营来完成	中远期

（十三）标识牌系统规划

（1）解说性标识系统。设置于地貌特殊、动植物资源丰富的地点，由专业人员编写解说词，内容包括碧塔海、属都湖形成过程、周边植被演替过程、动物衍生过程等。

国家公园宣传栏：对国家公园内各项旅游活动进行介绍解说，使游客在进入国家公园前对游览区域和有关游憩项目有初步了解。要求：宣传栏的说明应采用图文并茂的形式，汉、英、藏三种文字结合；可采用喷绘或者石刻，白底黑字彩色图片，高度应在 1 米，前方有 0.5 米落脚墙。

资源解说牌：对自然资源，如地质地貌、植物动物进行解说。要求：解说牌简明扼要，说明形成机理或生成环境的字体要醒目大方；可采用 PVC 半阴文雕刻。

（2）指示性标识系统。在国家公园入口、环保车站、道路交叉口、较长路段的中段设置标识性标牌。

入口标识：提醒人们已经进入国家公园。要求：选用大字体，汉、英、藏三种文字撰写；可选用当地特色材料，用醒目颜色涂写字体。

道路指示标识：用于让游客了解自己所在的位置、距离景观设施以及服务设施地点的路程。要求：地图位置标识准确，不同区域用不同颜色，并注说明，各景点附简介，标明服务区、厕所、氧吧、医疗点等位置，字体大，汉、英、藏三种文字结合；可选用喷绘或者木刻，修建标识牌要具有藏式风格。

道路引领标识：引领游客辨别方位。要求：公路标识大而醒目，站道、生态小道标识应与自然融为一体，但字体要醒目，标识注明距离、方向；可选用金属材质，蓝底白字有荧光；栈道遗迹、生态小道标识字体醒目。

（3）管理及警示性标识。在环保车站、人行木栈道、生态小道沿线设置管理及警示性标识牌。

警示性标识：设立于危险地点，以保证游人安全。要求：标牌要醒目，设置在危险可能发生的地段；警示标识和防护设施要同时设置；红底，白字，字体选用正楷或宋体。

明示标识：向游客说明国家公园管理制度、相关法规、处罚要求。要求：建立在门景的显著位置；醒目，可与趣味地图连建；重点说明，以变色字表示。

限制标识：设立在严禁进去的保护区范围。要求：标牌醒目，并注明一旦进入的后

果;黄底,红字,以突出说明。

（十四）商业机会

商业机会是指一个经营实体所具有的拓展的商业发展空间。作为主体旅游产品的一种有益补充,它能够起到丰富主体产品、提升旅游目的地形象的作用。

（1）直接投资项目。主要指由国家公园管理机构直接负责投资、管理和运营的项目。此类项目的特点是:①与国家公园的规范管理相关性较高,只有在宏观规划、详细论证的基础上才能实施。如氧吧、公用电话、汽车旅馆、户外用品专卖店、小型购物店、广告管理(标识牌、候车厅、景区交通地图广告、大巴车身广告、独立式公益广告、独立式商业广告)、户外运动中心、野外露营区、会议度假酒店等。这些项目从最初的选址、建设规模到建设样式都必须在公家公园管理机构的直接控制下进行,唯此才能保证不破坏国家公园的完整性和统一性,更为重要的是只有通过这种一定程度的集中控制,才能保证国家公园良好的生态环境系统。②与国家公园的经营有着直接的利益关系。如门票、餐饮、购物中心等。这些项目是国家公园的主要经济来源,必须隶属于国家公园管理机构的直接控制和监督。

直接投资项目要求在国家公园管理机构中,设置专门的国家公园核心资产的管理机构,专门负责资金的流向和使用状况,并定期向上级部门直接汇报,保证这些项目的顺利运作。

（2）间接投资项目。主要指非完全由国家公园管理机构来投资建设的项目,可采用社会融资合资、委托经营权等方式来进行管理和建设的项目。该类项目实施的前提条件是尽管采用合资或者是委托代理等方式,但是国家公园管理机构并不是完全放弃监管职能,必须在国家公园的监控下运营。此类项目的特点是与国家公园的经济收入有着间接的关联,固定投资较大,需要具有一定专业经验来进行管理。所以为了规避管理成本和管理风险,对于这类项目可以采取委托管理的方式来进行。这类项目有道路设施、停车场、游客中心、园内旅游穿梭大巴等。

（3）社区投资项目。与前两类项目最大的不同之处在于该类项目要求国家公园管理机构必须转变投资方式,采用资金引导和政策扶持的方式来进行。由于国家公园涉及的地域范围广,受影响的社区较多,国家公园的规划建设,在一定程度上对当地社区居民的生活和生产都会产生影响。针对这种情况,该类项目建设的目的就在于调动社区的积极性,在国家公园的统一规划下给予这些社区平等发展的机会,使受影响群体真正成为受益者。针对普达措国家公园的实际情况,设计了洛茸村家庭旅馆及民俗手工艺的传承和展览项目。家庭旅馆主要是通过向社区扶持贷款或者提供低息贷款等方式,扶持有条件的村民在公园内自己家中改造一定的基本生活设施,以达到国家公园统一制定的旅游接待标准。民俗手工艺传承是指由公园批出专项资金对于该社区中传统的手工技艺,如手工业制品的制作与传承进行扶持,以及对一些传统的民俗活动如敬神祭祀等仪式活动的传承等。

（4）国家资金项目。主要是指一些大型的需要一定的科研技术扶持的科研项目。

该项目的重点在于必须充分挖掘国家公园的科研价值,吸纳国际和国内的科研机构的科研基金到国家公园内进行科研、考察等。这类项目的投资主体是国际和国内的科研机构,国家公园管理机构主要负责前期的引导和项目进行期的配合与宣传工作。这类项目的实施能够在一定程度上提升国家公园的知名度和品牌形象。结合普达措国家公园的实际情况,这类项目主要有针对碧塔海重唇鱼的科研项目,以及针对公园内和周边社区的社区发展能力及发展方式的项目等。

 思考题

1. 谈一谈生态旅游规划与传统旅游规划的异同点。
2. 生态旅游规划的主要步骤有哪些?

第八章 生态旅游管理与可持续发展评价

　　生态旅游发展的重要意义在于既能改善生态环境与旅游经济之间的矛盾，又能促进旅游业自身的可持续发展。但由于生态旅游发展的起步较晚，无论是旅游行业的从业者还是从游者，都容易将生态旅游等同于传统的大众旅游，这也造成目前生态旅游理论与实践发展相脱节的局面；很多景区打着生态旅游旗号，进行大量宣传，实则进行的仍是传统的旅游活动，也并未实质性地保护生态环境，这种"挂羊头，卖狗肉"的行为非常普遍。

　　鉴于此，要实现生态旅游的可持续发展，仅靠科学的生态旅游规划是不够的，还必须有强有力的制度及各种管理措施做保障，这是历史的要求与必然选择。本章针对生态旅游者、生态旅游业、生态旅游社区，以及生态旅游环境的管理等展开详细介绍，并对生态旅游地的可持续发展水平进行评价与分析。

第一节　生态旅游者管理

　　旅游从业者和从游者是两类不同性质的生态旅游主体。前者是生态旅游活动的经营者、组织者、管理者，他们的素质和管理水平同生态环境和景观资源的可持续发展息息相关。他们通过利用先进的技术或手段，使生态环境和景观资源优质化。后者是参与生态旅游的游客，他们的素质、环境意识对生态旅游可持续发展都有直接影响。因此，生态旅游管理的内容应包括这两大类主体的旅游活动，如图 8.1 所示。

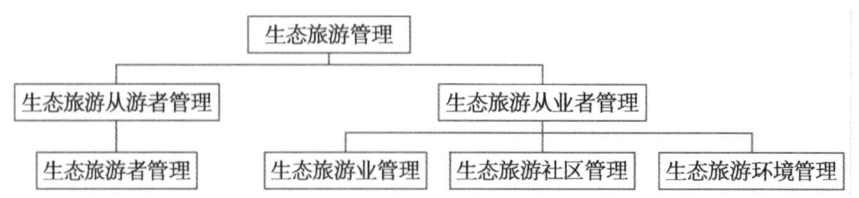

图 8.1　生态旅游管理的内容

一般而言,这两类生态旅游主体都会给自然风景区带来不利影响,但是从游者的影响更广泛,对他们的一些不文明行为如乱扔废弃物、攀木折花、驱赶鸟兽、盗窃文物、乱刻乱涂、踩踏土壤、污染水体、破坏建筑等等很难及时查处。因此,加强对生态旅游者的管理,提高他们的环境意识就成为生态旅游区的重要任务。本节首先介绍生态旅游者的管理措施,从而培养和塑造负责任的生态旅游者。

一、通过导游或宣传教育手段对旅游者进行教育

对生态旅游者管理的基本点应立足于通过宣传教育,提高他们的环境保护意识,将一个普通旅游者逐渐塑造成一个能够自觉维护生态环境、具有良好的生态保护知识、积极参加保护环境的各种有益活动的负责任的旅游者。生态旅游的组织者不但要严格地管理好游客,使之不要因游览而破坏环境,更应该用丰富的生态和环保知识感染游客、教育游客,让游客不但"游"出快乐,也能够"游"出知识和责任。

二、通过法律、法规、制度等手段对旅游者行为进行制约

对旅游者进行管理就需要对旅游者行为进行约束,可通过法规、制度等手段实现。一些旅游协会和旅行社制定了生态旅游者遵守的准则,如美国旅行社协会(ASTA)提供的生态旅行者十条"道德标准"。目前对生态旅游者行为模式的研究还是薄弱环节,很多旅游地虽然都制定了《生态旅游者守则》,但仍不规范、不科学;因此,应加强对生态旅游者行为模式的研究,才能有针对性地形成规范,进而使规范真正影响到人们的行为。

三、通过技术手段加强对生态旅游者管理

对生态旅游者的技术管理包括:合理划分保护区功能分区,根据不同保护区段的特点采取限制使用、降低使用甚至是封闭或关闭的办法,以减少游客不当行为对旅游资源环境的冲击。

四、通过经济手段加强对生态旅游者管理

可以用弹性票价、报酬奖励、罚款等对生态旅游者进行引导。在景区要保护的季节提高票价,引导游客在其他季节来游玩。对保护生态的游客进行奖励并惩罚破坏环境的游客也是很有效的手段。

综上所述,生态旅游需要一支高素质、高责任感的旅游者群体,即所谓"负责任的旅游者",这样的旅游者可以通过生态旅游本身的教育功能和管理者的管理、引导共同努

力塑造而成。同时,也需要一支"负责任的旅游者管理队伍"。表 8.1 所示的就是一些对旅游者进行管理的常用管理策略。

表 8.1 生态旅游者管理措施

类型	主要策略	次要策略	可采用的措施
游客社会环境管理	游客教育	旅游资源介绍,说明行为后果,教导正确使用环境资源的技能	游客中心,标志,发行物(折页、游客手册),无线电子设备,大众传播媒体,面对面沟通(解说员向导),公听会
		身份认同	报酬奖励,荣誉感、责任感的赋予
	使用限制	使用量,使用时间,使用资格,使用区域,活动内容,物品种类	预约系统,游程设计,指定路线,弹性票价,指定使用区域,许可制度,取缔、罚款,检查携入、出山区物品,服务限制,法令规范制定
	降低使用	改变游客使用(形态、时间、地点、方法)	资讯传播,解说教育,取缔巡逻,弹性价格,阻止使用(不改善交通)
		分散游客使用(时间、空间)	资讯传播,规定使用空间及时间,弹性票价
		集中游客使用(时间、封闭)	资讯传播,规划相容性活动
	封闭	暂时性封闭	定期休园,不定期休园,分区轮休
		永久性封闭	全区封闭,分区封闭
实质环境管理	规划计划	目标设立	建立适合资源的发展目标,检讨目标
		分隔冲突性,旅游活动(时间、空间)	设置障碍物,改变出入口数量地点,交替使用,设置缓行区
		设施规划计划	规划正确设施位置,提供足够的设施数量,提供所需设施种类,加强设施耐久、不易破坏性
	经营管理	移去破坏痕迹	加强巡逻,加强环境维护、修护工作,环境清理,环境监测
		合理化管理措施	解说措施,游客意见征询、讨论,游客管理规划

资料来源:郭岱宜. 生态旅游:21 世纪旅游新主张[M]. 台湾扬智文化事业股份有限公司,1999.

第二节　生态旅游业管理

生态旅游业管理是指与生态旅游相关的行政部门、企业及组织对生态旅游这一新兴的绿色产业,在市场引导、秩序维持、行业服务与协调等方面,采用行政、经济、法律等手段进行宏观调控、监督、指导和管理。

（一）生态旅游行业管理主体

行业管理的主体有两类：一是政府管理部门；二是行业管理组织。

1. 政府管理部门

政府的基本职能是行政功能，从所作用的领域来看，行政功能可划分为政治功能、经济功能、社会功能、文化功能等。行业管理是政府经济功能的体现之一。在计划经济体制下，政府的经济管理部门分为综合经济管理部门（纪委、财政、银行等）、专业经济管理部门（各专业部、局）和职能部门（工商、税务等）三大类。而在市场经济体制下，政府的经济管理部门则分为宏观经济管理部门、微观经济管理和职能部门三大类。我国正处于转型时期，政府的各个经济部门都在进行重大调整，其中政府的行业管理部门一方面是融入大的行业管理部门，这些部门由于其范围大，更具综合性，因而也具有宏观调控部门的性质；另一方面是转入自律性行业管理组织，但无论组织机构如何变化，其行业管理职能只能得到强化。

生态旅游业由旅游行政管理部门来管理。在我国，国家旅游局是国务院主管全国旅游业行政管理的直属机构，各省、市、区相应成立地方旅游行政管理组织，管理着全国各级包括生态旅游业在内的旅游业。

2. 行业协会或行业组织

行业组织有多种，如行业服务性组织、行业信息性组织及行业销售性组织等，行业管理组织是其中之一，它是最高权威性的自律组织。行业管理组织既是政府管理职能的延伸，又是整个行业利益的代表，其实质是介于政府和企业之间的市场中介性组织。我国的中国旅游协会、中国旅游饭店协会、中国旅游车船协会、中国乡村旅游协会都能为生态旅游的发展和行业管理起到一定的作用，尤其是中国旅游协会还专门成立了生态旅游专业委员会，旨在促进中国生态旅游事业的健康发展，1994年成立，目前挂靠在中国科学院地理研究所。

（二）生态旅游行业管理对象

生态旅游业管理的对象是生态旅游市场，通过法律、法规、政策、制度引导生态旅游市场趋势，建立生态旅游市场规则，去协调、监督、维护生态旅游市场秩序，从而规范相关企业（旅行社、旅游饭店、旅游交通企业、生产生态旅游商品的企业、生态旅游康乐服务企业以及森林公园、自然保护区等生态旅游区）行为，为这些企业发挥活力创造良好的生产经营环境。但应注意，市场经济规律要求对企业的管理只是间接管理，不干预企业日常行为，但要规范企业行为，不直接干预企业决策，但要引导企业决策。

二、生态旅游行业管理的具体范畴

（一）旅行社企业的营销及管理

旅行社是旅游业的龙头和先锋,在沟通旅游者和旅游企业之间的关系、了解需求及指导供给方面起着非常重要的作用。生态旅游的发展要求旅行社树立和营建可持续发展的绿色营销观念。旅行社绿色营销观的核心是强调旅游企业、旅游者与旅游目的地共享旅游发展所带来的进步与繁荣,强调经济、社会与生态效益的有机统一,强调旅游业的可持续发展。通过绿色营销,旅行社也可借此解决企业导向、旅游者导向等利润最大化营销观念导致的企业与旅游者、与目的地居民、与相关主体的利益对抗,从而走向企业与产业、与社会生态系统的融合与互动发展。为此,旅行社应在营销过程中追求生态导向的旅游产品的研发与创新,采用温和适中的营销方式,有选择地满足旅游者的消费需求。

1．建立旅行社绿色产品体系

旅行社绿色产品的直接含义即生态旅游产品,如森林旅游、观鸟旅游、野生动植物观赏游、滑雪旅游、海洋旅游、生态农业旅游等;符合生态保护原则的人工产品,如野生动物园旅游、海洋公园旅游等,也包括恶劣生态环境的产品,如沙漠旅游、探险旅游等。总之,只要符合可持续发展要求的产品,都可以称为绿色旅游产品。

2．树立绿色经营观念

旅行社在开展绿色旅游、生态旅游时应尽量选择具备生态条件的旅游目的地,避开那些脆弱、敏感的生态区域。对于那些只想利用自然生态资源而不重视保护或接待体制不完备的旅游目的地,旅行社应该回避。旅行社要树立全新的绿色营销观念,将经济、社会、环境三大效益的统一落实到具体业务中。旅游团的人数要控制在适当的范围内,提倡小团体旅游,以便于领队实施有效的管理,从而减少对生态旅游的影响和破坏。

3．开展旅游教育与培训

其一,加强对导游的培养与教育。旅行社应注意对员工进行绿色教育与培训,包括培养具有丰富环境和生态保护知识的专业领队,培训熟知自然及文化的有责任心的导游等。领队和导游与游客接触的时间最长,所以培养出一批有事业心、有丰富的环境专业知识、有责任感的旅游领队和导游对旅行社来说是十分必要的。

其二,加强对旅游者的教育。教育内容大致有:对旅游者进行事前教育,引导旅游者具备保护自然的观念,如对生态保护重要性的认识、目的地的生态及人文情况、旅游的行为规范及注意事项、目的地的有关生态保护的法律、规定及垃圾处理措施等。还要建议旅游者购买不影响当地自然环境的土特产品,指导旅游者与当地人进行交流,组织各种有助于自然生态保护的公益活动。

4．注意绿色宣传与促销

旅行社要多组织各种有助于生态环境保护的公益活动。如组织游客、企业、友好团体向自然生态保护区域提供资金、技术、教育方面的援助,组织游客参加沿途分发宣传材料、修复自然环境的义务劳动,为生态的保护做宣传等。

5. 旅游活动反思

生态旅游活动结束后,旅行社应及时总结、积累活动中的成功或不足的经验,也可以向参加生态旅游的旅游者征求反馈信息,如此次旅游的感受如何、活动安排是否合理等。

(二)绿色饭店的营销与管理

对旅游饭店来说,由于它不直接组织生产生态旅游产品,只通过其相关设施为生态旅游者提供住宿、饮食、康乐、咨询等服务,它与生态旅游的关系主要表现在接待生态旅游者团队或散客、提供生态化产品或服务、树立"绿色"饭店的企业文化形象等方面。

符合生态旅游业要求的"绿色饭店"应在特质和内容上达到以下标准:

从特质上说,生态旅游饭店应符合"绿色饭店"形象和标准,即应是"那些为旅客提供的产品与服务符合充分利用资源、保护生态环境要求和对人体无害"的饭店;

从内容上说,应包括"生产生态化"、"服务生态化"和"管理生态化"三方面。

(1)生产生态化。生产生态化是指旅游饭店所提供的食宿产品的生产应从能源选择、产品设计、生产流程等方面充分体现"清洁、节约、高效、可循环、无污染"的"绿色原则",更新产品生产观念,为生态旅游者提供信得过的绿色产品。例如,对常规能源煤、石油等采用节能技术进行合理利用,并辅以太阳能等新型可再生能源,节约生产成本,提高能源使用效率。

(2)服务生态化。服务生态化包括服务产品和服务过程的生态化。生态化的旅游饭店服务产品包括客房产品和餐饮产品。例如,饭店所提供的绿色食品可与当地社区挂钩,专门采购和选取以生态和无污染方式生产的不含化学肥料的"绿色食品"为原料;提供就餐服务时尽量采用可反复使用的卫生、安全的竹木筷子,而避免使用一次性筷子;使用符合环保要求的餐盒为客人未吃完的菜肴打包等等。客房的装修也应尽量选择无污染的"绿色材料";客房内的一次性用品(低值易耗品)和毛巾、床单、枕套等也应本着"舒适方便、用料节约"的原则来满足客人需要;清理房间时,别忘了为室内的绿色植物浇水,再在茶几上放上一盆娇嫩清新、香气怡人的鲜花,让客人一进房间就能感觉到春的绿意和生命的气息。

(3)管理生态化。在管理中体现"绿色饭店"的"气氛环境清新健康、资源用料厉行节约、微笑服务周到亲切、经营管理有条不紊"的风格和形象,即可视为管理的生态化。

绿色饭店除了在特质和内容上要达到以上标准,还特别需要注意树立绿色营销观念、注重绿色宣传。营销观念是企业文化的核心,也是创建企业的基础和关键。旅游饭店企业也应顺应绿色消费的大潮,改变传统的经营观念,树立绿色营销观念,开展绿色营销,只有这样,才能使自己得到可持续的生存和发展。在宣传上,也应注重绿色宣传,这可在一定程度上争取员工和客人的理解而减少饭店的工作量或减少能源的消耗。例如,"回收一吨纸,相当于少砍 13 棵树"、"节约每一滴水"等标语和口号,都能引起人们

Ecotourism

强烈的环保意识,进而塑造饭店形象,提高其美誉度。

可见,绿色旅游饭店不仅能为客人提供规范化、标准化的产品和服务,还能强化生态旅游体验,为生态旅游者提供个性化服务。因此,绿色饭店是生态旅游的重要组成部分,对它的行为管理主要通过政府主管部门和行会依据《星级评定标准》和《绿色饭店(国家标准)》等相关协议及行规来执行。

(三)旅游交通企业的绿色营销及管理

绿色交通是基于可持续发展交通的观念所发展的协和式交通运输系统。绿色交通是实现可持续发展交通的一种有效的手段。

1. 绿色陆运交通

绿色陆运交通主要有自行车、三轮车等人力车,马车、驴车、牛车等各种畜力车,流动旅馆汽车、住宿车、游览车以及徒步等。

在陆运交通方面,首先要解决的问题是景区内道路的设计。道路的位置、走向、宽度、铺面、道路延伸的范围以及是否修建索道等都必须经过严格的环境影响评价和承载力评价。其次是交通工具的选择和使用。根据自然保护区的不同要求,应减少和彻底限制机动交通工具的使用,提倡畜力、人力、自然能(风力、漂流)交通工具或徒步旅行,以减少对自然环境的污染。应多鼓励游客使用公共交通工具,尽量少使用私人交通工具。

对于进入景区的汽车业要进行有效的选择和使用。普通汽车排放的尾气对环境污染较为严重,因而改革燃料(可采用无铅汽油代替有铅汽油,使用新型燃油添加剂以提高燃烧效率)、改革设备(改进内燃机结构,安装废弃催化净化器等)是减少汽车尾气污染的有效措施,而研制、发展无公害汽车和高效交通系统,则是长远措施。当然,以电动车、太阳能车作为景区内部交通工具则是旅游交通生态化的一个重要方向。此外,在生态旅游景区内还应划定区域只允许步行者少量进入等。

2. 绿色水上和空中交通

绿色水上交通主要包括风景河段上的游船、游艇、竹筏、独木船、羊皮筏、潜水装备,漂流河段上的漂流筏、救生装备等。如要使用轮船的话,也尽量避免使用油动力船,而应使用电动船或无动力船。

在空中交通方面,适合生态旅游景区使用的包括:鸟瞰全景的直升机、大气球、观光飞艇、降落伞等,空中登高的缆车、索道等。某些景区,特别是海洋旅游区、较大的河流或湖泊旅游区、较大的峡谷旅游区、草原旅游区和条件较好的原始森林、热带雨林等生态旅游景区,空中观光交通工具可能更具优势,更有利于生态多样性和植被的保护,对野生动物的自然生活状态干扰更小,因而可行性更高。

(四)旅游景区的生态管理

从生态旅游研究和实践的角度来看,旅游景区包括生态旅游景区和一般旅游景区,旅游景区的管理包括了这两类景区在内的所有景区的管理。生态旅游景区管理是生态旅游业管理中一个重要的组成部分,是实现生态旅游业持续、协调和健康发展,取得良好的经济、社会和生态效益目标的重要保证。生态旅游区的管理,主要是对生态旅游区环境的管理,实现生态旅游区的生态化发展。由于生态旅游区环境管理的重要地位,这一部分将在第四节中具体介绍与探讨,此处不再赘述。

旅游景区行业管理,要求有关管理部门和地区景区行业协会充分发挥上级管理部门和行业的管理监督作用,对旅游景区生态化发展进行指导、规范、管理和监督。旅游景区管理部门应制定旅游景区生态化发展管理规范和条例,对景区的旅游容量、景观生态规划、景区管理者和从业人员素质培训等方面作出新的指导性规定。

对旅游景区生态化发展的管理大体包括以下内容:要求景区根据生态旅游对环境的严格要求,在原有旅游容量的基础上进一步制定景区合理的生态旅游容量,确保旅游活动对资源和环境的影响减小到最低限度;从景观结构和功能上对景区进行生态规划,主要包括对旅游产品市场的需求及特征分析,景区自然、社会要素等基础资料和相关资料的调查搜集,景观分类和对景观结构功能及动态的诊断,然后通过不同类型的结构规划,构建不同的功能单元,从整体协调和优化利用出发,确定景观单元及组合方式,选择合理的利用方式;旅游景区开发过程突出生态化、原始化和自然化,从植被保护到景观设施、服务设施,都要求坚持生态和环保原则,营造生态化的环境氛围;景区游览内容体现对游客的生态知识培养和教育,旅游景点开发力求做到科学性、知识性与观赏性的统一;注重对景区旅游管理人员和员工生态知识的培训和生态管理,提高景区从业人员整体的环保意识、环境管理技能等。

（五）旅游商品销售业生态管理

旅游商品主要包括旅游纪念品、旅游工艺品、旅游用品、旅游食品及其他商品五大类,这些商品一般具有纪念、欣赏、保值、馈赠意义或实用价值。生态旅游商品的生产和销售,构成了生态旅游业的六大要素之一。

目前,我国旅游商品存在着商品结构雷同、传统工艺品和土特产品长期占据旅游商品市场主导地位的状况,有地方特色、工艺精的商品少;外地产品多,本地产品少;销售数量多,经济回报少。同时,在很多旅游景区或生态旅游区都出现了"全民经商"、小商小贩横行的局面,造成对不可再生资源的过度开发,有的甚至严重破坏了旅游资源和环境。更重要的是,景区管理存在不少漏洞,使一些购物点公然出售一些国家明令禁止的保护动植物及其标本,或者以这些动植物为原料制作的旅游商品,与生态旅游的生态保护和教育功能背道而驰,产生了十分严重的负面影响。针对这些问题,必须对生态旅游商品的开发、销售和生态旅游购物点等进行长效管理,主要包括以下几个方面。

1. 成立专门的旅游商品管理机构

各地旅游局可设立专门的旅游商品管理机构,对包括生态旅游商品在内的本地区的旅游商品生产、经营和销售进行统一管理和宏观调控,确保旅游商品的生产和销售符合生态化的要求,不对资源可持续发展产生危害,符合国家相关法律法规;监督旅游商品质量,协调物价部门制定商品价格,规范市场行为;规范旅游商品定点销售及管理工作。同时,在国家层面也应成立相关的管理机构,主要负责旅游购物规划和设计的审

定,相关法规、政策的制定,对相关问题进行协调、监督与检查等。

2.注重生态旅游商品的研发与创新

各地有必要成立旅游购物商品策划开发中心,主要负责地方特色旅游购物商品的创意策划、设计研制,或兼有生产组织和经销职能。旅游购物商品的设计机构,既要策划对传统的旅游购物商品进行更新换代,又要根据生态旅游的特征,充分挖掘生态旅游文化内涵,创新生态旅游纪念品,充分体现"回归自然、返璞归真"这一生态旅游文化的根本特征。

3.建立旅游购物商品行业协会,充分发挥社会团体和市场机制应有的作用

旅游购物商品相关企业来自各个行业,完全用行政关系管理困难很大,建立行业协会这样的自律机构是最有效的管理形式。凡从事生态旅游购物商品设计、生产、销售的企业及相关研究机构等都应参加此协会,接受协会的行业管理。该协会的主要任务是传达贯彻政府的有关政策、法规、规划;开展调查研究,定期向协会成员发布行业及市场信息;协调协会成员之间的关系,逐渐形成利益共同体;开展技术和从业人员培训,不断提高全行业的技术水平与产品质量;开展优秀旅游购物商品评比,奖励先进、激励后进;对全行业实行质量监督,杜绝伪劣和违禁旅游商品的生产和销售等。

三、生态旅游行业管理的内容与手段

要达到促进生态旅游业可持续发展这个管理目标,行业管理主体必须有说明管理责任的管理内容和采取必要的管理手段对行业管理对象进行管理。

(一)生态旅游行业管理的内容

1.市场引导和维持秩序

这种类型的内容主要有制定生态旅游业发展的方针、政府和规划,从而引导行业的投资和经营方向;通过制定国际生态旅游开发战略和国内生态旅游的战略措施等产业政策和运用经济杠杆调节市场供求关系,如澳大利亚于1994年制定了国家生态旅游发展战略,我国国家旅游局确定1999年为"中国生态旅游年",这些都取得了很好的市场效应;产生制定生态旅游业管理的行政法规、规章并建立执法队伍,监督企业经营行为,如各类旅游企业的服务标准和设施标准。

2.行业服务性

这种类型的内容主要有通过行业性服务,培育国际和国内两个生态旅游市场,组织国家或地方生态旅游整体形象的对外宣传和重大促销活动,指导重要旅游产品的开发,帮助企业提高竞争力,如我国安徽省旅游局、林业厅、环保局联手操作,举办新闻发布会,包装上市了该省9大类生态旅游产品:野生动物观赏游、环黄山自行车游、皖南徒步游、新安江漂流游、地质考察游等,还积极进行旅游业信息调研,为企业的决策提供相关依据。

3．行业协调性

旅游行业管理部门通过协调其他有关部门的关系、指导和协调下级行业管理部门的工作以及加强行业间关系，达到认识的一致和政策的认同，支持生态旅游工作，从而有利于生态旅游业发展政策的有效实施。如在美国，除国家公园局开展生态旅游业务外，内政部、农业部、商业部和国防部也开辟生态旅游区，因此需要把这些部门都联合起来，行业管理时要协调好工作。

（二）生态旅游行业管理的基本手段

1．行政手段

行政手段是政府部门的主要手段。旅游行政部门采取指导性与指令性计划相结合、新建旅游企业或项目必须审批、服务质量与价格监理、对全行业从业人员进行规范性考核、服务质量大检查、鼓励新闻机构舆论监督等措施实施对生态旅游行业的管理。行政手段的另一种表现是积极为全行业搞好服务，主要是在对外宣传、经营指导、人才培训、信息提供和资源开发等方面，这是政府部门最能发挥服务功能的地方，如北京市旅游局公共关系部用 400 万元资金来实施北京旅游事业的总体宣传战略。

2．经济手段

经济手段是市场经济体制下必不可少的一种手段。经济手段能够更好地执行有关政策法规、实现质量监督，如我国的旅行社实行质量保证金制度以来，有力地保护了旅游者和旅行社的合法权益。在行业内企业之间、企业内部奖优罚劣，有利于调动企业从业人员的积极性，如很多旅游部门每年都要举办一些评比活动。

3．法律手段

生态旅游行业管理应当法制化、制度化和规范化。法律法规是管理的依据，是为旅游企业营造一个公平有序环境的有力保障。我国旅游业起步较晚，法制不健全、规章制度不完善的问题开始较为突出，但随着我国社会主义市场经济体制的日渐完善以及旅游业的不断发展，这个问题已得到缓解，中央及地方都加大了立法步伐和执法力度，旅游工作各个环节已有法可依、有章可循。

四、生态旅游行业管理的工作思路

行业管理是随着市场经济的发展而发展的。在我国行业管理尽管还是一个新鲜事物，尚需要较长时期的改革和探索，但是包括生态旅游业在内的旅游行业管理工作在思路上已经积累一定的经验，概括起来，主要有以下几个方面。

（一）形成一个体系

这就是在行业管理的各个方面，要努力形成一个涉及旅游运行全过程的动态管理体系。比如在旅游涉外饭店的评定方面，从制订星级饭店标准开始，确定星级饭店评定程序，到饭店正式评定，加上检查、验收和反馈，这一套管理体系，既是全过程的，又是动态的，在实践中可操作性强，效果很好。

（二）营造两个环境

这两个环境就是旅游环境和经营环境，生态旅游行业管理的根本目标就是创造良好的旅游环境和经营环境。

1. 旅游环境

广大旅游者来到旅游目的地，都希望有良好的旅游环境，这个旅游环境不仅指生态环境质量，还指旅游服务质量。旅游目的地有了好的旅游环境，能更多地吸引生态旅游者，增强竞争力，保证旅游业的可持续发展。

2. 经营环境

对于旅游企业经营者而言，他们需要一个良好的经营环境，这样才能够在相对公平的条件下努力开展良性竞争，形成好的运行机制，获得更好的经济效益。它与旅游环境是互相包容、互相补充、互相促进的。

（三）三个符合

行业管理的出发点、管理政策的设计和管理手段的推行，都要努力符合市场经济的内在规律，符合生态旅游市场长远的发展，符合国际惯例。

1. 符合市场经济的内在规律

在市场经济条件下，发挥调节作用的经济机制主要有市场机制和计划机制，前者是内在调节器，是价格、供求和竞争等要素相互制约、互为因果形成的运转形式；后者是外在调节器，是政府从外部对市场进行干预，包括财政补贴、税收调节、财政货币控制、法律手段、投资导向、政府支出等。

2. 符合生态旅游市场长远的发展

生态旅游业本身是旅游业可持续发展的最佳选择，一个在全球可持续发展战略中具有天然优势的产业，必然会有更加广阔的前景，行业管理的目标、策略和手段更要借助这个优势促进生态旅游市场的长远发展。

3. 符合国际惯例

我国包含生态旅游的旅游业是改革的先导和开放的窗口，是直接面向国际市场的，因此必须努力与国际旅游市场接轨，与国际惯例接轨，从而走向世界，进入世界经济的大循环之中，成为国民经济总体发展的新的经济增长点。

（四）四个依靠

在行业管理具体工作的把握上，需要区分重点，形成前后递进的关系：依靠标准化工作开拓行业管理范围；依靠法规建设巩固行业管理成果；依靠执法力度规范市场秩序；依靠服务质量促进企业发展。

1. 依靠标准化工作开拓行业管理范围

在生态旅游行业开展标准化工作，是规范生态旅游业市场秩序，维护行业声誉，树立行业形象，保护生态旅游生产者、经营者和消费者的有效手段，也是旅游服务质量管理的基础。要加大生态旅游行业监督管理的力度和深度，促进旅游服务朝规范化、标准化方向发展，并同国际接轨。

2. 依靠法规建设巩固行业管理成果

生态旅游业是一个综合性的经济行业,涉及国民经济的各个部门,其行业管理除行政、经济手段外,还得靠强有力的法律法规手段来加强对行业的控制,在行业管理的各个环节有法可依,有章可循,从而有效巩固行业管理的成果。

3. 依靠执法力度规范市场秩序

旅游市场秩序的监督和管理,仅制定法律法规是不够的,还有赖于执法的力度,及时对违反旅游法律法规的行为进行处罚。这就应该建立健全执法机构,配备执法人员,明确执法责任,从而使得旅游法律法规能够真正遵循和执行,执法工作合法有效,保证旅游市场秩序的正常运行。

4. 依靠服务质量促进企业发展

服务质量的优劣,由于跟生态旅游者切身利益密切相关,所以对旅游企业的兴衰产生最直接的影响,只有重视了服务质量的提高,企业才能持续发展。

第三节　生态旅游社区管理

生态旅游社区,就是指在生态旅游目的地中具有相对稳定和完整的结构、功能、动态演化特征以及一定认同感的社会空间,是生态旅游目的地社会的基本构成单元和空间缩影。一个较大的功能相对完备的村落可以构成一个生态旅游社区;几个邻近的村落,彼此相互联系,设施配套建设和利用,社区居民有一种共同的归属感,也可成为一个大的社区。而生态旅游社区管理指的就是对生态旅游目的地所在社区加强管理,促进社区参与生态旅游业,让生态旅游区与社区共同繁荣和持续发展。

一、生态旅游社区管理的意义

传统旅游在追求最佳效益时一直把注意力集中在旅游景观吸引力的发掘上,社区居民参与旅游业没有受到应有的重视,旅游业与所在社区关系常常被割裂,社区没有得到有效的管理,致使旅游区的可持续发展能力受到限制,旅游效益降低的事件层出不穷。社区既具有实施可持续发展的综合功能,又是可把握的实体,让社区参与旅游更能实现旅游业的可持续发展,而且对社区自身的发展也有利。

（一）社区的有效管理是实现生态旅游业可持续发展的有效途径

生态旅游业涉及面广,单独依靠旅游管理部门和经营部门很难保证旅游的顺畅、高效进行。为此,应对社区进行有效管理,使之支持生态旅游业,实现生态旅游的可持续发展。其作用主要表现为以下几个方面。

1. 社区可以提供接待设施服务

社区是一个能进行一定活动的社会,具有某种互动关系的共同文化维系力的人类

生活群体及其活动区域的系统综合体。社区居民为正常生活生存,发展出了较为完善的社区功能:方便的交通通信、良好的社会治安、合理的产业结构、高效的管理运作,这些功能都在为生态旅游业所利用,起到直接或间接的作用。

2. 开发旅游吸引物、进行文化交流

居民在社区长期生存的过程中,逐渐适应了居住地的自然环境,不但对当地的自然生态景观非常熟悉,从而使居民的参与有利于资源的发现,如湖南武陵源风景区的黄龙洞就是当地民兵发现的,还形成了有地方特色的生产、社交、节庆、饮食、婚恋、丧葬、宗教等人文景观。这些人文景观都可以为生态旅游业所利用,开发出来作为旅游项目,如我国藏族同胞习惯以"哈达"献给宾客,他们认为献哈达是一种对宾客最普通又最尊贵的礼节。

(二)社区的有效管理能促进社区自身的发展

对社区的有效管理,实现了生态旅游业的持续发展,而生态旅游业的持续发展又能促进社区自身各方面的发展,这主要表现在以下几个方面。

1. 促进了社区经济发展

生态旅游的开发与建设,引进资金与技术,创办相关企业,能够增加就业机会,进一步改善基础设施,为当地产品带来新的市场,还能改进土地利用方式,提高土地利用率,有力地促进当地社区经济的发展。

2. 加强了社区与生态旅游区环境和文化保护

生态旅游业的发展,调整了社区产业结构,社区居民在参与生态旅游的经营管理中意识到生态环境和特色文化都是重要的生态旅游资源,都是给他们带来收入的生态旅游业的物质基础。这种对资源价值的新认识,加上经济收入的增加,使他们不直接依赖资源成为可能,导致了对资源的传统非持续利用方式的改变,自觉参与有利于生态旅游环境和文化的保护。如墨西哥的得卡斯玛雅文化遗迹于1988年发现后,实施了一项当地社区居民设计的地方性开发法案,划定考古区后,对当地居民进行环境重要性教育的同时,还开发了旨在满足社区发展需要的项目,如改良水源、发展多种经营等,使这个文化遗迹得到合理的保护性开发。

二、生态旅游社区管理的目标与途径

加强对生态旅游社区的管理,首先应确定其管理的目标,然后找到目标实现的途径。

(一)生态旅游社区管理的目标

生态旅游社区管理的总的目标是生态旅游区与社区协调、持续的发展,主要包括以下内容。

1. 社区居民生活质量的提高

社区居民的生活质量的提高包含生活水平的改善、区域经济的增长、特色文化的昌盛、道德水平的提高、社会秩序的和谐以及居民素质的改进等内容。社区居民生活质量的提高是社区自身发展的要求,也是旅游扶贫的主要目标与体现。

2. 生态旅游者高质量的体验

生态旅游者来到旅游目的地,主要是为了获得一种基于某种动机的旅游体验,体验质量的高低直接影响着其旅游需求的满足程度,这种满足程度反映了旅游目的地的吸引力,影响着旅游目的地和社区的形象和声誉。

3. 社区和生态旅游者所共同依赖的环境质量得到维护

对自然资源和文化遗产的保护和维护是地方乃至整个世界所共同关心的问题。环境既是自然和文化资源的存在基础,又能对人类经济活动产生的废物进行自我净化,还可以满足人们对舒适性的要求,因此维护环境是生态旅游业和社区经济持续发展的必要条件。

（二）生态旅游社区管理的措施

要达到生态社区管理的目标,需要进一步努力和制定具体措施,其主要措施包括以下几个方面。

1. 加强宣传、教育和培训

通过宣传、教育和培训等手段,可以帮助社区居民提高对环境保护和旅游业可持续发展的认识,增长如何进行环境保护和提高社区可持续发展能力的有关知识,思考自己对社区全面发展所负有的责任,改变一些错误观念和行为方式,建立和管理目标相一致的道德观、价值观,积极参与到可持续的生态旅游业中去。

2. 强调当地居民的参与

当地居民参与到旅游业中后,他们将在实践中意识到生态旅游是与他们长远利益休戚相关的事业,有利于管理目标的实现。具体做法一是直接吸引社区居民参加生态旅游区的管理建设工作,如在我国,看护和管理森林公园、自然保护区的职工主要来源于周围社区的居民,根据其付出的劳动量支付相应的报酬;二是制定有关政策让社区居民自发参与旅游服务接待工作,生态旅游区仅仅收取一定的管理费。

3. 提高居民合理利用资源的能力

居民合理利用资源能力的提高,能够减少他们对资源的过度依赖,带来一定的经济收入,对维护环境质量、提高居民生活质量有直接的作用。要提高合理利用资源的能力,应该用科学技术作为指导,在对传统生产项目进行合理改造以提高资源利用率的同时,积极扶持社区居民开发新的生产项目,发展多种经营,还可以根据条件开发利用水利资源,发展水电,提供无污染能源。

第四节　生态旅游环境管理

环境保护是生态旅游业可持续发展的重要保证,针对生态旅游区的环境保护问题,

需要行之有效的策略来管理生态旅游区的环境。所谓生态旅游区管理,就是为了实现环境保护和环境建设规划的预期目标,运用多种手段,维护和改善生态旅游区的环境质量,促进生态旅游业的发展。

一、生态旅游区环境管理的内容和理论基础

生态旅游区环境管理的核心内容是环境资源的保护与可持续利用问题,要解决这个问题,需要生态学、环境学、旅游学、管理学等多学科的合作,其理论基础就是包含生态论与系统论的生态系统理论。

(一)生态旅游区环境管理的内容

生态旅游区环境管理的主要任务是依据法律法规,运用各种管理手段,搞好环境资源保护和环境建设,改善环境质量,取得社会、经济、生态效益的统一,为生态旅游者提供优美、无污染的旅游环境。根据这个任务目标,生态旅游区管理的具体内容包括以下几个方面。

1. 管理由生态旅游、生活等活动引起的环境污染

这类由生态旅游者的旅游活动和生活、员工和居民生活引起的环境污染主要有大气污染、水体污染、垃圾污染、噪声污染、视觉污染、社会文化污染等。中国"人与生物圈"委员会于1997—1998年开展的一项对我国自然保护区旅游现状的调查发现,有44%的自然保护区存在垃圾公害,12%出现水污染,11%有噪声污染,3%有空气污染,说明这方面的管理有待加强。

2. 管理由不合理生产、开发活动引起的环境质量下降

不合理的生产、开发活动主要有毁林开荒、滥伐木材、开矿建窑、炸山取石等生产活动,以及在缺乏深入的调查研究和必要的论证规划条件下,对生态旅游资源的粗放、盲目开发和不合理利用。这些活动都会影响甚至破坏环境。

3. 管理生态旅游区有特殊价值的环境和资源

主要包括保护管理野生动植物资源,特别是珍稀濒危植物、珍稀野生动物和古树名木的生存及栖息环境,如吉林长白山自然保护区的山顶冻原带、云南西双版纳的野象群。

(二)生态旅游区环境管理的理论基础

生态旅游环境管理主要通过全面规划,采取各种有效手段限制生态旅游者影响环境质量的活动,求得旅游生态系统的协调发展,因此需要研究生态旅游者旅游活动与环境的关系,研究两者相互作用的机理和规律,这正是环境管理的任务。因此,我们说环境管理的理论基础是生态系统理论。生态旅游区由多种多样的、结构复杂程度不同的生态系统组成。生态系统理论主要包括以下内容。

1. 生态系统基本规律

生态学不仅是一门解释自然规律的科学,而且也是一门为国民经济服务的科学,其

所揭示的生态系统规律有:生态系统中各事物或因子之间相互联系、相互制约、相互依存、协调发展的规律,改变其一,就会影响其他因子,而且每一物种都占据一定的生态位,有其特定的作用;生态系统中,能量单方向流动,物质循环式流动,营养、化学、物理、行为等信息不断地传递,能量的输入和输出平衡的规律;生态系统结构与功能相互作用、辩证统一的规律;时空有宜规律,即每一地域都有其特定的自然和社会经济条件组合,构成独特区域生态系统,同时这种区域生态系统随时间变化。

2. 生态平衡理论

生态平衡是指生态系统通过发育和自我调节机制所达到的一种稳定状况,它包括结构上的稳定、功能上的稳定和能量输出上的稳定。它是一种动态平衡,因为能量流动、物质循环和信息传递总在不断地进行,生物个体也在不断地进行更新。当生态系统达到动态平衡的最稳定状态时,它能够自我调节和维持自己的正常功能,并能在最大限度上克服和消除外来的干扰,保持自然的稳定性。但这种自我调节功能是有限的,当外来干扰因素如地震、泥石流、人类修建大工程、排放有毒物质、人为引入某些生物等超过一定限度时,自我调节功能就会受到损害,从而引起生态失调,甚至使系统崩溃,导致生态危机,危及人类生存。因此,我们要合理利用资源,其开发必须在一定限度以下,以保证其能持续使用。

二、生态旅游区环境管理的指导原则及对策

根据生态旅游区环境管理的内容和理论基础,可以提出相应的指导原则和对策。

(一) 生态旅游区环境管理的指导原则

要使生态旅游区环境管理卓有成效,达到预期目的,必须遵循以下指导原则。

1. 环境有价原则

环境生态旅游资源具有价值,环境管理工作就是管理资源的工作,因而就是经济工作,这表明了环境管理的经济属性。要求生态旅游区管理部门实施"谁开发谁保护,谁损害谁负担"的原则,利用经济手段把环境管起来,推动经营者在开发和利用环境资源时,充分考虑其持续利用问题,自觉地制止资源浪费、破坏、大量消耗。

2. 整体效益最优原则

环境管理必须遵循生态系统规律,把环境问题作为一个有机联系的整体,从其外部的各个方面与联系、内容的组成要素或功能群体来考察分析它,从而找到问题的症结。正确处理全局与局部、局部与局部的关系,避免决策失误,综合考虑区域内的人口、资源、经济结构、自然条件、环境污染等因素,利用多种手段统筹管理环境,实现最佳的整体效益。

3. 可持续发展原则

环境管理的目的就是为了生态旅游业的可持续发展,这条原则也是环境管理的基本目标,应当贯彻到生态旅游业的各个部门、各个环节中去,例如饭店的清洁生产工艺,

生产非污染的生态旅游商品,引导生态旅游者采用可持续的、保护性的消费方式。

4. 因地制宜原则

由于地域分异规律的作用和影响,各个生态旅游区所处的地理位置、范围大小、地质形成过程、开发利用历史都不完全一样,其组合的生态系统也不一样,使得每个生态旅游区的生态旅游资源有所不同,因此要按照地方特色来确定适宜的资源开发措施和方式,来管理环境。

(二) 生态旅游区环境管理的对策

生态旅游区环境管理需要采取强有力的对策,才能收到预期的效果。主要对策包括以下几个方面。

1. 制定环境保护与建设规划

环境规划是开展环境保护工作,实施有效管理的基本依据。内容主要有环境调查与评价、环境预测、保护目标、环境功能区划、规划方案设计与实施、规划实施后的信息反馈与监督。环境规划应纳入到总体规划设计之中,以便于统筹安排,与其他规划协调发展。如国家林业局颁布的林业行业标准《森林公园总体设计规范》(LY/T9232—95)就有保护规划及生态效益分析的内容。

2. 建立环境管理信息系统

环境管理信息系统是在环境信息的收集、统计分析的基础上,利用这些环境信息进行环境质量评价、预测、控制的管理决策系统,它既是各种环境信息的数据库,也是环境管理政策和策略研究的"实验室",可以帮助生态旅游区实现环境规划建设目标,该系统并不一定非要使用计算机,但借助计算机能使工作简化,使信息及时更新。

3. 开展旅游环境保护科学研究

要改变业已存在的环境问题,必须依靠科学技术,提高科学技术水平,尊重科学,把生态旅游业纳入科技研究、管理的轨道,走"科学兴旅游"之路,才能使生态旅游业快速、高效、健康、持续地发展。比如,生态旅游区环境容量问题、景区环境质量监测问题、文物古迹减少损坏问题等,这些问题的解决必须充分发挥专家的作用,开展课题研究,才有可能提出妥善的解决方案。

4. 强化法制观念,健全环保制度

生态旅游区的管理部门要认真领会贯彻有关的环境保护法律法规,同时要根据地域特点,建立健全旅游环境保护的各项规章制度,如生态旅游区一切开发建设项目须有包含生态建设与环境保护内容的可行性论证和总体规划制度,然后根据"谁主管、谁负责"的原则分类别、分层次、分范围地明确管理职责,配设专人,列入岗位目标管理。

5. 加强游人的生态管理

加强游人的生态管理,一方面要通过确定环境适宜承载力来从时间上引导游客的利用强度,通过合理的生态旅游区功能分区来实现游客在空间上的分布,从而保证游客对环境的影响在生态系统可调节的范围之内;另一方面,运用广播、报纸、标牌系统等各种媒体,多形式、多层面营造保护环境的氛围,倡导绿色文明旅游,教育和影响广大生态

旅游者,使他们自觉遵守旅游管理规定,不乱扔废弃物,注重旅游环境的保护,做一名真正的生态旅游者。

（三）生态旅游定位站的建立方案

中南林学院的邓金阳针对森林生态旅游的生态影响,提出了建立森林生态旅游定位站的设想,这对其他类型的生态旅游区的环境管理也很有借鉴意义。建立定位站能够更好地开展旅游环境保护管理的科研工作,指导和促进生态旅游业的持续发展。

1. 生态旅游定位站的概念

生态旅游定位站是在一定技术设备支持下,在生态旅游区内选择合适地点建立的旨在加强生态旅游环境管理的研究站。生态旅游定位站对生态旅游区的资源环境进行跟踪观测与研究,以便及时发现环境问题,找到最佳的解决方案,保持生态旅游区的环境质量优美,为生态旅游业可持续发展提供科学理论依据。

2. 开展的工作

生态旅游定位站是在传统生态定位研究方法基础之上,加上人为活动因素这个外部因子,属于"旅游生态学"的研究范畴。其开展的工作主要包括以下几项。

（1）生态旅游资源调查。生态旅游资源调查并不只是开发规划阶段的工作,而是要贯穿于其利用的全过程,因为有些资源本身有季相变化,加上人们欣赏水平的变化,需要发现新的资源,所以在任何时候都不能忽视这项工作。

（2）环境监测。对环境进行监测,在其基础上进行环境影响评价,有助于及时了解环境的变化,清楚什么因子或地点的情况在恶化,以便提出可行的改善办法。监测的项目包括大气、水体、土壤等,可分别在旅游影响严重、旅游影响轻微、旅游没有影响的地点(对照区)采样。

（3）生态旅游活动对生态系统的影响研究。这些影响主要有对植被的影响、对野生动物的影响、对土壤微生物的影响、对水质的影响、对土壤的影响、对视觉景观的影响等。

（4）生态旅游活动的管理研究。这项研究的目的是通过调查研究生态旅游者活动的时间、地点、方式等规律,既满足游客的需求,又能使生态旅游活动控制在环境容量许可的范围之内。

第五节　生态旅游可持续发展评价

生态旅游同传统旅游方式的根本区别在于生态旅游必须具有促进生态保护和旅游资源可持续利用的特点。生态旅游的实质是以生态效益为前提,以经济效益为基础,以社会效益为目标,谋求三者结合的综合效益,实现旅游业的可持续发展。从这个意义上说,生态旅游的核心内容和可持续发展的理论观点是一致的,生态旅游的发展目标是可持续发展,生态旅游可以说是一种可持续发展的旅游,它不仅丰富了旅游的内涵,拓展

了旅游的外延,而且能产生良好的经济、社会、环境效益。因此,生态旅游是实现旅游可持续发展的重要途径。旅游业的可持续发展依赖于在长期的实践过程中与自然、社会、文化环境保持和谐发展,而生态旅游是最直接促进旅游业可持续发展的旅游形式。可以说,无论是对生态旅游者的管理、生态旅游业的管理、生态旅游社区的管理,还是对生态旅游环境的管理,其总目标都是为了生态旅游区旅游的可持续发展。那么,如何评价一个生态旅游区的可持续发展状态,便成为研究者探讨的热点问题。

我国关于生态旅游可持续发展的研究仍然以根据生态旅游资源的现状调查,进行评价分析,提出生态旅游可持续发展的对策为主。这类研究重视生态旅游资源的评价、分析,属定性研究,所提出的对策多为泛泛而谈的原则,只能把握研究领域的宏观问题。在生态旅游可持续发展研究中,建立评价指标体系,构建计算模型,采用定量化手段的研究甚少,更缺乏广泛的实例研究。

一、基于生态足迹理论的生态旅游地可持续评价方法

针对区域旅游可持续发展评价已有多种研究成果,例如 Green 和 Hunter 等提出了旅游环境影响的 EIA(environmental impact assessments)评价分析法,O'Reilly 和 McCool 等提出了旅游容量的 CCC(carrying capacity concept)概念体系和旅游发展的 LAC(limits of acceptable change system)预警系统,以及基于生态足迹理论的旅游生态足迹模型。其中,旅游生态足迹是旅游可持续发展研究的一种重要方法,可操作性也很强。这是因为根据生态足迹理念所提出的旅游生态足迹量化了旅游业包含的"吃、住、行、游、购、娱"这六个基本要素,可以直接从定量角度判定某个区域的旅游可持续发展状况。生态旅游是实现旅游业可持续发展的一种重要形式,因此,判定某生态旅游区的可持续发展情况,完全可以借用旅游生态足迹模型。以下将详细介绍基于生态足迹理论的生态旅游区可持续发展评价方法。

（一）基于生态足迹模型的区域旅游可持续评价方法

加拿大生态经济学家 William Rees 在 1992 年首次提出了现代意义上的生态足迹理论,其博士生 Wackernagel 于 1996 年将该理论加以完善并形成生态足迹分析方法,指出人类的任何生产、生活活动都会对自然生态环境产生影响,留下"足迹",并可通过一系列指标来计算,通过计算结果与生态容量的比较,即可评价全球生态可持续发展状况。计算公式为:

$$EF = Nef = N\sum[(r_i \times c_i)/p_i]$$

式中:EF 为总的生态足迹;i 为消费商品和服务的类型;N 为人口数;ef 为人均生态足迹;aa_i 为人均 i 种交易商品折算的生物生产性土地面积;c_i 为 i 种商品的人均消费量;p_i 为 i 种消费商品的世界平均生产能力。此外,r_i 为均衡因子,引入此项是因为每种生态生产性土地的生物生产力是不同的,必须要将这些具有不同生物生产力的生物生产性土地转化为能直接相加的相同生物生产力的面积。目前主要使用的是国际标准均

衡因子。

　　和生态足迹共同反映可持续发展水平的另一概念是生态承载力,指在不损害有关生态系统的生产力和功能完整的前提下,一个地区能够拥有的生物生产性土地的总面积。而这个面积也是该区域的一个极大值。计算公式为:

$$EC=Nec=N\sum\left[(a_i\times r_i)/y_i\right]$$

　　式中:i 为生物生产性土地类型;EC 为区域生态承载力;N 为人口数;ec 为人均生态承载力;a_i 为人均生物生产性土地面积;y_i 为产量因子;r_i 为均衡因子。不同国家或地区的同类生物生产性土地生态生产力不尽相同,这个差异则通过产量因子比较,如果这个比值大于 1,则表示该区域该类生态系统生物生产力高于全球平均水平,反之则低。

　　将生态足迹与生态承载力进行对比研究,则可以评价可持续发展状态。根据以下公式:

$$ER/ED=EC-EF$$

　　如果 $EC>EF$,则生态盈余,区域处于可持续发展状态;反之,则为生态赤字。

　　旅游生态足迹是生态足迹模型应用于旅游研究的具体体现,基于足迹视角探讨旅游活动对资源的消耗和对环境的影响。根据不同的情况和旅游活动的特点,旅游生态足迹的消费项目一般主要由“食、住、行、游、购、娱”六部分组成,即旅游餐饮、旅游住宿、旅游交通、旅游游览、旅游购物和旅游娱乐六种模型。旅游生态足迹的六个子模型构成其计算公式如下:

$$TEF = TEF_{food}+TEF_{accommodation}+TEF_{transportion}+TEF_{visiting}+TEF_{shopping}+TEF_{entertainment}$$

　　式中:TEF 为总的旅游生态足迹;TEF_{food} 为旅游餐饮生态足迹;$TEF_{accommodation}$ 为旅游住宿生态足迹;$TEF_{transportion}$ 为旅游交通生态足迹;$TEF_{visiting}$ 为旅游观光生态足迹;$TEF_{shopping}$ 为旅游购物生态足迹;$TEF_{entertainment}$ 为旅游娱乐生态足迹。通过对区域的旅游生态足迹各子模型的计算,加总便可获得该区域的旅游生态足迹,同时与区域旅游生态承载力相比较,则可以非常方便地评价区域的可持续发展状况。目前,旅游生态足迹分析方法是最为简便的定量评价区域旅游可持续发展的方法,并且在我国也取得了相对丰硕的成果。

　　(二)生态旅游地可持续评价的六个具体子模型

　　1. 旅游餐饮生态足迹

　　为避免与住宿的生态足迹重复计算,旅游餐饮生态足迹里的设施指的是不提供住宿的餐馆。旅游者流动性大,在实际计算时假设游客在旅游目的地的餐饮消费食物量、能源消费量与当地居民相同。旅游餐饮生态足迹的计算公式为:

$$TEF_{food}=\sum S+\sum(N\times D\times c_i/p_i)+\sum(N\times D\times e_j/r_j)$$

　　式中:S 指各类社会餐饮设施的建成地面积;N 指旅游者人次数;D 指旅游者平均旅游天数;c_i 指游客人均每日消费第 i 种食物的消费量;p_i 指与第 i 种食物相对应的生物生产性土地的年平均生产力;e_j 指游客人均每日消费第 j 种能源的消耗量;r_j 指世界上第 j 种能源的单位化石燃料生产土地面积的平均发热量。

Ecotourism

2. 旅游住宿生态足迹

旅游住宿生态足迹的测算主要包含两个方面：一是为游客提供住宿的高、中、低档类型的酒店、宾馆、招待所等设施的建筑用地面积；二是游客居住期间，酒店宾馆等的能源消耗，包括空调、照明、洗涤耗能等。计算公式为：

$$TEF_{accommodation} = \sum(N_i \times S_i) + \sum(365 \times N_i \times K_i \times C_i / r)$$

式中：N_i 为第 i 种住宿设施拥有的床位数；S_i 为第 i 种住宿设施每个床位的建成地面积；K_i 为第 i 种住宿设施的年平均客房出租率；C_i 为第 i 种住宿设施每个床位的能源消耗量；r 为世界上单位化石燃料生产土地面积的平均发热量。

3. 旅游交通生态足迹

机场、火车站、汽车站、轮船码头等设施的建筑用地面积，铁路、公路、停车场、索道、桥梁、隧道等占用面积，均为旅游交通设施的建成地面积。旅游交通足迹还包括游客在常住地与旅游目的地之间往返以及在各旅游目的地内旅行所需的能源消耗足迹。包括游客乘坐交通工具消耗的汽油、柴油等能源；相应的景区的索道、电瓶车等消耗的电力能源。其计算公式为：

$$TEF_{transportion} = \sum(S_i \times R_i) + \sum(N_j \times D_j \times C_j / r)$$

式中：S_i 指第 i 种交通设施的建成地面积；R_i 指第 i 种交通设施的游客使用率；N_j 指选择第 j 种交通工具的游客数；D_j 为选择第 j 种交通工具游客的平均旅行距离；C_j 为选择第 j 种交通工具的游客的平均旅行距离；r 为世界上单位化石燃料生产土地面积的平均发热量。

4. 旅游游览生态足迹

旅游游览的生态足迹包括了观光设施的建成地生态足迹和观光的能源消耗足迹。观光设施的建成地生态足迹包括各类景区、景点内的游览步道、公路、观景空间等面积之和，而非景区、景点的实际占地面积；观光的能源消耗足迹是指景区内车辆能耗的化石能源地面积。如今人们的环保意识逐渐加强，景区的管理也相对完善，除了景区本身的一些较少的能耗低、无污染的观光车辆外，其他的车辆少之又少，因此能源消耗这一面积可以忽略不计。那么，旅游游览生态足迹计算公式为：

$$TEF_{visiting} = \sum P_i + \sum V_i + \sum H_i$$

式中：P_i 为第 i 个旅游景区点游览步道的建成地面积；V_i 为第 i 个旅游景区点观景空间的建成地面积；H_i 为第 i 个旅游景区内公路的建成地面积。

5. 旅游购物生态足迹

旅游购物生态足迹由三部分组成：(1)购物设施的建成地面积，指游游商场、旅游超市、旅游购物街等面积之和；(2)商品消费量对应的生物生产性土地面积，这一计算较繁琐，通常选取有代表性的一种或几种旅游商品；(3)生产与销售的能源消耗转化的化石能源地面积，由于旅游商品基本上是当地生产、当地销售，能源消耗相对较小，可以忽略不计。因此，旅游购物生态足迹的计算公式为：

$$TEF_{shopping} = \sum S_i + \sum[(R_i / p_i) / g_i]$$

式中：S_i指第 i 种旅游购物设施的建成地面积；R_i指游客购买第 i 种旅游商品的消费支出；p_i指第 i 种旅游商品的当地平均销售价格；g_i指第 i 种单位旅游商品相对应的当地生物生产性土地的年平均生产力。

6. 旅游娱乐生态足迹

旅游娱乐生态足迹是为游客提供休闲娱乐设施的建成地面积及其能源消耗。建成地包括主题公园、高尔夫球场等在内的室外休闲娱乐场所。为了防止重复计算，一些涵盖在住宿或餐饮设施内的诸如歌舞厅、游泳池、棋牌室、网球场等娱乐设施的建成地面积不计。一般休闲娱乐的能源消耗较少，可以忽略不计。因此，旅游娱乐生态足迹的计算公式为：

$$TEF_{entertainment} = \sum S_i$$

式中，S_i 为第 i 类游客户外休闲娱乐设施的建成地面积。

二、实例分析——黄山市旅游可持续发展研究

（一）研究区概况

黄山建市于 1987 年 11 月，现辖屯溪、徽州、黄山三区和歙县、休宁、黟县、祁门四县及黄山风景区，总面积 9 807 平方公里，2002 年年末人口 146.89 万人。黄山市自然风光优美绝伦，徽州文化博大精深，旅游资源极其丰富，类型效应、强度效应与集聚效应高。市域内拥有 2 处世界遗产，3 处国家重点风景名胜区，3 处国家森林公园，2 处国家地质公园，2 处国家自然保护区，1 座国家历史文化名城，1 处国家重点历史文化保护街区，10 处国家重点文物保护单位等。经过 20 多年发展，黄山市 2002 年有门票收入的旅游景区已达 52 个，宾馆饭店 1 800 多家，总床位数近 10 万张，星级饭店 48 家，旅行社 99 家，旅游商品定点生产企业 22 家，省际旅游汽车公司 6 家。2002 年黄山市旅游直接收入 25.1 亿元，相当于同期该市国内生产总值的 26%。可以说，黄山市有如此丰富的生态旅游产品，大力发展生态旅游，使其走上良性的可持续发展道路是黄山市旅游业发展和经济发展的长久之计。

（二）数据及资料来源

黄山市旅游生态足迹计算所需数据分为三类：（1）基础数据。包括各类旅游交通、住宿、餐饮、娱乐、游览、购物等设施的总量及构成，能源消耗总量及构成，当地居民人均年生活消费食品类型、数量，各类生物生产性土地的当地当年生产力水平，游客总量及其消费总支出等，这些数据来源于安徽省、黄山市统计年鉴。（2）调查数据。包括各类旅游交通、住宿、餐饮、娱乐、游览、购物等设施的面积，各类旅游设施的使用率，游客构成，游客消费构成，游客区内平均旅行距离，游客交通工具选择，游客平均旅游天数等，调查对象包括游客与当地各类旅游企事业单位。（3）标准数据。包括各种交通工具的单位平均距离的能源消耗量、世界单位化石燃料生产土地面积的平均发热量、均衡因子等，数据来源于交通统计年鉴以及相关研究文献。

(三) 旅游生态足迹

由于单位面积耕地、化石能源地、草地、林地、水域等的生物生产能力差异很大,为了使计算结果转化为一个可比较的标准,采用均衡因子予以调整,均衡因子的选取来自世界生态足迹报告。结果表明(表 8.1),2002 年黄山市游客人均旅游生态足迹为 0.106 公顷,其中化石能源地面积占 88.23%。从旅游生态足迹结构来看,旅游餐饮与旅游交通是旅游生态足迹的两个主要组成部分,分别占 55.67%、33.90%。

表 8.1　2002 年黄山市旅游生态足迹结构比较

土地类型	人均生态足迹(hm²)	均衡因子	均衡人均生态足迹(hm²)	比例(%)	旅游生态足迹结构	均衡人均生态足迹(hm²)	比例(%)
化石能源地	0.051982665	1.8	0.093568797	88.23	旅游交通	0.042317514	39.90
建成地	0.000450450	3.2	0.001441442	1.36	旅游住宿	0.003324572	3.13
耕地	0.002457307	3.2	0.007863382	7.41	旅游餐饮	0.059039824	55.67
草地	0.004117415	0.4	0.001646966	1.55	旅游购物	0.001157744	1.09
林地	0.000643191	1.8	0.001157744	1.09	旅游娱乐	0	0.00
水域	0.003711053	0.1	0.000371105	0.35	旅游游览	0.000209782	0.20
总计	0.063362081	—	0.106049436	100.00	总计	0.106049436	100.00

旅游生态足迹通过与区域本底生态足迹的"叠加"效应,进而对区域可持续发展产生影响与作用。根据生态足迹模型计算可知,2002 年黄山市的人均本底生态足迹为 1.365 公顷,生态承载力为 1.252 公顷,人均本底生态赤字为 0.113 公顷,叠加旅游生态足迹 0.106 公顷,则生态赤字达 0.219 公顷,其中旅游生态足迹的生态赤字"贡献"为 48.40%。值得一提的是,由于旅游者的跨区域流动性,引起旅游生态足迹的区际转移与交换,48.40% 的旅游生态足迹的生态赤字"贡献"同实际相比偏大。由于黄山市游客的能源消费、餐饮的生物资源消耗以及购物商品中,有一部分是从区外"进口"的,故黄山市游客的旅游生态足迹中有一部分转移至区外,表现为黄山市游客旅游活动的区际乃至全球的旅游生态影响。根据对黄山市旅游者生态消费的旅游产品及服务的贸易额的调整分析,黄山市旅游生态足迹空间尺度的扩散影响,即旅游生态足迹的区内、区际以及全球的分割比例分别为 72%、24%、4%。也就是说,为维持黄山市游客的正常旅游活动,每位游客需要黄山市提供 0.076 公顷,黄山市区域外(中国内地)提供 0.025 公顷,全球(中国以外)提供 0.00424 公顷的生物生产性土地面积。

另外,2002 年黄山市共接待国内外游客 706.3 万人次,平均逗留 3.13 天,游客人次数是当地人口的 4.81 倍,但游客人天数是当地人口人天数的 4.12%。如果比较黄山市游客与黄山市居民的生态足迹,对游客旅游生态足迹进行年度转化,其值为 12.36 公顷,是当地居民人均生态足迹的 9 倍,可见旅游是一种对自然资源高需求、高消耗的生活方式,尤其旅游生态足迹的区际转移导致旅游生态责任的区际转移与生态影响的区际扩散,旅游业发展具有全球性生态影响的特征,会对区域乃至全球的可持续发展产生重要影响。

（四）旅游生态足迹效率

全球单位生态足迹产值 1 106 美元/公顷,黄山市为 586 美元/公顷,是全球平均水平的 52.98%。2002 年黄山市旅游生态足迹总计 447 526.38 公顷,旅游收入 25.1 亿元,单位旅游生态足迹产值为 684 美元/公顷,是黄山市单位本底生态足迹的 1.17 倍,反映了黄山市旅游业经济的高效性,但仅为全球平均水平的 61.84%,即同世界平均水平相比,仍存在较大的差距。从旅游生态足迹结构效率来看(表 8.2),单位旅游游览、购物、住宿生态足迹产值高,分别是平均单位旅游生态足迹的 88、15、12 倍,而旅游交通、旅游餐饮的生态足迹产值较低。

表 8.2　2002 年黄山市旅游生态足迹及效率比较

旅游生态 足迹结构	旅游生态足迹面积 （hm²）	旅游收入 比例（%）	旅游收入 （万元）	效益 （10⁴/hm²）
旅游交通	164 945.9404	14.22	35 692.2	0.216387259
旅游住宿	12 034.13978	32.94	82 679.4	6.870403824
旅游餐饮	265 540.4138	20.40	51 204.0	0.192829405
旅游购物	4 542.857143	15.76	39 557.6	8.707647799
旅游娱乐	—	7.57	19 000.7	—
旅游游览	463.028	9.11	22 866.1	49.38383856
总计	447 526.3791	100	251 000.0	0.560860793

鼎湖山生态旅游区管理

一、鼎湖山生态旅游区概况

鼎湖山处于北纬 23°10′,东经 112°34′,位于中国优秀旅游城市肇庆市鼎湖区,是集科研、宗教、旅游于一体的中国名山。

（一）鼎湖山是全国首批世界生物圈保护区

鼎湖山处于北回归线附近,世界上与鼎湖山同纬度的其他地方,大多数为沙漠和稀树草原,而处于这条沙漠带东端的鼎湖山却完整地保存大片有 400 多年历史的南亚热带季风常绿阔叶林,被誉为"北回归线沙漠带上的绿洲"。鼎湖山生长有 2 500 多种高等植物,禽类兽类动物约 230 种。鼎湖山热带植物丰富,孑遗植物种类繁多,木本植物比例高,常绿植物占优势。板根植物、茎花植物、绞杀植物、附生植物和藤本植物这些热

Ecotourism

带雨林的五大生物生态学特征在鼎湖山上随处可见。优越的自然条件使鼎湖山保存并繁衍着沟谷雨林、季风常绿阔叶林、常绿阔叶林、针阔叶混交林、针叶林、稀树灌丛等丰富的植被类型，它们不仅构成了一个完整的植被演替序列，而且形成了本地带代表性原始植被的鼎湖山森林生态景观。为此，1956 年，有"鼎湖天下绿"美誉的鼎湖山被列为我国第一个国家自然保护区。1979 年，鼎湖山被联合国教科文组织纳入"人与生物圈"保护网络，成为全国首批世界生物圈保护区。

（二）鼎湖山庆云寺是国家首批对外开放重点寺院

鼎湖山庆云寺是岭南四大名刹之一，其前身白云寺为公元 678 年禅宗六祖慧能和尚的高足智常禅师所建，迄今已有 1300 多年历史了。自 1983 年落实了国家宗教政策后，庆云寺连年得到修缮，同年，被列为国家首批对外开放重点寺院之一，其香火更为鼎盛。

（三）鼎湖山与七星岩组成的星湖风景名胜区是第一批国家风景名胜区

"岭南第一名山"鼎湖山，千百年来是文人墨客向往的游览胜地。鼎湖山分三大景区：一是天溪景区；二是天湖景区（新鼎景区）；三是云溪景区（老鼎景区）。其中云溪景区是世界生物圈保护区的核心区，故现时的规划是绝对封闭的。1982 年，由鼎湖山与七星岩两片风景区组成星湖风景名胜区，被列为广东省唯一的第一批国家风景名胜区。

（四）鼎湖山生态旅游区的形成

20 世纪 80 年代，鼎湖山内负责旅游事务的鼎湖旅行社、负责科研事务的鼎湖山树木园、负责宗教事务的庆云寺曾因其主管部门不同，所以各自为政，出现了保护与利用以及管理与开发等诸多矛盾，从而形成"多家管而实际上无人管、管不了"的"三足鼎立"的管理局面。1989 年，广东省政府成立"鼎湖山管理协调领导小组"，围绕生态旅游这一主题，鼎湖山树木园、庆云寺、旅行社改"三足鼎立"为"三位一体"，逐步形成鼎湖山生态旅游区。自此，鼎湖山生态旅游区以其丰富的自然生态资源和人文生态资源，每年吸引 60 多万游客前来游览，成为全国接待游客量最多的自然保护区之一，也成为肇庆市国民经济的支柱产业。

二、鼎湖山生态旅游区的管理

（一）鼎湖山有保护生态环境的意识和行动的传统

鼎湖山附近的民众世代皆养成了保护山林生态环境的意识和行动，闪烁着博大精深的东方生态文化的光辉。信仰"一切众生皆成佛道"的历代僧侣们，千百年来，在极端艰苦的条件下，在鼎湖山白云寺、庆云寺前后左右遍植树木，久成丛林巨观。历朝政府皆为之树碑立界封山育林、禁伐保护，现还存有 1683 年（清康熙年间）、1893 年（清光绪年间）和 1913 年（民国 3 年）所立的禁伐树木石碑。1955 年，广东省政府就成立星湖管理委员会直接管理鼎湖山与七星岩两片风景区。1956 年，鼎湖山被列为国家自然保护区之后，其自然与人文资源得到有效的保护、开发和利用，并一直保存下来。鼎湖山这片有 400 多年历史、面积达 11.7 平方公里的原始森林能够在低纬度、低海拔的人烟稠密的城市里完整地保存下来，实属罕见。

（二）鼎湖山生态旅游区的宏观管理

1989年，广东省政府成立了由肇庆市政府、省建委、省国土厅、省环保局、中科院广州分院、肇庆市建委、市宗教局、市环保局、市国土局等部门机构组成的"鼎湖山管理协调领导小组"，指定"肇庆市人民政府负责对自然保护区、风景区和寺庙实施统一的行政管理，并负责做好自然保护区的保护和管理工作"。此后，在政府的宏观管理下，鼎湖山生态旅游区内各单位的关系得以理顺，责、权、利明确，相互之间和睦相处，工作上互相支持和配合。1997年，肇庆市旅游委员会成立，鼎湖山生态旅游区各单位及其主管部门一道严格执行国务院颁布的《风景名胜区管理条例》和《中华人民共和国自然保护区条例》，始终坚持"严格保护，科学管理，合理开发，永续利用"的原则，走生态旅游这条可持续发展道路，鼎湖山生态旅游区的管理及各种资源的保护、开发和利用步入了正轨。

（三）鼎湖山生态旅游区的微观管理

1. 价值认同是建立生态旅游区的基础

对自然资源和生态环境及其产生的巨大生态效益、经济效益和社会效益的价值认同，是建立生态旅游区的基础。在鼎湖山生态旅游区里，无论是佛教僧侣还是当地政府，无论是旅游从业人员还是当地居民，无论是中国的专家学者还是国际上的专家学者，无论是国内游客还是国外游客，人们都有一个共同认识：管理和保护好鼎湖山的自然资源和生态环境，为我们的子孙后代保留一个纯净的空间。近10年来，鼎湖山生态旅游区通过采取封山育林、制止乱砍滥伐、禁止乱占土地、预防和及时扑灭山林火灾、完善各项管理制度、改善保护条件等有效措施，使鼎湖山的自然资源和生态环境得到良好的管理和保护。

2. 协调各方利益，是建立生态旅游区的保证

求大同存小异，协调各方利益，彼此得到良好发展，是建立生态旅游区的保证。从1989年开始，鼎湖山取消原来4个门票售票处，统一在山下售票，实施一票上山制，并将门票收入的1/3给生态旅游区内的树木园、庆云寺和旅行社进行合理分配，2/3给生态旅游区作为环境保护和景区建设基金。生态旅游区的环境保护和景区建设基金由"鼎湖山管理协调领导小组"一年一度的年会研究决定如何使用，建设的成果为生态旅游区共享。生态旅游区内单位各以其职能发挥自己的作用。鼎湖山树木园进行森林生态研究及生物圈保护区管理；庆云寺开展宗教活动；鼎湖旅行社充分调动和发挥生态旅游区各自优势开展生态旅游。当地居民祖祖辈辈以鼎湖山为生，生态旅游区管理者划出专门用地，以低租形式，为当地居民建设旅游纪念商品一条街。当地居民通过文化经营，以此致富，富起来的当地居民更懂得爱惜生态环境的道理。

3. 科学规划、管理和建设是建立生态旅游区的关键

（1）严格培训、养成保护生态环境的习惯。在过去一段时间，对生物圈保护区的综合开发利用，有"保护论"和"旅游论"两种观点。"保护论"者认为生物圈保护区应受绝对的保护，不让毁坏生态环境的悲剧重演，对开展旅游活动持否定态度。近10年来，鼎湖山的旅游从业人员以其保护大自然的意识和行动，以科学的管理和建设，争取了"保

护论"者的支持。1990年,他们共拾得20车次垃圾运离鼎湖山,亲身经历拾垃圾前后山溪的变化,增强了管理和保护自然环境的意识。同年,成立专业队伍专责清洁鼎湖山,严格管理清洁从业人员并建立奖惩制度。如对于年终被评为专责清洁工作出色者,送去北京旅游等。经培训,从业人员养成了自己不做垃圾虫及自觉保护生态环境的习惯。1993年,鼎湖山以其整洁的风貌获国家的"卫生山"殊荣。

(2)景区建设充分考虑人与自然的和谐。鼎湖山生态旅游区的餐馆、酒店大部分都建在山脚。20世纪90年代初,全部改烧柴、煤为烧柴油、液化石油气,减少大气污染。污水经净化处理后排放。鼎湖山的空气和水质均优于一级标准。鼎湖避暑山庄(三星级酒店)以不破坏自然生态环境为原则,以真山真水为素材组景,充分利用地形地势,造就了山岩、流泉、草木同体的自然风貌。

1989年,开辟了新鼎湖景区。鼎湖山生态旅游区规划在这个景区里,通过"龙仔"、"龙女"导游,涉溪过涧,爬岩攀壁,沿途介绍植物及环保知识,这样的旅游活动既让游客观光、增长知识,又有惊无险,充满野趣,"只留下您的脚印,只带走您的照片",从而充分领略"天人合一"的境界。1992年,管理者们在鼎湖山主要游览线路上铺上花岗岩板,每上一段台阶设一平台供人憩息,路旁装上护栏,一是为了安全,二是阻止那些喜欢"走自己开创的路"的游客踩死树苗、破坏生态。在鼎湖山主要的游览景区天溪景区内,管理者们把珍稀的奇木古树都用铁栏护着并用花岗岩刻上其学名及简介,让游客在游览时增长植物知识,唤起其生态环境保护意识。

4. 建设适应自然生态环境需求的生态工程

20世纪50年代后期开山建公路扔下的碎石,经多年的山水冲刷填满了深潭,令瀑布断流,危及森林生态环境,生态旅游区组织人员挖掘碎石,担运到山下,恢复了深潭飞瀑原貌。1995年锁坝蓄水而成的水库即"鼎湖",则是生态旅游区管理者管理和保护鼎湖山生态环境的重大生态工程。鼎湖山内蓄水大增,从1996年开始鼎湖山的森林出现特有的"三春"现象,第一春在2—3月,第二春在6—7月,第三春在9—10月,每一春都吐一次嫩叶,鼎湖山的森林更加枝繁叶茂。

(四)鼎湖山生态旅游区的游客容量控制和环境监测

1996年,由鼎湖山生物圈保护区管理处进行的问卷调查表明:鼎湖山生态旅游区的游客人数尚未达到容量阈值,游客对生态旅游区管理措施大多持支持态度。为了控制游客容量,鼎湖山生态旅游区于1999年12月禁止汽车上山,游客步行或转乘环保汽车上山。鼎湖山生态旅游区的环境监测由鼎湖山生物圈保护区的国内外专家学者和肇庆市环保局以制度化进行,对偶然出现的污染现象和对生态环境的冲击及时纠正。

(五)鼎湖山生态旅游区的天籁境界

近10年来,生态旅游区的环境保护和景区建设基金的投入,改造了生态旅游区登山步道石径和环山公路,兴建了"鼎文化"广场,新建包公亭、牌坊小花园、阴生植物观赏区和鼎湖水库,大面积种植杜鹃花,开发新鼎景区,整洁和美化了鼎湖山,鼎湖山的知名度和影响力日益扩大。游客在鼎湖山生态旅游区游览无人拦路强卖,无讨厌的"野马"导游、乞丐和算命先生追随,游客可以自由地融入大自然的天籁境界。1998年,由鼎湖山与七星岩两景区组成的星湖风景名胜区获"全国十大文明风景旅游区示范点"殊荣。鼎湖山生态旅游区各方人员的协同与合作,为生态旅游区的开发打下了坚实的基础。

由于鼎湖山生态旅游资源的稀缺性、独特性在中国乃至世界都非常罕见,1996年12月,中国"人与生物圈"国家委员会在鼎湖山举办首期"生态旅游培训班",并编写出第一本中国生物圈保护区网络培训教材,也拉开了中国生物圈保护区开展生态旅游的序幕。

(资料来源:吕健.鼎湖山生态旅游区管理与开发研究[A].肖笃宁,杨桂华.生态旅游透视[C].北京:中国旅游出版社,2002:262—269.)

思考题

1. 生态旅游管理包括的内容有哪些?
2. 生态旅游行业管理的具体范畴有哪些,分别如何进行?
3. 根据生态旅游环境管理的学习内容,列举一个生态旅游景区,谈一谈你对该景区进行环境管理的认识。

第九章　国内外生态旅游典型发展模式与经验

导入式阅读

在 1983 年谢贝洛斯·拉斯卡瑞明确提出"生态旅游"概念之前,生态旅游作为一种实践就已经存在了几十年,在这之后,随着全球气候变暖、生态环境的不断恶化,生态旅游更受到各国政府的广泛关注和青睐。由于各国发展生态旅游的背景、目的及方式各不相同,使生态旅游在全球范围内各具特色。

本章将以具体案例的形式,集中介绍国内外在开发生态旅游方面的一些成功模式与经验,希望借鉴已有的经验,为我国未来的生态旅游业发展提供思路;同时,读者也可以通过大量案例的分析,扩展自己对生态旅游的认知,进而有效提高生态旅游开发的实际操作水平。

第一节　国外生态旅游典型发展模式与经验

纵观世界各国生态旅游的发展历程,各个国家的生态旅游发展水平并不总是与其经济发展水平相一致,两者不存在完全的正比例关系。我们将根据世界范围内各个国家的经济发展水平与生态旅游发展水平的协调程度,对世界生态旅游的发展模式进行归纳分类,并在不同的类别中选取有代表性的生态旅游目的地或项目进行发展模式与经验的介绍。

一、经济发达—生态旅游成熟型

这类国家经济发达,生态旅游也极为发达。它们敢于创新,并在此领域取得了显著成就,是目前世界上其他国家学习、借鉴的榜样。美国、加拿大、澳大利亚、新西兰等国家就属于这种类型,它们在以国家公园为代表的生态旅游开发方面走在了世界前列。发达工业国家环境利益重于经济利益的观念、政府的倾力支持、非营利性的发展思路、国民的广泛参与使国家公园成为现代生态旅游诞生的摇篮。

（一）美国国家公园体系

美国国家公园是美国最宝贵的历史遗产之一，它作为美国人的公共财产得到管理，并为让后代享用而得到保护维修。美国利用国家公园保护国家的自然、文化和历史遗产，并让全世界通过这个视窗了解美国的壮丽风貌、自然和历史财富以及国家的荣辱忧欢。美国国家公园也是对世界的一个贡献，它所倡导的国家公园管理体制，是在"文明与进步"的摧残下，保护一小部分珍贵的荒地，为熊、蝴蝶、野生花朵和古老森林留下原始的生长空间。国家公园不只是大自然的孤岛，也是人类心灵的庇护所；不只是可以拍照的地方，也是人类对荒野需要与渴求的告白。这些地方让人们可以更接近岩石与天空、光与影、空与静；让孤独的健行客迷失，抑或发现自己；让登山家和攀岩族平添对抗高山与峡谷的勇气；让激流探险的勇士感受澎湃的生命；让普通游客为一些比他们自身更伟大的事物而瞠目结舌，放飞梦想。

1. 美国国家公园标准

在美国，人们正致力于保护自然资源，保护历史遗迹，并为日益庞大的群体提供游憩机会。为了促进地方经济发展，许多社团还在探寻把保护资源与吸引游客结合起来的途径。国家公园管理局负责对建立新公园的提案进行细致的筛选，以保证只有那些最优秀的资源才能被纳入到国家公园体系中来。不管经济和其他方面的考虑，一个新的公园区域必须满足全国性意义、适合性和可行性三项标准。同时，还要权衡其他各种管理模式。下面将介绍国家公园管理局在评估新公园提案时采用的标准和主要研究步骤，并列出一些国家公园体系以外的认定和保护重要资源的途径。

（1）认证。国家公园是怎么建立起来的？一个区域怎样才能符合国家纪念地、历史地、游憩区或者国家公园体系的条件？这些问题是人们普遍关心的。有些人认为他们社区中具有风景价值的部分够得上建立国家公园的条件，而另外一些人要求为他们最喜欢的历史建筑或地质构造赋予国家级命名。或许这些地方都值得保护，但如果这种保护应该落实在州或者地方层面上进行，那么该如何决策？或者如果这种保护适合在联邦层面上进行，那么应该由哪个机构来牵头？

国家公园管理局已经制定了关于全国性意义、适合性、可行性以及管理模式选择等方面的标准，这些标准有助于回答上述问题。下面介绍的有关标准和研究程序是通过美国国会核定的，并都纳入了国家公园管理局的管理政策范畴。提议建立新的国家公园者可以把这些标准作为衡量的尺度，看看他们的提案是否还需要作进一步的斟酌。

对国家公园体系中各个成员的管理是在联邦、州和地方多种机构的授权下进行的。国家公园管理局的责任是通过管理这些区域，为公众提供欣赏机会，并且保证以"不损害下一代人欣赏"的方式对资源进行利用。从1872年至今，国家公园体系已经发展到拥有将近400个成员。尽管如此，在庞大的重要资源保护体系中，国家公园管理局所管理的区域只是其中的一小部分。纳入国家公园体系只是许多选择中的一种，同时，国家公园管理局也负责实施一些国家公园体系以外的帮助他人对自然、文化和游憩区域进行保护的项目。

该体系还在发展,这体现了历史的进步,体现了人们对大自然认识的提高,体现了人们游憩方式的转变。要求建立新的国家公园的提案可以由公众、州和地方官员、印第安部落、议员或国家公园管理局提出。要想成为国家公园体系中的一员,某区域必须拥有具有全国性意义的自然、文化或游憩资源;必须具备成为该体系一员的适合性和可行性;同时,该区域确实需要直接由国家公园管理局来管理,而不是由其他政府机构或个体部门来负责保护。

(2) 资源具有全国性意义。如果提出的新成员符合下列所有四项标准,那么可认为其资源具有全国性意义:

——它是某特定类型资源中的杰出典型;

——它在解释国家遗产的自然或文化主题方面具有极高价值;

——它为公众利用、欣赏或科学研究提供了最佳机会;

——它保留下了高度完整的具备真实性、准确性和相对破坏较小的资源典型。

在对新提案进行资源重要性评估时将考虑下列自然和文化资源的典型特征。

自然区域的典型特征包括以下方面:

① 是解释广泛存在的地形和生物分布区的杰出地域;

② 曾经广泛分布,但由于人类定居和开发正在逐步消失的残存的自然景观或生物区域;

③ 长期以来一直是某地或全国极其特殊的地形或生物区域;

④ 具有极丰富的生态成分多样性(物种、群落或栖息地)或地质特征多样性(地形及可见的地质过程现象);

⑤ 生物物种或群落在特定区域的自然分布使其具有特别意义(如一个较大的种群出现在其分布区的极限地带或是一个孤立的种群分布);

⑥ 稀有植物和动物集中分布的区域,特别是那些经官方认定的渐危或濒危物种;

⑦ 是保证某物种继续繁衍的关键避难所;

⑧ 拥有稀有的或数量特别大的化石储存;

⑨ 包含具极高风景品位的资源,如出神入化的地貌特征、特殊的地形或植被对比、壮观的深景或其他特殊的景观特征;

⑩ 保留着丰富而长期的科研记录,使得某区域成为极其重要的生态或地质基准点。

文化区域(Cultural Areas)是在说明或解释国家遗产中具有极高价值或品质,并具有区位、设计、环境、材料、工艺、情感和联想等方面高度完整性的地区、位点、建筑物或物件。

文化区域的典型特征包括:

① 一些与重大事件有联系的资源,这些事件对美国历史具有重大贡献并得到确认,或者是美国历史上广泛形成的民族精神的杰出代表,通过这些资源,能让人们更好地了解这些民族精神并对其产生敬意。

② 一些与美国历史上具有全国性影响的人物有重要联系的资源。

③ 包含某种建筑样式的显著特点,对于研究某个时期、某种风格或某种建筑手段具有极高价值,或者虽然其组成单元不具备特殊性,但其整体具有与众不同的特殊价值。

④ 一些由多个部分构成的资源,从历史渊源和艺术特征来考虑,虽然其各个部分都不足以被认定为具有重要意义,但其整体具有极高的历史或艺术价值,或者对于纪念或说明某种生活方式、某种文化具有极高价值。

⑤ 一些已经产生或者通过揭示新的文化等可能产生具有重大科学价值信息的资源。

一般性的公墓、出生地、历史人物的墓地、宗教机构拥有或用于宗教用途的财产、已经不在初始地的建筑物或者影响时间不超过 50 年的历史建筑和财产的重建物不适合纳入国家公园体系,除非它们具有出类拔萃的重要性、具备内在的建筑或艺术意义,或者再也找不到其他与其主题有关的文化区域。

许多国家公园体系中的成员在建立时都要确认其在提供游憩机会方面的重要作用。能被公众利用和欣赏(提供服务)的潜力大小是在评估新成员时所要考虑的一个重要因素。但对于为游憩活动提供背景的自然和文化资源,不单独进行游憩价值的评估。

(3)适合性和可行性。要成为国家公园体系的一员,除了要拥有具全国性意义的资源以外,还必须符合适合性和可行性标准。所谓适合性,是指某区域代表的自然或文化主题或游憩资源类型在国家公园体系中还没有充分体现,或者其代表性是不可比较的,是由其他土地管理实体负责保护和提供公众欣赏服务的。代表的充分性是在把提案成员与国家公园体系中的成员进行个体之间的比较基础上作出决定的,通过这种比较来分析两者在特征、质量、数量、资源组合及为公众提供游憩机会等方面的差异性和相似性。

可行性是指某区域的自然系统和(或)历史背景必须具有足够大的规模和适当的结构,以保证对资源长期有效的保护并符合公众利用的要求。它必须具备在适当成本水平上维持高效率管理的潜力。重要的可行性因素包括:土地所有权、获取成本(acquisition costs)、可进入性、对资源的威胁、管理机构或开发需求。

(4)管理模式选择。尽管一些区域满足全国性意义、适合性和可行性标准,但将其纳入国家公园体系以外的其他管理体系可能足以对其资源实施有效的保护。对新成员的研究要对其管理模式的各种选择作出评估,这些模式包括:继续由州或地方政府、印第安部落、个体部门或其他联邦机构管理;由已建项目或专项工程提供技术或财政支持;由其他部门管理,将其命名为国家自然界标、国家历史里程碑(国家历史界标)、国家荒野和风景河流、国家小径、生物圈保护区、州立或地方公园,或其他命名的保护区域。由其他联邦机构管理的选择包括将某联邦土地命名为荒野地、关键环境敏感区、国家保护区(national conservation areas)、国家游憩区、海上或港湾禁猎区和国家野生动物避难地等。有一些区域已通过国会认定作为国家公园体系的附属,但由其他机构按照与

国家公园管理局达成的合作协议实施管理,它们不算是国家公园体系的成员。如果其他模式能提供充分的保护和公众欣赏机会,那么一般都不建议将其纳入到国家公园体系中来。

(5) 相关程序。通常,国家公园体系的新成员是以国会法案的形式确立的。但是在作出决定之前,国会需要有关其资源质量和是否符合建立标准等方面的信息。国家公园管理局负责项目研究工作,通过组织收集某区域的基础数据以确定其资源的重要性等级。如果某区域符合全国性意义的标准,那么还需要收集有关适合性、可行性以及其他可供选择的管理和保护模式方面的信息。如果某区域不符合全国性意义的标准,国家公园管理局将提出采取州、地方或个人行动的建议。

对公园地标准的应用由国家公园管理局的一个专业班子负责。项目研究(审核)过程的第一步通常是进行现场勘察,收集有关提案的基础数据,并评估资源的重要性等级。如果某区域具有成为国家公园体系一员的潜力,那么将要求国会授权对管理模式选择进行详细研究。

1998 年,《国家公园多目标管理法案》为对新成员进行认定和授权研究制定了新的程序。国家公园管理局定期给国会报送要研究的候选成员名单。由国会的个别议员提出研究授权的提案,然后由国会决定着手开展哪些研究。国家公园管理局可通过收集一些基础数据来决定某区域是不是一个合适的候选单位,关于能否纳入国家公园体系的全面研究必须通过国会的一个特别法案授权才能开展。研究过程中要征求其他有利益关系的联邦、州、地方机构、印第安部落和公众的意见。公众参与的形式由研究团队根据资源类型和利益关系紧密程度作出决定。可能会邀请公众参与研究过程,如参加非正式接触、专题讨论会、会议等。

2. 美国国家公园列表

在表 9.1 中,我们列出了美国主要国家公园的名称及简要介绍。

表 9.1　美国国家公园列表

序号	国家公园名称	简要介绍
1	阿卡迪亚国家公园 (Acadia National Park)	位于缅因州大西洋沿岸,处在北方和温带交接处,寒冷的浅水海湾中栖息着大量海生动物。
2	美属萨摩亚国家公园 (American Samoa National Park)	地处火奴鲁鲁(檀香山)以南大约 3 700 公里。公园内有三个火山岛和两个珊瑚礁。
3	拱门国家公园 (Arches National Park)	位于犹他州东部,占地 76 519 英亩(309.7 平方公里),每年约有 85 万访客。有些人来此地是为了研究地质学,或者是对大自然的演变感兴趣;当然,更多的人是为了一睹闻名遐迩的拱门。

序号	国家公园名称	简 要 介 绍
4	恶土国家公园 (Badlands National Park)	世界上著名的地质奇观。这里植被稀少,一片荒凉,像月球表面一样。园内野生动物有野牛、大角羊和叉角羚羊。
5	大转弯国家公园 (Big Bend National Park)	位于得克萨斯州西南部与墨西哥的交界处。建于1949年,景区面积3 237.6平方公里。因格朗德河在此呈直角转弯而得名。整个公园呈现为一片荒原和荒漠景观,无际的沙丘一直伸展到天边。
6	比斯坎国家公园 (Biscayne National Park)	公园内的珊瑚礁是北美洲最北部的珊瑚礁,同时也是美国大陆唯一的珊瑚礁。该国家公园的典型景观还包括沿海岸线生长的漫长的红树林带和一万年的人类历史景观。
7	甘尼逊黑峡谷国家公园 (Black Canyon of the Gunnison National Park)	位于科罗拉多州西部,1999年10月21日升级为国家公园,是美国评定为国家公园中较晚的一个,以其峡谷景观而闻名,根据黑峡谷的岩石构成可以推得其形成时间应该在17亿年前。
8	布莱斯峡谷国家公园 (Bryce Canyon National Park)	位于犹他州西南部,其名字中虽有峡谷一词,但并非真正的峡谷,而是沿着庞沙冈特高原东面,由侵蚀而成的巨大自然露天剧场。
9	峡谷地国家公园 (Canyonlands National Park)	位于犹他州东南部,在格林河与科罗拉多河汇合处。由多年河流冲刷和风霜雨雪侵蚀而成的砂岩塔、峡谷等,使公园成为世界上最著名的侵蚀区域之一。
10	圆顶礁国家公园 (Capitol Reef National Park)	位于犹他州中部,主要地形特征是河谷皱折,5600万年前的地壳运动升高了科罗拉多板块,圆顶礁就是位于这个板块断裂带上的一个公园。
11	卡斯白洞穴国家公园 (Carlsbad Caverns National Park)	与瓜达卢佩山国家公园连成一气,形成原因和地质都和远古的内海与大片珊瑚礁有关。这里的洞穴不仅面积大,而且又高又深。
12	海峡岛国家公园 (Channel Islands National Park)	南加州太平洋海面上的一系列岛屿(八个中的五个),与洛杉矶遥遥相望。因为景观特殊、富有独特的动植物而被列为国家公园。
13	康加里国家公园 (Congaree National Park)	位于南卡罗来纳州中部哥伦比亚机场的东南部,生长着美国东部最高的一些树木,拥有美国最大的原生硬木森林区。由于康加里生态系统支持着成百上千种动植物种类的存活,公园还被指定为国际生态圈保护区。

Ecotourism

序号	国家公园名称	简要介绍
14	火山口湖国家公园 (Crater Lake National Park)	位于俄勒冈州克莱蒙斯瀑布以北约97公里处,湖水靛蓝凝重,令人叹为观止。这里的景致鬼斧神工,几乎可与美国的大峡谷相媲美。夏天是游览火山口湖国家公园的最佳季节。
15	库雅荷加谷国家公园 (Cuyahoga Valley National Park)	公园内最适合的活动是健行和骑脚踏车,走在步道上的感觉非常轻松舒服。
16	大沼泽国家公园 (Everglades National Park)	位于佛罗里达州南部尖角位置,是美国本土最大的亚热带野生动物保护地。
17	死谷国家公园 (Death Valley National Park)	西半球最低的陆地。以沙漠、峡谷和高山为主要特色。
18	德纳理国家公园 (Denali National Park)	位于阿拉斯加州的安克雷奇以北大约322公里,是阿拉斯加山脉游客数量最多的国家公园,阿拉斯加山脉的主峰麦金利山就在此国家公园内。
19	海龟国家公园 (Dry Tortugas National Park)	位于佛罗里达州西部,一共包括七个小岛,因为交通不太方便,这里游客不多。附近的海水呈美丽的浅蓝绿色,有无数的珊瑚礁和热带鱼,是浮潜的理想地点。海龟虽然已濒临绝种,在这附近仍有一些生息着。
20	北极之门国家公园 (Gates of the Arctic National Park)	公园整体完全位于北极圈内,是世界上第二大的国家公园。探游这座不可思议的公园,你一定会感觉自己真的来到了"世界的尽头"。
21	冰川国家公园 (Glacier National Park)	包括南安第斯山的一个被大雪覆盖的地区,以及许多发源于巴塔哥尼亚冰原的冰川。
22	冰川湾国家公园 (Glacier Bay National Park)	山脉绵延起伏、层峦叠嶂,山色秀美无比,也正是由于这些挺拔险峻的高峰,挡住了来自太平洋的潮湿气流,使得该地区降雪量极高,才形成冰川纵横、白雪盖顶的自然奇观。
23	大峡谷国家公园 (Grand Canyon National Park)	又称科罗拉多大峡谷,现公园已被联合国教科文组织列为世界自然遗产之一。
24	大提顿国家公园 (Grand Teton National Park)	公园内海拔3 048米以上的山峰有20余座,是登山者的乐园。中西部的德顺山脉像矗立在海中的嵯峨岛屿,从远处看,只见几抹白云,走近时,峰峦逼人,万壑千山从杰克逊坳地拔地而起。被称为最秀丽的国家公园。

序号	国家公园名称	简 要 介 绍
25	大盆地国家公园 (Great Basin National Park)	公园于 1986 年 10 月 27 日由里根总统签署承认。据考古发现,史前时代的人类曾经在此居住,他们种植玉米、豆子以及南瓜一类的植物,同时也在山上进行狩猎活动,在这儿保留了很多他们的岩画。
26	大沙丘国家公园 (Great Sand Dunes National Park)	位于科罗拉多州南部,2004 年从国家保护区升格为国家公园,最主要的景观是沙丘。
27	大雾山国家公园 (Great Smoky Mountains National Park)	自然遗产丰富,同时还拥有悠久的文化历史。公园为户外休闲提供了得天独厚的资源,每年有 900 万人来此观光游览。这里四季都是旅游的好季节。湛蓝的天空永远是观光的最佳理由。
28	瓜达卢佩山国家公园 (Guadalupe Mountains National Park)	属于困难度较高的国家公园,所有的道路都在园区外头绕,只有 Pine Springs 和 Frijole Ranch 两条路略向园区里延伸。热爱野外、寻求挑战的人以及地质学家等应该对这个公园很感兴趣。
29	哈来亚咔拉国家公园 (Haleakala National Park)	位于夏威夷毛伊岛,主峰海拔 10 008 英尺(约合 3 050 米),靠近夏威夷火山国家公园。
30	夏威夷火山国家公园 (Hawaii Volcanoes National Park)	主要包括冒纳罗业和基拉韦厄两座现代活火山。
31	温泉国家公园 (Hot Springs National Park)	这里温泉的平均水温有 62 摄氏度,加上富含矿物质,长久以来一直被认为有治疗的效果。
32	罗亚岛国家公园 (Isle Royale National Park)	位于密歇根州。罗亚岛是苏必利尔湖(Lake Superior)最大的岛屿,罗亚岛国家公园便是以该岛为中心,涵盖其周边较小的群岛而构成的。
33	约书亚树国家公园 (Joshua Tree National Park)	以荒漠和植物为主要特征。
34	卡特迈国家公园 (Katmai National Park)	保存有 40 平方英里(约合 104 平方公里)的诺瓦拉普塔火山喷发形成的熔灰流。
35	奇奈峡湾国家公园 (Kenai Fjords National Park)	以峡湾、冰川、海洋动物为主要特色。
36	科伯克河谷国家公园 (Kobuk Valley National Park)	公园的游客中心即公园总部,每周一至周五对外开放。公园中有未经开发的露营地。对于喜爱极地冒险的人来说,这里可谓是天堂。

Ecotourism

序号	国家公园名称	简要介绍
37	克拉克湖国家公园 (Lake Clark National Park)	建立目的是为了保护优美的风景(火山、冰川、河流和瀑布)、鱼类和其他野生生物(尤其是红鲑鱼)以及当地居民的传统生活方式。
38	拉森火山国家公园 (Lassen Volcanic National Park)	最主要的景观就是拉森火山,是世界上最大的穹顶火山,也是喀斯喀山脉中最南端的火山。
39	猛犸洞国家公园 (Mammoth Cave National Park)	是世界上最大的由石灰石构成的天然洞穴群和地下长廊。它为多种植物和动物,尤其是为濒临灭绝的物种提供了良好的生活环境。
40	梅萨维德国家公园 (Mesa Verde National Park)	是北美洲印第安人文化遗迹保留地,坐落在美国科罗拉多州西南部的沙漠和多峡谷的岩石地带,1906 年辟为国家公园,并设立了专门管理机构。
41	雷尼尔山国家公园 (Mount Rainier National Park)	雷尼尔山是美国最高的火山,拥有除了阿拉斯加以外最大的单一冰河以及最大的冰河系统。由于太平洋吹来的东风湿度较高,地球上有史以来全年最大的降雪量就出现在这里。同时此山也是美国登山队主要训练场所。
42	北瀑布国家公园 (North Cascades National Park)	位于华盛顿州北部,其地形包括山地、海岸线、丛林以及少数淡水湖泊。公园里青山绿水相映衬,景致颇佳。不过山路崎岖,转弯又多又急,常常要紧盯路标才不至迷路。
43	奥林匹克国家公园 (Olympic National Park)	海岸、群山及雨林三种截然不同的生态环境形成了奥林匹克国家公园,一个国家公园之内结合了极端的地面景观,堪称美国西北部最值得一游的国家公园。
44	化石林国家公园 (Petrified Forest National Park)	亚利桑那州化石林国家公园是唯一一个保护并环绕 66 号公路,包括印第安岩石雕刻和玛瑙屋的国家公园。
45	红杉树国家公园 (Redwood National Park)	红杉树国家公园拥有世界上最高大的植物——可长到 350 英尺(约合 107 米)的红杉树常青原始森林。国家公园内有世界上现存面积最大的红杉树林,其中百年以上的老林区有 170 多平方公里。
46	落基山国家公园 (Rocky Mountain National Park)	位于科罗拉多州,是北美洲的大分水岭。是一处山水兼具的旅游景点。
47	仙人掌国家公园 (Saguaro National Park)	位于亚利桑那州南部,是一个以欣赏仙人掌和沙漠风光为特色的国家公园。

序号	国家公园名称	简要介绍
48	美洲杉国家公园 (Sequoia National Park)	位于加利福尼亚州内华达山脉内。美国本土最高山峰惠特尼峰位于该国家公园内,因珍稀树种巨杉而闻名,其中雪曼将军树更是现时全世界体积最大的树木。
49	国王峡谷国家公园 (Kings Canyon National Park)	国王峡谷国家公园位于美洲杉国家公园的北邻,从大树桩入口进入,经过大树林(Grant Grove),到雪松林(Cedar Grove)为止。大树林的格兰特将军树高81米。
50	山那都国家公园 (Shenandoah National Park)	公园的主要地貌特征是山谷及森林地形,园区内有一个总统度假山庄,因为距华盛顿很近,交通也方便得多,当时的总统们喜欢跑来这里休闲,地以人贵,也就因此成名。
51	罗斯福国家公园 (Theodore Roosevelt National Park)	这个公园是为了纪念老罗斯福总统而命名,因为他在当总统前曾在这里住过一段时间,并且经营过牧场养牛。他自认在这里的历练对于后来成为总统有很大的影响,并且使他对自然环境的保育有严肃的体认。
52	维尔京群岛国家公园 (Virgin Islands National Park)	维尔京群岛国家公园是由海滩和珊瑚礁环绕的火山岛公园,环境优美,是一座独一无二的国家宝藏,也是地处美国50个州以外的两个国家公园之一。
53	樵夫国家公园 (Voyageurs National Park)	以曾经乘独木舟来往于蒙特利尔(Montreal)与艾伯塔省(Alberta)之间的"樵夫"来命名的这座国家公园有着丰富的文化与自然资源。
54	风洞国家公园 (Wind Cave National Park)	洞穴全长达104英里(约合167公里),是世界最长的洞穴之一。风洞比较干燥,因此没有太多的钟乳石,但是洞内有许多美丽的矿石晶体景观。
55	兰格尔-圣伊利亚斯国家公园 (Wrangell-St. Elias National Park)	作为阿拉斯加州最偏远且最原始的国家公园,这里非常适合进行诸如背包徒步、露营、打猎、钓鱼、登山、泛舟等活动。另外,在兰格尔-圣伊利亚斯国家公园广阔的土地上还生活着众多野生动物,如北美野大白羊、野生白山羊、北美驯鹿、驼鹿、棕熊、黑熊和美洲野牛等。
56	黄石国家公园 (Yellowstone National Park)	因美国探险家路易斯与克拉克的发掘,而成为世界上最早的国家公园。它在1978年被列为世界自然遗产。
57	优胜美地国家公园 (Yosemite National Park)	是美国西部最美丽、参观人数最多的国家公园之一,与大峡谷国家公园、黄石国家公园齐名。
58	锡安山国家公园 (Zion National Park)	锡安山位于犹他州西南部,以色彩艳丽的峡谷著称于世。

239

Ecotourism

（二）新西兰峡湾国家公园（Fiordland National Park）

1．公园简介

峡湾国家公园是新西兰最大的国家公园，也是世界上最大的国家公园之一。位于南岛的西南角，濒临塔斯曼海，恰好坐落在太平洋板块和澳大利亚印度洋板块交界处的高山断层上，包括火山岛索兰德尔岛，占地面积125万公顷。公园内多峡湾，海岸呈锯齿形。更新世时期的冰川运动给此地留下了明显的印记。西面，被海水淹没的冰川峡谷组成海湾，其中14个峡湾长达44公里，深达500米。南面峡湾更长，入海口更宽，其间有许多小岛。这里古代为高原，经风雨冰雪侵蚀，形成了高山峻岭、悬崖绝壁、河川湖泊。因为海湾峡地有如此错综复杂的地貌，所以被誉为"高山园林和海滨峡地之胜"。1986年，峡湾国家公园被列入世界遗产名录。

2．旅游开发现状

相对于黄石国家公园每年300万的游客量，峡湾国家公园每年的游客只有约55万人次，且大多数为境外游客，因此国家公园内的旅游项目以观光为主。比较有特色的旅游项目主要有以下几项。

（1）徒步。徒步是峡湾国家公园内游客参与最多的项目，公园内有总计500多公里长的13条步道供游客使用，每条步道都是一条景观线路，其中包括被誉为"世界上最好的行道"的Milford栈道。公园内步道还和一些港口相连，游客也可以选择乘船到达步道的另一端。

（2）登山。在峡湾国家公园内的Wick和Darran山上仍有冰川存在，每年吸引着大量的登山爱好者前来攀登，同时Darran也是著名的攀岩旅游目的地。

（3）空中观光。乘直升机、固定翼或水上飞机欣赏峡湾国家公园是很受欢迎的旅游项目，在空中将峡湾、高山、湖泊、海洋、森林、瀑布尽收眼底，给人美不胜收的感觉。

（4）钓鱼和狩猎。峡湾国家公园内大量的湖泊和河流是钓鱼爱好者的天堂，但如果游客要进行钓鱼活动，必须有钓鱼许可证，同时要遵守公园对钓鱼活动的相关规定。在峡湾国家公园内是可以进行狩猎活动的，狩猎的对象包括红鹿、麋鹿和负鼠等。游客需要持有相应的许可证方可进行狩猎活动。

（5）骑自行车和乘橡皮艇。在峡湾国家公园有专门从事自行车运动经营的公司，安排有自行车骑行线路，并且为骑自行车的游客提供全程巴士随行，游客尽可以选择自己喜欢的路段骑行，随时可以上巴士休息。喜欢户外运动、追求新奇冒险的游客可以选择乘坐橡皮艇在海上欣赏国家公园沿岸风光。

3．旅游开发特点

（1）为了保护，我们敞开大门。与我国自然保护区刚性的保护相反，新西兰为了使有遗产价值的自然和文化资源得到可持续的利用，尽可能地提供基础设施，提高这些区域的可进入性。让国民走进自然、了解自然、融入自然，从而实现保护自然的目的。

（2）以人为本，国家公园需要完善的设施。自然和文化保护的主体是人，只有照顾到旅游者的感受，使旅游者获得最大的旅游体验，才有可能实现最大限度的保护。因此,在国家公园内,需要有完善的旅游基础设施和旅游服务设施。

（3）自然是最好的,尽量别破坏它。国家公园要向游客展示地域生态系统,因此,国家公园内部的设施被限制在整个国家公园 1% 的范围内,使国家公园保持了相对纯净的面貌。在设施施工时,也尽量保持与原来环境的协调,体现自然美。

（三）加拿大班夫国家公园（Banff National Park）

1. 公园简介

Banff 是加拿大第一个国家公园,设立于 1885 年,以山湖之旅著称。公园内云天、冰雪,山岩、林木倒映在湖面上,春夏时丰艳绝伦,秋冬时典雅娴静,构成了画家和摄影家们梦寐以求的画面,其奇峰秀水,居北美大陆之冠。

2. 旅游开发现状

目前,班夫国家公园已成为著名的旅游胜地,每年有 400 万游客到此旅游,国家公园内根据天气条件不同,制定了冬夏不同的旅游活动项目:（1）豪华巴士或火车观光。这些旅游活动主要是提供给一些高消费层次的游客,乘坐豪华巴士欣赏国家公园的胜境对游客具有很大的吸引力。由于加拿大太平洋铁路从班夫国家公园内穿过,因此游客可以选择乘坐豪华列车在国家公园内观光。（2）高尔夫球。班夫国家公园内有一个 27 孔的高尔夫球场,开展高尔夫球运动,包括一系列高尔夫球课程、豪华住宿、汽车租赁等项目。（3）泛舟漂流。班夫国家公园内有许多商家提供半天、一天或多天的泛舟漂流活动。其中泛舟最好的地点是路易斯湖,面积虽少,但由于背靠雪山,风景怡人,泛舟其上俨如置身仙境。（4）徒步。徒步旅游也是班夫国家公园内游客喜欢的旅游活动,游客可选择时间长短不同的徒步项目,从有向导的一日远足到多日的背包游、观野生动物游及"午夜太阳"之旅。（5）乘雪橇。每年冬天狗拉雪橇是必然开展的旅游项目,游客在欣赏班夫国家公园美景的同时也能体验到"加拿大人"的生活。（6）滑冰及滑雪。班夫国家公园内有大量的滑冰地,最著名的要属路易斯湖,是滑冰爱好者的天堂。滑雪也是国家公园内受欢迎的项目,同时公园内还有带向导的穿雪鞋徒步活动。

3. 旅游开发特点

（1）为国民提供各种游憩机会。1930 年国会通过了《加拿大国家公园法》（National Parks Act）,确立了"国家公园的宗旨是为了加拿大人民的利益、教育和娱乐而服务于加拿大人民,国家公园应该得到很好的利用和管理以使下一代使用时没有遭到破坏"。因此,国家公园在保护自然资源的前提下尽可能地为国民提供各种游憩机会。

（2）重视对原有设施的利用。有一条高速公路（跨加拿大高速公路）及一条铁路（加拿大太平洋铁路）贯穿班夫国家公园,而公园就借助这些设施开展特色的豪华大巴及豪华列车游览项目,使原有设施得到了充分的利用。

4. 公园管理与规划

根据 1930 年通过的《加拿大国家公园法》,班夫国家公园由加拿大公园管理局负责管理。随着时间的流逝,公园的管理策略的重点从开发转到了环境保护。1964 年,一项政策声明颁布,在 1930 年的法律之外重申了环境保护。1972 年申请冬奥会主办权

引发的争议,使环境保护组织的影响力加大,最终加拿大公园管理局放弃支持申办。1988年,修订后的国家公园法将生态环境的保护放在第一优先级。修订法还规定了非政府组织在法庭上挑战加拿大公园管理局的流程。1994年,加拿大公园管理局指定班夫弓河研究所起草新的公园运行政策。和其他国家公园一样,班夫国家公园被要求制定公园管理计划。在省级范围内,公园所辖地区作为9号改良区受阿尔伯塔省行政议会管理。

除此之外,班夫国家公园还是分区制的一个典型范例,公园根据特殊保护区的需要划定了3个"环境敏感地",具体见表9.1。

表 9.1　班夫国家公园的分区和规划

分　区	数量和面积	组成和特点	提供的游览设施
特别保护区	4个,占4%	由洞穴系统、草地、盆地沼泽和考古遗址组成,具有独特和濒危的特点	游人不能进入
荒野区	大片连续,约占公园面积的93%	由险峻的山坡、冰川和湖泊组成,弱度利用区	小路、原始的山地野营地、高山小屋、小路避难所
自然环境区	占公园面积的1%	在各个游憩区和野营地周围	设施标准高于荒野区,有进入通道和古朴的乡村式客栈
户外游憩区	4个,占1%	万尼卡湖和3个滑雪场,游人相对集中	有机动交通直达,路两侧有乡村风格的设施和旅社
公园服务区	2个,小于1%	班夫镇和路易斯湖	有各种齐全的服务设施
环境敏感地	3个	湿地、温泉、河流阶地	根据特点予以特殊的保护

二、经济发达—生态旅游滞缓型

这类国家经济发达,但生态旅游相对于发达的经济而言稍显逊色,发展略为缓慢。日本和欧洲大部分国家属于这种类型,以乡村旅游为主要形式的生态旅游在这些地区发展较为成熟。

(一)法国-西班牙比利牛斯-珀杜山

在欧洲,生态旅游概念本身并不普遍,提得更多的是可持续旅游,主要是因为欧洲人口密度大,人类活动频繁,野生动物观赏和荒野旅游不及其他洲,生态旅游经常与当地传统文化、建筑结合在一起,包含在"乡村旅游"和"可持续旅游"产品之中,用可持续旅游概念更能促进这些目的地的保护。这也是生态旅游在欧洲稍显逊色的原因。在西欧,旅游业整体比较发达,其中生态农业旅游占有重要地位,如1998年有33%的法国人在国内旅游中选择了乡村农业生态度假。巴黎市郊的森林每年接待游客900万人次,是参观卢浮宫人数的 9 倍多。当然,和西欧的其他国家生态旅游业一样,生态农业旅游经常被包含在"乡村旅游"和"可持续旅游"产品中,这是由西欧的历史和人文状况造成的。这里以法国-西班牙比利牛斯-珀杜山为例进行介绍。

比利牛斯-珀杜山位于比利牛斯山脉的中部,绵延于法国和西班牙两国国界。比利牛斯山脉是欧洲西南部最大的山脉,为阿尔卑斯山脉西南延伸部分,是法国和西班牙两国的界山。1997 年作为文化及自然遗产列入《世界遗产名录》。

比利牛斯-珀杜山面积为 306.39 平方公里,海拔 600～3 352 米。其中 201.34 平方公里属西班牙,包括奥德萨珀杜山国家公园(156 平方公里)和 45.26 平方公里的缓冲地带;105 平方公里属法国,包括 74.51 平方公里的比利牛斯西科迪勒拉国家公园的西部地区。这两个国家公园分别由西班牙皇家和法国政府颁布法令于 1982 年和 1967 年设立。西班牙的国家公园于 1988 年被欧洲委员会评为欧洲 A 级国家公园,并于 1993 年重新确定,这个地区也因 1979 年颁布的鸟类保护条例成为特别保护区。

风景秀丽的珀杜山是以湖泊、瀑布、岩石、冰川及峡谷为主的山体风景名胜。北坡有现代冰川,南坡有四大峡谷。在整个地区发现了三大典型的地貌景观:一处在北部地区,三大相交的峡谷被南北走向的以片岩和砂岩为主的山峰所环绕,两处冰川被以Munia 主峰(3 133 米)为主的东南走向的山峰所分割;另一处为一组地质构造以石灰石为主、连绵 20 公里的峭壁,大部分高度超过 3 000 米;最后一处是以砂岩和片岩为主的高地平原。除雄伟的山脉,这个地区还有恬静的田园风光。

本地区植被丰富,有亚地中海植被、麻类植被、山区植被、亚高山植被和高山植被等5 种植被。动物种类也不少,有 800 多种哺乳类动物生活在这里。山区自然景色秀丽,是重要的旅游胜地和登山滑雪的活动场所。

本地区在旧石器时代就有人类活动。居住在山脉两侧的西班牙人和法国人文化习俗相似,交往频繁。尤其表现在农业生产方式上——梯田及随季节性变化将牲畜在山地和草地之间迁移的生活方式。这个地区有恬静的田园风光,反映出地处欧洲高地的人们从前普遍的农业生活方式,进入到 20 世纪依然如故。本地区社会经济活动在过去的 50 年里有所衰退,但比利牛斯-珀杜山保留的古村庄、古农场、田野、高山、草原和山路,为我们洞察过去、体验古欧洲社会生活提供了帮助。

(二)日本观光农业旅游经济的发展与经验

生态农业旅游是以乡村生态环境为背景、以生态农业和乡村文化为资源基础,通过运用生态学、美学、经济学原理和可持续发展理论对农业资源的开发和布局进行规划、设计、施工,将农业开发成为以保护自然为核心,以生态农业生产和生态旅游为主要功能,集生态农业建设、科学管理、旅游商品生产与游人观光生态农业、参与农事劳作、体验农村情趣、获取生态和农业知识为一体的一种新型生态旅游活动。观光农业则作为农业与旅游业的交叉性产业。随着收入增加、闲暇时间增多、生活节奏加快以及社会竞争日益激烈,人们渴望多样化的旅游,尤其希望能在典型的农村环境中放松自己。于是,观光农业应运而生。换句话说,观光农业是以农业和农村为载体的新型生态旅

游业。

与欧美国家相比,日本的观光农业旅游经济开发相对较晚,仅有30多年的时间,但其发展速度很快,成效也非常显著。日本最早的观光农业场所是岩水县的小岩井农场。这是一个具有百余年悠久历史的综合性大农场,自1962年起,农场主结合经营生产项目,先后开辟了600余亩观光农园,兴建了动物广场、牧场馆、农机具展览馆、花圃、自由广场等多种游览设施,农场用富有诗情画意的田园风光、各具特色的设施和完善周到的服务吸引了大量游客,平均每年约有70万游客,赢得了可观的经济收入。随着小岩井农场观光农园的发展,日本思古、寻求自然的旅游热开始兴起,观光农业很快风靡全国。值得说明的是,在日本旅游政策的数次修订中,曾明文规定在农村(山村、渔村)地区,为提高居民收入,也大力提倡休憩娱乐活动用地的整治。这一政策成为日本观光农业发展的基础动力所在。

1. 日本观光农业旅游经济的发展特点

(1)颁布《市民农园事务促进法》。为推动市民农园的发展,日本特别组团到欧洲的德国、英国、瑞士、荷兰等国考察,返回后积极推动立法工作,终于在1990年9月颁布了《市民农园事务促进法》。该法较为突出的特点是:规定市民农园的农地可以租借,借地期限一次可达5年,并对租借期内的租金、地上物及设备、所有权及使用权等问题作出了规定;农园里允许设置移动性露营帐篷、简易住宿设施、停车场、自来水与用电设备、农具陈列室及活动中心、儿童活动用绿地广场等;农园内的农地,平时可以委托出租农地的农民照管,并付给适当代管费用。产品收获后,也可委托其邮寄到家,以达到扩大产品流通,增进情感交流的目的。

(2)丰富观光农业的内容。日本的观光农业有着丰富的内容,主要包括以下几个方面。

观光农园。一般流行于城市近郊,主要是开放成熟的果园、菜园、花园、茶园等,让游客自己亲手摘果、摘菜、赏花、采茶,享受田园生活乐趣。在日本,采用发达的农业栽培技术培育出一些名、特、优、新的农作物品种非常普遍。在观光农园里向人们展示先进农业高科技和优质农产品,一方面开阔了旅游者的眼界,另一方面也发挥了现代农业宣传教育功能。

民俗农庄。是指利用农村自然环境、景观和当地文化民俗,让游客自然地接触、认识和体验农村生活。在维护整体农村自然景观的原则下,仿建农庄小屋。民俗农庄设施虽然简单,却具有乡村特有的自然宁静的气氛,游客可以借此体会农村闲适的生活,充分享受农村和平安宁的夜晚乐趣,体验其中浓厚的乡土风情。

教育农园。利用农场环境和产业资源,将其改造成学校的户外教室,是学校课堂教学的延伸,是体验书本知识的活动场所。农园中所栽植的作物、饲养的动物以及配备的设施极具教育内涵,所以教育农园以接待学生修学旅行为主。

(3)创造优美的农村景观并保持完整的生态环境。农业观光的关键是创造出美丽迷人的乡村环境,这种环境本身就构成了旅游吸引物。这种自然景观与生活景观交相辉映后形成的景观对农民来说是极其普通的,却会给外来人留下深刻的印象。在考虑开发农村观光时,创造这种乡村景观是非常重要的,但必须用地方特色热情接待外来的客人。

在日本,除美丽迷人的景观外,各种生物共存是农村环境的一大重点,需要创造出清澈见底的小溪,各种昆虫和鸟类纷飞啼叫的环境。完美的生态环境成了检验农村自然环境的清洁程度和在那里所产食品的安全程度的指标之一。当然,这种与生物的共生还构成了能够开展各种体验性活动的宝贵观光资源。此外,挖掘与创造农村文化。除大自然之外,农村的魅力还在于传统的乡村文化。在继承以往文化的基础上,还需要创造出新的农村文化,以新的乡村文化的魅力来吸引外来的旅游者,增强农村观光的活力。

2. 日本发展观光农业旅游经济的经验

(1) 政府的主导发展与促进作用。20 世纪 70 年代以来,日本农业面临效益下降及产业职能转变的难题。为促使日本农业转型升级、调整经营结构,日本农林水产省致力于推动农业生产向观光旅游方面发展。为了达到这一目的,农林水产省先后采取诸多政策措施,例如,在全国范围内积极开展"都市—农山渔村共生对流活动"、"交流往来的日本"以及"绿色旅游"活动,推进观光农业的健康发展。在政府主导责任上,政府主要担负技术支持、公共设施完善、财政支持以及国际合作等责任。

此外,日本观光农业取得成功与日本政府制定合理计划的支持分不开。以北海道为例,2000 年制定的以建设具有活力的农村为主旨的"第三次北海道长期综合发展战略",试图发展绿色旅游休闲农业来进一步加强城乡交流与互动,从而实现农业经营多元化战略。为保证该规划如期实现,政府于 2001 年开始连续出台一系列观光农业规划。政府的支持收效明显,例如,2006 年北海道旅游休闲农业总收入为 244 亿日元,带动本地域其他企业增收 553 亿日元,对本地域经济总贡献份额 7.3%。

(2) 完善的观光农业法规体系。日本观光农业法规体系是比较健全的。以《观光立国推进基本法》、《粮食、农村、农业基本法》为依据,日本主要制定实施与观光农业相关的法律有《旅行业法》、《温泉法》、《森林法》、《海岸法》、《岛屿振兴法》、《山村振兴法》、《旅馆业法》、《停车场所法》、《农山渔村余暇法》、《景观法》等,这些法律条文明确规定了审批过程的程序、审核的标准,并且有较强的可操作性,减少了人为因素对政策实施的影响,使条例的执行和管理顺利通畅,既保证了从事观光农业的企业依法经营,又限制了部分人借办观光农业之名进行圈地和违法经营。

进入 20 世纪 90 年代后,日本对原《农业基本法》进行了重新审视及评价,于 1992 年颁布了面向 21 世纪的"新政策",其中,从完善农村定居条件的观点出发,将绿色观光业列为维持和确保各地区收入的重要政策;而且新农林预算也以支援振兴包括绿色观光业在内的新产业为目的,开设了"确立地区农业基础,改善农业结构事业"项目。1995 年 4 月开始实施《农山渔村旅宿型休闲活动促进法》,规定了"促进农村旅宿型休闲活动功能健全化措施"和"实现农林渔业体验民宿行业健康发展措施",推动绿色观光体制、

Ecotourism

景点和设施建设,规范绿色观光业的发展与经营。另外,《自然环境保护法》、《自然公园法》等也对绿色观光业的形成和发展起到了保证作用。

(3) 科学的观光农业旅游经济发展规划。观光农业旅游经济是综合利用当地资源,以当地自然、文史资源,以及特有的农村生产、景观,融合旅游、餐饮等综合经营的一种由农业延伸至服务业的新产业。为推进这种新型服务产业的发展,日本政府通过地区广域联合的办法整合区域资源,对整合后观光农业资源进行科学规划与合理开发。其中,以日本农林水产省开展的"一农村一景观"活动、大分县开展的"一村一品"活动为典型代表。日本各县市町村也充分整合各地农村周围的森林山水资源,大力发展生态旅游,通过与民俗、观光农园相结合,进一步拓展了观光农业的发展空间。

就发展观光农业的效果看,首先,观光农业的发展改善了日本农业产业结构,使农业生产向服务业延伸,增加农民就业机会,促使农民发家致富,观光农业的繁荣又能够吸引其他社会资本前来投资观光农业,使其成为日本的新兴产业,促进了农村经济的发展;其次,观光农业也促进了日本农村社会发展,激发农村居民的爱乡热情,城市居民向农村流动,增进了城乡交流,给农村带来活力,促进了农村社会发展和进步;此外,日本观光农业还取得了良好的生态效益,公共设施的完善和环境的美化等都为人们提供了一个和谐的生活环境。

三、经济欠发达—生态旅游新兴型

这类国家经济欠发达,但生态旅游作为一种可持续的旅游发展模式已经得到了这些国家认可与重视,因此得到了迅速发展。尼泊尔、印度尼西亚等诸多中亚、南亚、东南亚国家多属于这种类型,高山探险生态旅游和生态度假旅游在这一地区最具特色。

(一) 以徒步旅游和登山业著名的尼泊尔

尼泊尔地处喜马拉雅山南麓,生态旅游资源丰富,自然风光绮丽,现有 8 个国家公园,4 个野生动物保护区,2 个水源保护区和 1 个狩猎保护区,总面积为 21 051 平方公里,占全国面积的 14%。其中,奇特旺皇家国家公园和萨加玛塔国家公园被列入世界自然遗产名录,著名的安纳布尔纳(Annapurna)保护区也是游客向往之地。尼泊尔气候也十分宜人,徒步旅游和登山业最为发达,每年吸引成批的登山爱好者和专业登山队前来登山考察。尼泊尔政府也积极鼓励向旅游业的投资,2003 年全年接待国外游客26.56 万人次,同比增长 23%。来尼泊尔游客居前三位的国家依次为印度、英国和美国。近年来,尼泊尔已经成为生态旅游和宗教旅游的热点目的地,发展势头良好。当然,旅游业成为尼泊尔经济重要组成部分的同时,也为此付出了严重的环境代价。为了提供能源和烹饪燃料,大片森林惨遭砍伐,水质受到污染、卫生条件恶化、旅游者乱丢垃圾等,加剧了该地区自然环境的恶化。

1. 尼泊尔萨加玛塔国家公园(Sagarmatha National Park)

萨加玛塔国家公园位于尼泊尔喜马拉雅山区,首都加德满都东北的索洛—昆布地

246

区,坐落在珠穆朗玛峰南坡,是尼泊尔著名的旅游胜地,北部与我国西藏珠穆朗玛自然保护区接壤。公园总面积 1 244 平方公里。萨加玛塔国家公园是联合国教科文组织公布的首批文化遗产和自然遗产之一。

萨加玛塔国家公园包括珠穆朗玛峰在内共有 7 座山峰,其余 6 座山峰海拔高度也都在 7 000 米以上,还有数量可观的冰川深谷。珠穆朗玛峰海拔 8 844 米,尼泊尔语称"萨加玛塔",意思是"摩天岭"或"世界之顶"。高耸险峻的珠穆朗玛峰已经成为全世界登山爱好者的最终目标,每年吸引大量的登山队前来登山。由于地处山区,海拔高度差又很大,从而造就了丰富的生态环境,适于多种动植物生长。同时,这里也是世界著名的攀登区,它因其独特的地质地貌而成为世界上最令人感兴趣的地区之一。印度板块与北面的亚洲板块相撞,造成两条地带连续不断隆起,高达数千米,从而形成了喜马拉雅山脉,这一地区的山峰如此之高就源于这一造山运动,冰川世纪的显著影响形成了众多的大川深谷。

萨加玛塔国家公园园内提供了海拔高度 2 850～8 848 米的完整而层次分明的生态系统。公园内分布着三个植被带:由橡树、松树、桦树和杜鹃构成的较低的森林带;以矮小的杜鹃和刺柏丛林为主的高山中间带;高处森林带则是苔藓和地衣的天下。此外,园内动物种类繁多,生存着麋鹿、雪豹等珍稀动物。

萨加玛塔国家公园终年阳光灿烂,四季如春。四周群山巍峨壮美,冰峰林立。山上有终年不化的积雪,山下是四季常青的花草,园内还有代表喇嘛教宁玛派的夏尔巴人文化的寺院庙宇。萨加玛塔国家公园居住着夏尔巴人,他们常年生活在山区,不杀生,体力充沛,有着良好的适应能力,能在高原负重并疾步行走。萨加玛塔国家公园旅游事业的兴起极大地改变了夏尔巴人的生活方式,旅游业已成为当地主要的经济来源,平均每户人家都有一人从事着和旅游相关的行业。尽管旅游业为这一地区带来了可观的收入和无限的发展机遇(甚至有些地区还通上了电),但也带来了一些消极影响。旅游直接或间接地导致了森林储备的缩减和物价的上涨,也使人们更加依赖于金钱和食物的进口。更令人惋惜的是,夏尔巴人的民族文化特色,如方言、庆典、民歌和民族舞蹈已经急剧衰落。尽管如此,夏尔巴人被公认为不仅拥有丰富文化,而且也是人与环境之间相互影响的典范。

2. 尼泊尔安纳布尔纳保护区(Annapurna Reserve)

安纳布尔纳保护区是尼泊尔境内最大的保护区,也是最受欢迎的徒步旅游区。很难说清到尼泊尔进行徒步旅游的风气从什么时候开始,但却有越来越多的人来到尼泊尔,使之成为继瑞士之后的徒步旅游胜地。

这里有丰富多彩的自然景观和生动的农民生活场景。在安纳布尔纳保护区内,依然居住着原有居民,为了迎接越来越多的游客,居民们也不断建设一些旅馆来接待徒步者。这些旅馆的建设都非常简单,朴实的木房,太阳能公用浴室,尽可能地减少对环境的破坏。保护区内的山路,大多是人长年累月行走自然形成,为泥路或石板路,没有太多的人工装饰;因为人们认识到徒步者欣赏的是美丽的自然景观和真实的民间生活。

游人徒步在安纳布尔纳保护区内,山景绝美,雪山、民居就在旅途中,徒步令游人与山里人的生活贴近,徒步的过程也就是观景的过程。事实上,世界上的确很少有自然保护区像安纳布尔纳保护区一样丰富多彩。有海拔 8 091 米的安纳布尔纳山峰,还有世界上最深的峡谷之一凯利干达基峡谷(Kali Gandaki)。游客可以选择多条徒步线路,没有人会埋怨徒步的艰辛。越来越多的人来这里徒步,越来越多的人体会到徒步的乐趣;经过艰辛后到达目的地,会有一种难以表达的满足感和成就感。

在开发模式上,正由于保护区内居住着大量的原住民,保护区的项目开发便很注意当地人的参与,以求得开发与环保协调发展。他们专门组建了地方委员会协调旅游与环境保护的工作;对当地客栈老板进行培训;同时鼓励物资再回收;为尽量减少树木砍伐,还用煤油做替代燃料。地方参与项目中还包括建立客栈管理委员会,负责实施各项规定,如偷猎处罚、林木砍伐控制等。

(二)生态度假旅游胜地——印度尼西亚巴厘岛

印度尼西亚近些年非常重视开发大自然旅游产品。1992 年已建成 110 多个国家公园露营基地,1993 年推出了"环境与传统"的宣传主题,并制订了综合性的生态旅游开发规划。其中巴厘岛是世界著名的生态旅游胜地,每年吸引 160 万国际旅游者前来度假、体验。

巴厘岛是印度尼西亚著名的旅游区,距首都雅加达约 1 000 多公里,与首都雅加达所在的爪哇岛隔海相望,相距仅 1.6 公里。该岛由于地处热带,且受海洋的影响,气候温和多雨,土壤十分肥沃,四季绿水青山,万花烂漫,林木参天。巴厘人生性爱花,处处用花来装饰,因此,该岛有"花之岛"之称,并享有"南海乐园"、"神仙岛"的美誉。岛上大部分为山地,全岛山脉纵横,地势东高西低,有四五座锥形完整的火山峰,其中阿贡火山(巴厘峰)海拔 3 142 米,是岛上的最高点,附近有曾于 1963 年喷发过的巴都尔活火山。岛上沙努尔、努沙·杜尔和库达等处的海滩,是该岛景色最美的海滨浴场,这里沙细滩阔、海水湛蓝清澈。每年来此游览的各国游客络绎不绝。

巴厘岛不但天然景色优美迷人,其文化和社会风俗习惯的丰富多彩也驰名于世。巴厘人的古典舞蹈典雅多姿,在世界舞蹈艺术中具有独特的地位,亦是印尼民族舞蹈中一枝鲜艳的奇葩。其中,狮子与剑舞最具代表性。巴厘的雕刻(木雕、石雕)、绘画和手工业品也以其精湛的技艺、独特的风格遐迩闻名。在岛上处处可见木石的精美雕像和浮雕,因此,该岛又有"艺术之岛"之誉。玛斯是该岛著名的木雕中心。巴厘的绘画别具一格,大都是用胶和矿物颜料画在粗麻布或白帆布上,主题取材于田园风光和人民生活习俗,具有浓郁的地方色彩。因此,巴厘岛素有"诗之岛"、"东方的希腊"的美称。

巴厘岛居民每年举行的宗教节日近 200 个,每逢节日,歌舞杂陈。由于巴厘岛风情万种,景物甚为绮丽,因此,它还享有多种别称,如"神明之岛"、"恶魔之岛"、"罗曼斯岛"、"绮丽之岛"、"天堂之岛"、"魔幻之岛"等。

总的来说,安宁的田园风光、独特文化的民居建筑、特有的土著表演、奇异的鸟类、完美的"3S"(阳光、沙滩、海洋)资源,使巴厘岛的生态旅游成为世界的焦点。

四、经济欠发达——生态旅游超前型

这类国家的经济并不发达,多数属于发展中国家,但生态旅游却与前面一个类型不同,走在了经济发展的前面,受到了世界的瞩目。肯尼亚、哥斯达黎加及加勒比海国家大多属于这种类型,它们在以保护区为代表的生态旅游及其产品开发方面取得了显著成效。这些国家总体上来讲都拥有丰富的自然资源,同时也都面临着经济发展和环境保护的双重问题,甚至有些国家是在以环境为代价换取经济发展。在环境问题日益凸显并最终对经济和社会造成严重影响的背景下,这些国家开始寻求与环境相适应的经济发展模式,最后以生态旅游为平台,积极发展生态旅游业,实现环境、经济和社会的协调发展。

(一)生态旅游与当地居民利益——肯尼亚生态旅游成功经验分析

1. 肯尼亚生态旅游发展概况

肯尼亚是非洲各国开展生态旅游最早的国家,是生态旅游的先驱者。旅游业是肯尼亚国民经济的支柱,而在旅游业中占成分最重的要数与野生动物有关的生态旅游。肯尼亚生态旅游发展的成绩是显著的。1990年肯尼亚曾召开关于生态旅游的区域性工作会议,1993年肯尼亚诞生了全非洲第一个生态旅游协会(ESOK),1997年肯尼亚主办了关于生态旅游的国际研讨会,由此可知肯尼亚举国上下、各行各业对生态旅游的关心程度。

肯尼亚摆脱英国殖民统治后,自然观光和狩猎旅游迅速发展。由于狩猎旅游的盛兴,加上当时在国际上象牙和犀牛角价格昂贵,贩卖它们十分有利可图,因此斩尽杀绝式的打猎行为严重影响了野生动物的生长与繁衍。同时,缺乏科学的规划与良好的管理也造成旅游品质的下降。于是,政府于1977年宣布禁猎令。为了保护肯尼亚的野生动植物,政府通过强迫原住民迁离等办法,建立国家公园,累计至2002年,肯尼亚共成立了26座国家公园、28处保护区和1处自然保留区,共占陆地面积的12%,也就是说,全国有1/10土地的用途着眼于野生动植物的保护。政府还提出了"用你的镜头来猎取肯尼亚",用以替代过去的狩猎旅游。这样的改变取得了非常好的效果,不仅使旅游人数、旅游业收入增加,更重要的是对当地企业和民众有正面效应,因为在以狩猎为主的旅游年代中,旅游活动的操纵者大多是西方的白人,旅游利益也大多由他们独占。自从旅游形态改变后,肯尼亚有更多的私人企业投入旅游业,并为当地居民带来许多就业机会;肯尼亚出现了许多属于本国人自己经营的旅游集团、旅游服务公司。肯尼亚旅游发展协会成立于1966年,其主要设立宗旨是协助有兴趣的私人企业取得政府的资金赞助,发展生态旅游,以此和其他外国投资者分享"旅游"这块蛋糕。此外,根据肯尼亚的法律规定,所有的旅游企业都需有部分股权为肯尼亚人所拥有,所以肯尼亚旅游发展协会的另一种重要角色就是扮演外国投资者和本国商人之间的中介者和联系人,并发挥了相当重要的作用。

2. 肯尼亚生态旅游发展的经验分析：发展以当地居民（社区）为出发点的生态旅游

生态旅游的内涵之一就是要顾及当地居民的利益，保证当地居民从旅游业中受益，改善居民的生活质量，以此推动生态旅游区的环境保护和可持续发展。在这方面，肯尼亚给我们树立了很好的榜样。其中，马赛马拉保护区和安波沙提国家公园里结合当地居民发展旅游的实际经验是非常珍贵的。

20 世纪 70 年代中叶，由于缺乏合理的规划与妥善的管理，肯尼亚一些保护区和国家公园的问题日益突出。1989 年 4 月，肯尼亚政府解散了工作成绩不佳的"野生生物保育暨管理部"，取而代之成立了肯尼亚野生生物服务署，首任主席为理查·利基（Richard Leakey）。利基在任期间，工作成绩很突出。他促进了禁止象牙买卖国际协议的签订，象群损失的数字从实行前每年平均 4 000～5 000 头降至每年 100 头。在此同时，利基也明确宣布保护野生动物是国家公园最重要的工作，保护工作是极为神圣而不可侵犯的。利基和其幕僚还拟定了斑马文件（Zebra Book），该文件明确指出肯尼亚野生生物服务署将以发展自然保护和生态旅游共存共荣为目标，将设计出一套与当地居民有效的互助模式。

利基在领导野生生物服务署时非常重视与当地居民的互动关系，他特别强调要保障居民的生命财产安全，并尽力减少野生动物对居民生活的干扰，并于 1992 年成立社区服务协会（CWS），目的在于通过该组织给予居住在国家公园或保护区周围的民众以实质的帮助，如提供经费赞助地方发展计划等。利基并大胆地开出支票，要肯尼亚野生生物服务署自门票所得收入中提取 25% 给受野生动物骚扰的村落作为回报。虽然这项承诺最终未能实现，但也表明了利基对民众的态度。

为保证保护区的正常发展，政府鼓励当地居民参与到与野生生物相关的行业，如旅游、畜养、提供食物或制作纪念品及表演等，从而使当地居民从旅游业中获取利润，并进而赞成与加入环境保护活动，这样也可在更大程度上保证野生动植物有较大的生存空间、较安全的庇护所。政府还提倡主管野生动物的相关部门应放下架子，不要当高高在上的政府官员，而要成为当地居民的好朋友、好帮手，尽力给他们辅导、建议和协助。这些提议都充分体现了政府在生态旅游中关注当地居民的意向。

肯尼亚还与美国国际发展机构共同制定"生物多样区保护计划"，该计划的出发点在于帮助当地居民站起来，即协助他们找到合适的工作项目，增加每个家庭的经济收入，改善居民的基本生活条件，缓解居民与国家公园管理间的矛盾与冲突。

利基后因承诺的 25% 的回馈金没有兑现而下台，接替他的是长期在安波沙提国家公园进行研究的大卫·魏诗登（David Westem）。他继续推行以当地部落居民为出发点的生态旅游。他上任之初便发誓要在肯尼亚的国家公园内建立一套兼顾当地民众权益和保护自然环境以及让肯尼亚的野生动植物能永续生存的管理模式。他就任后就将施政重点放在保护区与周围居民关系的改善上，并推出了"野生动物发展与利益分享计划"。他认为旅游利益不应尽由白人所主导的旅游集团所独享，当地民众应分到该得的部分。他主张应对生态旅游赋予更积极的意义，视其为推动自然保护的强大动力，尤其需让当地民众因从中获取利益而感到满足，如此才能说服他们放弃放牧、农作等其他土地利用方式，以及彻底解决盗猎问题。魏诗登接受利基的教训，把回馈金比例定在10％。他还重新调整了肯尼亚野生生物服务署的工作目标，表现为：(1)保护生物多样性；(2)联结保护与旅游；(3)建立地方、国家、国际等不同层次团体间的伙伴关系。肯尼亚野生生物服务署从此开始权力下放，希望将许多决策下放至现场决定，邀请当地居民亲身参与，共同讨论，而不再采取由上而下的决策模式。魏诗登的努力获得了实际的成效。1995年底约有160万美元的回馈金分配给当地社区、民间团体以及地方政府，约有300个地方所提交的计划方案获得经费补助，其中约有1/3用来兴建学校或提供作为学生奖学金。最近几年则更强调实质的建设，此举有益于增加地方生产力，重点在于推广与旅游或保护相关的谋生技能与活动，培养与训练民众的工作能力，并且把通过开创多样性的旅游活动以增加当地社区实际利益作为日后奋斗的目标。

马赛马拉保护区和安波沙提国家公园是肯尼亚生态旅游发展最著名的两个地区，两者的成功都与兼顾当地居民利益密不可分。

(1)马赛马拉保护区实例。马赛马拉保护区是肯尼亚最受欢迎的旅游景点。经过十多年的发展，它取得了显著成绩，尤其在保护活动与当地居民参与的结合上十分成功。许多居住在保护区内的马赛族人被吸收为旅游发展协会的成员，通过参与，民众渐渐都能接受新的土地和资源利用方式。1977年政府颁布禁猎令，传统的马赛族人无法再靠贩卖猎物维生，此时恰好生态旅游兴起，生态旅游带来的可观收入足以弥补他们的损失，而且这种收入比以往更丰厚，也比较稳定，还减少了风险。地方议会也很慷慨，每年都拿出一定比例的收入回馈当地居民，支持许多当地部落的发展计划，如兴建医疗服务站、学校、供水设备、改善牲畜蓄养设施以及道路的修建等。伴随着生态旅游带来的丰厚收益，许多旅游业者和土地拥有者对发展以观赏野生动物为主的生态旅游事业兴致勃勃，并且对保护工作抱积极的态度。居民也不愿再冒险去打猎，所以偷猎的情形有非常大的改善。正如一位协会管理人员所说的："在短短的几年内就明显看到当地民众态度的转变，现在他们视野生动物为重要的经济资源，不仅不会去伤害他们，还会尽力去保护他们；年轻的下一代更容易接受此观念。"当肯尼亚境内其他地区的犀牛和大象数量锐减时，马赛马拉保护区内的犀牛和大象族群数量却能稳定增加，1990年时在马赛马拉区域只记录到5头大象的死亡，其中还有3头是自然死亡的；仅有1头犀牛死亡，并且还是6年来的首次记录。

(2)安波沙提国家公园实例。安波沙提国家公园是另一个成功的典范。安波沙提的当地居民马赛族人曾和政府议会有着严重的冲突。安波沙提集水区是马赛族人重要的水资源，是他们生活的家园，由于野生动物出没、游客行为或多或少会影响农牧活动，马赛族人对旅游发展颇有微词，因为他们并未得到实际的利益，反而增加了许多生活上的困扰。20世纪60年代后，随着安波沙提划设成为国家公园，矛盾进一步激化。肯尼亚总统于1971年宣布中央政府拥有安波沙提的管辖权，迫使马赛族人迁出此区域，并另觅水源。这种来自中央的强硬措施激怒了马赛族人，他们大肆猎杀草原上的犀牛、狮

子、印度豹、大象等进行抗议；他们清楚地表达自救意识：要是中央政府要强行占取该土地，马赛族人就要让生存其上的动物消失，使其丧失作为一个国家公园的资格。后经多方协调，结果是，安波沙提顺利成为国家公园，政府则以下列承诺回报马赛族人的让步：政府须在邻近湖泊兴建取水和引水设施，将水送至马赛族人的土地；中央政府须将部分门票收入用于国家公园的管理与发展；政府须聘用当地居民从事园区管理工作，增加就业机会；马赛族自治团体对其他剩余土地保留拥有权；在世界银行所援助的 3 750 万美元计划中，应提出 600 万美元用于安波沙提国家公园。

如此，当地村落的基础建设得以推动，学校、医疗站和村民活动中心就建在公园边上，国家公园周边以及区内的道路状况得到改善。为了报偿当地民众在禁猎野生动物方面所达成的共识，魏诗登一开始就回馈当地居民 27 万美元，使马赛族人觉得拥有这些野生动物是很棒的一件事，因为它们是高经济收益的象征。从此，马赛族人开始自觉致力于保护野生动物；老一辈的马赛族人还打趣地告诉公园管理处的人员，"无形中国家公园管理处已多聘用了 2 000 多双眼睛，他们将协助管理人员取缔盗猎者"。

综合以上对马赛马拉保护区和安波沙提国家公园的分析，不难看出，生态旅游在这两个地区的顺利发展与取得当地民众的支持是分不开的。它使生态旅游真正成为解决环境保护、经济发展与当地民众三者矛盾的一贴良药。这也许就是肯尼亚生态旅游发展给全世界的最重要的启示。

第二节　国内生态旅游典型发展模式与经验

一、以保护为本的生态极品旅游胜地——九寨沟

九寨沟位于四川省阿坝藏族羌族自治州九寨沟县境内，是白水沟上游白河的支沟，以有九个藏族村寨（所以又称何药九寨）而得名。九寨沟海拔在 2 000 米以上，遍布原始森林，沟内分布 108 个湖泊（海子），有"童话世界"之誉；九寨沟为全国重点风景名胜区，1990 年，九寨沟被列为"中国旅游胜地四十佳"之首，1991 年被列入联合国《世界风景名录》，1992 年 12 月又由联合国教科文组织批准，正式列入《世界自然遗产名录》，从此登上世界旅游的宝座，成为中外游客向往的神奇的"梦幻世界"。2007 年，九寨沟入选我国首批 5A 级旅游景区行列。

九寨沟属高山深谷碳酸盐堰塞地貌，以翠海（高山湖泊）、叠海、彩林、雪峰、藏情"五绝"驰名中外，被誉为"梦仙境"和"童话世界"。主景长沙有 6 公里，面积 6 万多公顷，有长海、剑岩、诺日朗、树正、扎如、黑海六大景观，呈"Y"字形分布，以水景最为奇丽，泉、瀑、河、滩将 108 个海子连缀一体，碧蓝澄澈，千颜万色，多姿多彩，"水在树间流，树在水中长"，有"黄山归来不看岳，九寨归来不看水"和"世界水景之王"之称。

九寨沟的山水形成于第四纪古冰川时期，现保存着大量第四纪古冰川遗迹。九寨

沟的地下水富含大量的碳酸钙质,湖底、湖堤、湖畔水边均可见乳白色碳酸钙形成的结晶体,来自雪山、森林。九寨沟的活水泉异常洁净,加之梯形状的湖泊层层过滤,其水色愈加透明,能见度高达 20 米。翠海、叠瀑、彩林、雪峰、藏情,被誉为九寨沟"五绝"。水乳交融,美不胜收。现代肖草《九寨沟》诗:"放眼层林彩池涟,鱼游云头鸟语欢;飞瀑洒落拂面来,九寨山水扬海天"对此给予真实诠释。

1. "保护性开发、规范性建设和人性化管理"的典范

九寨沟管理者为了保护举世无双的自然资源和景观优势,坚持采取保护性开发、规范性建设和人性化管理的可持续发展理念,使九寨沟能够保持竞争和发展的后劲,他们采取的保护生态措施如下。

(1) 护林防火。九寨沟把防火放到了首位,建立了完善的森林防火监控系统,制订了森林防火扑救预警方案,坚持对居民进行护林防火教育,坚持对游客进行"入沟须知"宣传等一系列措施,使九寨沟创造了 25 年无森林火灾的佳绩,至今还保持着 63.5%的森林覆盖率和 85.5%的植被覆盖率。

(2) 保景富民。九寨沟关闭沟内所有旅馆,在景区外规划建设了"九寨沟民俗文化村",实施游客"沟内游,沟外住"。近年来,九寨沟每年拨专项资金 800 多万元作为景区居民的生活保障费,人均不低于 600 元/月。同时还安排了 600 多名居民从事保护、环卫和经营服务工作,实现了居民由农牧型向旅游环保经营服务型角色转换,妥善地处理了"保景"和"富民"的关系,落实了社区居民参与生态旅游的政策。

(3) 限量旅游。从 2001 年 7 月后,九寨沟在全国率先实施"限量旅游"的政策。根据规划科学测算,九寨沟的最大容量为 12 000 人/日。九寨沟坚决按此环境容量指标操作,真正体现了保护至上的开发理念。

2. 坚持保护与开发双赢,实现生态可持续发展良性循环

九寨沟在硬件建设中,较好地考虑并适应了自然环境的承载能力和生态旅游的需求,力求保持景观景点的自然形态和天然野趣。主要措施包括以下几项。

(1) 坚持特色建筑。九寨沟的建筑既有现代建筑气魄,又有浓郁的藏羌民族建筑特色,而且在造型和建筑体量上,坚持与自然环境高度和谐,建设了沟内游客中心、游客转换中心和入沟处的生态广场、停车场。

(2) 开辟绿色通道。为彻底解决汽车尾气对景区大气的污染,九寨沟开通了使用清洁燃料的绿色观光车,实行统一循环载客游览。同时在景区 60 多公里道路上,铺设了柏油路面,修建了格调与景观一致的木质观景亭。人行横道实行人车分流。这种绿色通道,既保障了游客的安全,又减少了尘埃和游人活动对环境的影响。

(3) 强化排污治污。停止租牛租马活动,以保证水源的清洁。与环保产业公司合作,率先在景区内大规模引入国内先进的"智能型全自动免水冲环保型生态厕所",采用电子监控,自动更换保洁用袋,排泄物通过自动打包后,运到景区外进行处理。同时还配备了 8 台环保型车载式流动厕所,实现了上厕自动化、厕所管理人性化、粪便处理机械化。为彻底处理景区居民的生活垃圾和污水,还建设了统一的排污治污系统。

Ecotourism

3．积极进行环境建设，对遗产地真实性和完整性进行保护和维持

主要措施有：泥石流工程治理，完成对山地灾害严重的 14 条泥石流沟的治理；改善能源利用结构，实行"以电代柴"，辅以"以气代柴"，保护森林资源；恢复自然生态，启动退耕还林（草）工程，并对牲畜进行全面管理。

4．重视保护与科研投入

1992 年以来，九寨沟在科研、保护方面投入的资金占总资金的 40％左右，同时管理局注重与外界科研机构展开合作，研究景区保护和环境治理。如四川省政府将九寨沟作为可持续发展的重要试点地，投入 200 万元进行"九寨沟黄龙水循环可持续性研究"等。

二、云南迪庆——打造世界的"香格里拉"

中国香格里拉生态旅游区，又称为大香格里拉地区，包括了川、滇、藏三省区交界的大三角区域。2002 年起，三省区开始加强旅游合作，先后召开了数次协调会，共同致力于"中国香格里拉生态旅游区"的发展。2007 年 12 月，国家旅游局和国家发展改革委主持了《香格里拉生态旅游区总体规划》评审并予以通过。"中国香格里拉生态旅游区"目前已被列为国家重点旅游开发区域，成为国内外游客向往、旅游业界青睐的旅游目的地。

在大香格里拉地区中，滇西北香格里拉腹地的迪庆州香格里拉作为生态旅游示范区，在 2011 年国庆黄金周，接待海内外游客数量突破 20 万人次，同比增长 22.5％，这个每年持续增长的数字，成为迪庆藏区成功打造令世界向往的人间圣境"香格里拉"的客观见证。

位于滇西北的迪庆州，地处青藏高原东南边缘、世界自然遗产"三江并流"腹地，素有群山藏宝、众水流金之誉。在这块神奇的土地上，有着雪山、峡谷、草甸、原始森林、高原湖泊等绝美的风景，有藏族、彝族、白族、纳西族等 10 多个民族世代和谐共居，藏传佛教、基督教和东巴教等多种宗教和睦并存。2001 年，国务院批准迪庆州中甸县更名为香格里拉县。这次更名使"香格里拉"从英国小说家希尔顿在《消失的地平线》中描绘的那个带有永恒、和平、宁静象征的人类理想的生存家园从虚拟走向了现实，对迪庆州和中甸县来说可谓"一举更名天下知"，当地的发展从此跨入了一个新阶段。

1．呵护人类生存的理想家园

迪庆州既是我国重要的生态屏障和生物多样性富集区域，也是生态环境十分脆弱的地区，一旦破坏将很难恢复，保护生态环境的重要性不言而喻。迪庆州委州政府对此有着清醒的认识，多年来走出了一条"生态立州"的发展之路。

据迪庆州环保局副局长汪堆介绍，多年来迪庆州认真实施天然林禁伐、退耕还林、退牧还草和地质灾害隐患治理等工程，有效地保护了金沙江和澜沧江上游流域的水资源和生态环境，为建立良好的生态体系奠定了基础。

在生态建设方面,迪庆州先后申报成立了白马雪山国家级自然保护区和碧塔海、纳帕海、哈巴雪山三个省级自然保护区;金沙江和澜沧江流域部分特定区域被划为世界自然遗产"三江并流"保护范围;2005 年,碧塔海和纳帕海被列入"国际重要湿地名录";2005 年还建立了香格里拉高山植物园。

其实,早在 1998 年,迪庆州政府就下发文件在全州范围内禁猎。2002 年,迪庆州政府下发《关于禁止销售和使用塑料袋的通知》,在全州范围内全面"禁白"。当如今全国许多地区仍在为"限塑令"难以奏效而发愁的时候,偏居西南的迪庆州早已告别了"白色污染"的烦恼。通过多年的努力,迪庆州主要生态系统类型和珍稀野生动植物得到了有效保护,全州保护区面积逾 32 万公顷,占全州面积 13.4%;森林覆盖率从 2000 年的60%提高到如今的 73.9%。"生态立州"战略的实施,使香格里拉天更蓝、水更清、山更绿、云更白、人与自然更加和谐。

2. 打造世界的"香格里拉"

迪庆州所处的滇川藏区域,是国内首屈一指的旅游资源富集区,拥有"香格里拉"和"三江并流"两大旅游品牌的迪庆州就曾获得许多旅游领域的殊荣。以国家公园模式为主体的旅游景区建设,使迪庆州旅游业走出了一条"在保护中开发、以开发促保护"的可持续发展之路。

2007 年 6 月,我国大陆第一家国家公园——普达措国家公园在迪庆州香格里拉县挂牌。这个国家公园由原来的属都湖、碧塔海等景区整合成立,园内建设了 10 余公里长的环保栈道,配备了环保游览车,尽量减少游客对生态环境的破坏,游客乘坐环保车即可以轻松游览雪山、湖泊、草甸、森林和峡谷等风景,门票收入主要用来保护生态和回报国家公园内的居民。

目前,迪庆州已经成立普达措、梅里雪山、香格里拉大峡谷、虎跳峡和塔城滇金丝猴五个国家公园。有关负责人表示:"建立国家公园目的是探索保护和发展良性互动之路,所有国家公园的建设,都需要具备生态保护、旅游展示、环境科普教育、社区群众受益这四个方面的功能。"

香格里拉县独克宗古城是游客必到的景区,这座有着 1300 余年历史的古城保存了完整的大型藏族古式民居群落。在独克宗古城的街道上,随处可以碰到外国游人,据说还有 20 多个国家的人在古城里长期居住。在香格里拉县经营探险旅行社的扎巴格丹说:"这里有众多的雪山和峡谷,有原生态的藏族文化,简直是这些探险爱好者的天堂,他们有的来玩就是一两个月。"

2010 年,迪庆州接待海内外游客突破 500 万人次,旅游总收入达 53 亿余元,继续保持了较快幅度的增长势头。如今香格里拉机场已经开通到北京、成都、重庆、昆明、拉萨等地的航线,一批高档酒店和景区正在建设中,随着交通等基础设施的改善和旅游接待能力的提升,"香格里拉"将以更加美好的面貌迎接四海游客的到来。

三、世界文化与自然双重遗产——福建武夷山

福建武夷山国家级自然保护区位于福建省北部的武夷山、建阳、邵武、光泽四县市的交界部,地处北纬 27°35′—27°54′、东经 117°27′—117°51′,面积 565 平方公里。保护区地处武夷山脉北部的最高地段,全区平均海拔 1 200 米,主峰黄岗山 2 158 米,是我国东南大陆最高峰。武夷山国家级保护区建立于 1979 年 7 月,是我国国家级重点自然保护区。1992 年被《中国生物多样性保护现状评估》确认为具有全球保护意义的 A 级保护区。在国家环保总局等 14 部委编写的《中国生物多样性国情研究报告》中,被列为我国陆地生物多样性保护的 11 个关键区域之一。武夷山自然保护区还是我国唯一的既是世界生物圈保护区又是世界"双遗产"保留地的自然保护区。这里地理位置优越,地形地貌复杂,气候温暖湿润,形成了多种多样的生态环境,十分有利于生物的繁衍,是世界闻名的生物之窗。早在 1845 年,即有外国生物学家到区采集生物标本,自 1873 年开始,区内的挂墩、大竹岚即以生物模式标本产地闻名于世。区内动植物种类繁多,植物区系成分多样,古老、孑遗物种多,珍稀特有种多。植物中列入《中国植物红皮书》第 1册的有 28 种,列入世界贸易公约保护附录 Ⅱ 的有 101 种,还有一批福建省重点保护植物和武夷山特有种。武夷山保护区是野生动物的乐园,素有"昆虫世界"、"鸟的天堂"、"蛇的王国"、"研究亚洲爬行和两栖动物的钥匙"的称誉。区内有国家重点保护动物 57种,其中世界昆虫共 34 目,中国昆虫有 33 目,武夷山已定名的昆虫即有 31 目近 5 000种。一百多年来,发现于武夷山保护区的动植物的新种包括新亚种达 1 000 多种。区内有 219 万公顷原生性森林植被,是我国东南大陆保存面积最大、保留最为完整的森林生态系统。区内分布有 11 个天然植被类型,包括了我国中亚热带地区所有的植被类型,具有中亚热带地区植被的典型性、多样性和系统性,在我国乃至全球同纬度带内都是仅有的。

1. 科学管理,使资源优势向经济和产业转变

生态旅游在武夷山发展了近 30 年,在推动旅游业发展的同时,还给一直以来发展基金匮乏的林业带来一片生机。在武夷山莲花山森林公园,1999 年以前,有四新、程墩两个伐木场,靠砍树和发展森林工业维持生计。武夷山申报世界双遗产成功后,根据市政协委员的提案,武夷山市采取果断措施,将两个原隶属市林业局的采育场划归武夷山景区管委会管理,伐木工人放下砍刀,纷纷挥舞锄头上山种树,一部分工人还变成生态游漂流能手。如今,通过发展生态旅游,吸引了不少游客到森林里"看树",进而实现以经营促发展目的。令人欣慰的是,从"砍树"到"看树"的转变,让人们看到了生态旅游潜在的经济和生态的巨大价值。在武夷山国家自然保护区北端的洋庄乡大安村,地处闽赣交界,几年前,该村还是一个生产条件落后、群众思想保守、户均收入不足千元的贫困村。但这几年发展了旅游业,红色旅游与生态旅游并驾齐驱,大安村成为城里人青睐的生态景区,大安村民年收入大多超过万元。大安村主任晏金平介绍说:"几年前,我们只

能靠山吃山,山上林木逐年减少。现在,发展了旅游业,森林面积又逐渐恢复,村民保护意识明显增强,他们对绿色宝库爱惜不已。"

2. 合理规划,实现保护与发展双赢

为了探索在发展生态旅游的同时实现保护和发展的"双赢",武夷山组织专家学者开展旅游资源调查和旅游环境监测,在多方调研论证的基础上,制定了《武夷山生态旅游规划》。方案从有利于保护生态物种及其遗传的多样性、有利于保护森林生态类型的多样性、有利于保护动植物区系起源的古老性和生物群落地带的特殊性、有利于保护和改善野生生物的生存栖息环境等角度,制定了严格的安全质量控制目标、生态环境保护目标。根据自然保护区、国家森林公园和其他生态旅游区的资源承载情况,开发出地域景观、水域风光、生物景观、天象与气候景观、遗址遗迹、建筑与设施、旅游商品及人文活动等8大类旅游产品,每年旅游线路都按照资源环境的容量核定出游客的流量,并配置了科普标志牌,让游客及区内居民从旅游业中体验生态文明。

近几年来,武夷山每年都举办不同主题的森林生态旅游节,树立起武夷山生态旅游胜地形象,打造生态旅游精品。武夷山市副市长林春松表示,下一步,武夷山要制定更高水平的生态旅游总体发展规划,制止盲目开发、过度开发、置生态环境与森林资源保护于不顾的行为,有计划、有步骤、有重点地开发一批生态旅游景点,逐步形成原始森林探险、漂流观光、狩猎观马、避暑保健、森林观赏等一批独特的生态旅游产品。

3. 鼓励社区参与,与生态旅游共同发展

长期以来,武夷山保护区的社区工作一直受到国内各兄弟保护区推崇。坚持"有效保护自然资源和自然环境,有控制性地合理发展部分更新性强的资源"的方针,积极扶持和引导区内村民发展生产,不断提高其生产、生活水平。村民的人均收入已由建区时的 204 元上升到如今的 3 178 元。较好地解决了在集体林成分占多数的自然保护区建设发展的一大难题。1997 年 7 月中国"人与生物圈"国家委员会就以"武夷山自然保护区联合保护与社区的协调发展"为主题在武夷山召开评估会,总结武夷山保护区在这方面的经验。近几年,随着保护事业的不断发展,给社区工作提出更高的要求。对此,以周边社区单位的联系为纽带,注重对社区群众宣传教育,服务社区,加大扶持力度,积极探索社区经济发展的新途径,不断提高社区群众的保护意识和法制观念,提高生活水平,促进了社区经济发展和稳定。

社区的主要做法有:一是关心、解决村民的生产生活问题,协调好社区群众与资源保护的关系;二是加强宣传教育,提高村民的保护意识;三是落实具体措施,支持社区建设。保护区充分发挥基础设施的作用,支持社区建设,多次拨款维修村组道路,帮助区内乡村进行奔小康的新村规划和建设;四是适应形势发展的需要,及时调整策略,保持社区经济稳定发展等。

四、以河源型国际级生态旅游目的地为目标的青海三江源地区生态旅游发展

三江源地区位于我国的西部,平均海拔 3 500～4 800 米,地处世界屋脊——青藏高

原的腹地、青海省南部,为孕育中华民族、中南半岛悠久文明历史的世界著名江河长江、黄河和澜沧江的源头汇水区。地理位置为北纬 31°39′—36°12′,东经 89°45′—102°23′,行政区域涉及玉树、果洛、海南、黄南四个藏族自治州的 16 个县和格尔木市的唐古拉乡,总面积为 30.25 万平方公里,约占青海省总面积的 43%,占 16 县 1 乡总面积的 97%。现有人口 55.6 万人,其中藏族人口占 90% 以上,其他还有汉、回、撒拉、蒙古等民族。

1. 三江源主要特点

(1) 世界上海拔最高面积最大的高原湿地区。三江源地区有河流、湖泊、沼泽、雪山、冰川等多种湿地类型,面积达 7.33 万平方公里。其中,沼泽分布率大于 2.5%,是全国分布率最高的地区;有较大支流 180 余条;大小湖泊 16 500 余个,其中在仅 100 余平方公里的星宿海就有 2 600 多个湖泊;冰川总面积 1 400 平方公里以上,年消融量 10 余亿立方米。区内许多湿地为世界知名,仅列入中国重要湿地名录的湿地就有扎陵湖、鄂陵湖、玛多湖、黄河源区岗纳格玛错、依然错、多尔改错,以及著名的约古宗列沼泽、星星海沼泽,各拉丹冬、阿尼玛卿山、尕恰迪如岗、祖尔肯乌拉山的岗钦等雪山冰川。

(2) 亚洲和我国大部分地区的"生命之源"。青藏高原被称为"世界屋脊"、地球的"第三极",青藏高原的隆起打乱了行星风系的临界尺度,迫使大气环流改变行径,成为一个独立的气候区域,孕育了黄河、长江、澜沧江、恒河、印度河等国内外许多著名的河流,是欧亚大陆上大江大河发育最多的区域。三江源地处青藏高原腹地,起着各江河水文循环的初始作用。根据相关资料,长江总水量的 25%、黄河总水量的 49% 和澜沧江总水量的 15% 都来自这一地区。

(3) 世界高海拔地区生物多样性最集中的自然保护区。三江源区所处的地理位置和独特的地貌特征决定了其具有丰富的生境多样性、物种多样性、基因多样性、遗传多样性和自然景观多样性。海拔 4 000～5 800 米的高山是保护区地貌的主要骨架。由于保护区面积大,地形复杂,气候差异明显,许多生物至此已达到边缘分布和极限分布,成为珍贵的种质资源和高原基因库。区内有国家重点保护植物 3 种,其中有著名的冬虫夏草,另有列入国际贸易公约附录 II 的兰科植物 31 种。国家重点保护动物有 69 种,其中国家一级重点保护动物 16 种,国家二级重点保护动物 53 种。此外,还有三江源地区特有植物种类 100 余种,青海省分布的植物种类 270 种,青藏高原特有植物种类 705 种以及青海省级保护动物艾虎、沙狐、斑头雁、赤麻鸭等 32 种。由此充分显示了物种的稀有性。此外,三江源区还有 9 个植被型、14 个群系纲、50 个群系,以及众多的溪流、湖泊等秀美的水体和雪山、冰川以及沼泽等湿地。区内独特的地貌、野生动物,多姿多彩的森林与草原植被和秀美的水体,本身就是一道亮丽的自然风景。随气象条件的变化而产生的各种天象景观、随季节变化而产生的林相及水体大小、形状的变化,更增添了自然景观的多样性。

(4) 三江生态系统最敏感的地区。由于青藏高原隆起的时间不长,下垫面的物理属性较差,多数土壤、植被尚处于年轻的发育阶段,在寒旱生境中,系统的结构和功能简单,受到外界干扰时,其自身的调节机制不够健全,恢复能力较弱,一旦遭到破坏,就会发生退化和逆向演替现象。无论是其中西部和北部的滩地、沼泽,还是东南部的高山峡谷,由于地质发育年代轻,地质不稳定,山高、坡陡、峡谷深,风化壳浅薄,土壤厚度薄、质地粗,生态环境极为脆弱。特别是一旦地表植被破坏,很容易造成水土流失,并极难自然恢复,而人工恢复则要付出几倍甚至几十倍的代价。大量的黑土滩和沙化土地即是最好的例证。

2. 旅游资源特征

以玉树为核心的三江源旅游,在资源方面占据绝对优势。这种资源的优势,必将因其所具有的独特魅力转化为与当地经济、与环保协调发展的产业优势。三江之源,以其拥有的大山、大江、大河、大草原、大雪山、大湿地、大动物乐园等原生态的自然景观,并汇集了藏传佛教、唐蕃古道、玉树歌舞、赛马节等博大精深的宗教文化和多姿多彩的民俗风情、节庆活动,极为典型地体现出青海之大美意境和内涵。

区内主要的旅游资源十分丰富:三江源自然保护区、卡日曲、星宿海、扎陵湖、鄂陵湖、牛头碑、阿尼玛卿雪山、年宝玉则峰、班玛原始森林、囊谦原始森林、隆宝滩黑颈鹤国家自然保护区、文成公主庙、勒巴沟、结古寺、长江源头、通天河、各拉丹东、唐古拉山口以及玉树歌舞等等,这些都为三江源生态旅游奠定了坚实的基础。

此外,三江源区不仅是青海旅游的"富矿区",也是中国旅游乃至世界旅游的稀缺资源带,具有发展被誉为"无烟工业"的绿色旅游不可替代的资源优势。

3. 生态旅游发展规划

鉴于三江源地区旅游业急需加快发展,由省旅游局负责组织,中国科学院地理科学与资源研究所编制的《青海省三江源地区生态旅游发展规划》,2008 年年底已通过评审。根据《规划》,将在三江源地区建设 35 个生态旅游重点项目,规划建设 6 个重点景区,包括可可西里、年宝玉则、阿尼玛卿雪山、勒巴沟、达那寺峡谷和黄河源景区。三江源生态旅游将以"三江之源"水源地生态与环境体验、"康巴安多"藏文化原生态体验、"青南高原"人与自然关系体验、"青南高原"户外运动与自驾车旅游为主体系列产品。以黄河源生态体验、长江源生态体验、澜沧江源生态体验、湖泊水生态、歌舞之乡采风、马背文化体验、宗教文化探秘、雪山冰川攀登探险、青南自驾游等为主打的系列产品,涵盖了游、住、行、食、购、娱六方面的内容。

《规划》设计了黄河源科考线路、长江源科考线路、澜沧江源科考线路、可可西里科考线路、藏传佛教文化旅游线路、江河源生态系统考察线路、高原森林生态旅游线路、格萨尔文化生态旅游线路等八条精品生态旅游线路。

为确保通过旅游开发,推进三江源生态环境,《规划》确定三江源地区的总体定位是融自然生态与人文生态为一体的具有示范意义的江河源型国际级生态旅游目的地。规划时段为 2009—2025 年。因此可以说,三江源地区生态旅游的发展正处于起步阶段,属于我国新兴的生态旅游区,非常值得期待。

2011 年,在政府的支持与指导下,三江源生态保护和建设工程也已经取得了明显

成效,项目区水源涵养能力整体提高,治理区草地退化趋势初步遏制,森林生态功能增强,水土保持能力提升,生物多样性增加,群众的生产生活条件也有所改善。与此同时,该区的旅游收入与旅游接待量呈现快速增长的趋势。我们衷心地希望,在科学的规划指导下,三江源地区未来成为真正意义上的国际级生态旅游地。

案例

国外的生态旅游成功模式能否照搬进中国?

本章以九寨沟、武夷山、云南迪庆等为代表,介绍了我国生态旅游发展的部分典型案例,但生态旅游在我国起步晚,相比于西方发达国家,例如美国、加拿大等,我国生态旅游业发展明显落后。那么,要想在我国更大范围地推广与开展生态旅游,实现环境保护与经济创收的双赢,我们能否照搬国外的成功模式,以推进与加快我国生态旅游发展进程,是非常值得深思的问题。因此,以下引用并节选了贾云峰的《美国黄石国家公园生态旅游案例研究》一文①,向读者阐述这一问题。

对于保护自然环境,欧美国家并不只是单一的圈地保存,而是想办法让人类走进大自然中,在保护生态环境的同时,又能为当地或本国创造经济收入。在经历了上百年的研究和摸索后,美国、澳大利亚等发达国家探索出一套有效可行的管理办法,在保护环境的同时,增加了旅游经济的创收。无论是旅游项目、管理措施还是资金运作上,无不把环境保护和研究作为核心。其中,美国黄石国家公园,更是对生态旅游的基本内涵——"生态环境的维护"这一基本点严格遵守,并作为一切活动的前提条件。本文将从保护措施、旅游项目、资金运用等方面阐述和分析美国黄石国家公园如何开展生态旅游,为国内发展生态旅游提供可行的案例依据。

一、黄石公园简述

其实,一万多年前,黄石公园原是印第安人的狩猎区。1807年,随着路易斯与克拉克探险队的远征及第一个进入黄石公园的白人约翰·寇特的探勘,黄石公园才得以呈现在世人面前。直到1872年,美国总统格兰特签署了"黄石公园法案",黄石国家公园成为世界上第一个国家公园。

如今,黄石公园地处美国西部爱达荷、蒙大拿、怀俄明三个州交界处的熔岩高原上,总面积8 987平方公里。公园自然景观有以石灰石台阶为主的热台阶、大峡谷、瀑布、湖光山色、间歇喷泉与温泉等。黄石公园内栖息着60种哺乳动物,12种鱼类,6种爬行动物,4种两栖类动物,以及100多种蝴蝶和300多种鸟类。其中不乏世界珍稀动物北美野牛、灰狼、棕熊、驼鹿、麋鹿、巨角岩羊、羚羊等。

---

① 贾云峰.美国黄石国家公园生态旅游案例研究[N].中国环境报,2010-04-21.

由于异常丰富的旅游资源,在长达100多年的旅游历史中,众多特许经营商加盟到园内,每年约有300万游客到公园旅游,有1/3的美国人一生中至少到黄石公园一次。如今,黄石公园已经成为旅游者的天堂。

(一)保护措施

黄石公园员工引以为傲的是他们保持国家公园系统的优良传统,即:公园的所有工作人员都参与公园资源的保护工作。在黄石公园,所有的雇员都被鼓励参与对游客的教育活动,尤其是当教育的内容涉及资源保护时。当游客们看到在公路上慢悠悠地行走的野生动物时,会成为公园守护者的忠实的听众,听他们讲解关于野生动物的生活习性、种群状况等方面的情况。

为了加强经营管理和资源保护方面的联系,黄石公园除了资源方面的专家负责监督公园的自然和文化方面的资源状况,以及确定需要采取什么措施去保护或修复它们之外,还有5名全职的资源运营协调员。另外,通常情况下,还有15名雇员被安排在资源运营和保护部工作。

一起参与黄石公园维护的,除了专家、协调员和雇员外,还有来自各个行业的自愿者、合作伙伴、合作协会、基金会以及黄石公园的赞助商们。

(1)正式雇员:公园的守护者,提供关于公园的信息服务和传递保护环境的内容。

(2)志愿者:公园的管理当局为了在延长了的旅游旺季中保持公园的平稳运作,每年都要招募许多临时雇员和志愿者。

(3)合作伙伴:与非营利机构合作以帮助公园的雇员为游客提供更好的服务以及对公园的资源进行更好的保护。

(4)黄石公园合作协会:黄石公园合作协会通过在公园观光中心销售教育资料、发展会员和从愿意支持特别项目的个人那里募集资金。

(5)黄石公园基金会:黄石公园基金会建立于1996年,以便于吸纳更多的私人资金用于维持、保护和加强黄石公园的资源管理并丰富游客的游览经历。

(6)黄石公园的赞助商:黄石公园最慷慨的赞助商是美国留声机公司总裁及Mannheim Steamroller集团公司制片人Chip Davis。黄石公园其他的赞助商包括:佳能,它提供设备和资金用于研究棕熊以及打印公园的宣传品;Diversa Inc对狼的DNA进行实验分析以找出黄石公园中的狼与美国其他地方的狼的血缘关系;环境系统研究所提供了软件和培训,以帮助公园雇员绘制资源图以及获得空间信息,以便于研究人员利用。

黄石公园还和Univer Home & Personal Care公司有长期稳定的合作关系,该公司提供资金支持关于公园热点问题的科学研讨会,以及捐助回收材料用于"老忠实泉"周围的人行道,并且该公司还是建立一个新的游客中心的主要赞助商。

无论公园的守护者是专家、雇员还是志愿者,他们的职责核心就是维护黄石公园的自然环境不被破坏:监督资源状况,从而确定游客的影响程度,并采取有效措施将这种影响降至最低;在游客经常光顾的景点开辟道路、野营地以及添置设施设备;教育游客

生态旅游

如何保护公园的资源;加强法律和公园规章制度的实施力度。

（二）旅游项目

如今,黄石公园的旅游活动可以说是包罗万象、丰富多彩,适合不同品位的形形色色的旅游者。

根据活动组织者的不同,黄石公园内的旅游活动可分为:具有官方性质的活动;由公园守护者组织的活动;由特许经营者组织的活动;自助旅行等。根据在公园内旅行所采用的交通方式的不同,可分为:乘坐公园大巴旅行;自驾车游览;骑自行车旅行;骑马;划船;冬季雪上项目;徒步旅行等。根据地质特征和生态景观的不同,可分为:温泉旅游;峡谷瀑布旅游区;黄石湖区旅游;间歇喷泉区(包括间歇喷泉、温泉、热水潭、泥地和喷气孔)旅游等。根据旅游活动内容的不同,可分为:参观景点;讲解和讨论;观赏野生动物;参与带有学术性质的旅游活动;探险;野营和篝火;垂钓;柯达摄影展示以及其他旅游活动等。

其中最具代表性的旅游项目有:

1. 初级守护者

黄石公园针对5～12岁的孩子开展了一项名为"初级守护者"的官方项目,其目的是向孩子们介绍大自然赋予黄石公园的神奇以及孩子们在保护这一人类宝贵财富时所扮演的角色。

要成为一名初级守护者,每个家庭需要为长达12夜的活动表支付3美元,这样孩子们就可以参观公园的任何一个游览中心。孩子们的主要活动包括:参加由公园守护者带领的一些活动,在公园的小道上徒步旅行,完成一系列关于公园资源和热点问题的活动,以及了解诸如地热学、生态学的相关概念。然后,在核实了孩子们确实出色地完成上述活动后,参与者将被授予官方的"初级守护者"荣誉称号。

2. 野生动物教育——探险

黄石公园的野生动物数量众多,类型多样,也是全美观察悠闲漫步的大型野生哺乳动物的最佳地区之一。该活动在黄石公园协会的一名有经验的生物学家的带领下,探寻黄石公园内珍稀的野生动物。通过该活动,参与者将会了解在何处、何时、怎样观察野生动物,以及它们的行为、生态学特征和保护状况。

3. 寄宿和学习

该项目对于那些想通过游历世界上最早成立的国家公园而获得乐趣、恢复精力的游客而言,真正是集教育和休闲于一体。借助于黄石公园的住宿条件,该项活动为游客提供了最为美好的两个不同的世界:白天,参与者在黄石公园研究会的自然学家的带领下饶有兴趣地探寻黄石的有趣之处;夜晚,他们返回住处,享受美味佳肴和舒适的住宿设施,并且在有历史性的公园饭店内体验丰富多彩的夜生活。

4. 现场研讨会

该活动为游客提供一段相对比较集中的近距离的教育经历,主要涉及一些专门领域,如:野生动物、地质学、生态学、历史、植物、艺术以及户外活动的技巧。研讨会的指导者一般是对黄石公园充满感情并且愿意与他人共享其专业知识的知名学者、艺术家和作家。而无论是青年还是老人、男人还是女人、长期从事科研工作的学者还是初来黄石公园的游人,凡是具有某一方面好奇心的游客,都成为该活动的积极参与者。

5. 徒步探险

面积达 8 956 平方公里的黄石公园,是全美国最原始的荒原地区。其中,有 1 700 多公里的小道适合徒步行走,然而,由于荒野带给人们固有的恐惧感、不可预知的野生动物、变幻莫测的天气情况、难以忍受的地热环境、寒冷的湖水、湍急的溪流以及布满松散岩石的崎岖不平的高山,使得徒步探险活动充满了艰险。当然,有一部分探险活动就不那么充满危险和艰辛了,而是在公园守护者的带领下,游客花半天的时间,参观鲜为人知的地热区、探寻野生动物的栖息地、经历黄石公园的一段荒凉地带。

6. 野营和野餐

黄石公园内共有 12 个指定的野营地点,其中大部分野营地遵循"谁先到就先为谁服务"的原则。在野营地点,游客既可以欣赏黄石公园的美景,又可以远离喧器的都市,体验悠闲自得的恬静的乡野生活,同时,还可以通过与公园守护者、其他游客的交谈等加深对黄石公园的美好印象。

(三)资金运作

黄石公园的资金大部分是经国会批准,从税收中划拨的,一般 68% 的资金被用于支付雇员的薪水和一般设备支出。但是为了聘请专家来维护生态环境和培训公园守护者,以及购买一些其他特殊的生态维护机械设备,剩下的 32% 无疑是杯水车薪。

所以其他的资金,比如门票收入,也是资金来源的重要组成部分,但这些资金一般用于特别项目而并非诸如雇员薪水和设施设备这样的固定支出。除了上述支出以外,黄石公园还增加了其他一些方面的成本。其中包括:电器设备和水处理设备的成本增加;开展了一些新的研究项目;游客人数增加而导致的运营成本的增加等等。

黄石公园的资金来源构成包括:

(1)基本资金:该资金每年由国会批准,并根据国家公园服务法划拨给每一个国家公园。尽管这笔资金每年都在增长,但其增长幅度仍低于黄石公园开支的增长增幅。

(2)特殊项目酬金:除门票以外,黄石公园还被授权对特殊的活动收取酬金。

(3)项目的拨款:针对特别项目的资金,这些项目必须是在国家公园服务法中认为是值得的,才能够被批准获得拨款。

(4)私人捐赠:以个人名义向黄石公园捐赠的运营维护资金。这些钱不包括黄石公园协会和黄石公园基金会所获得的捐赠。

(5)建设项目:除了每年划拨的基本资金,国会还专门为国家公园系统划拨建设资金,每一个建设项目必须由国会单独批准,因此,黄石公园必须通过和其他公园竞争才有可能获得该项资金。

二、国外成功案例管理方式不适合中国生态旅游开发

从以上对黄石公园保护措施、旅游项目资金运用等方面分析可以看出,每一个环节

都是围绕保护生态环境、传播生态知识、培养环保意识为核心,开展生态旅游活动。从黄石公园的案例看出,"生态旅游"在美国得到了深入的推广及发展,形成了较为成熟的生态旅游模式。

尽管有完善的成功经营模式,但是由于中国生态旅游在资源禀赋、价值观念、制度环境及动因机制等方面有完全不同于西方国家的发展条件,所以完全"拿来"西方成功案例,并不可取。

以黄石国家公园为例:

(1)虽然每年黄石公园旅游人数在2 500万人次以上,但仍然属于小众性生态旅游,游客通过小众旅游的形式,实现生态景观欣赏和野外体验的目的,同时又受到生态教育。而我国从20世纪80年代开始,旅游业进入快速扩张、市场飞速膨胀的时期,"五一、十一黄金周"休假制度的实施,更加剧了旅游资源的稀缺性和自然环境的过度饱和。现阶段中国旅游市场都被打上"大众化"、"规模化"的烙印。所以,不同于黄石公园实行限制客流量、以散客形式为主的特点,中国暂时没有可以实施限制客流、以散客旅游为主的生态旅游区。

(2)生态价值观念的迥异也是导致中国不能照搬欧美成功生态案例的重要原因之一。在西方,人们追求"人地分离",虽然黄石国家公园有丰富的自然景观和上千种野生动物,为了保护珍稀动植物,游客只能在仅占公园面积10%的活动区域里,开展新型生态旅游。而中国强调"天人合一",在国家级风景区,强调自然与人文的融合,而非单纯的自然保护区。

(3)"人多地少"也是制约生态旅游的重要因素。国际自然与自然资源保护联盟早在1974年明确界定:国家公园公布小于1 000公顷面积范围内,具有优美景观、特殊生态系统或特殊地形,有国家代表性,且未经人类开采、聚集或开发建设的区域。美国拥有"地广人稀"的资源禀赋条件,特别是黄石公园,在未探勘发现前,一直是当地印第安人口中的"寇特地狱",1000多年"无人问津",在被勘探发现前,无疑保护了当地生态资源的完整性。而我国大部分国家级景区内还有大量居民,而且十分普遍,例如贵州黄果树风景区内有两个镇、36个行政村,总人口达到3.5万人。另外,我国部分生态旅游区处于集体土地之上,有着极为复杂的产权问题,这种"人多地少"的约束形成景区和社区混杂的现实,给生态旅游开发与保护带来了阻碍。

(4)"资金缺乏"也是原因之一。美国黄石公园是由国家公园管理局管理,每年的主要经费由国会批准,从税收中划取。但是,我国是发展中国家,中央政府面临严峻的财政约束,有限的财政支出往往会更多地提供给社会宏观发展的教育、医疗、就业等方面,拨向生态旅游的维护和开发的专款也是十分有限。

(5)生态旅游开展动机也有所不同。对于西方国家来说,发展生态旅游直接源于工业化时期对环境过度的破坏所产生恶果的反省和反思,是经历环境阵痛后的自觉行为,因此,具有强大的社会基础。但是对中国而言,生态旅游的推动更多来自政府和学者的倡导和引进,并不是一个历史选择的必然结果,而是在全球范围内环保意识推动下发展起来的。

因此，与之相比，我国生态旅游不论从生态旅游市场的成熟度来说，还是从生态旅游供给的成熟度来说，还不能达到完全发展生态旅游的条件。

从以上分析可见，完全舶自于西方国家的生态旅游概念并不适应中国的实际，如果以此标准来要求，中国的生态旅游可能需要经历更长时间的自然发育。中国虽然不能完全照搬西方国家的生态旅游案例，但是可以作为借鉴参考，并且可以学习西方国家开展一切生态旅游活动均以保护环境为方针，同时结合中国的基本情况，寻找适合中国特殊的生态旅游环境的措施和办法。

 思考题

1. 通过本章大量的案例学习，思考这些案例中的生态旅游发展模式与经验有哪些共性？

2. 列举你了解的其他一些生态旅游开发的发展模式与经验。

第十章　国内外生态旅游趋势展望

导入式阅读

　　在我国,尽管严格的生态旅游从 20 世纪 90 年代就开始发展,迄今为止,光自然保护区就设立了 1 700 多个,但实际的发展情况如何呢? 据统计,在已经开展生态旅游活动的自然保护区中,有 44% 的保护区存在垃圾公害,12% 出现水污染,11% 有噪声污染,3% 有空气污染,22% 的自然保护区由于开展生态旅游而造成保护对象受到损害,11% 出现资源退化。我国很多生态旅游实践并没有达到生态旅游的本质要求。中国科学院植物研究所研究员王南溥说,在开展生态旅游的许多区域内,"真正达到生态旅游要求的寥寥无几"。中国"人与生物圈"国家委员会秘书处处长韩念勇认为,"真正意义的生态旅游在中国几乎是空白"。所以,如果把生态旅游仅仅局限在严格的生态旅游上,把生态旅游变成一种很神秘的东西,限制了大众游客的参与,这不仅弱化了生态旅游的环境教育功能,而且会使生态旅游失去持续发展的基础。

　　我们可以看到,尽管确实有一些脆弱的地方不能适应大规模旅游,但也有许多案例说明可持续发展与游客人数有积极的关联。比如,一个高效的废物处理装置只有通过旅游者人数的增多从而提高经济规模才得以实现。一旦认识了这种可持续大众旅游的可能性,那么说大众旅游和生态旅游天生不可相容的基础就不存在了。正是在这种新的认识下,大众旅游和生态旅游相结合的新主张出现了。这种新主张预示着旅游思想发展的新趋势,据此提出一个新的概念:大众生态旅游①。

　　大众生态旅游会成为生态旅游未来发展趋势吗? 本章将主要对国外与国内生态旅游的未来趋势问题进行深入探讨,以期让读者对生态旅游有更深层与客观的认识。

第一节　国外生态旅游趋势展望

　　生态旅游在短短几十年的时间内,范围不断扩大,规模也越来越大,其体验类型也越来越复杂,在世界不同地区的发展呈现明显的变化趋势,主要体现在以下几个方面。

---

　　①　唐建军. 大众生态旅游:生态旅游可持续发展的有效途径[J]. 学术交流,2006(8):119—122.

一、生态旅游将在世界旅游业体系中占据越来越重要的地位

生态旅游最初是作为专项旅游产品,出现在经济比较发达的国家,但随着生态旅游所倡导的旅游开发与环境保护有机结合观念深入人心,生态旅游的范畴从自然生态资源延伸到人与自然和谐的人文生态资源,生态旅游将被主流市场接受并成为受欢迎的现代大众旅游新形式的主体,不论是游客数量,还是旅游收入都在世界旅游业体系中占据越来越重要的地位。2000年世界旅游收入增长中超过80%来自与生态旅游有关的旅游项目。目前,世界旅游业每年以4%左右的速度增长,而生态旅游业以平均20%左右的速度增长。

二、生态旅游客源市场发展趋势

(一)生态旅游者将持续增加

随着当今全球性环境与发展问题日趋尖锐,各国政府对环境问题日益重视,不同程度加大了环保宣传、教育的力度,人们的环境意识日益浓厚,"回归自然"已经成为一种时尚,为拓宽生态旅游客源市场营造了一个良好的社会环境。另外,生态旅游的主动参与性更加合乎体验新鲜人生经历、实现自我的心理需求,使重游率稳中有升,因此生态旅游者将持续增加。

(二)结构变化趋势

从地区结构看,国际旅游消费仍呈现不平衡状态,欧洲占旅游消费市场一半以上,其次是美洲、东亚和太平洋地区,其他如非洲、中东和南亚只占少数。生态旅游发展与地区经济发达程度有关,不平衡的格局还将持续相当长一段时间。欧洲、美洲、东亚和太平洋地区仍是生态旅游消费市场的主流,随着世界经济发展,发展中国家在世界旅游业中的地位大幅提升,市场份额进一步扩大,生态旅游消费市场结构将进一步优化,最终达到平衡。

从产品结构看,邻近城市的乡村和自然的旅游目的地将增加,人们越来越趋向于希望在短距离、短时间内体验生态旅游带来的乐趣;世界遗产成旅游热点,包括自然遗产、文化遗产及自然文化双遗产;产品结构呈现多元化趋势,针对生态旅游市场需求差异性,推出特色鲜明的生态旅游产品,满足旅游者的需要。

(三)消费特征变化趋势

生态旅游客源市场不同于一般旅游客源市场,从人文统计和行为特征两个方面对国际生态旅游者变化趋势进行描述。

1. 人文统计特征

(1)年龄:不同年龄的生态旅游者对旅游活动有不同的偏好,有经验的生态旅游者比一般生态旅游者(正在或正准备参加生态旅游的人)年龄要大。

（2）性别：男女生态旅游者所占比例趋向于相等，而对于某一特定的旅游活动，男女生态旅游者则会表现出不同程度的兴趣。

（3）文化程度：生态旅游者受教育程度比一般旅游者要高。对生态旅游感兴趣的人正由高文化层次旅游者群体向较低文化层次旅游者群体转移，即生态旅游正逐渐由专业旅游市场向大众旅游市场普及。

（4）家庭构成：大多数都是双人夫妻家庭，有经验的生态旅游者家庭带小孩比例（24％）低于一般生态旅游者家庭（35％）。

2. 行为特征

从旅游动机来看，生态旅游者多以大自然为取向，到原生自然区域参观体验。从团队构成来看，生态旅游者趋向于单独旅游。从旅游花费来看，生态旅游者比一般旅游者愿意支付更多的费用。从旅行时间来看，约有 40％的一般生态旅游者偏向于两周以上的旅行时间。

针对生态旅游者的行为特征，未来生态旅游市场消费特征将出现如下变化：第一，年龄、性别、文化程度等已不是区分生态旅游者与一般旅游者的显著标志，生态旅游将逐渐趋于大众化；第二，旅游者消费能力越来越强，希望在较短的时间段内获得刺激的生态旅游经历；第三，将出现更加细化的专项生态旅游市场，如探险生态旅游市场等。

三、国际生态旅游产业发展趋势

（一）生态旅游产业体系将进一步完善

由于生态旅游的持续发展，在世界旅游业体系中的比重逐步上升，与生态旅游业发展密切相关的吃、住、行、游、娱、购将进一步完善，旅行社将有越来越多的生态旅游专职导游，旅游饭店食宿与旅游交通方式将更加符合环保要求，购买生态旅游纪念品将成为新的旅游消费时尚。

（二）生态旅游产业经营发展趋势

随着越来越多的政府部门、研究人员、企业、当地居民、非政府组织等介入生态旅游的实践与探索，生态旅游的概念不断清晰、完善。在对诸多成功或者失败的案例进行分析的基础上，人们对生态旅游的认识也越来越深入，展望未来，生态旅游经营会朝着以下方向发展：(1)针对客源市场细分化的特点，将出现大量旅游市场研究机构，其信息渠道广泛，成为旅游企业和行业管理部门开展工作的"智囊团"；(2)旅游企业行为生态化，生态旅游标识的认证将受到旅游企业普遍关注，他们将普遍采用对环境影响最小化的设施和新技术；(3)各国注重生态旅游人才的培养，旅游院校先后开展生态旅游方面的专业或课程，生态旅游目的地生态向导将越来越多，他们兼导游和环境保护宣传者于一身；(4)绿色营销的理念被广泛应用到生态旅游业及其相关产业中，利润不再是企业唯一的追求，将环境和生态保护列为企业经营的目标之一，绿色环保意识融入产品开发设计、生产、销售等各个环节；(5)国家旅游管理机构针对国内外旅游市场的整体促销战略和活动中,越来越重视包括中小型生态旅游公司以及以社区为基础的和以非政府机构为基础的生态旅游经营活动的宣传;(6)在国家旅游组织和主要旅行和非旅行公司之间经营的合作性日益突出,地区销售组织和行动在国与国之间将增加。

四、国际生态旅游开发趋势

(一) 生态旅游规划趋势

生态旅游规划应符合一国或一地的经济发展水平,社区发展也应考虑到规划中来,规划是否成功依赖于社区的合作与支持,未来生态旅游规划和开发趋势主要体现在:(1)生态旅游地的规划开发开始关注社区经济和当地居民的永续发展,有效保护地方特色文化,通过增强旅游者环保意识来促进地方经济繁荣和整个旅游业的可持续发展;(2)规划和开发的焦点集中在资源可持续利用、社区经济发展和环境影响最小化方面;(3)旅游地生态保护技术日益先进,选址、规划、设计、固体垃圾的处理、污水和集水区的保护等方面的环保标准将应用于生态旅游开发,成为生态旅游发展战略的依据,自然生态环境保护手段和社区生态文化的传播手段体现多元化格局;(4)生态旅游研究成为热点,包括旅游环境敏感度和旅游容量的测定,开展区域生态旅游的潜力分析和限制因素的探讨,对生态旅游地进行环境监测和对游客进行生态意识教育,生态旅游功能区的合理规划,生态旅游区产业的适宜布局,各区管理措施和各项配套的生态治理工程的确定,旅游产品的生态化设计和生态旅游的经济学研究等等。

(二) 生态旅游产品更加个性化和多样化

由于生态旅游者的经历不断丰富,对生态旅游者产品的个性和多样化提出了更高要求,应从规划设计入手,充分考虑利用现有服务设施和社会条件,深入发掘生态资源内涵,在主题策划、线路组合、宣传促销等方面做好工作,推进生态旅游产品实现投入少、产出快、加工深、收益高的经营方式,维持整个旅游业的可持续发展。

五、生态旅游管理发展趋势

2002 年在澳大利亚凯恩斯国际生态旅游大会上公布的《绿色环球 21 国际生态旅游标准》,为生态旅游产品提供评估标准,对生态旅游最佳实践进行甄别,并为全球旅游企业、社区提供培训课程、评估与操作手册、市场营销与推广情况等支持体系。生态旅游管理发展呈现以下趋势:(1)生态旅游被证明是旅游业的可持续发展的有效途径,政府通过向生态旅游目的地、企业和地方提供技术、财政、教育、能力建设及建立适当的预算机制和立法框架等来保障生态旅游发展;(2)政府开始对旅游经营者采取激励措施,利用国际上认可的原则制订认证方案、生态标识(ECOLABELS)以及旨在保证生态旅游可持续发展的自愿性活动,使其经营活动在环境、社会和文化方面更加负责任;(3)鼓励进行生态旅游研究项目的投资,投资方越来越注重生态旅游环境影响评估;(4)通过

生态旅游地的解说系统的科学开发来实现对大众的教育功能,促进不同文化间的相互理解,同时鼓励支持地方社区或保护倡议的自愿贡献;(5)可持续旅游发展的国际准则、指南和道德规范将相继出台,指导贯彻可持续发展理念的国际和国家级的立法框架、政策及总体规划。

六、国际生态旅游实践发展趋势

(一) 生态旅游目的地区域扩展

生态旅游目前已经成为当今世界旅游业发展的热点,国际生态旅游的实践区域也在不断地扩大。由非洲、美洲、欧洲、大洋洲向亚洲发展中国家和地区扩展,越来越深入地影响这些国家和地区的旅游发展。

(二) 生态旅游发展模式多样化

早期开展的生态旅游活动主要有野生动物参观、原始部落之旅、生态观察、河流巡航、森林徒步、赏鸟、动物生态教育以及土著居民参观等。目前许多国家在生态旅游发展实践中形成了一些新的形式。

1. 巴西闲置服务设施资源开发形式

巴西政府提出了"生态旅游——为了认识大自然,尊重大自然"的口号。巴西有着闻名于世的亚马孙大森林、令人神往的马托格罗索沼泽地的野生动物天堂和美丽的伊瓜苏大瀑布等著名生态旅游场所,利用这些得天独厚的自然财富发展"无烟工业",使得巴西人受益匪浅。在巴西的高原地区有一些已不再耕种的庄园,政府组织农场主们将庄园内闲置的房舍改造为博物馆、手工艺品作坊和旅店,办起了庄园旅游,这一生态旅游形式满足了现代都市居民渴望返璞归真、回归大自然的需求,因而一出现便受到广泛的欢迎。同时,它也为当地农民带来了大量的工作机会,在一定程度上缓解了因农村人口涌向城市而给国家造成的就业压力。

2. 非旅游资源开发兼顾游客体验的开发形式

日本开发了一种生活型的务农生态旅游,它不再局限于以前的观光农业,而是让旅游者亲身体验农事劳动。把每年春天的插秧和秋天的收割作为旅游活动的主题,组织生态旅游者去农村体验农民的生活,与农民一道,披星戴月地耕作,直接沐浴大自然的恩泽。他们每天要和当地的农民一同下田劳动,耙泥、插秧、松土、收蔬菜。青森县素有日本水果之乡的美称,该县的川世牧场开发了以草场放牧、牛棚挤奶和果园摘果为特色的生态旅游活动。在沿海地区,利用当地特有的海洋资源,组织旅游者参加捕捞马哈鱼和采集、加工海带等劳作。岩手县的一个渔村已经成为生态旅游专业渔村,该村有几十家渔户常年接待这些旅游者,渔户根据季节来安排有关劳动。每家渔户负责安排4~7位游客作为一个劳动小组,而且要手把手地教,直到他们基本上掌握了这些劳动的基本要领。中部地区的读谷村,通过村政府水产工商科与当地的民间团体渔业协会合作,实施了独具特色的体验型定网捕鱼生态旅游。

3．分区开发的旅游开发形式

生态旅游分区规划开发最典型的是加拿大的班夫国家公园,该公园规划和开发具体分为功能各不相同的五个区域:(1)绝对保护区:这一区域具有珍贵的自然景观和珍稀濒危的生物物种,约占公园总面积的4％,严禁旅游活动;(2)荒野区:占公园总面积的93％,多为陡峭的山坡、冰川和湖泊,可以有控制地进行一些野外考察和远足活动,其活动量控制在自然环境的承载力范围内,只建设一些人行小道和简易的宿营地;(3)自然风景观光区:该区域面积很小,仅占1％,具有优美奇特的自然景观,主要开发功能是观光,可修建简易的旅馆和其他设施,交通上只允许行人和非机动车辆进入;(4)娱乐区:主要用作娱乐活动,占公园总面积的1％,开展滑冰、游泳等户外娱乐活动,可修公路,允许机动车辆进入,旅游设施较为齐全,是游客比较集中的地方;(5)旅游城镇区:该区域主要是班夫市区和路易斯湖游览中心,占地面积不足公园面积的1％,是公园旅游业务管理的中心,主要负责公园游客的食宿、娱乐和购物。

4．运用科技手段的旅游资源立体开发形式

位于美、加边境的尼亚加拉瀑布堪称世界地理奇观,尼亚加拉瀑布是大自然的赠与,人类在保护资源的基础上,加入高科技含量的声、光、电等,尽可能充分利用资源,并使其发挥最大的使用效率。通过水、陆、空三度空间全方位立体开发游览工具和线路,可以使游客从瀑布的前后、上下、里外、左右不同的角度和方位观赏和认识瀑布,形成瀑布的整体画面,构思精巧,将大瀑布不同的视角均作为旅游资源加以开发,使其产生不同的魅力,不仅让游客全方位了解认识大瀑布,更重要的是给游客带来不同的视觉和心理感受,最大限度地发挥了资源的效率。

七、生态旅游技术手段发展趋势

20世纪90年代,在快速发展的计算机多媒体技术和通信网络技术的支撑下,以研究人地关系、服务全球变化和区域可持续发展为目标,由80年代兴起的地球系统科学和70年代发展的信息科学交叉、融合,形成了另一个前沿科学领域——地球信息科学,其核心技术即现代制图(地图学)、遥感(RS)、地理信息系统(GIS)以及全球定位系统(GPS),其中遥感、地理信息系统和全球定位系统简称"3S"技术,在旅游领域的理论和实践中得到了极为广泛的应用和快速发展,在生态旅游资源调查与产品开发环节、在产品促销环节、生态旅游资源管理环节的应用,将有助于生态旅游资源与环境的监测与保护,有利于生态旅游资源的保护性开发与可持续发展。

第二节　我国生态旅游发展展望

当前,生态旅游在我国已成为热门流行词汇,生态旅游作为一种新的旅游形式在中

国得到了迅速的发展。我国生态旅游业的发展潜力巨大,前景广阔,这是由国际生态旅游发展趋势的带动与我国自身发展生态旅游业的有利条件共同决定的,这些有利条件主要包括以下几个方面。

一、有利于我国生态旅游业发展前景的条件

（一）资源条件

中国幅员辽阔,历史悠久,不仅有众多奇丽的自然生态旅游资源,而且有丰富独特的人文生态旅游资源。

1. 自然生态旅游资源

我国南北地跨纬度近50°,东西经向跨越超过60°,地质条件复杂,地貌类型繁多,气候类型多样,江河湖泉数以千计,流域面积超过1 000平方公里的河流有1 500多条,天然湖泊面积在1平方公里以上的有2 800个,矿泉仅西藏地区就有630多处。还有丰富的生物种类和生物群落类型,高等植物有近3万种,蕨类植物2 600多种,苔藓植物2 100余种,动物资源更为丰富,计有兽类414种,鸟类1 175种,两栖类196种,爬行类315种,鱼类2 100种,其中许多是我国的特有物种。就陆地生态系统而言,我国拥有除赤道雨林外的几乎所有北半球的植被类型。

2. 人文生态旅游资源

我国是人类主要发源地之一,也是世界古代文明主要发祥地之一,有文字记载的历史已达5000年以上,而且民族众多,共有民族56个,其中55个少数民族。各民族与其生活地区的自然生态环境相结合、相适应,形成了颇具地方民族特色、人与自然和谐相处的生产、社交、礼仪、节庆、民居、饮食、婚恋、丧葬、宗教等民族人文生态旅游资源。

（二）市场条件

我国旅游业近20年的迅猛发展,开拓了国内与国际两个广阔的市场,为生态旅游业的发展提供了充足的客源条件。

1. 国内市场

随着我国社会经济的发展,国内旅游业迅速发展。2011年国内旅游人数达26.4亿人次,旅游总收入1.93万亿元,相当一部分游客以自然与文化生态旅游资源为旅游对象,说明我国居民的外出旅游已成为家庭生活的重要组成部分。国内旅游市场前景广阔,而且我国人民自古就有生态旅游中"天人合一"的朴素思想,爱好大自然,崇尚和尊重各自民族的传统文化,加上生态旅游产业配套体系的建立,将会有越来越多的游客去进行生态旅游活动。

2. 国外市场

2011年来华旅游入境人数合计13 542.35万人次,同比增长1.24%,许多外国游客对中国秀丽的自然风光与悠久的历史文化感兴趣,这是一个庞大的国际生态旅游潜在市场,只要加强生态旅游区的建设,增加对生态旅游区宣传的投入,将能吸引很多的

国际游客参加生态旅游,起到延长国际游客的逗留时间的作用。

（三）社会基础条件

我国可持续发展战略的实施为生态旅游提供了坚实的社会基础,生态旅游的发展不可能脱离我国整个可持续发展的进程而一枝独秀。事实上,生态旅游这一概念也是在1992年里约会议之后,作为旅游业实现可持续发展的方式之一而在国内得到广泛接受的。目前,可持续发展不仅是我国的基本国策,也是全人类追求的理想目标。我国可持续发展战略的实施必将为生态旅游的发展提供坚实的社会基础。

我国国家旅游局非常重视生态旅游业的发展,将生态旅游这个国际旅游发展潮流与我国的环保政策结合起来,与国家环保总局、国家林业局、中国科学院一起将1999年定为"中国生态旅游年",提出"走向自然,认识自然,保护环境"的主题口号,目的在于普及生态旅游知识,提高环境意识,倡导文明旅游,这对我国的生态旅游业发展是一次推动。地方各级政府的旅游及相关部门为配合这一主题年行动,纷纷结合各地的实际,推出具有地方特色的生态旅游产品,如吉林省举办中国长春净月漂冰雪节、贵州省推出"黄果树世纪游"、海南省提出全省要做美生态旅游的文章。

（四）"天人合一"的传统文化基础

我国是一个有5000多年文明史的古国,在与自然界长期共处的历史中孕育了丰富而又朴素的人与自然相和谐的传统文化,其中以"天人合一"思想为典型代表,该思想主张通过人的积极能动性促进天、地、人三才并进,使人与自然和谐地发展,表现了既要改造和利用自然,又要保护自然的态度。在这类文化的熏陶下,人对大自然在情感上亲近,在行为上爱护,到了现代将会有越来越多的人在这种传统文化的潜在感召下参加生态旅游活动。

（五）生态旅游具备一定的产业发展基础

我国生态旅游业尽管起步晚,但是到现在已初具产业规模,在发展过程中积累了一定的物质基础和经验基础,已建有森林公园、自然保护区、风景名胜区、森林游乐区、民族接待村等一大批生态旅游目的地,交通等基础设施建设得比较完善,相应的法规政策体系已建立健全,培养和锻炼了许多生态旅游从业人员,在开发与保护相结合的实践中总结了有益的经验教训,这都为下一步生态旅游业发展奠定了基础。

（六）环保意识与技术发展

环保意识和绿色消费潮流的兴起,为生态旅游提供了广阔的市场空间。在我国,环保意识不断增强,绿色消费也已初见端倪。人们开始更多地关注自然、热爱自然、走进自然、保护自然,提倡绿色消费,倾向于选择不受污染的生态产品。这种市场需求的转变为生态旅游提供了广阔的市场空间。

同时,环保技术的不断进步和革新,为生态旅游提供了良好的产业基础。随着我国环境产业的兴起,人们在保护环境的同时,致力于不断探索合理利用环境的新技术和新方法。环保新技术也将被应用到生态旅游的开发和经营过程中去,为生态旅游产品的生产者提供了生产上的可能性,为生态旅游的进一步发展提供了良好的产业基础。

Ecotourism

二、我国生态旅游发展趋势

（一）生态旅游泛化

1. 生态旅游概念泛化

从资源角度看，传统的生态旅游主要包括森林旅游、河流湖泊旅游、海洋旅游、山岳旅游、沙漠旅游、冰雪旅游、草原旅游等。但随着旅游逐渐发展成为人们的一种生活方式，生态旅游也逐渐在横向上拉伸、在纵向上深入，呈现出泛生态旅游的明显特色，与其他类型的旅游甚至其他产业的整合发展越来越多，如生态休闲度假游、乡村生态旅游、文化生态旅游等类型不断出现。

2. 生态旅游产业融合度加强

生态旅游因为其巨大的包容性和资源的多样性，很容易与相关产业形成聚集，并与上下游企业形成较长的产业链延伸。第一产业的旅游化，形成了"生态农庄热"，生态旅游越来越多地与林业、农业、渔业、生态度假等结合形成产业集群。

3. 生态旅游呈现出大众化趋势

此前，国内外学者对生态旅游的定位大多是小规模、高层次，但这种限定与我国国情现实存在诸多的矛盾和冲突，严格意义上的生态旅游由于坚持小规模很难达到经营上的规模效益，对国民经济的增长贡献率小，这与当前旅游业在国民经济中所占的比重不符。根据我国旅游业"十二五"规划，到2015年，我国旅游业总收入将从目前的1.44万亿元提高到2.3万亿元，年均增长率10%；旅游业增加值占GDP的比重将提高到4.5%，占服务业增加值的比重达到12%。其中，设定增长率最快的为国内旅游收入，将从2010年的1.15万亿元上升到2015年的1.9万亿元，年均增长率为11%。这其中生态旅游的贡献率维持在15%～20%，这样的增长率不是小规模所能带来的。

（二）生态旅游需求不断增长

回归自然、放松身心是人类的本能需求，尤其是随着经济的发展和城市的无限扩张，我国生态旅游的需求也呈现出逐年走高的趋势。据统计，2003年我国人均GDP超过1000美元，国内旅游人数为8.7亿人次，全国出游率为59.9%，其中城镇居民国内旅游人数为3.18亿，出游率为94.4%。这些数据显示我国居民的外出旅游已成为一种生活时尚，而生态旅游景区是广大公民外出的主要旅游目的地之一。从我国的国情来看，一方面人们的生态旅游需求不断增加，另一方面国民经济的快速发展需要生态旅游业的大力介入。在这种情况下，我国庞大的人口基数必然会带来生态旅游者的急剧增长。

（三）西部成为生态旅游开发的热点

西部地区包括六省（青海、陕西、甘肃、四川、云南、贵州）和五区（新疆、内蒙古、宁夏、西藏、广西）一市（重庆），国土面积约540万平方公里，占全国土地面积的57.9%，人口占全国总人口的22.8%。该区域内共有34个国家级自然保护区、40个国家级风景名胜区、114 个国家级森林公园。高质量的旅游资源均超过或大大高于全国平均数，生态旅游资源异常丰富。近年来，西部以自己特有的生态资源吸引着越来越多的国内外生态旅游者，如云南、西藏的旅游外汇收入每年都以 20％以上的速度递增。今后较长时间内，西部仍会是我国生态旅游发展的热点地区，将以生态旅游为先导实现大发展。

（四）生态旅游产品多样化

早在 1999 生态环境旅游年的时候，当时推出的生态旅游的类型主要包括了观鸟、野生动物旅游、自行车旅游、漂流旅游、沙漠探险、保护环境、自然生态考察、滑雪旅游、登山探险、香格里拉探秘游、海洋之旅等十大类专项产品，共 193 项。1999 年，国家旅游局同有关部门逐步规划开发，建设了一批生态旅游区，主要类型包括海洋、山地、沙漠、草原、热带动植物等。目前，我国生态旅游形式已从原生的自然景观发展到半人工生态景观，旅游对象包括原野、冰川、自然保护区、农村田园景观等，生态旅游形式包括游览、观赏、科考、探险、狩猎、垂钓、田园采摘及生态农业主体活动等，呈现出多样化的格局。

（五）生态旅游信息化速度加快

电子商务近些年发展迅速，它以快速、便捷等一系列优点在各行业中得到了广泛应用。在生态旅游的发展中，信息化程度也在不断地提高，各地纷纷把电子商务应用于生态旅游的开发与经营之中。在 2004 年四川省旅游工作座谈会上，四川省旅游局出版了全国第一本生态旅游白皮书《四川生态旅游发展报告》。随之，《四川省旅游信息总体规划》出台，业内人士评价"生态"和"信息化"已成为四川省旅游产业发展的关键词。以此为基础，四川省各生态旅游景区也相继走上信息化之路。2002 年电子商务网站开通，网络交易额已达 4 亿元，峨眉山等五大景区的数字化工程也相继完成。其他省市也已经或正在开展生态旅游的信息化工程。目前，国家旅游局正在旅游业中大力推广"金旅工程"，利用网络技术发展旅游电子商务与国际接轨，从而最大限度地整合国内外旅游信息资源。作为当前发展最快的特种旅游，生态旅游的信息化步伐无疑会大大加快。

（六）当地社区与生态旅游的联系更为紧密

目前，除了极少数杳无人烟的地区外，大部分生态旅游目的地都是社区。因此，生态旅游业不仅涉及旅游部门，还涉及旅游目的地当地社区。它既包括与游客的食、住、行、游、娱、购直接相关的产业，也包括为当地社区服务的基础设施，如交通通信系统、"三废"处理系统、供水供电、医疗、教育等基础设施，还包括促进社区发展的其他产业。因此，从社区发展的角度考虑生态旅游业的开发，发展才是促进旅游目的地循序渐进地由低级向高级进化，真正实现可持续发展的有效途径。反过来说，生态旅游若不承担对社区发展的责任与义务，可持续发展也只能是一句空话。因此，今后的生态旅游发展与当地社区的联系将更为紧密，生态旅游活动不仅要保护当地脆弱的生态环境，同时还要为当地居民谋福利，两者的关系将变得越来越密不可分。

（七）生态旅游发展国际化

我国加入世界贸易组织后，对旅游经营者既是个机遇，也是个挑战，在公平竞争、不歧视的原则下，只有突出生态旅游景点的独特性和发展优势，提高品位，才能吸引国内外旅游者和回头客。生态旅游目的地此前主要在国外，近年来不少国外生态旅游者专门旅游考察我国特有森林，如海南热带雨林、红树林、沙漠林、农田防护林，我国已成为国际生态旅游重要组成部分。

 案例

体验经济时代的体验导向型生态旅游

"体验经济"一词最早出现于美国未来学者阿尔文·托夫勒 1970 年出版的《未来的冲击》一书。他认为社会经济的发展在经历了农业经济、工业经济、服务经济等浪潮后，体验经济将是最新的发展浪潮。他明确指出，如今"货品与服务已经远远不够了，各种体验将成为未来经济增长的基础"。1999 年 4 月，约瑟夫·派恩（B. Joseph. Pine Ⅱ）与詹姆斯·H·吉尔摩（James H. Gilmore）合著的《体验经济》一书中，将体验重新定义为"企业以服务为舞台，以商品为道具，以消费者为中心，创造能够使消费者参与，值得消费者回忆的活动"，从此体验经济的概念在世界范围内被人们热烈讨论。

随着我国经济的发展和旅游活动的不断深入，体验经济的理念已经不知不觉地渗入到旅游业的各个领域，体验式旅游蓬勃兴起。体验式旅游以游客的体验为核心，以参与性和互动性为主要特征，以使游客得到美好的感受与回忆为主要目标。旅游经营的重点已不再是单纯地提供旅游产品与服务，而是为游客塑造难忘的旅游体验。

作为一种可持续发展的旅游活动，生态旅游模式也要随着体验经济时代的到来进行适当的调整。因此，张建萍提出了体验经济时代的一整套生态旅游发展模式，包括：体验导向型生态旅游开发模式、情感型生态旅游营销模式、过程型生态旅游消费模式、服务型生态旅游经营模式，以及参与型生态旅游管理模式。在此重点向大家介绍体验导向型的生态旅游开发模式。

1. 体验导向型生态旅游的开发原则

（1）参与性。没有参与就没有真正的体验，在参与的过程中，旅游者改变了被动的角色，有一种主人翁的感觉，这种感觉使旅游者在欣赏自然的同时，感受到回归自然的喜悦。参与性强的生态旅游给予旅游者的是多种感官的刺激，这种刺激能使他们获得更深刻的印象。

（2）真实性。只有真实的情境才能真正打动旅游者。生态旅游尤其要注重真实性，旅游者选择生态旅游，就是为了看到原始的自然、真实的场景，在大自然的魅力中享受忘记时间、忘记烦恼、忘记自我的轻松与快乐。

（3）系统性。旅游是包括吃、住、行、游、购、娱六要素的完整的系统，其中任何一个要素都是影响体验质量的关键。只有每个环节都带给旅游者畅爽体验的时候，才能在整体上使游客的体验达到最大化。

（4）差异性。体验是个人达到情绪、体力、智力甚至是精神的某一特定水平时，意识中产生的美好感觉，没有两个人的旅游体验是完全一样的。因此在开发中要注重产品的差异化和针对性，塑造个性化的旅游。

2. 体验导向型生态旅游的开发类型

Pine Ⅱ和 Gilmore 根据旅游者参与旅游活动的主动性和投入程度将旅游体验划分为以下四种类型：娱乐型、教育型、逃避型和审美型。谢彦君的《旅游体验研究》一书中将旅游体验分为补偿性、遁世性、认知性以及极端旅游体验四种类型，其中补偿型和遁世型是生态旅游最为突出的体验类型。

（1）补偿型旅游体验。旅游者的许多体验都来源于对自身心理和生理状态的匮乏的补偿需要。生态旅游能提供给旅游者更加健康的生存环境，比如森林空气中的负氧离子含量较高，能促进人体新陈代谢，增强机体抗病能力，是对旅游者生理的一种补偿。另外，现代文明的发展使得旅游者常年生活在钢筋混凝土的高楼大厦里，缺乏亲近自然的机会，因此心理上自然会有融入自然的补偿需要。当旅游者置身于绿色、原始、清新的环境之中，人的机体会得到调整，补偿缺失，回归本原。

（2）遁世型体验。遁世体验在很大程度上是对生活世界的一种逃避。从喧嚣的城市走向平静的自然，旅游者可以享受无与伦比的放松，摆脱生活中的角色，抛开繁重的工作和尔虞我诈的烦恼，在轻松的环境中寻找摆脱束缚和压力后的真实自我，得到心理上的满足，这是生态旅游相比其他旅游形式的最突出的优势所在。

3. 体验导向型生态旅游的开发方法

（1）塑造体验的"魂"。主题是营造环境、营造气氛的主脉，鲜明的主题能够聚焦游客的注意力，给他们留下强烈的印象。构建体验主题是旅游开发的基础。例如，扎龙自然保护区可以打造以"教育"为主题的生态旅游，向旅游者传播保护动物的理念，同时介绍动物习性的相关信息，使旅游者享受获取知识的喜悦。内蒙古草原可以以"宁静"为主题，让旅游者在辽阔的绿野中享受心灵的平静、心情的放松；也可以以"奔放"为主题，将游牧民族的热情好客、淳朴民风展示给旅游者。主题的营造要内外兼顾，不仅整体设计中要把握"灵魂"，同时每个细节也必须与主题相一致。

（2）寻找体验的"点"。任何一种体验都是旅游者的心智状态与那些有意识的筹划事件之间的互动作用的结果。体验需要诱导，需要激发，要想让旅游者产生美妙的体验，必须深入分析和把握能激发美妙感受的"点"，即体验的诱发物。体验最好的诱发物就是旅游纪念品，体验经济时代的旅游纪念品不再是以实物的形态满足旅游者的基本用途，而是一种传达情感的介质，一种纪念旅游经历的符号，它使旅游者的体验感受具象化，激发旅游者日后对这段体验的回忆，并促使旅游者将回忆与他人分享。生态旅游的纪念品应该符合生态的特色，同时富有内涵，具有生态教育意义。比如，森林生态旅

游开发时可以将造型别致的树叶作为旅游纪念品,树叶由旅游者自己寻找、挑选,最好是能寄托旅游活动中的一个小故事,这样便能作为旅游者美好体验的见证。

(3) 营造体验的"场"。体验的氛围需要营造,比如荒漠生态旅游开发时应该尽力营造荒凉的感觉,塑造广阔的沧桑美,将旅游接待区和景区严格分开,景区内没有任何人工建筑,满眼是一望无垠的沙漠,其中零星点缀两三头骆驼作为衬托,这些都能增强旅游活动本身的吸引力。

(4) 设计体验的"变"。体验需要变化,体验类型越多,游客的经历越丰富,留下的印象就越深刻。生态旅游项目开发设计的过程中要抓住产品项目的差异性、多样性,同时注重多种感官刺激的组合,综合运用视觉、听觉、味觉、嗅觉等全方位的参与,让游客充分认识和理解生态旅游区的魅力和文化内涵。例如民俗旅游区开发时,景区建筑要符合民族特色,景区里最好有原住居民,说地方话,吃地方菜,让旅游者全方位的感受当地特色。

(5) 把握体验的"度"。心理学家克珍特米哈依在其名著《畅:最佳体验的心理学》中提出了判断最优体验的标准是"畅"(flow),即"具有适当的挑战性而能让一个人深深沉浸于其中,以至忘记了时间的流逝、意识不到自己的存在"。"适当性"是生态旅游开发中需要特别注意的环节,体验活动的难度要与旅游者的能力相适应,太难的活动会使人感到焦虑、挫败,太简单的活动则会让人感觉到无趣,成就感得不到满足。例如,登山的游步道设计既不能过于平坦,使旅游者失去了攀爬的乐趣,又不能过于陡峭,让旅游者体力透支,望山兴叹。另外,游客的参与程度也要控制在一定的范围内,既要激发游客的兴趣,又要注意环境的保护。例如,生态保护区要严格控制游客的数量,注意环境的承载力。

(资料来源:张建萍,吴亚东.体验经济时代的生态旅游发展模式[J].社会科学家,2009,12:82—85.)

 思考题

1. 简述国际生态旅游发展趋势。
2. 试结合实际谈谈我国生态旅游发展的"泛化"趋势。

魁北克世界生态旅游高峰会宣言

2002 年 5 月 19 日到 22 日,来自 132 个国家的公有、私有及非政府部门的 1 000 多名代表聚集在加拿大魁北克,出席了根据联合国 2002 年国际生态旅游年的活动计划,由联合国环境规划署和世界旅游组织发起、魁北克市旅游局和加拿大旅游委员会共同主办的世界生态旅游峰会。

在 2001 年和 2002 年期间共召开了 18 次预备会议,共有 3 000 多名来自旅游、环境与其他管理部门的国家与地方政府、私营生态旅游企业及其行业协会、非政府组织、学术机构及咨询部门、政府间组织以及土著及地方社区的代表出席了会议。魁北克峰会则是这一系列会议的最高潮。

本文件既考虑到整个准备过程,也考虑到峰会期间所进行的讨论。虽然它是众多利益相关群体之间对话的结果,但并不是一份通过谈判所形成的文件。其主要目的是确定一个初步的议事日程,就生态旅游活动的可持续发展提出一系列的建议。

与会代表确认,将于 2002 年 8—9 月份在约翰内斯堡召开的世界可持续发展峰会(WSSD)是今后 10 年中确定国际政策基础的盛事。同时还强调,作为一个重要的产业,旅游的可持续性应该是世界可持续发展峰会优先讨论的问题,因为它对摆脱贫困和濒危生态系统的环境保护有着潜在作用。因此在这次峰会上,与会者请求联合国、联合国组织及所代表的会员国在世界可持续峰会上分发下面的《宣言》及世界生态旅游峰会的其他成果。

世界生态旅游峰会的与会者意识到这一磋商过程在体现众多利益相关群体——尤其是非政府组织和地方及土著人社区的意见方面所存在的局限性,确认旅游有着重要且复杂的社会、经济和环境影响;

考虑人们对到自然区域旅游的兴趣与日俱增;

强调旅游应该通过增加东道社区的经济收益、积极促进自然资源和东道社区文化完整性的保护,以及通过增强旅游者对自然和文化遗产保护的意识来促进整个旅游业更加可持续发展;

承认与自然区域相关的文化多样性,尤其是由地方社区的历史遗存所形成的文化多样性,一些社区一直保持着他们自己的传统知识、用途及实践,而其中许多是在数百年中已经被证实是可持续的;

重申据文件证明,用于保护与管理生物多样化和文化丰富的保护区域的资金在全

Ecotourism

球范围内普遍不足;

认识到可持续旅游可以成为保护区域的重要收入来源;

进一步认识到许多这类保护区往往是贫困农民的家园,他们经常缺医少药、缺乏教育设施、通讯系统以及其他真正发展机会所需要的基础设施;

确信不同形式的旅游,尤其是生态旅游,如果以可持续的方式进行经营管理,那么对当地居民及其文化,以及对为子孙后代保护与可持续利用自然来说,是一种宝贵的经济机遇;

同时强调,不管何时何地,只要是在自然区域和乡村的旅游规划、开发与经营不当,那么便会导致自然景观的退化、对野生动物和生物多样性造成威胁、水质下降、贫困、土著人和地方社区的转移,使文化传统受到侵蚀;

确认生态旅游必须承认和尊重土著人和地方社区的土地所有权,包括他们的保护区、敏感地区及宗教场所;

强调为了从生态旅游和其他形式的自然区域旅游中取得公平的社会、经济和环境利益,最大限度地减少或避免潜在的负面影响,需要采取参与式的规划机制,允许地方和土著人社区以透明的方式规定和调整其区域的用途,包括退出旅游开发的权利;

注意到,寻求实现社会和环境目标的小型和微型企业往往是在一种不能为这一特殊的新市场提供适当的财政和营销支持的发展环境下进行经营的。为了达到这一目标,需要通过采取一系列措施来进一步了解生态旅游市场,包括对目的地的市场调研、专门用于旅游业的信用工具、外部成本补贴、激励使用可持续能源和创新性技术方案,不仅在企业里,而且在政府内和那些试图支持企业决策的人们当中,重视技能的开发;

根据以上各点,峰会的与会代表对政府、私有部门、非政府组织、以社区为基础的协会、学术和研究机构、政府间组织、国际金融机构、开发援助机构以及土著人和地方社区提出了一系列建议。

A. 对政府的建议

1. 制订与可持续发展的总体目标相一致的全国、区域及地方的生态旅游政策和开发战略,并要通过和那些可能参与、影响生态旅游活动或可能受到生态旅游活动影响的人们进行广泛咨询来制订。而且,用于生态旅游的原则应该放宽到涵盖整个旅游部门。

2. 与地方社区、私有部门、非政府机构以及所有生态旅游的利益相关群体协作,保证对大自然、地方文化,以及特殊的传统知识和原创性资源进行保护。

3. 确保国家、省和地方一级所有相关的公共机构(包括在适当的时候成立跨部的工作组)在生态旅游过程的不同阶段的适当参与和必要的协调,同时促使其他利益相关群体参与生态旅游的相关决策。另外,要建立适当的预算机制和立法框架,以便实现这些多元利益相关群体机构所确定的目标。

4. 在上述框架中要包括国家、区域、地方各级必要的法律和监测机制,包括所有利益相关群体和环境影响评估研究所公认的目标可持续性指标,以避免产生或最大限度地减少对社区或自然环境的负面影响。监测结果应该对广大公众公开,因为这些信息可以使旅游者选择那些贯彻而不是不贯彻生态旅游原则的经营者。

5. 培养地方运用像分区等发展管理工具以及在保护区、缓冲区和其他生态旅游开发区域参与式土地使用规划方法的能力。

6. 利用国际上认可的原则制订认证方案、生态标识（ECOLABELS）以及旨在保证生态旅游可持续发展的自愿性活动，以鼓励私有经营者参与这些活动，促进消费者对他们的认知。不过，认证制度应当反映区域和亚区域的标准、提高能力，并提供财政上的支持，使中小企业可以参与这些活动。为实现这些计划的使命，需要一个立法框架。

7. 确保对作为生态旅游核心的中小型企业提供技术、财政和人力资源开发方面的支持，其目的是使他们的企业能够以一种可持续的方式起步、增长与发展。同样，具有生态旅游潜力的地区要建造适宜的基础设施以促进地方企业的涌现。

8. 确定适当的政策、管理计划以及对游客的解说方案，同时要为自然保护区提供充足的资金来源以管理迅速增加的游客、保护脆弱的生态系统、有效地避免对保护热点的利用。这些计划应该包括清晰的准则、直接和间接的管理战略，以及对资金的控制以确保对所有在保护区经营生态旅游的企业以及愿意造访这些地方的旅游者进行社会和环境影响的监测。

9. 在国家旅游管理机构针对国内外旅游市场的整体促销战略和活动中，要包括中小型生态旅游公司以及以社区为基础的和以非政府机构为基础的生态旅游经营活动。

10. 发展在国内外促销生态旅游产品的区域性网络与合作。

11. 对旅游经营者采取激励措施（如市场促销优惠）以便使他们采纳生态旅游的原则，使其经营活动在环境、社会和文化方面更加负责任。

12. 确保在所有的生态旅游开发中——哪怕是在最地道的农村以及在国家和地区公园中——制订详细的基本环境和卫生标准，使之起到试点的作用。这应该包括选址、规划、设计、固体垃圾的处理、污水和集水区的保护等方面。还要确保在没有可持续基础设施投资以及地方上对这些方面的控制和监测能力没有得到加强的情况下，政府便不要实施这些生态旅游发展战略。

13. 投资或支持那些投资进行生态旅游和可持续旅游研究项目的机构。着手进行基础研究与调查，记录动植物尤其是濒危物种的生活状况，并作为对任何一项提议开展的生态旅游开发进行环境影响评估的一部分。

14. 支持进一步制订关于可持续旅游发展的国际准则、指南和道德规范（如那些由生物多样性大会、联合国环境开发署和世界旅游组织（WTO）制订的准则和规范等），以改进在旅游中贯彻可持续发展理念的国际和国家级的立法框架、政策及总体规划。

15. 作为一种选择，在那些可能会改善相关社区的社会环境和经济纯收益的地方，考虑公用土地的所有权和管理权从采掘型或集约型生产部门移交给与保护相结合的旅游部门。

16. 促进和发展针对儿童和年轻人的教育计划以增强其对自然保护、可持续利用、地方与土著文化及其与生态旅游的关系的认识。

17. 促进目的地的出、入境旅游经营者、其他服务的提供者及非政府机构之间的合作,以便进一步教育旅游者并影响他们在目的地尤其是发展中国家的目的地的行为。

B. 对私有部门的建议

18. 构想、发展和经营其业务,使之能最大限度地减少对敏感的生态系统保护和总体环境的负面影响,积极促进其保护,使地方社区直接受益。

19. 牢记要使生态旅游经营做到可持续,他们必须使所有利益相关群体受益,包括项目的所有者、投资者、管理者和雇员,也包括开展生态旅游的社区和自然区域的保护组织。

20. 采纳一个可靠的认证制度或其他自愿性的规范制度,比如生态标识制,以便向潜在客户表明其坚持可持续原则和他们所提供的产品与服务的可靠。

21. 与负责自然保护区和生物多样化保护的政府和非政府组织合作,确保生态旅游的经营是按照在那些地区实施的管理计划和其他规定进行的,从而可以在提高旅游体验的质量和对自然资源的保护做出财力贡献的同时,最大限度地减少对其可能产生的任何负面影响。

22. 在经营中越来越多地利用当地原料和产品以及物力和人力资源,以便保持生态旅游产品的总体真实性,扩大留在目的地的财政和其他收益的比例。为实现这一目的,私有经营者应该在当地员工的培训方面进行投资。

23. 确保在发展生态旅游活动中使用的供应系统是完全可持续的,并与向顾客提供的最终产品与服务的可持续水准相一致。

24. 积极地与土著人领导共同合作以确保土著人文化和社区能够得到准确的描述与尊重,同时要向企业的员工和客人提供有关土著人的场地、风俗和历史的充分而准确的信息。

25. 在顾客、旅游者中间,促进在所造访的生态旅游目的地的行为更加符合道德规范,向旅游者、专业工作者进行环境教育,促进不同文化间的相互理解,同时鼓励支持地方社区或保护倡议的自愿贡献。

26. 通过在某一特定目的地开展各种各样的旅游活动和将其经营扩大到不同目的地的做法使所提供的产品多样化,以便扩大生态旅游的潜在利益,避免一些生态旅游景点的过度拥挤而对其长期的可持续性造成威胁。在这方面,迫切要求私有经营者尊重生态旅游目的地已有的游客影响管理制度并为其做出贡献。

27. 创建为行业协会或合作性组织活动的筹资机制,这些机构能够帮助解决生态旅游培训、市场营销、产品开发、研究和融资的问题。

28. 鉴于以上各点,制订和实施公司关于可持续旅游发展的政策,其目的是在生态旅游经营的每一个部分都要落实这些政策。

C. 对非政府组织、以社区为基础的协会、学术和研究机构的建议

29. 向生态旅游目的地、东道社区组织、小企业和相应的地方当局提供技术、财政、教育、能力建设及其他方面的支持,以确保贯彻实现可持续发展的适宜的政策、开发和

管理原则及监测机制。

30. 监测和从事关于生态旅游对生态系统、生物多样化、地方土著文化的实际影响以及生态旅游目的地的社会经济结构方面的研究。

31. 公营与私营组织合作,确保通过研究所取得的数据和信息能够用于生态旅游开发和管理的支持决策过程。

32. 与研究机构合作以制订出解决生态旅游开发问题的充裕而切实可行的解决方案。

D. 对政府间组织、国际金融机构和开发援助机构的建议

33. 制订和参与实施国家和地方政策及规划指南、生态旅游的评估框架及其与生物多样化的保护、社会经济发展、尊重人权、脱贫、自然保护及其他可持续发展目标之间的关系,并要强化这些技能向所有国家的转让。要特别关注处在发展阶段或最不发达状态的国家、发展中小岛国,以及一些山地国家,因为联合国将 2002 年也定为国际山脉年。

34. 以国际准则为基础,增强区域、国家及地方组织制订和实施生态旅游政策和计划的能力。

35. 制订生态旅游认证制度的国际标准和金融机制,这要考虑中小企业的需要,方便它们进入这些程序。

36. 将在多元利益相关群体间进行对话的方法列入全球、区域和国家一级的政策、指南及项目当中,以便在参与生态旅游的国家和行业之间进行经验交流。

37. 努力加强识别全世界生态旅游企业成败的决定因素,以便通过出版物、实地考察、培训性研讨会和技术援助项目等方式将这些经验和最佳做法传授给其他国家;此次峰会后,联合国环境署和世界旅游组织(WTO)应该继续组织关于可持续生态旅游问题的国际对话,例如,通过国际和地区性的论坛对生态旅游的发展进行定期的评估。

38. 有必要调整其金融手段和贷款条件及程序以适应那些作为这一产业核心的中小型生态旅游公司的需要,作为确保其长期的经济可持续性的条件。

39. 开发内部人力资源能力来支持可持续旅游以及作为其中一个发展子部门的生态旅游,确保内部的专长、研究和文件编制到位,以监督作为可持续发展工具的生态旅游的利用。

E. 对社区和地方组织的建议

40. 作为社区开发观念一部分,它可以包括生态旅游,制订并实施一种战略,通过生态旅游的开发,包括人文、实体、金融和社会资本的开发及改进对技术信息的可得性,提高社区的集体收益。

41. 加强、培育并鼓励社区对与生态旅游相关传统技能保护与利用的能力,尤其是那些以家庭为基础的艺术与工艺、农产品以及利用当地自然资源以可持续的方式建造的传统的房屋和景观。

全国生态旅游发展纲要
（2008—2015 年）

一、发展意义

建设资源节约型、环境友好型社会是全面实现小康社会的客观要求，是深入贯彻落实科学发展观的必然选择。旅游业是面向民生的服务业，是扩大内需、促进消费的重要领域。旅游与生态环境相互关联，互相促进。良好的生态环境是旅游发展的重要基础和必备条件，旅游业是促进生态环境建设的有效手段和重要渠道。

生态旅游是以可持续发展为理念，以保护生态环境为前提，以统筹人与自然和谐为准则，并依托良好的自然生态环境和独特的人文生态系统，采取生态友好方式，开展的生态体验、生态教育、生态认知并获得心身愉悦的旅游方式。因此，生态旅游是生态文明的重要载体，是可持续发展理念在旅游业中的具体体现。

在世界范围内，生态旅游正处于快速发展阶段，强劲的发展势头体现了人类尊重自然、珍视环境的可持续发展理念，反映了人类在开发利用自然生态环境过程中对自身行为的重新审视，推动了经济社会的可持续发展。

我国拥有丰富的生态旅游资源。近年来，自然保护区、生态功能保护区、风景名胜区、森林公园、地质公园、湿地公园、国家公园等生态资源单位不断丰富，生态旅游产品多样化发展，生态环境保护工作力度持续加大，生态旅游发展环境日渐优化，环保观念日益深入人心，为我国发展生态旅游带来良好条件和发展机遇。

我国生态旅游起步较晚，生态旅游发展尚存在需要引起重视的突出问题。一是旅游者生态保护意识不高，保护主动性不足；二是对生态旅游的内涵、特点和规律把握不到位；三是生态旅游规划滞后，专业化水平有待提高；四是生态旅游的经营、管理和服务比较粗放；五是在少数地区存在对资源和环境损害现象，一些开展生态旅游的地区环境恶化状况依然存在。

和谐社会需要和谐产业，生态文明呼唤生态旅游。发展生态旅游有利于促进人与自然的和谐发展，有利于促进资源的非消耗性利用，有利于促进欠发达地区脱贫致富，有利于促进旅游业转变发展方式，有利于引领绿色消费、培养绿色生活方式。在很多生态敏感地区，生态旅游是重要的替代产业，是开拓生态补偿机制的新渠道。在我国，发展生态旅游已经成为保护生态环境、促进旅游业可持续发展的有效途径。大力发展生态旅游具有重要的现实意义和广阔前景。

二、指导思想、发展原则和发展目标

（一）指导思想

以科学发展观为指导，以生态环境保护为前提，以市场需求为导向，以塑造生态友好旅游产业形象、促进人与自然和谐发展为目标，着力加强生态环境建设，着力完善生态旅游产业体系，着力强化生态环境教育功能，不断满足人民群众日益增长的生态旅游需求，为建设生态文明、推动旅游业可持续发展发挥积极作用。

（二）发展原则

1. 严格保护原则

立足我国生态环境日益严峻的形势，始终坚持保护第一的原则。生态旅游发展依托良好的生态环境、丰富的生态资源，发展生态旅游必须遵循自然规律、促进生态系统良性循环。生态旅游除了要保护自然界的生物多样性、维持自然生态平衡外，也有对人类社会文化多样性的保护，既包括物质载体的文化形式，也包括非物质文化形式。

2. 分类指导原则

根据我国不同地区的生态环境基础、社会经济发展水平和生态环境问题，实行分类指导，选准切入点，通过示范、规范、引导等方式，积累管理、经营、服务、政策等方面的经验，分类指导，稳步推进，积极发展符合区域特点的生态旅游，促进区域经济、社会与环境的协调发展。

3. 统筹协调原则

发展生态旅游需要充分发挥政府、企业、社会组织和公众等方面的积极性。要利用国际、国内两个市场和两种资源，加大政府投入，强化监管，发挥政府主导作用，提供良好的政策环境和公共服务。要充分运用市场机制，通过多种方式，推动社会各方面参与生态旅游发展。企业应当与当地政府部门和居民合作。当地居民有权利分享生态旅游发展带来的利益。

4. 重点推进原则

在总体规划的基础上，突出重点，分步实施。集中人力、物力和财力，选择重点领域和重点区域，培育生态精品体系，重点突破，全面推进生态旅游发展。

（三）发展目标

1. 总体目标

坚持节约资源、保护环境的基本原则，促进人与自然和谐发展。塑造生态友好产业形象，推动全国生态旅游持续健康发展。尽快成为全球有重要影响力的生态旅游目的地，进入生态旅游先进国家行列，实现世界旅游强国的宏伟目标。

2. 主要目标

负责任的旅游发展理念广泛形成，生态友好的旅游服务广泛应用，尊重生态的旅游

Ecotourism

行为广泛普及,生态旅游消费深入人心;节能环保技术在旅游领域广为应用,生态旅游资源得到充分保护,生态旅游得到持续增长;形成与生态旅游相关的制度、标准与技术体系;形成高素质、结构合理的经营管理队伍;形成与生态旅游发展相关的产业链和企业群;形成一批具有世界吸引力的生态旅游产品,具有国际竞争力的生态旅游经营机构,具有国际示范性的生态旅游者;旅游对生态环境的负面影响越来越小,对生态资源保护的支持力度越来越大,生态旅游利益相关者的关系更为和谐。

三、生态旅游的资源和产品类

(一) 资源分类

根据资源本底与生态系统,将生态旅游资源分为七种类型。

1. 山地型。指以山地环境为主而建设的生态旅游区。适于开展科考、登山、探险、攀岩、观光、漂流、滑雪等活动。

2. 森林型。指以森林植被及其生境为主而建设的生态旅游区,也包括大面积竹林(竹海)等区域。适于开展科考、野营、度假、温泉、疗养、科普、徒步等活动。

3. 草原型。指以草原植被及其生境为主而建设的生态旅游区,也包括草甸类型。适于开展体育娱乐、民族风情活动等。

4. 湿地型。指以水生和陆栖生物及其生境共同形成的湿地为主而建设的生态旅游区,主要指内陆湿地和水域生态系统,也包括江河出海口。适于开展科考、观鸟、垂钓、水面活动等。

5. 海洋型。指以海洋、海岸生物与其生境为主而建设的生态旅游区,包括海滨、海岛。适于开展海洋度假,海上运动、潜水观光活动等。

6. 沙漠戈壁型。指以沙漠或戈壁生物及其生境为主而建设的生态旅游区。适于开展观光、探险和科考等活动。

7. 人文生态型。指以突出的历史文化等特色形成的人文生态与其生境为主建设的生态旅游区。主要适于历史、文化、社会学、人类学等学科的综合研究,以及适当的特种旅游项目及活动。

(二) 产品分层

中国生态旅游资源丰富,对生态旅游的社会需求持续扩大。随着市场的培育和发展,生态旅游产品应分出层次。

1. 大众生态旅游产品。适应大众化旅游消费市场而开发形成的生态旅游产品,主要包括在风景名胜区、自然保护区、森林公园、地质公园、文保单位、农业旅游示范点等生态旅游资源单位内,进行的游览、观赏、垂钓、田园采摘及生态农业等活动形式。

2. 示范生态旅游产品。主要指生态资源独特,旅游开发管理服务水平较高,经营发展模式具有示范效应的生态旅游产品,主要包括在自然文化遗产、风景名胜区、自然保护区、生态功能保护区、森林公园、地质公园、国家公园、文保单位等生态旅游资源单位内,进行的游览、观赏、科考、探险、狩猎、田园采摘及生态农业等活动形式。

3．特种生态旅游产品。生态资源具有特殊优势,在市场上形成独特吸引力的生态旅游产品。主要包括观鸟、观察野生动物迁徙、沙漠探险、自然生态考察等。这部分产品数量少、品味高、容量低,是中国生态旅游的主要品牌。

四、产业体系建设

生态旅游不仅重视旅游带来的经济效益,还注重社会效益和生态效益。生态型的旅游增长方式,是通过对生态旅游经营者的科学引导,遵循减量化、再使用、再循环和替代化原则,注重生态化服务,构建完整的产业生态链。在生态负荷、旅游体验、经营管理、社区利益之间取得平衡。

（一）旅行社及旅游组织者

经营生态旅游的旅行社和旅游组织者应努力做到:

——努力开发和组织多层次的生态旅游产品;

——向游客和市场提供真实、准确的信息,做到诚信营销;

——在经营和促销中,选择使用生态环保的材料、工具和方式,做到绿色经营和绿色营销;

——提示游客保护生态环境,尊重地方文化;

——按照有益于生态环境保护的目的来制定旅行计划;

——在计划阶段,征询专家、保护组织和当地社区的意见;

——选择允许开展旅游活动的区域;

——每个旅行团的游客数量适度,按照容量要求分批安排;

——培训导游,使他们理解和执行生态旅游理念;

——安排熟悉当地自然和文化的地方导游;

——选择由当地人经营的旅馆,并向旅游者建议购买对环境有益的纪念品;

——选择对环境影响最小的地方为旅游者提供食宿;

——鼓励旅游者与当地人进行交流;

——向当地社区和旅游者征求意见以改进下一次旅行的组织安排。

（二）旅游住宿和餐饮

在生态旅游区的旅游住宿、餐饮设施和服务应努力做到:

——建筑形式不影响视觉景观,符合当地文化特色;

——采用绿色环保材料,建设方式对环境的负面影响最小化;

——使用绿色能源,节约能耗;

——采用生态化处理方式,减少排放物对环境的影响;

——不提供不必要的舒适和服务;

——推广绿色食品,提倡餐饮适度消费,提供"打包"服务;

——合理减少用品洗涤次数,减少洗涤剂和水的使用量;

——向旅游者介绍当地的自然和文化;

——与当地的生态爱好者、环境保护团体和生态教育机构交流信息;

——与当地社区保持沟通;

——参加与保护自然以及保护当地文化的宣传教育活动。

（三）旅游交通

生态旅游区内旅游交通设施和服务应努力做到:

——往返客源地和目的地的大交通,应使用绿色环保、排放达标的运载工具;

——按照相关规划要求,适度提高生态旅游目的地的可进入性;

——旅游道路应采用绿色环保的材料建设,高标准做好道路两侧的绿化和排水设施;

——在环境容量和生态承受能力范围内,完善旅游区内交通道路基础设施,避开生态敏感区域,保障生物通道的数量和质量;

——使用绿色、环保的交通工具,提倡徒步、自行车以及畜力等无排放的交通方式。

（四）旅游购物与娱乐

生态旅游区内旅游购物和娱乐服务应努力做到:

——鼓励将当地的工业品、农副产品、土特产品作为旅游购物的对象;

——在不破坏生态环境的前提下,鼓励当地人使用当地材料制作具有地方特色的手工艺品、旅游纪念品;

——杜绝经营、销售野生动物活体、器官、皮毛或标本;

——引导旅游者学习当地传统文化,尊重地方风土民俗;

——发掘利用当地民俗文化和生态文化,提供健康、有特色的文化娱乐产品;

——旅游表演应达到真实性和艺术性的统一、文化性与商业性的平衡;

——实景演出应以不破坏生态环境为前提,要求通过环境影响评价;

——杜绝黄赌毒和低俗的文化娱乐形式。

（五）旅游景区和目的地

生态旅游景区和生态旅游目的地应努力做到:

——切实做好生态保护。在旅游区内、重点旅游线路及其邻近范围内,禁止毁林毁草、乱采滥挖野生植物、开山取石、挖土采沙、围湖（海）造田、改变自然水系（或岸线）等破坏生态的行为;

——对已造成严重生态破坏的地段,要进行以自然恢复为主的封育。对景点和游步道较多的旅游区域,重点旅游景点和重点旅游线路应因地制宜实施轮休制度;

——景区绿化要以当地物种为主,禁止或慎用外来入侵物种。对生态环境非常脆弱、敏感的区域要按照相关要求实行严格保护;

——科学实施功能分区。在自然保护区的实验区、重要生态功能保护区进行旅游建设,要遵循“区内体验、区外服务”的要求,合理划定功能分区,确定合理的环境游客容

量,合理设计旅游区域和线路;

——在一些重要和敏感的生态区域,如自然保护区的核心区和缓冲区、发生严重退化的重要自然生态系统、具有重要科学价值的自然遗迹和濒危物种分布区、水源地保护区等,禁止进行旅游项目开发和旅游服务设施建设;

——加强环境基础设施建设。因地制宜地建设消烟除尘、污水处理和垃圾收集、分类、清理、处置设施,增强污染物处理和达标排放的能力,尽可能采用节能、轻型、可回收利用的材料、设备,建筑物以方便简洁为主,所有能源及物质不应对周围的生态环境和景观产生污染和其他较大不良影响;

——控制和治理旅游区环境污染。在旅游景区、重点旅游线路及其邻近范围内,禁止建设污染环境的工业设施和对环境有害的项目;禁止露天焚烧秸秆、枯枝落叶、生活垃圾等,控制使用农药、化肥和畜禽养殖规模,防止旅游区面源污染和畜禽养殖污染;

——污染物的排放不得超过国家或地方规定的排放标准。

（六）生态旅游示范区

生态旅游示范区应努力做到:

——游览线路要避开生态脆弱区和自然保护区核心区、缓冲区,不影响原住民的生活方式;

——研究适宜游客量,控制和阻止过度利用旅游资源;

——限制对自然有负面影响的活动,推荐对自然影响最小的活动;

——建立利益反馈机制,使旅游获得的利润用于旅游区的资源保护;

——建立环境教育设施,例如游客中心、知识讲解标牌;

——用通俗、科学的语言解释自然现象,减少迷信和传奇色彩;

——提供有关自然和地方文化的信息和生态教育材料;

——收集科学数据,为生态系统管理和环境教育提供依据;

——开展教育培训,提高从业人员的生态保护素质,正确影响和带动旅游者;

——为生态旅游组织者或导游提供学习和培训的机会;

——配合非政府组织和志愿团体开展生态教育活动;

——把生态旅游作为旅游区管理计划的重要组成部分;

——监测旅游的影响,并通报给有关主管部门,监督协调在旅游区内及周边地区的旅游经营活动;

——制定生态灾害如滑坡、泥石流、森林火灾等发生的防止方案和应急预案。

五、重点工作

（一）科学编制规划

将生态环境保护纳入生态旅游发展规划。明确生态环境保护的目标、任务和主要措施。各类旅游项目应控制在生态环境容量和旅游承载力范围内。

1. 进行可行性研究。高度重视生态环境系统的独特性、敏感性和脆弱性,统筹协调经济、社会、文化、环境功能,分析研究生态旅游项目的可行性。

2. 优化空间布局。根据生态环境保护要求和旅游业发展需要,对基础设施、生态保护设施和必要的旅游设施进行合理布局,优化空间结构,优先安排用于生态保护的基础设施的建设,以最小的人类活动干扰来优化整体空间布局,减少环境影响。

3. 多方征求意见。公布规划方案,广泛听取各方面意见,协调各种利益主体达成共识,统一各方意志,统筹各方行动,统筹兼顾各相关利益主体的意见和要求。

4. 做好环境影响评价。按照《环境影响评价法》的要求,认真做好环境影响评价工作,按照规定程序报批实施。

(二)严格环境监管

1. 加强旅游开发生态评估。进一步加强旅游资源生态评估,确保旅游区生态环境容量、旅游承载力、环境保护措施达到国家相关标准。在新建、扩建资源开发项目时,严格执行环境影响报告制度,提交环境影响评价文件。

2. 强化旅游影响生态监测。加强对生态旅游生态环境影响监测,及时掌握生态环境变化,发布生态环境信息,评估旅游生态环境状况,指导生态旅游活动开展。对造成生态环境影响的开发活动要及时制止、纠正。

3. 加强执法检查。各级环保和旅游部门,要对生态旅游环境保护工作进行监督检查。对严格执行生态环境保护法律法规、在旅游生态环境保护工作中取得突出成绩的,给予表彰和奖励;对于违反国家法律法规,造成生态旅游区环境污染和生态破坏的,必须坚决予以制止。

(三)开展示范试点

选择不同生态环境和资源禀赋类型的区域,建设生态旅游示范区,提高区域可持续发展能力,引导当地群众脱贫致富;选择具有典型性、代表性的城镇、乡村,建设生态旅游扶贫实验区,探索推进地方可持续发展的模式,促进新农村建设;适时开展最佳生态旅游城市、最佳生态旅游乡村创建活动;抓住经济增长方式转变和产业结构调整带来的机遇,推广绿色节能技术,建设一批生态旅游发展示范企业。

(四)开展生态文明教育

把加强旅游者文明素质教育作为发展生态旅游的重要工作,建设生态环境教育基地,引导旅游者文明旅游,做环境保护的参与者、倡导者和实践者。通过多种方式,营造珍视环境、关爱环境的浓厚氛围。加强规章制度建设,对旅游者的行为进行必要的约束,避免游客对生态环境造成不利影响。采取多种方式,引导旅游者树立生态的消费观念、消费行为、消费模式。

(五)促进生态科技发展

1. 提高生态旅游的科研和科普水平。将生态学、环境学原理,以及现代信息技术和管理方式引入旅游建设、经营、管理环节。科学确定各类生态系统的环境容量和生态承载力,建立旅游生态环境影响评价和监测制度,确定衡量生态环境破坏和资源消耗的指标体系。挖掘科学内涵,增加科普读物,增强导游词的科学性,建设科普场所,增加生态旅游活动的科技含量。

2．加快现代科技运用。加快旅游企业推行清洁生产,并与节能降耗、资源综合利用和加强企业管理结合起来。加快建立和完善以开展绿色经营为重点的旅游污染综合防治模式,鼓励和支持旅游企业采用高新技术,使用新型能源,走低能耗、物耗、少排污的旅游经营发展道路;鼓励生态环境保护相关装备、设施的科技创新,大力推广先进的管理办法、技术和设备,大力提高生态旅游发展的科技应用水平。

3．普及旅游服务设施生态化。加强道路交通绿化建设,建设生态型停车场,采用电瓶车、电瓶船等生态型交通工具。按照生态化原则设计建设旅游住宿设施。对污水进行生态化处理,对景观水体采用自我净化的生态立体构成,建立雨水收集系统,采用喷灌、滴灌、管渗等先进灌溉技术解决绿化用水。利用太阳能、沼气、风力、生物能、浅层地能等可再生资源。

（六）建立利益共享机制

尊重当地文化和习俗,支持当地经济、社会、文化发展。征求当地居民对生态旅游规划开发、建设和服务各环节的意见,吸纳当地居民参与生态旅游发展。协调推动当地公共设施建设、公益事业发展和文化遗产保护。优先考虑当地居民就地需求,优先培训、优先使用当地的产品和服务。

六、保障措施

（一）建立健全相关法规和标准

加强生态旅游法规建设。加快制定生态旅游的规划管理、安全管理、监督保护、环境影响评估等方面的法规规章。制定符合可持续发展要求的生态旅游产品标准、服务标准和管理标准,推动开展生态旅游产品认证。

（二）构建生态旅游发展新机制

推动建立生态旅游管理相关部门协调机制,创新工作手段,提高工作水平,加强对生态旅游的指导和服务。建立不同层次的生态旅游专家咨询机制。发挥公益环保组织的作用,支持和引导生态旅游志愿者行为,夯实生态旅游发展的公众基础。推进生态补偿机制建设,推动完善生态旅游产权制度。

（三）创新资金投入机制

推动各级政府部门加大生态旅游发展投入。推动完善资源补偿税收制度,推动建立社会化的生态旅游发展基金,提高生态旅游发展资金使用的效益。推动建立有利于促进资源节约、环境保护的价格调节机制。积极推动生态旅游发展与资本市场的结合,引导社会资金及外资投入生态旅游发展领域,拓宽生态旅游发展投融资渠道。

（四）推广生态文明教育培训

加强对生态旅游管理者、从业人员和旅游者环保知识的教育和普及,增强环保意

识,推行文明、科学、健康的旅游行为。加强对当地居民进行生态文明教育,引导居民生活与生态保护目标相一致。加强生态旅游人才体系建设,有针对性地加强生态旅游的培训工作,建立一支具备旅游先进理念,善于经营管理的生态旅游从业人员队伍。广泛学习借鉴生态旅游发展的国际先进经验和发展模式。

——本纲要由国家旅游局、环境保护部编制

附录三 世界遗产名录(中国)

遗产名称	入选时间	遗产类型
周口店北京人遗址	1987.12	文化遗产
甘肃敦煌莫高窟	1987.12	文化遗产
泰山	1987.12	文化与自然双重遗产
长城	1987.12	文化遗产
秦始皇陵及兵马俑	1987.12	文化遗产
明清皇宫:北京故宫	1987.12	文化遗产
安徽黄山	1990.12	文化与自然双重遗产
四川黄龙国家级名胜区	1992.12	自然遗产
湖南武陵源国家级名胜区	1992.12	自然遗产
四川九寨沟国家级名胜区	1992.12	自然遗产
湖北武当山古建筑群	1994.12	文化遗产
山东曲阜的孔庙、孔府及孔林	1994.12	文化遗产
河北承德避暑山庄及周围寺庙	1994.12	文化遗产
西藏布达拉宫(大昭寺、罗布林卡)	1994.12	文化遗产
四川峨眉山—乐山风景名胜区	1996.12	文化与自然双重遗产
江西庐山风景名胜区	1996.12	文化景观
江苏苏州古典园林	1997.12	文化遗产
山西平遥古城	1997.12	文化遗产
云南丽江古城	1997.12	文化遗产
北京天坛	1998.11	文化遗产
北京颐和园	1998.11	文化遗产
福建省武夷山	1999.12	文化与自然双重遗产
重庆大足石刻	1999.12	文化遗产
皖南古村落:西递、宏村	2000.11	文化遗产

遗产名称	入选时间	遗产类型
明清皇家陵寝:明显陵(湖北钟祥市)、清东陵(河北遵化市)、清西陵(河北易县)	2000.11	文化遗产
明孝陵(江苏南京市)、明十三陵(北京昌平区)	2003.7	文化遗产
河南洛阳龙门石窟	2000.11	文化遗产
四川青城山和都江堰	2000.11	文化遗产
云冈石窟	2001.12	文化遗产
云南"三江并流"自然景观	2003.7	自然遗产
盛京三陵(辽宁沈阳市)	2004.7	文化遗产
吉林高句丽王城、王陵及贵族墓葬	2004.7	文化遗产
明清皇宫:沈阳故宫	2004.7	文化遗产
澳门历史城区	2005.7	文化遗产
四川大熊猫栖息地	2006.7	自然遗产
中国安阳殷墟	2006.7	文化遗产
中国南方喀斯特	2007.6	自然遗产
广东开平碉楼与古村落	2007.6	文化遗产
福建土楼	2008.7	文化遗产
江西三清山	2008.7	自然遗产
山西五台山	2009.6	文化景观
嵩山"天地之中"古建筑群	2010.7	文化景观
中国丹霞	2010.8	自然遗产
杭州西湖文化景观	2011.6	文化景观

附录四 中华人民共和国自然保护区条例

（1994 年 9 月 2 日国务院第 24 次常务会议讨论通过，1994 年 10 月 9 日中华人民共和国国务院令第 167 号发布）

第一章 总　　则

第一条　为了加强自然保护区的建设和管理，保护自然环境和自然资源，制定本条例。

第二条　本条例所称自然保护区，是指对有代表性的自然生态系统、珍稀濒危野生动植物物种的天然集中分布区、有特殊意义的自然遗迹等保护对象所在的陆地、陆地水体或者海域，依法划出一定面积予以特殊保护和管理的区域。

第三条　凡在中华人民共和国领域和中华人民共和国管辖的其他海域内建设和管理自然保护区，必须遵守本条例。

第四条　国家采取有利于发展自然保护区的经济、技术政策和措施，将自然保护区的发展规划纳入国民经济和社会发展计划。

第五条　建设和管理自然保护区，应当妥善处理与当地经济建设和居民生产、生活的关系。

第六条　自然保护区管理机构或者其行政主管部门可以接受国内外组织和个人的捐赠，用于自然保护区的建设和管理。

第七条　县级以上人民政府应当加强对自然保护区工作的领导。

一切单位和个人都有保护自然保护区内自然环境和自然资源的义务，并有权对破坏、侵占自然保护区的单位和个人进行检举、控告。

第八条　国家对自然保护区实行综合管理与分部门管理相结合的管理体制。

国务院环境保护行政主管部门负责全国自然保护区的综合管理。

国务院林业、农业、地质矿产、水利、海洋等有关行政主管部门在各自的职责范围内，主管有关的自然保护区。

县级以上地方人民政府负责自然保护区管理的部门的设置和职责，由省、自治区、直辖市人民政府根据当地具体情况确定。

第九条　对建设、管理自然保护区以及在有关的科学研究中做出显著成绩的单位和个人，由人民政府给予奖励。

第二章 自然保护区的建设

第十条 凡具有下列条件之一的,应当建立自然保护区:

(一)典型的自然地理区域、有代表性的自然生态系统区域以及已经遭受破坏但经保护能够恢复的同类自然生态系统区域;

(二)珍稀、濒危野生动植物物种的天然集中分布区域;

(三)具有特殊保护价值的海域、海岸、岛屿、湿地、内陆水域、森林、草原和荒漠;

(四)具有重大科学文化价值的地质构造、著名溶洞、化石分布区、冰川、火山、温泉等自然遗迹;

(五)经国务院或者省、自治区、直辖市人民政府批准,需要予以特殊保护的其他自然区域。

第十一条 自然保护区分为国家级自然保护区和地方级自然保护区。

在国内外有典型意义、在科学上有重大国际影响或者有特殊科学研究价值的自然保护区,列为国家级自然保护区。

除列为国家级自然保护区的外,其他具有典型意义或者重要科学研究价值的自然保护区列为地方级自然保护区。地方级自然保护区可以分级管理,具体办法由国务院有关自然保护区行政主管部门或者省、自治区、直辖市人民政府根据实际情况规定,报国务院环境保护行政主管部门备案。

第十二条 国家级自然保护区的建立,由自然保护区所在的省、自治区、直辖市人民政府或者国务院有关自然保护区行政主管部门提出申请,经国家级自然保护区评审委员会评审后,由国务院环境保护行政主管部门进行协调并提出审批建议,报国务院批准。

地方级自然保护区的建立,由自然保护区所在的县、自治县、市、自治州人民政府或者省、自治区、直辖市人民政府有关自然保护区行政主管部门提出申请,经地方级自然保护区评审委员会评审后,由省、自治区、直辖市人民政府环境保护行政主管部门进行协调并提出审批建议,报省、自治区、直辖市人民政府批准,并报国务院环境保护行政主管部门和国务院有关自然保护区行政主管部门备案。

跨两个以上行政区域的自然保护区的建立,由有关行政区域的人民政府协商一致后提出申请,并按照前两款规定的程序审批。

建立海上自然保护区,须经国务院批准。

第十三条 申请建立自然保护区,应当按照国家有关规定填报建立自然保护区申报书。

第十四条 自然保护区的范围和界线由批准建立自然保护区的人民政府确定,并标明区界,予以公告。

确定自然保护区的范围和界线,应当兼顾保护对象的完整性和适度性,以及当地经济建设和居民生产、生活的需要。

第十五条 自然保护区的撤销及其性质、范围、界线的调整或者改变,应当经原批准建立自然保护区的人民政府批准。

任何单位和个人,不得擅自移动自然保护区的界标。

第十六条　自然保护区按照下列方法命名:

国家级自然保护区:自然保护区所在地地名加"国家级自然保护区"。

地方级自然保护区:自然保护区所在地地名加"地方级自然保护区"。

有特殊保护对象的自然保护区,可以在自然保护区所在地地名后加特殊保护对象的名称。

第十七条　国务院环境保护行政主管部门应当会同国务院有关自然保护区行政主管部门,在对全国自然环境和自然资源状况进行调查和评价的基础上,拟订国家自然保护区发展规划,经国务院计划部门综合平衡后,报国务院批准实施。

自然保护区管理机构或者该自然保护区行政主管部门应当组织编制自然保护区的建设规划,按照规定的程序纳入国家的、地方的或者部门的投资计划,并组织实施。

第十八条　自然保护区可以分为核心区、缓冲区和实验区。

自然保护区内保存完好的天然状态的生态系统以及珍稀、濒危动植物的集中分布地,应当划为核心区,禁止任何单位和个人进入;除依照本条例第二十七条的规定经批准外,也不允许进入从事科学研究活动。

核心区外围可以划定一定面积的缓冲区,只准进入从事科学研究观测活动。

缓冲区外围划为实验区,可以进入从事科学试验、教学实习、参观考察、旅游以及驯化、繁殖珍稀、濒危野生动植物等活动。

原批准建立自然保护区的人民政府认为必要时,可以在自然保护区的外围划定一定面积的外围保护地带。

第三章　自然保护区的管理

第十九条　全国自然保护区管理的技术规范和标准,由国务院环境保护行政主管部门组织国务院有关自然保护区行政主管部门制定。

国务院有关自然保护区行政主管部门可以按照职责分工,制定有关类型自然保护区管理的技术规范,报国务院环境保护行政主管部门备案。

第二十条　县级以上人民政府环境保护行政主管部门有权对本行政区域内各类自然保护区的管理进行监督检查;县级以上人民政府有关自然保护区行政主管部门有权对其主管的自然保护区的管理进行监督检查。被检查的单位应当如实反映情况,提供必要的资料。检查者应当为被检查的单位保守技术秘密和业务秘密。

第二十一条　国家级自然保护区,由其所在地的省、自治区、直辖市人民政府有关自然保护区行政主管部门或者国务院有关自然保护区行政主管部门管理。地方级自然保护区,由其所在地的县级以上地方人民政府有关自然保护区行政主管部门管理。

有关自然保护区行政主管部门应当在自然保护区内设立专门的管理机构,配备专业技术人员,负责自然保护区的具体管理工作。

第二十二条　自然保护区管理机构的主要职责是:

（一）贯彻执行国家有关自然保护的法律、法规和方针、政策；

（二）制定自然保护区的各项管理制度，统一管理自然保护区；

（三）调查自然资源并建立档案，组织环境监测，保护自然保护区内的自然环境和自然资源；

（四）组织或者协助有关部门开展自然保护区的科学研究工作；

（五）进行自然保护的宣传教育；

（六）在不影响保护自然保护区的自然环境和自然资源的前提下，组织开展参观、旅游等活动。

第二十三条　管理自然保护区所需经费，由自然保护区所在地的县级以上地方人民政府安排。国家对国家级自然保护区的管理，给予适当的资金补助。

第二十四条　自然保护区所在地的公安机关，可以根据需要在自然保护区设置公安派出机构，维护自然保护区内的治安秩序。

第二十五条　在自然保护区内的单位、居民和经批准进入自然保护区的人员，必须遵守自然保护区的各项管理制度，接受自然保护区管理机构的管理。

第二十六条　禁止在自然保护区内进行砍伐、放牧、狩猎、捕捞、采药、开垦、烧荒、开矿、采石、挖沙等活动；但是，法律、行政法规另有规定的除外。

第二十七条　禁止任何人进入自然保护区的核心区。因科学研究的需要，必须进入核心区从事科学研究观测、调查活动的，应当事先向自然保护区管理机构提交申请和活动计划，并经省级以上人民政府有关自然保护区行政主管部门批准；其中，进入国家级自然保护区核心区的，必须经国务院有关自然保护区行政主管部门批准。

自然保护区核心区内原有居民确有必要迁出的，由自然保护区所在地的地方人民政府予以妥善安置。

第二十八条　禁止在自然保护区的缓冲区开展旅游和生产经营活动。因教学科研的目的，需要进入自然保护区的缓冲区从事非破坏性的科学研究、教学实习和标本采集活动的，应当事先向自然保护区管理机构提交申请和活动计划，经自然保护区管理机构批准。

从事前款活动的单位和个人，应当将其活动成果的副本提交自然保护区管理机构。

第二十九条　在国家级自然保护区的实验区开展参观、旅游活动的，由自然保护区管理机构提出方案，经省、自治区、直辖市人民政府有关自然保护区行政主管部门审核后，报国务院有关自然保护区行政主管部门批准；在地方级自然保护区的实验区开展参观、旅游活动的，由自然保护区管理机构提出方案，经省、自治区、直辖市人民政府有关自然保护区行政主管部门批准。

在自然保护区组织参观、旅游活动的，必须按照批准的方案进行，并加强管理；进入自然保护区参观、旅游的单位和个人，应当服从自然保护区管理机构的管理。

严禁开设与自然保护区保护方向不一致的参观、旅游项目。

第三十条　自然保护区的内部未分区的，依照本条例有关核心区和缓冲区的规定管理。

第三十一条　外国人进入地方级自然保护区的,接待单位应当事先报经省、自治区、直辖市人民政府有关自然保护区行政主管部门批准;进入国家级自然保护区的,接待单位应当报经国务院有关自然保护区行政主管部门批准。

进入自然保护区的外国人,应当遵守有关自然保护区的法律、法规和规定。

第三十二条　在自然保护区的核心区和缓冲区内,不得建设任何生产设施。在自然保护区的实验区内,不得建设污染环境、破坏资源或者景观的生产设施;建设其他项目,其污染物排放不得超过国家和地方规定的污染物排放标准。在自然保护区的实验区内已经建成的设施,其污染物排放超过国家和地方规定的排放标准的,应当限期治理;造成损害的,必须采取补救措施。

在自然保护区的外围保护地带建设的项目,不得损害自然保护区内的环境质量;已造成损害的,应当限期治理。

限期治理决定由法律、法规规定的机关作出,被限期治理的企业事业单位必须按期完成治理任务。

第三十三条　因发生事故或者其他突然性事件,造成或者可能造成自然保护区污染或者破坏的单位和个人,必须立即采取措施处理,及时通报可能受到危害的单位和居民,并向自然保护区管理机构、当地环境保护行政主管部门和自然保护区行政主管部门报告,接受调查处理。

第四章　法　律　责　任

第三十四条　违反本条例规定,有下列行为之一的单位和个人,由自然保护区管理机构责令其改正,并可以根据不同情节处以 100 元以上 5 000 元以下的罚款:

(一)擅自移动或者破坏自然保护区界标的;

(二)未经批准进入自然保护区或者在自然保护区内不服从管理机构管理的;

(三)经批准在自然保护区的缓冲区内从事科学研究、教学实习和标本采集的单位和个人,不向自然保护区管理机构提交活动成果副本的。

第三十五条　违反本条例规定,在自然保护区进行砍伐、放牧、狩猎、捕捞、采药、开垦、烧荒、开矿、采石、挖沙等活动的单位和个人,除可以依照有关法律、行政法规规定给予处罚的以外,由县级以上人民政府有关自然保护区行政主管部门或者其授权的自然保护区管理机构没收违法所得,责令停止违法行为,限期恢复原状或者采取其他补救措施;对自然保护区造成破坏的,可以处以 300 元以上 10 000 元以下的罚款。

第三十六条　自然保护区管理机构违反本条例规定,拒绝环境保护行政主管部门或者有关自然保护区行政主管部门监督检查,或者在被检查时弄虚作假的,由县级以上人民政府环境保护行政主管部门或者有关自然保护区行政主管部门给予 300 元以上 3 000 元以下的罚款。

第三十七条　自然保护区管理机构违反本条例规定,有下列行为之一的,由县级以上人民政府有关自然保护区行政主管部门责令限期改正;对直接责任人员,由其所在单

位或者上级机关给予行政处分：

（一）未经批准在自然保护区开展参观、旅游活动的；

（二）开设与自然保护区保护方向不一致的参观、旅游项目的；

（三）不按照批准的方案开展参观、旅游活动的。

第三十八条　违反本条例规定，给自然保护区造成损失的，由县级以上人民政府有关自然保护区行政主管部门责令赔偿损失。

第三十九条　妨碍自然保护区管理人员执行公务的，由公安机关依照《中华人民共和国治安管理处罚条例》的规定给予处罚；情节严重，构成犯罪的，依法追究刑事责任。

第四十条　违反本条例规定，造成自然保护区重大污染或者破坏事故，导致公私财产重大损失或者人身伤亡的严重后果，构成犯罪的，对直接负责的主管人员和其他直接责任人员依法追究刑事责任。

第四十一条　自然保护区管理人员滥用职权、玩忽职守、徇私舞弊，构成犯罪的，依法追究刑事责任；情节轻微，尚不构成犯罪的，由其所在单位或者上级机关给予行政处分。

第五章　附　　则

第四十二条　国务院有关自然保护区行政主管部门可以根据本条例，制定有关类型自然保护区的管理办法。

第四十三条　各省、自治区、直辖市人民政府可以根据本条例，制定实施办法。

第四十四条　本条例自 1994 年 12 月 1 日起施行。

附录五 中华人民共和国国家级自然保护区列表

自然保护区分为国家级自然保护区和地方各级自然保护区,其中在国内外有典型意义、在科学上有重大国际影响或者有特殊科学研究价值的自然保护区,列为国家级自然保护区,报国务院批准建立。截至2012年1月底,中华人民共和国共有363处国家级自然保护区。

华北地区	
北京	
松山国家级自然保护区	百花山国家级自然保护区
天津	
蓟县中、上元古界地层剖面国家级自然保护区	古海岸与湿地国家级自然保护区
八仙山国家级自然保护区	
河北	
雾灵山国家级自然保护区	昌黎黄金海岸国家级自然保护区
围场红松洼国家级自然保护区	泥河湾国家级自然保护区
小五台山国家级自然保护区	衡水湖国家级自然保护区
大海坨国家级自然保护区	柳江盆地地质遗迹国家级自然保护区
塞罕坝国家级自然保护区	滦河上游国家级自然保护区
茅荆坝国家级自然保护区	驼梁国家级自然保护区
青崖寨国家级自然保护区	
山西	
庞泉沟国家级自然保护区	历山国家级自然保护区
芦芽山国家级自然保护区	阳城莽河猕猴国家级自然保护区
五鹿山国家级自然保护区	黑茶山国家级自然保护区
内蒙古	
大青沟国家级自然保护区	内蒙古贺兰山国家级自然保护区
达赉湖国家级自然保护区	科尔沁国家级自然保护区
大兴安岭汗马国家级自然保护区	锡林郭勒草原国家级自然保护区

Ecotourism

达里诺尔国家级自然保护区	西鄂尔多斯国家级自然保护区
白音熬包国家级自然保护区	赛罕乌拉国家级自然保护区
大黑山国家级自然保护区	乌拉特梭梭林—蒙古野驴国家级自然保护区
鄂尔多斯遗鸥国家级自然保护区	辉河国家级自然保护区
图牧吉国家级自然保护区	额济纳胡杨林国家级自然保护区
红花尔基樟子松林国家级自然保护区	黑里河国家级自然保护区
阿鲁科尔沁草原国家级自然保护区	哈腾套海国家级自然保护区
额尔古纳国家级自然保护区	鄂托克恐龙遗迹化石国家级自然保护区
大青山国家级自然保护区	高格斯台罕乌拉国家级自然保护区
古日格斯台国家级自然保护区	
东北地区	
辽宁	
蛇岛、老铁山国家级自然保护区	医巫闾山国家级自然保护区
白石砬子国家级自然保护区	双台河口国家级自然保护区
仙人洞国家级自然保护区	大连斑海豹国家级自然保护区
丹东鸭绿江口滨海湿地国家级自然保护区	北票鸟化石国家级自然保护区
桓仁老秃顶子国家级自然保护区	成山头海滨地貌国家级自然保护区
努鲁儿虎山国家级自然保护区	海棠山国家级自然保护区
白狼山国家级自然保护区	章古台国家级自然保护区
吉林	
长白山国家级自然保护区	向海国家级自然保护区
伊通火山群国家级自然保护区	莫莫格国家级自然保护区
天佛指山国家级自然保护区	鸭绿江上游国家级自然保护区
龙湾国家级自然保护区	大布苏国家级自然保护区
珲春东北虎国家级自然保护区	查干湖国家级自然保护区
雁鸣湖国家级自然保护区	松花江三湖国家级自然保护区
哈泥国家级自然保护区	波罗湖国家级自然保护区
靖宇国家级自然保护区	黄泥河国家级自然保护区
黑龙江	
扎龙国家级自然保护区	丰林国家级自然保护区
呼中国家级自然保护区	牡丹峰国家级自然保护区
兴凯湖国家级自然保护区	五大连池国家级自然保护区

洪河国家级自然保护区	凉水国家级自然保护区
饶河东北黑蜂国家级自然保护区	三江国家级自然保护区
宝清七星河国家级自然保护区	挠力河国家级自然保护区
南瓮河国家级自然保护区	八岔岛国家级自然保护区
凤凰山国家级自然保护区	乌伊岭国家级自然保护区
胜山国家级自然保护区	珍宝岛湿地国家级自然保护区
红星湿地国家级自然保护区	双河国家级自然保护区
东方红湿地国家级自然保护区	大沽河湿地国家级自然保护区
穆棱东北红豆杉国家级自然保护区	新青白头鹤国家级自然保护区
绰纳河国家级自然保护区	多布库尔国家级自然保护区
友好国家级自然保护区	小北湖国家级自然保护区
华东地区	
上海	
九段沙湿地国家级自然保护区	崇明东滩鸟类国家级自然保护区
江苏	
盐城沿海滩涂珍禽国家级自然保护区	大丰麋鹿国家级自然保护区
泗洪洪泽湖湿地国家级自然保护区	
浙江	
天目山国家级自然保护区	南麂列岛海洋国家级自然保护区
凤阳山—百山祖国家级自然保护区	乌岩岭国家级自然保护区
临安清凉峰国家级自然保护区	古田山国家级自然保护区
大盘山国家级自然保护区	九龙山国家级自然保护区
长兴地质遗迹国家级自然保护区	象山韭山列岛国家级自然保护区
安徽	
扬子鳄国家级自然保护区	古牛绛国家级自然保护区
鹞落坪国家级自然保护区	升金湖国家级自然保护区
金寨天马国家级自然保护区	铜陵淡水豚国家级自然保护区
清凉峰国家级自然保护区	
福建	
武夷山国家级自然保护区	梅花山国家级自然保护区
深沪湾海底古森林遗迹国家级自然保护区	将乐龙栖山国家级自然保护区
厦门珍稀海洋物种国家级自然保护区	虎伯寮国家级自然保护区

303

Ecotourism

梁野山国家级自然保护区	天宝岩国家级自然保护区
漳江口红树林国家级自然保护区	戴云山国家级自然保护区
闽江源国家级自然保护区	君子峰国家级自然保护区
雄江黄楮林国家级自然保护区	
江西	
鄱阳湖候鸟国家级自然保护区	井冈山国家级自然保护区
桃红岭梅花鹿国家级自然保护区	江西武夷山国家级自然保护区
九连山国家级自然保护区	官山国家级自然保护区
鄱阳湖南矶湿地国家级自然保护区	马头山国家级自然保护区
九岭山国家级自然保护区	齐云山国家级自然保护区
阳际峰国家级自然保护区	
山东	
山旺古生物化石国家级自然保护区	长岛国家级自然保护区
黄河三角洲国家级自然保护区	马山国家级自然保护区
滨州贝壳堤岛与湿地国家级自然保护区	荣成大天鹅国家级自然保护区
昆嵛山国家级自然保护区	
中南地区	
河南	
鸡公山国家级自然保护区	宝天曼国家级自然保护区
新乡黄河湿地鸟类国家级自然保护区	伏牛山国家级自然保护区
焦作太行山猕猴国家级自然保护区	董寨国家级自然保护区
南阳恐龙蛋化石群国家级自然保护区	黄河湿地国家级自然保护区
连康山国家级自然保护区	小秦岭国家级自然保护区
丹江湿地国家级自然保护区	
湖北	
神农架国家级自然保护区	长江新螺段白鱀豚国家级自然保护区
长江天鹅洲白鱀豚国家级自然保护区	石首麋鹿国家级自然保护区
五峰后河国家级自然保护区	青龙山恐龙蛋化石群国家级自然保护区
星斗山国家级自然保护区	九宫山国家级自然保护区
七姊妹山国家级自然保护区	龙感湖国家级自然保护区
赛武当国家级自然保护区	木林子国家级自然保护区
咸丰忠建河大鲵国家级自然保护区	

湖南	
八大公山国家级自然保护区	东洞庭湖国家级自然保护区
壶瓶山国家级自然保护区	莽山国家级自然保护区
张家界大鲵国家级自然保护区	永州都庞岭国家级自然保护区
小溪国家级自然保护区	炎陵桃源洞国家级自然保护区
黄桑国家级自然保护区	乌云界国家级自然保护区
鹰嘴界国家级自然保护区	南岳衡山国家级自然保护区
借母溪国家级自然保护区	八面山国家级自然保护区
阳明山国家级自然保护区	六步溪国家级自然保护区
舜皇山国家级自然保护区	高望界国家级自然保护区
广东	
鼎湖山国家级自然保护区	内伶仃岛—福田国家级自然保护区
车八岭国家级自然保护区	惠东港口海龟国家级自然保护区
南岭国家级自然保护区	丹霞山国家级自然保护区
湛江红树林国家级自然保护区	象头山国家级自然保护区
珠江口中华白海豚国家级自然保护区	徐闻珊瑚礁国家级自然保护区
雷州珍稀海洋生物国家级自然保护区	石门台国家级自然保护区
南澎列岛国家级自然保护区	
广西	
花坪国家级自然保护区	弄岗国家级自然保护区
山口红树林生态国家级自然保护区	合浦营盘港—英罗港儒艮国家级自然保护区
防城金花茶国家级自然保护区	木论国家级自然保护区
大瑶山国家级自然保护区	北仑河口国家级自然保护区
大明山国家级自然保护区	猫儿山国家级自然保护区
十万大山国家级自然保护区	千家洞国家级自然保护区
岑王老山国家级自然保护区	九万山国家级自然保护区
金钟山黑颈长尾雉国家级自然保护区	雅长兰科植物国家级自然保护区
崇左白头叶猴国家级自然保护区	
海南	
东寨港国家级自然保护区	大田国家级自然保护区
坝王岭国家级自然保护区	大洲岛海洋生态国家级自然保护区
三亚珊瑚礁国家级自然保护区	尖峰岭国家级自然保护区

305

Ecotourism

铜鼓岭国家级自然保护区	五指山国家级自然保护区
吊罗山国家级自然保护区	
西南地区	
重庆	
金佛山国家级自然保护区	缙云山国家级自然保护区
大巴山国家级自然保护区	长江上游珍稀、特有鱼类国家级自然保护区*
雪宝山国家级自然保护区	阴条岭国家级自然保护区
四川	
蜂桶寨国家级自然保护区	卧龙国家级自然保护区
九寨沟国家级自然保护区	马边大风顶国家级自然保护区
美姑大风顶国家级自然保护区	唐家河国家级自然保护区
小金四姑娘山国家级自然保护区	攀枝花苏铁国家级自然保护区
贡嘎山国家级自然保护区	龙溪—虹口国家级自然保护区
若尔盖湿地国家级自然保护区	长江上游珍稀、特有鱼类国家级自然保护区*
亚丁国家级自然保护区	王朗国家级自然保护区
白水河国家级自然保护区	察青松多白唇鹿国家级自然保护区
长宁竹海国家级自然保护区	画稿溪国家级自然保护区
米仓山国家级自然保护区	雪宝顶国家级自然保护区
花萼山国家级自然保护区	海子山国家级自然保护区
长沙贡玛国家级自然保护区	老君山国家级自然保护区
诺水河珍稀水生动物国家级自然保护区	黑竹沟国家级自然保护区
格西沟国家级自然保护区	
贵州	
梵净山国家级自然保护区	茂兰国家级自然保护区
威宁草海国家级自然保护区	赤水桫椤国家级自然保护区
习水中亚热带常绿阔叶林国家级自然保护区	雷公山国家级自然保护区
麻阳河国家级自然保护区	长江上游珍稀、特有鱼类国家级自然保护区*
宽阔水国家级自然保护区	
云南	
南滚河国家级自然保护区	西双版纳国家级自然保护区
高黎贡山国家级自然保护区	白马雪山国家级自然保护区
哀牢山国家级自然保护区	苍山洱海国家级自然保护区

西双版纳纳版河流域国家级自然保护区	无量山国家级自然保护区
金平分水岭国家级自然保护区	大围山国家级自然保护区
大山包黑颈鹤国家级自然保护区	黄连山国家级自然保护区
文山国家级自然保护区	长江上游珍稀、特有鱼类国家级自然保护区*
药山国家级自然保护区	会泽黑颈鹤国家级自然保护区
永德大雪山国家级自然保护区	轿子山国家级自然保护区
云龙天池国家级自然保护区	元江国家级自然保护区
西藏	
雅鲁藏布大峡谷国家级自然保护区	珠穆朗玛峰国家级自然保护区
羌塘国家级自然保护区	察隅慈巴沟国家级自然保护区
芒康滇金丝猴国家级自然保护区	色林错国家级自然保护区
雅鲁藏布江中游河谷黑颈鹤国家级自然保护区	拉鲁湿地国家级自然保护区
类乌齐马鹿国家级自然保护区	
西北地区	
陕西	
佛坪国家级自然保护区	太白山国家级自然保护区
周至国家级自然保护区	牛背梁国家级自然保护区
长青国家级自然保护区	汉中朱鹮国家级自然保护区
子午岭国家级自然保护区	化龙山国家级自然保护区
天华山国家级自然保护区	青木川国家级自然保护区
桑园国家级自然保护区	陇县秦岭细鳞鲑国家级自然保护区
延安黄龙山褐马鸡国家级自然保护区	米仓山国家级自然保护区
韩城黄龙山褐马鸡国家级自然保护区	太白湑水河珍稀水生生物国家级自然保护区
紫柏山国家级自然保护区	
甘肃	
白水江国家级自然保护区	兴隆山国家级自然保护区
祁连山国家级自然保护区	安西极旱荒漠国家级自然保护区
尕海—则岔国家级自然保护区	民勤连古城国家级自然保护区
莲花山国家级自然保护区	敦煌西湖国家级自然保护区
太统—崆峒山国家级自然保护区	连城国家级自然保护区
小陇山国家级自然保护区	盐池湾国家级自然保护区
安南坝野骆驼国家级自然保护区	洮河国家级自然保护区

敦煌阳关国家级自然保护区	张掖黑河湿地国家级自然保护区
太子山国家级自然保护区	
青海	
隆宝国家级自然保护区	青海湖国家级自然保护区
可可西里国家级自然保护区	循化孟达国家级自然保护区
三江源国家级自然保护区	
宁夏	
贺兰山国家级自然保护区	六盘山国家级自然保护区
沙坡头国家级自然保护区	灵武白芨滩国家级自然保护区
罗山国家级自然保护区	哈巴湖国家级自然保护区
新疆	
阿尔金山国家级自然保护区	哈纳斯国家级自然保护区
巴音布鲁克国家级自然保护区	西天山国家级自然保护区
甘家湖梭梭林国家级自然保护区	托木尔峰国家级自然保护区
罗布泊野骆驼国家级自然保护区	塔里木胡杨国家级自然保护区
艾比湖湿地国家级自然保护区	

注:标"＊"者,为跨省(区、市)国家级自然保护区。

中国国家森林公园名录

北京	
西山国家森林公园	上方山国家森林公园
蟒山国家森林公园	云蒙山国家森林公园
小龙门国家森林公园	鹫峰国家森林公园
大兴古桑国家森林公园	大杨山国家森林公园
霞云岭国家森林公园	黄松峪国家森林公园
北宫国家森林公园	八达岭国家森林公园
天津	
九龙山国家森林公园	
上海	
海湾国家森林公园	上海共青国家森林公园
东平国家森林公园	佘山国家森林公园
河北	
白草洼国家森林公园	天生桥国家森林公园
海滨国家森林公园	木兰围场国家森林公园
磬槌峰国家森林公园	金银滩国家森林公园
石佛国家森林公园	清东陵国家森林公园
辽河源国家森林公园	长寿山国家森林公园
五岳寨国家森林公园	大茂山国家森林公园
黄羊山国家森林公园	茅荆坝国家森林公园
响堂山国家森林公园	野三坡国家森林公园
六里坪国家森林公园	白石山国家森林公园
武安国家森林公园	狼牙山国家森林公园
内蒙古	
贺兰山国家森林公园	黄岗梁国家森林公园
海拉尔国家森林公园	乌拉山国家森林公园

乌素图国家森林公园	红山国家森林公园
察尔森国家森林公园	黑大门国家森林公园
马鞍山国家森林公园	二龙什台国家森林公园
兴隆国家森林公园	莫尔道嘎国家森林公园
阿尔山国家森林公园	达尔滨湖国家森林公园
哈达门国家森林公园	兴安国家森林公园
绰源国家森林公园	阿里河国家森林公园
五当召国家森林公园	红花尔基樟子松国家森林公园
山西	
老顶山国家森林公园	交城山国家森林公园
龙泉国家森林公园	中条山国家森林公园
太行峡谷国家森林公园	太岳山国家森林公园
管涔山国家森林公园	关帝山国家森林公园
天龙山国家森林公园	五台山国家森林公园
恒山国家森林公园	云岗国家森林公园
禹王洞国家森林公园	赵杲观国家森林公园
方山国家森林公园	五老峰国家森林公园
乌金山国家森林公园	黄崖洞国家森林公园
辽宁	
旅顺口国家森林公园	金龙寺国家森林公园
猴石国家森林公园	大连国家森林公园
冰砬山国家森林公园	本溪国家森林公园
大黑山国家森林公园	海棠山国家森林公园
大孤山国家森林公园	首山国家森林公园
凤凰山国家森林公园	库区国家森林公园
陨石山国家森林公园	天桥沟国家森林公园
盖县国家森林公园	元帅林国家森林公园
仙人洞国家森林公园	长山群岛国家海岛森林公园
普兰店国家森林公园	沈阳国家森林公园
三块石国家森林公园	章古台沙地国家森林公园
大连银石滩国家森林公园	

吉林	
延边仙峰国家森林公园	图们江源国家森林公园
净月潭国家森林公园	五女峰国家森林公园
龙湾群国家森林公园	白鸡腰国家森林公园
帽儿山国家森林公园	半拉山国家森林公园
三仙夹国家森林公园	大安国家森林公园
白山国家森林公园	花山国家森林公园
拉法山国家森林公园	寒葱顶国家森林公园
满天星国家森林公园	吊水壶国家森林公园
露水河国家森林公园	通化石湖国家森林公园
红石国家森林公园	
黑龙江	
大沾河国家森林公园	鹤岗国家森林公园
牡丹峰国家森林公园	长寿国家森林公园
梅花山国家森林公园	八里湾国家森林公园
威虎山国家森林公园	桃山国家森林公园
五营国家森林公园	亚布力国家森林公园
雪乡国家森林公园	凤凰山国家森林公园
兴隆国家森林公园	日月峡国家森林公园
青山国家森林公园	廻龙湾国家森林公园
火山口国家森林公园	大亮子河国家森林公园
乌龙国家森林公园	哈尔滨国家森林公园
街津山国家森林公园	齐齐哈尔国家森林公园
北极村国家森林公园	大庆国家森林公园
一面坡国家森林公园	龙凤国家森林公园
金泉国家森林公园	乌苏里江国家森林公园
驿马山国家森林公园	三道关国家森林公园
绥芬河国家森林公园	望龙山国家森林公园
胜山要塞国家森林公园	五大连池国家森林公园
完达山国家森林公园	珍宝岛国家森林公园
伊春兴安国家森林公园	大兴安岭呼中国家森林公园

续表

江苏	
虞山国家森林公园	上方山国家森林公园
徐州环城国家森林公园	宜兴国家森林公园
惠山国家森林公园	东吴国家森林公园
云台山国家森林公园	第一山国家森林公园
南山国家森林公园	宝华山国家森林公园
西山国家森林公园	
浙江	
青山湖国家森林公园	千岛湖国家森林公园
钱江源国家森林公园	富春江国家森林公园
双龙洞国家森林公园	大奇山国家森林公园
紫薇山国家森林公园	玉苍山国家森林公园
铜铃山国家森林公园	竹乡国家森林公园
溪口国家森林公园	兰亭国家森林公园
遂昌国家森林公园	花岩国家森林公园
龙湾潭国家森林公园	午潮山国家森林公园
天童国家森林公园	雁荡山国家森林公园
大鹿山森林公园	平湖九龙山国家森林公园
仙霞国家森林公园	大溪国家森林公园
松阳卯山国家森林公园	牛头山国家森林公园
三衢国家森林公园	
安徽	
琅琊山国家森林公园	黄山国家森林公园
九华山国家森林公园	徽州国家森林公园
天柱山国家森林公园	紫蓬山国家森林公园
皇藏峪国家森林公园	冶父山国家森林公园
大龙山国家森林公园	神山国家森林公园
皇甫山国家森林公园	天井山国家森林公园
鸡笼山国家森林公园	天堂寨国家森林公园
太湖山国家森林公园	浮山国家森林公园
妙道山国家森林公园	舜耕山国家森林公园
石莲洞国家森林公园	八公山国家森林公园

韭山国家森林公园	齐云山国家森林公园
万佛山国家森林公园	横山国家森林公园
敬亭山国家森林公园	青龙湾国家森林公园
水西国家森林公园	上窑国家森林公园
福建	
福州国家森林公园	天柱山国家森林公园
龙岩国家森林公园	旗山国家森林公园
东山国家森林公园	平潭海岛国家森林公园
华安国家森林公园	猫儿山国家森林公园
三元国家森林公园	坂头国家森林公园
灵石国家森林公园	武夷山国家森林公园
乌山国家森林公园	漳平天台国家森林公园
王寿山国家森林公园	
江西	
鹅湖山国家森林公园	武功山国家森林公园
铜钹山国家森林公园	三爪仑国家森林公园
庐山山南国家森林公园	梅岭国家森林公园
三百山国家森林公园	马祖山国家森林公园
鄱阳湖国家森林公园	灵岩洞国家森林公园
明月山国家森林公园	翠微峰国家森林公园
天柱峰国家森林公园	泰和国家森林公园
龟峰国家森林公园	上清国家森林公园
梅关国家森林公园	柘林湖国家森林公园
陡水湖国家森林公园	万安国家森林公园
三湾国家森林公园	安源国家森林公园
九连山国家森林公园	岩泉国家森林公园
云碧峰国家森林公园	景德镇国家森林公园
景德镇国家森林公园	
山东	
蒙山国家森林公园	日照海滨国家森林公园
昆嵛山国家森林公园	鲁山国家森林公园
牛山国家森林公园	岠嵎山国家森林公园

崂山国家森林公园	抱犊寨国家森林公园
黄河口国家森林公园	罗山国家森林公园
长岛国家森林公园	沂山国家森林公园
尼山国家森林公园	泰山国家森林公园
徂徕山国家森林公园	鲁南海滨国家森林公园
鹤伴山国家森林公园	孟良崮国家森林公园
柳埠国家森林公园	刘公岛国家森林公园
槎山国家森林公园	药乡国家森林公园
原山国家森林公园	灵山湾国家森林公园
双岛国家森林公园	腊山国家森林公园
仰天山国家森林公园	伟德山国家森林公园
珠山国家森林公园	艾山国家森林公园
龙口南山国家森林公园	新泰莲花山国家森林公园
招虎山国家森林公园	牙山国家森林公园
河南	
龙峪湾国家森林公园	白云山国家森林公园
花果山国家森林公园	神灵寨国家森林公园
淮河源国家森林公园	铜山湖国家森林公园
郁山国家森林公园	寺山国家森林公园
嵩山国家森林公园	风穴寺国家森林公园
石漫滩国家森林公园	薄山国家森林公园
开封国家森林公园	亚武山国家森林公园
云台山国家森林公园	五龙洞国家森林公园
南湾国家森林公园	甘山国家森林公园
黄河故道国家森林公园	嵖岈山国家森林公园
天池山国家森林公园	始祖山国家森林公园
湖北	
大别山国家森林公园	大口国家森林公园
大老岭国家森林公园	龙门河国家森林公园
中华山国家森林公园	三角山国家森林公园
太子山国家森林公园	九峰国家森林公园
鹿门寺国家森林公园	玉泉寺国家森林公园

神农架国家森林公园	薤山国家森林公园
清江国家森林公园	柴埠溪国家森林公园
潜山国家森林公园	八岭山国家森林公园
沱水国家森林公园	九真山国家森林公园
武当山国家森林公园	双峰山国家森林公园
青龙山国家森林公园	坪坝营国家森林公园
吴家山国家森林公园	千佛洞国家森林公园
湖南	
夹山国家森林公园	大围山国家森林公园
张家界国家森林公园	九疑山国家森林公园
莽山国家森林公园	桃花源国家森林公园
桃源洞国家森林公园	南华山国家森林公园
云山国家森林公园	天门山国家森林公园
舜皇山国家森林公园	中坡国家森林公园
云阳国家森林公园	大熊山国家森林公园
阳明山国家森林公园	黄山头国家森林公园
无际岭国家森林公园	天鹅山国家森林公园
东台山国家森林公园	不二门国家森林公园
河洑国家森林公园	峋嵝峰国家森林公园
花岩溪国家森林公园	大云山国家森林公园
金洞国家森林公园	幕阜山国家森林公园
广东	
英德国家森林公园	韶关国家森林公园
石门国家森林公园	新丰江国家森林公园
流溪河国家森林公园	梧桐山国家森林公园
南岭国家森林公园	西樵山国家森林公园
圭峰山国家森林公园	万有国家森林公园
小坑国家森林公园	南澳海岛国家森林公园
东海岛国家森林公园	南昆山国家森林公园
广宁竹海国家森林公园	北峰山国家森林公园
大王山国家森林公园	神光山国家森林公园
观音山国家森林公园	御景峰国家森林公园

315

Ecotourism

广西	
黄猄洞天坑国家森林公园	良凤江国家森林公园
姑婆山国家森林公园	桂林国家森林公园
三门江国家森林公园	龙潭国家森林公园
大桂山国家森林公园	元宝山国家森林公园
八角寨国家森林公园	十万大山国家森林公园
龙胜温泉国家森林公园	大瑶山国家森林公园
阳朔国家森林公园	九龙瀑布群国家森林公园
平天山国家森林公园	红茶沟国家森林公园
海南	
吊罗山国家森林公园	尖峰岭国家森林公园
黎母山国家森林公园	蓝洋温泉国家森林公园
海口火山国家森林公园	海上国家森林公园
重庆	
黔江国家森林公园	铁峰山国家森林公园
红池坝国家森林公园	桥口坝国家森林公园
雪宝山国家森林公园	黄水国家森林公园
仙女山国家森林公园	茂云山国家森林公园
双挂山国家森林公园	小三峡国家森林公园
金佛山国家森林公园	九重山国家森林公园
大园洞国家森林公园	重庆南山国家森林公园
观音峡国家森林公园	
四川	
瓦屋山国家森林公园	措普国家森林公园
米仓山国家森林公园	千佛山国家森林公园
华蓥山国家森林公园	五峰山国家森林公园
都江堰国家森林公园	剑门关国家森林公园
高山国家森林公园	西岭国家森林公园
二滩国家森林公园	海螺沟国家森林公园
七曲山国家森林公园	九寨国家森林公园
天台山国家森林公园	福宝国家森林公园
黑竹沟国家森林公园	夹金山国家森林公园

龙苍沟国家森林公园	龙池国家森林公园
小三峡国家森林公园	天马山国家森林公园
空山国家森林公园	云湖国家森林公园
贵州	
长坡岭国家森林公园	燕子岩国家森林公园
百里杜鹃国家森林公园	雷公山国家森林公园
玉舍国家森林公园	竹海国家森林公园
朱家山国家森林公园	紫林山国家森林公园
潕阳湖国家森林公园	赫章国家森林公园
仙鹤坪国家森林公园	青云湖国家森林公园
毕节国家森林公园	大板水国家森林公园
云南	
十八连山国家森林公园	天星国家森林公园
清华洞国家森林公园	东山国家森林公园
来凤山国家森林公园	花鱼洞国家森林公园
磨盘山国家森林公园	龙泉国家森林公园
莱阳河国家森林公园	金殿国家森林公园
章凤国家森林公园	圭山国家森林公园
鲁布格国家森林公园	珠江源国家森林公园
五峰山国家森林公园	钟灵山国家森林公园
棋盘山国家森林公园	灵宝山国家森林公园
小白龙国家森林公园	五老山国家森林公园
铜锣坝国家森林公园	紫金山国家森林公园
飞来寺国家森林公园	巍宝山国家森林公园
西双版纳国家森林公园	宝台山国家森林公园
陕西	
南宫山国家森林公园	太白山国家森林公园
天台山国家森林公园	楼观台国家森林公园
骊山国家森林公园	朱雀国家森林公园
汉中天台国家森林公园	通天河国家森林公园
金丝大峡谷国家森林公园	黎坪国家森林公园
延安国家森林公园	终南山国家森林公园

317

Ecotourism

天华山国家森林公园	王顺山国家森林公园
劳山国家森林公园	太平国家森林公园
鬼谷岭国家森林公园	玉华宫国家森林公园
千家坪国家森林公园	蟒头山国家森林公园
甘肃	
吐鲁沟国家森林公园	冶力关国家森林公园
天祝三峡国家森林公园	石佛沟国家森林公园
松鸣岩国家森林公园	云崖寺国家森林公园
徐家山国家森林公园	贵清山国家森林公园
麦积国家森林公园	鸡峰山国家森林公园
渭河源国家森林公园	文县天池国家森林公园
寿鹿山国家森林公园	周祖陵国家森林公园
莲花山国家森林公园	小陇山国家森林公园
大峡沟国家森林公园	
宁夏	
六盘山国家森林公园	花马寺国家森林公园
苏峪口国家森林公园	
新疆	
那拉提国家森林公园	白哈巴国家森林公园
贾登峪国家森林公园	天池国家森林公园
照壁山国家森林公园	巩留恰西国家森林公园
哈密天山国家森林公园	哈日图热格国家森林公园
西藏	
巴松湖国家森林公园	玛旁雍错国家森林公园
班公湖国家森林公园	然乌湖国家森林公园
热振国家森林公园	姐德秀国家森林公园
青海	
大通国家森林公园	群加国家森林公园
坎布垃国家森林公园	北山国家森林公园
麦秀国家森林公园	哈里哈图国家森林公园

中国国家级风景名胜区名录

自 1982 年起,国务院总共公布了 7 批、208 处国家级风景名胜区,分别是:第 1 批: 1982 年 11 月 8 日公布,共 44 处;第 2 批:1988 年 8 月 1 日公布,共 40 处;第 3 批:1994 年 1 月 10 日公布,共 35 处;第 4 批:2002 年 5 月 17 日公布,共 32 处;第 5 批:2004 年 1 月 13 日公布,共 26 处;第 6 批:2005 年 12 月 31 日公布,共 10 处;第 7 批:2009 年 12 月 28 日公布,共 21 处。具体名录如下表。

北京	
八达岭—十三陵风景名胜区（1）	石花洞风景名胜区（4）
天津	
盘山风景名胜区（3）	
河北	
承德避暑山庄外八庙风景名胜区（1）	秦皇岛北戴河风景名胜区（1）
野三坡风景名胜区（2）	苍岩山风景名胜区（2）
嶂石岩风景名胜区（3）	西柏坡—天桂山风景名胜区（4）
崆山白云洞风景名胜区（4）	
山西	
五台山风景名胜区（1）	恒山风景名胜区（1）
黄河壶口瀑布风景名胜区（2）	北武当山风景名胜区（3）
五老峰风景名胜区（3）	
内蒙古	
扎兰屯风景名胜区（4）	
辽宁	
千山风景名胜区（1）	鸭绿江风景名胜区（2）
金石滩风景名胜区（2）	兴城海滨风景名胜区（2）
大连海滨—旅顺口风景名胜区（2）	凤凰山风景名胜区（3）
本溪水洞风景名胜区（3）	青山沟风景名胜区（4）
医巫闾山风景名胜区（4）	

吉林	
松花湖风景名胜区（2）	八大部—净月潭风景名胜区（2）
仙景台风景名胜区（4）	防川风景名胜区（4）
黑龙江	
镜泊湖风景名胜区（1）	五大连池风景名胜区（1）
太阳岛风景名胜区（7）	
江苏	
太湖风景名胜区（1）	南京钟山风景名胜区（1）
云台山风景名胜区（2）	蜀岗瘦西湖风景名胜区（2）
镇江三山风景名胜区（5）	
浙江	
杭州西湖风景名胜区（1）	富春江—新安江风景名胜区（1）
雁荡山风景名胜区（1）	普陀山风景名胜区（1）
天台山风景名胜区（2）	嵊泗列岛风景名胜区（2）
楠溪江风景名胜区（2）	莫干山风景名胜区（3）
雪窦山风景名胜区（3）	双龙风景名胜区（3）
仙都风景名胜区（3）	江郎山风景名胜区（4）
仙居风景名胜区（4）	浣江—五泄风景名胜区（4）
方岩风景名胜区（5）	百丈漈—飞云湖风景名胜区（5）
方山—长屿硐天风景名胜区（6）	天姥山风景名胜区（7）
安徽	
黄山风景名胜区（1）	九华山风景名胜区（1）
天柱山风景名胜区（1）	琅琊山风景名胜区（2）
齐云山风景名胜区（3）	采石风景名胜区（4）
巢湖风景名胜区（4）	花山谜窟—渐江风景名胜区（4）
太极洞风景名胜区（5）	花亭湖风景名胜区（6）
福建	
武夷山风景名胜区（1）	清源山风景名胜区（2）
鼓浪屿—万石山风景名胜区（2）	太姥山风景名胜区（2）
桃源洞—鳞隐石林风景名胜区（3）	金湖风景名胜区（3）
鸳鸯溪风景名胜区（3）	海坛风景名胜区（3）
冠豸山风景名胜区（3）	鼓山风景名胜区（4）

玉华洞风景名胜区（4）	十八重溪风景名胜区（5）
青云山风景名胜区（5）	佛子山风景名胜区（7）
宝山风景名胜区（7）	福安白云山风景名胜区（7）
江西	
庐山风景名胜区（1）	井冈山风景名胜区（1）
三清山风景名胜区（2）	龙虎山风景名胜区（2）
仙女湖风景名胜区（4）	三百山风景名胜区（4）
梅岭—滕王阁风景名胜区（5）	龟峰风景名胜区（5）
高岭—瑶里风景名胜区（6）	武功山风景名胜区（6）
云居山—柘林湖风景名胜区（6）	灵山风景名胜区（7）
山东	
泰山风景名胜区（1）	青岛崂山风景名胜区（1）
胶东半岛海滨风景名胜区（2）	博山风景名胜区（4）
青州风景名胜区（4）	微山湖风景名胜区（4）
河南	
鸡公山风景名胜区（1）	洛阳龙门风景名胜区（1）
嵩山风景名胜区（1）	王屋山—云台山风景名胜区（3）
尧山(石人山)风景名胜区（4）	林虑山风景名胜区（5）
青天河风景名胜区（6）	神农山风景名胜区（6）
桐柏山—淮源风景名胜区（7）	郑州黄河风景名胜区（7）
湖北	
武汉东湖风景名胜区（1）	武当山风景名胜区（1）
大洪山风景名胜区（2）	隆中风景名胜区（3）
九宫山风景名胜区（3）	陆水风景名胜区（4）
湖南	
衡山风景名胜区（1）	武陵源(张家界)风景名胜区（2）
岳阳楼—洞庭湖风景名胜区（2）	韶山风景名胜区（3）
岳麓风景名胜区（4）	崀山风景名胜区（4）
猛洞河风景名胜区（5）	桃花源风景名胜区（5）
紫鹊界梯田—梅山龙宫风景名胜区（6）	德夯风景名胜区（6）
苏仙岭—万华岩风景名胜区（7）	南山风景名胜区（7）
万佛山—侗寨风景名胜区（7）	虎形山—花瑶风景名胜区（7）

东江湖风景名胜区（7）	
广东	
肇庆星湖风景名胜区（1）	西樵山风景名胜区（2）
丹霞山风景名胜区（2）	白云山风景名胜区（4）
惠州西湖风景名胜区（4）	罗浮山风景名胜区（5）
湖光岩风景名胜区（5）	梧桐山风景名胜区（7）
广西	
桂林漓江风景名胜区（1）	桂平西山风景名胜区（2）
花山风景名胜区（2）	
海南	
三亚热带海滨风景名胜区（3）	
重庆	
长江三峡风景名胜区（1）	缙云山风景名胜区（1）
金佛山风景名胜区（2）	四面山风景名胜区（3）
芙蓉江风景名胜区（4）	天坑地缝风景名胜区（5）
四川	
峨眉山风景名胜区（1）	九寨沟—黄龙寺风景名胜区（1）
青城山—都江堰风景名胜区（1）	剑门蜀道风景名胜区（1）
贡嘎山风景名胜区（2）	蜀南竹海风景名胜区（2）
西岭雪山风景名胜区（3）	四姑娘山风景名胜区（3）
石海洞乡风景名胜区（4）	邛海—螺髻山风景名胜区（4）
白龙湖风景名胜区（5）	光雾山—诺水河风景名胜区（5）
天台山风景名胜区（5）	龙门山风景名胜区（5）
贵州	
黄果树风景名胜区（1）	织金洞风景名胜区（2）
潕阳河风景名胜区（2）	红枫湖风景名胜区（2）
龙宫风景名胜区（2）	荔波樟江风景名胜区（3）
赤水风景名胜区（3）	马岭河风景名胜区（3）
都匀斗篷山—剑江风景名胜区（5）	九洞天风景名胜区（5）
九龙洞风景名胜区（5）	黎平侗乡风景名胜区（5）
紫云格凸河穿洞风景名胜区（6）	平塘风景名胜区（7）
榕江苗山侗水风景名胜区（7）	石阡温泉群风景名胜区（7）

沿河乌江山峡风景名胜区（7）	瓮安江界河风景名胜区（7）
云南	
路南石林风景名胜区（1）	大理风景名胜区（1）
西双版纳风景名胜区（1）	三江并流风景名胜区（2）
昆明滇池风景名胜区（2）	玉龙雪山风景名胜区（2）
腾冲地热火山风景名胜区（3）	瑞丽江—大盈江风景名胜区（3）
九乡风景名胜区（3）	建水风景名胜区（3）
普者黑风景名胜区（5）	阿庐风景名胜区（5）
陕西	
华山风景名胜区（1）	临潼骊山—秦兵马俑风景名胜区（1）
宝鸡天台山风景名胜区（3）	黄帝陵风景名胜区（4）
合阳洽川风景名胜区（5）	
甘肃	
麦积山风景名胜区（1）	崆峒山风景名胜区（3）
鸣沙山—月牙泉风景名胜区（3）	
宁夏	
西夏王陵风景名胜区（2）	
青海	
青海湖风景名胜区（3）	
新疆	
天山天池风景名胜区（1）	库木塔格沙漠风景名胜区（4）
博斯腾湖风景名胜区（4）	赛里木湖风景名胜区（5）
西藏	
雅砻河风景名胜区（2）	纳木错—念青唐古拉山风景名胜区（7）
唐古拉山—怒江源风景名胜区（7）	

注:括号中为公布批次。

亚洲		
北亚 生态旅游区	俄罗斯贝加尔湖(Lake Baikal)	
	俄罗斯勘察加半岛(Kamchatka Peninsula)	
	俄罗斯勘察加火山群(Volcanoes of Kamchatka)	
	俄罗斯大赫赫齐尔自然保护区(Large hehe Dozier Nature Reserve)	
中亚高原 生态旅游区	尼泊尔萨加玛塔国家公园(Sagarmatha National Park)	
	尼泊尔奇特旺皇家国家公园(Royal Chitwan National Park)	
	尼泊尔安纳布尔纳保护区(Annapurna Reserve)	
	尼泊尔巴尔迪阿国家公园(Bardia National Park)	
	里海(Lake Caspia)	
	蒙古国古尔班赛克汗戈壁(Gobi Gurbansaikhan)	
东亚平原 生态旅游区	长白山(Changbai Mountain)	
	朝鲜金刚山(Diamond Hill)	
	韩国济州岛(Chejudao)	
	韩国雪岳山国家公园及生物圈保留区(Mount Sorak National Park and Biosphere Reserve)	
	日本富士山(Fujisan)	
	日本屋久岛(Yakushima)	
	日本白神山地(Buddhist Monuments in the Horyu-ji Area)	
东南亚 生态旅游区	泰国芭提雅(Pattaya)	
	泰国普吉岛(Phuket)	
	泰国通艾·会—卡肯野生生物保护区(Thungyai-Huai Kha Khaeng Wildlife Sanctuaries)	
	泰国考艾国家公园(Khao Yai National Park)	

① 资料来源:钟林生等. 世界生态旅游地理[M]. 中国林业出版社,2006.

东南亚 生态旅游区	越南下龙湾(Ha Long Bay)
	印度尼西亚巴厘岛(Bali)
	印度尼西亚乌戎科隆国家公园(Ujung Kulon National Park)
	印度尼西亚科莫多国家公园(Komodo National Park)
	印度尼西亚托吉安群岛(Togean Islands)
	印度尼西亚贡通哈利姆国家公园(Gunung Halimun National Park)
	菲律宾图巴塔哈群礁海洋公园(Tubbataha Reef Marine Park)
	柬埔寨洞里萨湖(Tonle Sap)
	马来西亚塔曼尼加拉国家公园(Taman Negara National Park)
南亚台地 生态旅游区	斯里兰卡辛哈拉加森林保护区(Sinharaja Forest Reserve)
	孙德尔本斯国家公园(Sundarbans National Park)
	印度加济兰加国家公园(Kaziranga National Park)
	印度马纳斯野生动植物保护区(Manas Wildlife Sanctuary)
	印度楠达德维国家公园(Nanda Devi National Park)
	印度坎勒阿国家公园(Kanha National Park)
	马尔代夫(Maldives)群岛
西南亚 生态旅游区	土耳其格雷梅国家公园和卡帕多希亚石窟建筑(Horeme National Park and the Rock Sites of Cappadocia)
	阿曼阿拉伯大羚羊保护区(Arabian Oryx Sanctuary)
	死海(The Dead Sea)
欧洲	
东欧 生态旅游区	俄罗斯科米原始森林(Virgin Komi Forests)
	俄罗斯西高加索山(Western Caucasus)
	俄罗斯伏尔加河(Volga River)
	白俄罗斯—波兰别洛韦日自然保护区/比亚沃韦扎森林(Belovezhskaya Pushcha/Bialowieza Forest)
北欧 生态旅游区	挪威峡湾(Norway Fjord)
	丹麦伊路利萨特冰湾(Ilulissat Icefjord)
	瑞典拉普兰地区(Laponian Area)
	瑞典高地海岸(High Coast)

325

Ecotourism

中欧 生态旅游区	瑞士少女峰—阿莱奇峰—比奇峰(Jungfrau-Aletsch-Bietschhorn)
	德国密里茨国家公园(Müritz National Park)
	德国叶瑞琪·沃德国家公园(Bayerischer Wald National Park)
	德国泊琪梯思登国家公园(Berchtesgaden National Park)
	德国艾菲尔地质公园(Vulkaneifel Geopark)
	德国韦亨伯格地质公园(Nordlicher Teutoburger wald wiehengebirge Geopark)
	奥地利—匈牙利新锡德尔湖/费尔特湖文化景观(Fertö/Neusiedlersee Cultural Landscape)
	波兰—斯洛伐克塔特拉(Tatra Wildlife Reserve)生物圈保护区
	匈牙利巴拉顿湖(Lake Balaton)
西欧 生态旅游区	英国巨人堤(Giant's Causeway and Causeway Coast)
	英国湖区国家公园(Lake district)
	英国戈夫岛野生生物保护区(Gough Island Wildlife Reserve)
	英国亨德森岛(Henderson Island)
	英国圣基尔达岛(St. Kilda)
	爱尔兰铜岸地质公园(Copper Coast Geopark)
	英国北爱尔兰拱洞地质公园(Marble arch Caves and Cuicagh mountain Geopark)
	法国罗拉塔和波尔图湾及斯康多拉保护区(Cape Girolata, Cape Porto, Scandola Nature Reserve and the Piana Calanches in Corsica)
	法国浩特地质公园(Geological Reserve of Haute Provence)
	法国—西班牙比利牛斯—珀杜山(Pyrénées-Mont Perdu)
南欧 生态旅游区	西班牙多纳纳国家公园(Donana National Park)
	西班牙加拉霍艾国家公园(Garajonay National Park)
	西班牙伊维萨岛(Ibiza, biodiversity and culture)
	西班牙内华达国家公园(Sierra Nevada National Park)
	希腊苏福里森林保护区(Soufli Forest Reserve)
	希腊勒沃思硅化木地质公园(Lesvos Silicified Wood Geopark)
	罗马尼亚多瑙河三角洲(Danube Delta)
	塞尔维亚—黑山杜米托尔国家公园(Durmitor National Park)
	葡萄牙马德拉月桂树公园(Laurisilva of Madeira)
	意大利伊奥利亚群岛(Aeolian Islands)

非洲		
阿特拉斯 生态旅游区	突尼斯伊其克乌尔国家公园(Ichkeul National Park)	
	突尼斯杰尔巴岛(Isle de Djerba)	
	阿特拉斯山(Atlas Mountains)	
	阿尔及利亚阿杰尔的塔西里(Tassili N'Ajjer)	
撒哈拉 生态旅游区	撒哈拉(Sahara)大沙漠	
	尼罗河(Nile)	
	埃及奥麦亚得(Omayed)生物圈保护区	
	毛里塔尼亚阿尔金岩礁(Bancd' Arguin)国家公园	
苏丹 生态旅游区	尼日尔 W 国家公园(W National Park)	
	尼日尔阿伊尔和泰内雷自然保护区(Air and Ténéré Natural Reserve)	
	塞内加尔朱吉鸟类保护区(Djoudj National Bird Sanctanry)	
	塞内加尔尼奥科罗—科巴(Niokolo-Koba)国家公园	
	马里邦贾加拉悬崖(Cliff of Bandiagara)	
几内亚与刚果 生态旅游区	刚果(金)加兰巴(Garamba)国家公园	
	刚果(金)卡胡兹—别加(Kahuzi-Beiga)国家公园	
	刚果(金)擂狈野生动物保护区(Okapi Wildlife Reserve)	
	刚果(金)萨龙加(Salonga)国家公园	
	刚果(金)维龙加(Virunga)国家公园	
	喀麦隆德贾自然保护区	
	科特迪瓦科莫埃国家公园(Comoi National Park)	
	科特迪瓦宁巴山自然保护区(Mount Nimba Strict Nature Reserve)	
	科特迪瓦塔伊国家公园(Tai National Park)	
	马诺沃—贡达—圣弗罗里斯(Manovo-Gounda St. Floris)国家公园	
	加纳卡库姆空中走廊(Kakum Canopy Walkway)	
	刚果河(Congo River)	
东非 生态旅游区	乌干达鲁文佐里国家公园(Rwenzori Mountains Natioal Park)	
	乌干达布温迪国家公园(Bwindi Impenetrable National Park)	
	坦桑尼亚塞仑格蒂国家公园(Serengeti National Park)	
	坦桑尼亚塞卢斯动物保护区(Selous Game Reserve)	
	坦桑尼亚乞力马扎罗(Kilimanjaro)国家公园	
	埃塞俄比亚塞米恩(Simien)国家公园	

Ecotourism

东非 生态旅游区	肯尼亚山国家公园和自然森林（Mount Kenya National Park/National Forest）
	肯尼亚马塞马拉保护区（Maassai Mara Reserve）
	肯尼亚察沃国家公园（Tsavo National Park）
	肯尼亚阿伯德尔国家公园（Aberdare National Park）
	马拉维湖（Malawi Lake）国家公园
	东非大裂谷（Great Lift Valley of East Africa）
南非 生态旅游区	维多利亚瀑布（Victoria Falls）
	津巴布韦马纳波尔斯国家公园、萨比和切俄雷自然保护区（Mana Pools National Park，Sapi and Chewore Safari Ares）
	南非克鲁格国家公园（Kruger National Park）
	南非好望角（Cape of Good Hope）
	南非芬达私人野生动物自然保护区（Phinda Private Game Reserve）
马达加斯加 生态旅游区	塞舌尔马埃谷地自然保护区（Valley of Mai Nature Reserve）
	塞舌尔阿尔达布拉环礁（Aldabra Atoll）
	塞舌尔的卡森岛、丹尼斯岛、佛莱加特岛、居里尤斯岛（Cousin Island，Denis Island，Fregate Island，Curieuse Island）
	马达加斯加黥基·德·贝玛拉哈自然保护区（Tsingy de Bemaraha Strict Nature Reserve）
	马达加斯加马绍拉半岛（Masaola Peninsula）
北美洲	
极地岛屿 生态旅游区	格陵兰岛（Greenland Island）
	巴芬岛（Bafin Island）
北美大陆 生态旅游区	美国黄石国家公园（Yellowstone National Park）
	美国大峡谷国家公园（Grand Canyon National Park）
	美国大沼泽地国家公园（Everglades National Park）
	美国红杉树国家公园（Redwood National Park）
	美国猛犸洞穴国家公园（Mammoth Cave National Park）
	美国奥林匹克国家公园（Olympic National Park）
	美国大雾山国家公园（Great Smoky Mountains National Park）
	美国约塞米蒂国家公园（Yosemite National Park）
	美国卡尔斯巴德洞穴国家公园（CarIsbad Caverns National Park）
	美国夏威夷火山国家公园（Hawaii Volcanoes National Park）

北美大陆 生态旅游区	加拿大纳汉尼国家公园(Nahanni National Park)
	加拿大艾伯塔省恐龙公园(Dinosaur Provincial Park)
	加拿大野牛跳崖处(Head-Smashed-In Buffalo Jump)
	加拿大伍德布法罗国家公园(Wood Buffalo National Park)
	加拿大落基山公园群(班夫)(Canadian Rocky Mountain Parks)
	加拿大格罗斯莫讷国家公园(Gros Morne National Park)
	加拿大米瓜莎公园(Miguasha National Park)
	加拿大—美国塔琴西尼—阿尔塞克/克卢恩/朗格尔—圣埃利亚斯国家公园和冰川湾国家公园(Kluane/Wrangell St. Elias/ Glacier Bay/Tatshenshini-Alsek)
	加拿大—美国沃特顿冰川国际和平公园(Waterton Glacier International Peace Park)
	加拿大—美国尼亚加拉瀑布(Niagara Falls)
中美 生态旅游区	古巴格朗玛的德桑巴尔科国家公园(Desembarco del Granma National Park)
	古巴比尼亚莱斯山谷(Vinales Valley)
	多米尼加特鲁瓦·皮顿山国家公园(Morne Trois Pitons National Park)
	洪都拉斯雷奥普拉塔诺生物圈保留地(Río Plátano Biosphere Reserve)
	墨西哥锡安卡恩生物保护区(Sian Ka'an)
	巴拿马达连国家公园(Darien National Park)
	哥斯达黎加瓜纳卡斯特自然保护区(Area de Conservaci Guanacaste)
	哥斯达黎加科科斯岛国家公园(Cocos Island National Park)
	哥斯达黎加—巴拿马塔拉曼卡仰芝/拉阿米斯泰德保护区（Talamanca Range/La Amistad Reserves）
南美洲	
东部高原 生态旅游区	委内瑞拉卡奈马国家公园(Canaima National Park)
	委内瑞拉安赫尔瀑布(Angel Falls)
	巴西—阿根廷伊瓜苏国家公园(Iguacu National Park)
	巴西卡皮瓦拉山国家公园(Serra da Capivara National Park)
	巴西耶稣山(Mt. Jesus)
	罗赖马山(Mt. Roraima)
	巴西费尔南多·迪诺罗西尼亚岛(Island Fernando de Noronha)
	巴西潘塔纳尔(Pantanal)沼泽

329

Ecotourism

中部平原生态旅游区	亚马孙河（Amazon）
	亚马孙雨林（Amazon Rain Forest）
	巴西雷吉娜岛（Island Regina）
	阿根廷罗斯格拉希亚雷斯（Los Glaciaress）冰川国家公园
	阿根廷瓦尔德斯半岛（Peninsula Valdes）
	火地岛（Tierra del Fuego）
安第斯山生态旅游区	智利复活节岛国家公园（Rapa Nui National Park）
	秘鲁瓦斯卡兰国家公园（Huascaran National Park ）
	秘鲁马努国家公园（Manu National Park）
	秘鲁阿比塞奥河国家公园（Ril Abiseo National Park）
	秘鲁马丘比丘历史圣地（Historic Sanctuary of Machu Picchu）
	秘鲁坦波帕塔自然保护区（Tambopata Reserve）
	厄瓜多尔桑盖国家公园（Sangay National Park）
	厄瓜多尔加拉帕戈斯群岛（Galapagos Islands）
	智利帕伊内角峰（Paine Massif）
	智利圣克里斯托瓦尔山（Mt. San Cristobal）
	玻利维亚乌尤尼盐沼（Salar de Uyuni）
	阿塔卡马沙漠（Desert Atacama）
	玻利维亚—秘鲁的的喀喀湖（Titicaca Lake）
	智利鲁滨逊·克鲁索岛（Island Robinson Crusoe）
大洋洲与南极洲	
澳大利亚生态旅游区	澳大利亚卡卡杜国家公园（Kakadu National Park）
	澳大利亚威兰德拉湖区（Willandra Lakes Region）
	澳大利亚塔斯马尼亚野生动植物保护区（Tasmanian Wilderness）
	澳大利亚豪勋爵群岛（Lord Howe Island Group）
	澳大利亚东海岸雨林保护区（Central Eastern Rainforest Reserves）
	澳大利亚乌卢鲁—卡塔—楚塔国家公园（Uluru-Kata Tjuta National Park）
	西澳大利亚鲨鱼湾（Shark Bay，Western Australia）
	澳大利亚弗雷泽岛（Fraser Island）
	澳大利亚大堡礁（Great Barrier Reef）
	澳大利亚麦夸里岛（Macquarie Island）
	澳大利亚大蓝山地自然保护区（The Greater Blue Mountains Area）

澳大利亚 生态旅游区	澳大利亚赫德岛和麦克唐纳群岛（Heard and McDonald Islands）
	澳大利亚普尔努卢卢国家公园（Purnululu National Park）
新西兰 生态旅游区	新西兰蒂瓦普纳穆—新西兰西南部地区（Te Wahipounamu-South West New Zealand）
	新西兰汤加里罗国家公园（Tongariro National Park）
	新西兰次南极区群岛（New Zealand Sub-Antarctic Islands）
	新西兰孟嘎陶塔瑞保护区（Maungatautari Reserve）
	新西兰黄眼企鹅保护区（Yellow-eyed Penguin Reserve）
新几内亚岛 生态旅游区	巴布亚新几内亚柔罗雅塔岛（Loloata Island）
	巴布亚新几内亚弗莱河（Fly River）
	巴布亚新几内亚麦克亚当公园（McAdam Park）
	巴布亚新几内亚瓦里拉塔公园（Varirata Park）
	巴布亚新几内亚贝耶河野生动物保护区（Baiyer Wildlife Reserve）
太平洋群岛（狭义） 生态旅游区	所罗门群岛东伦内尔岛（East Rennell）
	库克群岛塔基图穆保护区（Takitumu Conservation Area）
南极洲 生态旅游区	罗斯海湾（Rosebay）
	南设得兰群岛（South Shetland Islands）

参 考 文 献

1. 陈小春. 旅行社管理学[M]. 北京:中国旅游出版社,2002.

2. 成升魁,吴大伟,钟林生. 生态旅游理论进展与实践探索——2009 中国青海国际生态旅游高峰论坛文集[C]. 北京:中国环境科学出版社,2010.

3. 程道品,阳柏苏. 生态旅游资源分类及其评价[J]. 怀化学院学报,2004,23(2):50—54.

4. 郭长江,崔晓奇,宋绿叶等. 国内外旅游系统模型研究综述[J]. 中国人口·资源与环境,2007,17(4):101—106.

5. 郭来喜. 中国生态旅游——可持续旅游的基石[J]. 地理科学进展,1997,16(4):15—16.

6. 韩冬. 绿色饭店的理念及其生态化控制过程[J]. 环境保护,2002(1):24—25.

7. 黄哲. 绿色通道规划理论在生态旅游规划中的运用研究及实践探索[D]. 湖南大学硕士学位论文,2001.

8. 康宏成,李永文. 浅论生态旅游规划的原则、问题与对策[J]. 全国商情(理论研究),2010(1):91—94.

9. 雷鸣. 日本观光农业旅游经济的发展及启示[J]. 商业时代,2009(2):93—94.

10. 冷瑾. 世界生态旅游发展模式初探[J]. 大理学院学报,2010,9(7):40—43.

11. 李海军,杨阿莉. 我国生态旅游资源分类的研究综述[J]. 湖南工程学院学报,2007,17(4):13—16.

12. 李建华,董明辉. 区域生态旅游规划及发展趋势[J]. 湖南文理学院学报(社会科学版),2005,30(6):27—34.

13. 李俊清,石金莲. 生态旅游资源[M].北京:中国林业出版社,2007.

14. 李文亮,翁瑾,杨开忠. 旅游系统模型比较研究[J]. 旅游学刊,2005,20(2):20—24.

15. 李小梅等. 生态旅游规划环境影响评价的方法和案例[J]. 福建师范大学学报(自然科学版),2007,23(3):98—103.

16. 梁慧.国际生态旅游发展趋势展望[J]. 当代经济,2007(1):72—73.

17. 廖荣华. 关于生态旅游系统理论研究综述[J]. 邵阳学院学报(自然科学),2003,2(5):122—125.

18. 林盛. 福建武夷山国家级自然保护区科学管理和社区发展的关系分析[J]. 安徽农学通报,2007,13(11):54—56.

19. 刘忠伟,王仰麟,陈忠晓. 景观生态学与生态旅游规划管理[J]. 地理研究,2001(2):206—212.

20. 卢云亭,王建军. 生态旅游学[M]. 北京:旅游教育出版社,2004.

21. 陆兆苏. 森林美学与森林公园的建设——森林美学初探[A]. 森林旅游与森林公园环境保护研讨会文集[C],1995:9—14.

22. 吕建中. 绿色管理:饭店管理新主题[J]. 商业研究,2003(5):134—136.

23. 马乃喜. 我国生态旅游资源的评价问题[J]. 西北大学学报,1996(4):171—175.

24. 马有明,马雁,陈娟. 国外国家公园生态旅游开发比较研究——美国黄石、新西兰峡湾及加拿大班夫国家公园为例[J]. 昆明大学学报,2008,19(2):46—49.

25. 〔美〕理·福特斯著,大陆桥翻译社译. 美国国家公园[M]. 北京:中国轻工业出版社,2004.

26. 明庆忠,李宏,徐天任. 试论生态旅游环境保育[J]. 桂林旅游高等专科学校学报,2000,11(4):55—59.

27. 倪婷. 武夷山国家级自然保护区社区参与生态旅游发展研究[D]. 福建师范大学硕士学位论文,2010.

28. 彭少麟. 恢复生态学[M]. 北京:气象出版社,2007.

29. 全华. 生态旅游研究方法综述[J]. 生态学报,2004,24(6):1267—1278.

30. 邵琪伟. 保护生态环境发展生态旅游——在全国生态旅游现场会上的讲话[N]. 中国旅游报,2006-09-01.

31. 申葆嘉. 旅游学原理:旅游运行规律研究之系统陈述[M]. 北京:中国旅游出版社,2010.

32. 沈长智. 生态旅游系统及其开发[J]. 北京第二外国语学院学报,2001(1):87—90.

33. 石金莲,李俊清. 生态旅游规划方法[J]. 林业实用技术,2002(3):42.

34. 苏章全,明庆忠,李庆雷. 基于旅游生态位理论的旅游区发展策略研究——以滇中大昆明国际旅游区为例[J]. 旅游学刊,2010,25(6):37—44.

35. 田喜洲. 论生态旅游规划[J]. 农村经济,2003(12):88—89.

36. 佟敏,黄清. 浅析我国生态旅游的发展及趋势[J]. 中国林业企业,2005,72(3):25—27.

37. 佟玉权,王辉. 环境与生态旅游[M]. 北京:中国环境科学出版社,2009.

38. 王建军,李朝阳,田明中. 生态旅游资源分类与评价体系构建[J]. 地理研究,2006,25(3):507—515.

39. 王力峰,王志文,张翠娟. 生态旅游资源分类体系研究[J]. 西北林学院学报,2006,21(6):196—199.

40. 王占武. 生态旅游规划方法及应用[J]. 河北林业,2005(3):16.

41. 邬建国. 景观生态学——格局、过程、尺度与等级[M]. 北京：高等教育出版社,2000.

42. 吴晓春. 生态旅游——旅行社发展的新思路[J]. 北京第二外国语学院学报,2003(5):24—27.

43. 吴晓玉,匡洪兴. 生态旅游开发规划研究[J]. 鸡西大学学报,2002,2(1):64—66.

44. 武涛. 从加拿大卡普兰诺索桥公园看生态旅游规划[J]. 中国园林,2009,25(6):34—37.

45. 徐广辉,包建明. 生态旅游资源及开发与保护机制初探[J]. 桂林旅游高等专科学校学报,2006,17(4):456—458.

46. 薛熙明. 国外生态旅游发展模式对中国之借鉴[A]. 中国地理学会 2006 年学术年会论文摘要集[C],2006.

47. 杨桂华,钟林生,明庆忠. 生态旅游[M]. 北京：高等教育出版社,2000.

48. 杨立生. 生态旅游地——武陵源风景名胜区可持续发展目标管理研究[D]. 中南林业科技大学硕士学位论文,2007.

49. 杨尚. 基于景观安全格局的生态旅游地规划的理论与实证研究[D]. 河南大学硕士学位论文,2008.

50. 袁书琪. 试论生态旅游资源的特征、类型和评价体系[J]. 生态学杂志,2004,23(2):109—113.

51. 张建萍. 生态旅游[M]. 北京：中国旅游出版社,2008.

52. 张建萍. 生态旅游与当地居民利益——肯尼亚生态旅游成功经验分析[J]. 旅游学刊,2003,18(1):60—63.

53. 中国生态学会旅游生态专业委员会等. 生态旅游发展工作手册[M]. 北京：中国建筑工业出版社,2011.

54. 钟林生. 论生态旅游者的保护性旅游行为[J]. 中南林学院学报,2000,20(6):62—65.

55. 钟林生,肖笃宁,陈文波. 乌苏里江国家森林公园规划方案的景观指数辅助评价[J]. 应用生态学报,2002(1):31—34.

56. Buekley R. Environmental Impacts [M]. London：CABI Publishing, 2001.

57. David A, Fennell D A. Ecotourism：An Introduction [M]. New York：Routledge, 1999.

58. Eagles P, Per Nielsen. Eds. Ecotourism：Interpretation of References for Planners and Managers [M]. North Bennington：The Ecotourism Society, 1995.

59. Ecotourism Australia. NEAP Application Document (2nd Edition) [M]. Ecotourism Australia, 2000.

60. Fennell D A. Areas and Needs in Ecotourism Research. In：Encyclopedia of Ecotourism [M]. London：CABI Publishing, 2001.

61. Hargis C L M，Dekeyser E S，Kirby D R，Ell M J. Regional Assessment of Wetland Plant Communities Using the Index of Plant Community Integrity［J］. Ecological Indicators，2008(8)：303-307.

62. Weaver D. 生态旅游［M］. 杨桂华等译. 天津:南开大学出版社,2003.

63. Western D. Defining Ecotourism. In：Ecotourism：A Guide for Planners and Managers ［M］，Vol. 1，Hawkins TIES，2002：10-14.

64. Yeung H. Urban Imagery and the Main Street of the Nation：The Legibility of Orchard Road in the Eyes of Singaporeans ［J］. Urban Studies,1996，33(3)：473-479.

图书在版编目(CIP)数据

生态旅游——理论与实践/陈玲玲,严伟,潘鸿雷编著.—上海:复旦大学出版社,
2012.9(2024.7重印)
(复旦卓越·21世纪旅游管理系列)
ISBN 978-7-309-09176-2

Ⅰ.生…　Ⅱ.①陈…②严…③潘…　Ⅲ.生态旅游-高等职业教育-教材　Ⅳ.F590.7

中国版本图书馆 CIP 数据核字(2012)第 195476 号

生态旅游——理论与实践
陈玲玲　严　伟　潘鸿雷　编著
责任编辑/岑品杰

复旦大学出版社有限公司出版发行
上海市国权路 579 号　邮编:200433
网址:fupnet@ fudanpress.com　http://www.fudanpress.com
门市零售:86-21-65102580　　团体订购:86-21-65104505
出版部电话:86-21-65642845
上海新艺印刷有限公司

开本 787 毫米×1092 毫米　1/16　印张 21.5　字数 435 千字
2012 年 9 月第 1 版
2024 年 7 月第 1 版第 7 次印刷
印数 11 101—12 200

ISBN 978-7-309-09176-2/F·1861
定价:68.00 元